河南大学化学化工学院教材出版基金资助

有机化学实验
YOUJI HUAXUE SHIYAN

主　编　徐元清　王玉霞
副主编　徐　莉　王琪琳
　　　　徐　浩　赵文善

河南大学出版社
·郑州·

图书在版编目(CIP)数据

有机化学实验/徐元清,王玉霞主编.—郑州:河南大学出版社,2017.12(2024.8 重印)
ISBN 978-7-5649-3173-5

Ⅰ.①有… Ⅱ.①徐… ②王… Ⅲ.①有机化学-化学实验 Ⅳ.①O62-33

中国版本图书馆 CIP 数据核字(2017)第 324138 号

责任编辑	郑　鑫　李亚涛
责任校对	张雪彩
助理校对	乔　慧
封面设计	陈盛杰

出版发行	河南大学出版社
	地址:郑州市郑东新区商务外环中华大厦2412号
	邮编:450046
	电话:0371-86059712(高等教育与职业教育出版分公司)
	0371-86059713(营销部)
	网址:hupress.henu.edu.cn
排　　版	郑州市今日文教印制有限公司
印　　刷	郑州市今日文教印制有限公司
版　　次	2017年12月第1版　　印　次　2024年8月第3次印刷
开　　本	787mm×1092mm　1/16　　印　张　18.75
字　　数	416千字　　　　　　　　　定　价　48.00元

(本书如有印装质量问题,请与河南大学出版社营销部联系调换)

前　言

　　《有机化学实验》是化学、化工及相关各专业独立开设的基础实验课之一,是有机化学教学不可或缺的重要组成部分。该课程的教学目标是:使学生掌握有机化学实验的一些基本操作技术,培养学生能以小量规模正确进行制备和性质实验、分离和鉴定产品的能力;培养学生能写出合格的实验报告,具有查阅一般文献的能力;培养学生独立操作能力,具有一定的综合实验能力和创新能力;培养学生良好的工作习惯,严谨的科学态度,以及安全环保意识。

　　本教材主要分为六部分:第一部分介绍有机化学实验的一般知识;第二部分为有机化学实验基本操作与技术,包括蒸馏、重结晶、萃取、升华和色谱分离等;第三部分为基础合成实验,涉及十四类化合物二十二个合成实验;第四部分为多步骤、综合性有机合成及设计,涉及二十四个化合物合成路线的设计与合成;第五部分为有机化合物性质测试及有机化合物定性鉴定的介绍;第六部分为天然产物的提取和分离。除此之外,教材中还列有附录,包括一些特殊试剂的配制方法、常用有机溶剂的纯化及干燥、危险化学试剂的使用知识等。

　　本书的特色主要体现在:①首先在内容编排上,采用逐步介绍、由浅入深、层层递进的结构模式,便于学生接受。②基于教学与科研相结合的视角,在综合合成实验部分,引入了一些经典的人名反应,并加入了一些科研中常用底物的合成,如二茂铁、苯亚甲基苯乙酮等的合成。③紧密联系实际,有针对性地选取有机合成实验和提取分离实验,与日常应用紧密关联,以提高学生实验的兴趣,如透明肥皂的制备,阿司匹林的合成,从茶叶中分离咖啡因,从黄连中分离黄连素,利用废聚酯饮料瓶回收对苯二甲酸等。

　　本书由徐元清、王玉霞主编,徐莉、王琪琳、徐浩、赵文善担任副主编。在编写过程中,得到了河南大学化学化工学院有机教研室全体老师的帮助和支持,参考、借鉴及引用了其他兄弟院校和老师编写的相关教材及参考书籍,在此一并表示感谢!

　　尽管我们在本教材的编写方面做了许多努力,但是由于编者编写水平和知识水平有限,不当之处在所难免,恳请同行、读者批评指正,并将您的宝贵意见和建议反馈给我们,以便在今后的再版中修订和改进,更好地服务于实验教学。

编　者

2017.9

目 录

第一部分 有机化学实验的一般知识 …………………………………………………（1）
  一、有机化学实验室的注意事项 ………………………………………………………（1）
    （一）有机化学实验室规则 …………………………………………………………（1）
    （二）有机化学实验室安全守则 ……………………………………………………（2）
    （三）事故的预防 ……………………………………………………………………（2）
    （四）事故的处理和急救 ……………………………………………………………（4）
    （五）急救用具 ………………………………………………………………………（4）
  二、有机化学实验室常用仪器 …………………………………………………………（5）
    （一）普通玻璃仪器 …………………………………………………………………（5）
    （二）标准磨口仪器 …………………………………………………………………（5）
    （三）有机化学实验其他常用仪器 …………………………………………………（6）
    （四）仪器的装配 ……………………………………………………………………（6）
    （五）常用玻璃器皿洗涤、干燥及保养 ……………………………………………（7）
    （六）电器和其他设备 ………………………………………………………………（8）
  三、有机化学实验常用试剂的性质、制备及纯化 ……………………………………（9）
    （一）有机光谱分析样品的准备 ……………………………………………………（9）
    （二）常用试剂的性质与制备纯化 …………………………………………………（12）
  四、实验预习、记录和实验报告的基本要求 …………………………………………（26）
    （一）实验预习报告 …………………………………………………………………（26）
    （二）实验记录 ………………………………………………………………………（26）
    （三）实验报告及格式 ………………………………………………………………（27）
  五、有机化学实验的文献介绍 …………………………………………………………（28）
    （一）常用工具书 ……………………………………………………………………（28）
    （二）常用期刊文献 …………………………………………………………………（29）
    （三）网络资源 ………………………………………………………………………（30）

第二部分 有机化学实验基本操作技能 ……………………………………………（32）
  一、加热与冷却 …………………………………………………………………………（32）

（一）加热方法 …………………………………………………………（32）
　　（二）冷却方法 …………………………………………………………（33）
　二、干燥与干燥剂 …………………………………………………………（35）
　　（一）基本原理 …………………………………………………………（35）
　　（二）液态有机化合物的干燥 …………………………………………（36）
　　（三）固态有机化合物的干燥 …………………………………………（37）
　　（四）气态有机化合物的干燥 …………………………………………（37）
　三、搅拌与搅拌器 …………………………………………………………（38）
　　（一）磁力搅拌器 ………………………………………………………（38）
　　（二）机械搅拌器 ………………………………………………………（38）
　实验1　塞子的选择、钻孔与简单玻璃工操作 ……………………………（39）
　实验2　蒸馏和沸点的测定 ………………………………………………（43）
　实验3　分馏 ………………………………………………………………（48）
　实验4　减压蒸馏 …………………………………………………………（50）
　实验5　水蒸气蒸馏 ………………………………………………………（54）
　实验6　萃取 ………………………………………………………………（57）
　实验7　重结晶 ……………………………………………………………（63）
　实验8　升华 ………………………………………………………………（69）
　实验9　薄层色谱 …………………………………………………………（71）
　实验10　柱色谱 …………………………………………………………（77）
　实验11　熔点测定 ………………………………………………………（81）

第三部分　基础合成实验 …………………………………………………（86）
　一、卤代烃的制备 …………………………………………………………（86）
　实验12　正溴丁烷的制备 ………………………………………………（88）
　实验13　溴苯的制备 ……………………………………………………（91）
　二、烯烃的制备 ……………………………………………………………（94）
　实验14　环己烯的制备 …………………………………………………（95）
　三、醇的制备 ………………………………………………………………（98）
　实验15　无水乙醇的制备 ………………………………………………（100）
　实验16　2-甲基-2-己醇的制备 ………………………………………（103）
　四、醚的制备 ………………………………………………………………（106）
　实验17　乙醚的制备 ……………………………………………………（107）
　实验18　正丁醚的制备 …………………………………………………（110）
　五、醛酮的制备 ……………………………………………………………（113）
　实验19　正丁醛的制备 …………………………………………………（115）

  实验 20 环己酮的制备 …………………………………………………………… (117)
 六、羧酸的制备 ……………………………………………………………………… (120)
  实验 21 己二酸的制备 …………………………………………………………… (122)
  实验 22 肉桂酸的制备 …………………………………………………………… (124)
 七、羧酸酯的制备 …………………………………………………………………… (127)
  实验 23 乙酸乙酯的制备 ………………………………………………………… (129)
  实验 24 苯甲酸乙酯的制备 ……………………………………………………… (132)
  实验 25 乙酰水杨酸的制备 ……………………………………………………… (135)
 八、酯的水解反应 …………………………………………………………………… (138)
  实验 26 透明肥皂的制备 ………………………………………………………… (140)
 九、酰胺的制备 ……………………………………………………………………… (142)
  实验 27 乙酰苯胺的制备 ………………………………………………………… (144)
  实验 28 己内酰胺的制备 ………………………………………………………… (147)
 十、芳香胺的制备 …………………………………………………………………… (149)
  实验 29 苯胺的制备 ……………………………………………………………… (150)
 十一、芳基重氮盐的应用 …………………………………………………………… (153)
  实验 30 甲基橙的制备 …………………………………………………………… (154)
 十二、芳香硝基化合物的制备 ……………………………………………………… (157)
  实验 31 邻硝基苯酚和对硝基苯酚的制备 …………………………………… (158)
 十三、杂环化合物的制备 …………………………………………………………… (161)
  实验 32 8-羟基喹啉的制备 ……………………………………………………… (162)
 十四、Diels–Alder 反应 ……………………………………………………………… (165)
  实验 33 环戊二烯和马来酸酐的加成 …………………………………………… (167)

第四部分 综合实验 ……………………………………………………………… (170)
  实验 34 苯乙醚的制备 …………………………………………………………… (170)
  实验 35 苯氧乙酸的制备 ………………………………………………………… (172)
  实验 36 二苯甲醇的制备 ………………………………………………………… (174)
  实验 37 苯乙酮的制备 …………………………………………………………… (176)
  实验 38 苯亚甲基苯乙酮的制备 ………………………………………………… (178)
  实验 39 对溴乙酰苯胺的制备 …………………………………………………… (180)
  实验 40 对溴苯胺的合成 ………………………………………………………… (182)
  实验 41 对氯甲苯的制备 ………………………………………………………… (183)
  实验 42 对硝基溴苯的制备 ……………………………………………………… (186)
  实验 43 乙酰乙酸乙酯的制备及性质 …………………………………………… (188)
  实验 44 4-苯基-2-丁酮的制备 …………………………………………………… (190)

实验 45　苯甲醇和苯甲酸的制备 …………………………………………… (192)
实验 46　氯化三乙基苄基铵的制备 ……………………………………… (195)
实验 47　通过 Wittig 反应制备反-1,2-二苯乙烯 ……………………… (196)
实验 48　通过 Horner-Wadsworth-Emmons 反应制备反-1,2-二苯乙烯 …… (199)
实验 49　安息香的制备 …………………………………………………… (201)
实验 50　2-乙酰基环戊酮的制备 ………………………………………… (203)
实验 51　二苯基乙二酮的制备 …………………………………………… (205)
实验 52　二苯乙醇酸的制备 ……………………………………………… (207)
实验 53　4,4-二甲基-2-环己烯-1-酮的制备 …………………………… (208)
实验 54　二茂铁的制备 …………………………………………………… (210)
实验 55　对苯醌的制备 …………………………………………………… (212)
实验 56　邻羟基苯乙酮的制备 …………………………………………… (214)
实验 57　邻氨基苯甲酸的制备 …………………………………………… (216)

第五部分　从天然产物或废弃物中提取有机物 …………………………… (219)
实验 58　从茶叶中提取咖啡因 …………………………………………… (220)
实验 59　八角茴香中挥发油的提取分离 ………………………………… (224)
实验 60　从黄连中提取黄连素 …………………………………………… (226)
实验 61　从烟叶中提取烟碱 ……………………………………………… (228)
实验 62　从红辣椒中提取辣椒红色素 …………………………………… (230)
实验 63　从菠菜中提取菠菜色素 ………………………………………… (232)
实验 64　利用废聚酯饮料瓶回收对苯二甲酸 …………………………… (235)

第六部分　有机化合物的性质实验 …………………………………………… (237)
实验 65　有机元素定性分析 ……………………………………………… (237)
实验 66　甲烷和烷烃的性质 ……………………………………………… (241)
实验 67　烯烃、炔烃的性质 ……………………………………………… (242)
实验 68　芳烃的性质 ……………………………………………………… (245)
实验 69　卤代烃的性质 …………………………………………………… (248)
实验 70　醇和酚的性质 …………………………………………………… (249)
实验 71　醛和酮的性质 …………………………………………………… (253)
实验 72　羧酸及其衍生物的性质 ………………………………………… (257)
实验 73　胺的性质 ………………………………………………………… (262)
实验 74　某些杂环化合物和生物碱的性质 ……………………………… (265)
实验 75　糖类化合物的性质 ……………………………………………… (266)
实验 76　氨基酸和蛋白质的性质实验 …………………………………… (271)

附录 ………………………………………………………………………………… (277)

附录一 常用试剂的配制 ……………………………………………………………… (277)
  1. 2,4-二硝基苯肼溶液 ……………………………………………………………… (277)
  2. 卢卡斯(Lucas)试剂 ……………………………………………………………… (277)
  3. 托伦(Tollens)试剂 ……………………………………………………………… (277)
  4. 谢里瓦诺夫(Seliwanoff)试剂 …………………………………………………… (277)
  5. 希夫(Schiff)试剂 ………………………………………………………………… (277)
  6. 0.1% 茚三酮溶液 ………………………………………………………………… (278)
  7. 饱和亚硫酸氢钠 …………………………………………………………………… (278)
  8. 饱和溴水 …………………………………………………………………………… (278)
  9. 莫利许(Molish)试剂 …………………………………………………………… (278)
  10. 盐酸苯肼-醋酸钠溶液 …………………………………………………………… (278)
  11. 本尼特(Benedict)试剂 ………………………………………………………… (278)
  12. 淀粉-碘化钾试纸 ………………………………………………………………… (278)
  13. 蛋白质溶液 ……………………………………………………………………… (279)
  14. 10% 淀粉溶液 …………………………………………………………………… (279)
  15. β-萘酚碱溶液 …………………………………………………………………… (279)
  16. 斐林(Fehling)试剂 ……………………………………………………………… (279)
  17. 碘溶液 …………………………………………………………………………… (279)

附录二 有毒、危害性化学药品知识 …………………………………………………… (279)
  一、化学药品毒性分类 ………………………………………………………………… (279)
    1. 致癌物质 ………………………………………………………………………… (279)
    2. 剧毒品 …………………………………………………………………………… (279)
    3. 高毒品 …………………………………………………………………………… (280)
    4. 中等毒品 ………………………………………………………………………… (280)
    5. 低毒品 …………………………………………………………………………… (280)
  二、有毒化学物质对人体的危害 ……………………………………………………… (280)

参考文献 ……………………………………………………………………………… (289)

第一部分　有机化学实验的一般知识

有机化学实验是有机化学理论课程的重要组成部分。实验课的任务不仅是巩固和加深对课堂所学基础理论知识的理解,更重要的是它以基本操作技能训练为主,结合合成、设计性实验内容,重点培养学生的综合能力和综合素质、提高学生的动手能力,发现问题、分析问题和解决问题的能力,以及开展科学研究的初步能力,为将来进一步应用化学知识和技术在解决生产实践和科学研究中所涉及的化学问题打下良好的基础。

一、有机化学实验室的注意事项

(一) 有机化学实验室规则

为保证有机化学实验的顺利进行,培养学生良好的实验习惯、正确的实验方法、严谨的科学态度,以达到预期的教学目的。学生必须遵守如下的有机化学实验规则:

(1) 切实做好实验前的一切准备工作:做好实验预习,按要求写出预习笔记,拟订实验计划,禁止在做实验时,边看边做"照方抓药"。如没有做好实验前的一切准备工作,则不得进入实验室。

(2) 进入实验室时,应熟悉实验室及周围的环境:如熟悉灭火器材、急救药箱的使用和放置地方。严格遵守实验室的安全守则和每个具体实验操作中的注意事项。如有意外事故发生应及时报请老师处理。

(3) 实验时应遵守实验纪律、保持安静、精力集中、认真操作、细致观察、积极思考、如实记录。不得擅自离开岗位。

(4) 遵从教师的指导,按照实验指导书所规定的步骤、试剂的规格和用量进行实验。若进行更改,须征求教师意见同意后,方可改变。

(5) 应保持实验室的整洁。暂时不用的器材,放在柜子内,以免碰倒损坏。污水、污物、残渣、火柴梗、废纸、塞芯和玻璃碎片等应分别放在指定的地点,不得乱丢,更不得丢入水槽,废酸和废碱应分别倒入指定的缸中。

(6) 爱护公共物品,并在指定的地点使用,保持整洁。要节约用水、电和药品。如有损坏仪器按要求办理登记换领手续。

（7）实验结束离开实验室时,应把水、电开关关闭。值日生应打扫实验室,将废物缸倒净。

（二）有机化学实验室安全守则

由于在有机化学实验中,经常使用易燃、易爆、有毒或有腐蚀性的药品等。这些药品若使用不当,就有可能产生着火、爆炸、烧伤、中毒等事故。此外,玻璃器皿、电器等设备使用或处理不当也会产生事故。但是,这些事故都是可以预防的。只要实验者树立安全第一的思想,认真预习和了解所做实验中所用物品和仪器的性能、用途、可能出现的问题及预防措施,并严格执行操作规程,就能有效地保护人身和实验室的安全。为确保实验的顺利进行,学生应当遵守以下安全守则:

（1）做好实验前的预习,了解实验所用仪器、药品的性能、危害及注意事项。

（2）实验开始前应检查仪器是否完整无损,装置是否正确、稳固,如蒸馏、回流和热源,反应体系一定要和大气相通。

（3）实验进行时应该经常注意观察仪器有无漏气、破裂,反应进行是否正常等情况。

（4）易燃、易挥发物品,不得放在敞口容器中加热、远离明火。

（5）有可能发生危险的实验,在操作时应加置防护屏或戴防护眼镜、面罩和手套等防护设备。

（6）实验中所用药品,不得随意散失、遗弃。对反应中产生有害气体的实验,应按规定处理,以免污染环境,影响身体健康。

（7）实验结束后要及时洗手,严禁在实验室内吸烟、喝水或吃食品。

（8）要熟悉安全器材如灭火器、沙桶以及急救药箱的放置地点及使用方法,并妥善保管。安全用具及急救药品不准挪动存放位置或移作他用。

（三）事故的预防

1. 火灾事故的预防

实验中使用的有机溶剂大多是易燃的,着火是有机实验中常见的事故,因此,应尽可能避免使用明火。防火的基本原则有以下几点注意事项:

（1）在使用易燃溶剂时要特别注意:① 应离远明火;② 勿将易燃、易挥发物品放在敞口容器中直接加热;③ 加热必须在水浴中进行,切勿使容器密闭;④ 火源与易燃溶剂应尽可能远离。

（2）蒸馏装置不能漏气,如发现漏气,应及时查明原因。若因塞子被腐蚀时,待冷却后,才能换掉塞子。接收瓶不宜用敞口容器,且尾气应远离明火或引入下水道。

（3）回流或蒸馏低沸点易燃液体时应注意:① 切勿忘加沸石或素瓷片,若在加热后发现未放沸石,则应立即停止加热,待稍冷后再放。否则在过热溶液中放入沸石会导致液体突然沸腾,冲出瓶外而引起火灾;② 严禁直接加热;③ 瓶内液体量不能超过烧瓶容积的 2/3;④ 加热速度宜慢不能快,避免局部过热。

(4) 用油浴加热蒸馏或回流时,应绝对避免水滴溅入热油中而引起火灾,为此冷却水不要开得太大以免水压过高而把橡皮管冲开造成事故。

(5) 处理大量的易燃液体时应在通风橱内或指定的地方进行,要求室内无明火。

(6) 不得把燃着或带火星的火柴或纸条乱扔乱掷,也不得丢入废物缸中,否则易发生事故。

2. 爆炸的预防

在做有机化学实验时预防爆炸的一般措施如下:

(1) 蒸馏装置必须安装正确。常压操作时,切勿将体系密闭;减压蒸馏时,要用圆底烧瓶或吸滤瓶作接收器,不可用锥形瓶,否则可能会发生炸裂。

(2) 使用易燃易爆气体如氢气、乙炔等时,要保持室内空气畅通,严禁明火,并应防止一切火星的发生。有机溶剂如乙醚或汽油等的蒸气与空气相混时极为危险,可能会由一个热的表面或者一个火花、电花而引起爆炸,应特别注意。

(3) 使用乙醚时,必须先检验是否有过氧化物存在,若发现有过氧化物存在,应立即用硫酸亚铁或其他还原剂除去过氧化物后才能使用,最好在通风橱内进行。

(4) 对于易发生爆炸的化合物,或遇氧化物会发生猛烈爆炸或燃烧的化合物时,或可能生成有危险性化合物的实验,如重金属乙炔化合物、苦味酸金属盐等都应事先了解其性质、特点及注意事项,操作时要特别小心。

(5) 开启有挥发性液体的试剂瓶时,应先用冷水冷却,开启时瓶口必须指向无人处,以免由于液体喷溅而导致伤害。当瓶塞不易开启时,必须注意瓶内贮存物质的性质,切不可贸然用火加热或乱敲瓶塞等。

(6) 卤代烷勿与金属钠接触,因反应剧烈易发生爆炸。钠屑须放于指定的地方。

3. 中毒的预防

(1) 对有毒药品应小心操作,妥善保管,不许乱放。实验中所用的剧毒物质应有专人负责收发,并向使用者指出必须注意遵守的操作规程。对实验后的有毒残渣必须作妥善有效处理,不准乱丢。

(2) 有些有毒物质会渗入皮肤,因此,使用这些有毒物质时必须穿工作服,戴手套,操作后立即洗手,切勿让有毒药品沾及五官或伤口。

(3) 在反应过程中可能会产生有毒或有腐蚀性气体的实验应在通风橱内进行,实验过程中,不要把头伸入橱内,使用后的器皿应立即清洗。

4. 触电的预防

使用电器时,应防止人体与金属导电部分直接接触,不能用湿手或手握湿的物体接触电插头。装置或设备的金属外壳等都应连接地线。实验后应先切断电源,再将电器连接总电源的插头拔下。

（四）事故的处理和急救

1. 火灾

实验室一旦起火，应立即组织室内人员一面灭火，一面防止火势蔓延（措施：切断电源、移去易燃药品等措施）。灭火要针对起因选用适宜的方法：一般小火可用湿布、石棉布或沙子覆盖燃烧物；火势大时可使用泡沫灭火器；电器失火时切断电源，切勿用水泼救，以免触电；若衣服着火，切勿惊慌乱跑，应赶紧脱下衣服，或用石棉布覆盖着火处，或立即就地打滚，或迅速以大量水扑灭。

2. 玻璃割伤

伤处不能用手抚摸或用水洗涤。应先取出伤口中的玻璃碎片或固体物，用 3% H_2O_2 洗后涂上紫药水或碘酒，再用绷带扎住。大伤口则应先按紧主血管以防大量出血。

3. 烫伤

不要用水冲洗烫伤处。烫伤不重时，可涂凡石林、万花油，或者用蘸有酒精的棉花包扎伤处；烫伤较重时，立即用蘸有饱和苦味酸或高锰酸钾溶液的棉花或纱布贴上，送医院处理。

4. 灼伤

酸灼伤时：应立即用大量水冲洗，再用 3% $NaHCO_3$ 溶液或肥皂水处理；碱灼伤时：水洗后用 1% $HOAc$ 溶液或饱和 H_3BO_3 溶液洗。

酸或碱溅入眼内：酸液溅入眼内时，立即用大量自来水冲洗眼睛再用 3% $NaHCO_3$ 溶液洗眼；碱液溅入眼内时，先用自来水冲洗眼睛，再用 10% H_3BO_3 溶液洗眼。最后均用蒸馏水将余酸或余碱洗净。

溴或苯酚灼伤：皮肤被溴或苯酚灼伤，应立即用大量有机溶剂如酒精或汽油洗去溴或苯酚，最后在受伤处涂抹甘油。

5. 中毒

溅入口中尚未咽下者应立即吐出，再用大量水冲洗口腔。如已吞下，应根据毒物性质给以解毒剂，并立即送医院。

腐蚀性毒物：对于强酸，先饮大量水，然后服用氢氧化铝膏、鸡蛋白；对于强碱，也应先饮大量水，然后服用醋、酸果汁、鸡蛋白。不论酸或碱中毒皆再灌注牛奶，不要吃呕吐剂。

刺激剂及神经性毒物：先给牛奶或鸡蛋白使之立即冲淡和缓解，再用一大匙硫酸镁（约 30 g）溶于一杯水中催吐。有时也可用手指伸入喉部促使呕吐，然后立即送医院。

吸入气体中毒者，将中毒者移至室外，解开衣领及纽扣。吸入少量氯气或溴者，可用碳酸氢钠溶液漱口。

（五）急救用具

为处理事故需要，实验室应备有急救箱，内置以下物品：

1. 绷带、纱布、药用脱脂棉、橡皮膏、医用镊子、剪刀等；
2. 凡士林、创可贴、玉树油或鞣酸油膏、烫伤油膏及消毒剂等；
3. 醋酸溶液(2%)、硼酸溶液(1%)、碳酸氢钠溶液(1%及饱和)、医用酒精、甘油、红汞、龙胆紫等。

二、有机化学实验室常用仪器

(一) 普通玻璃仪器

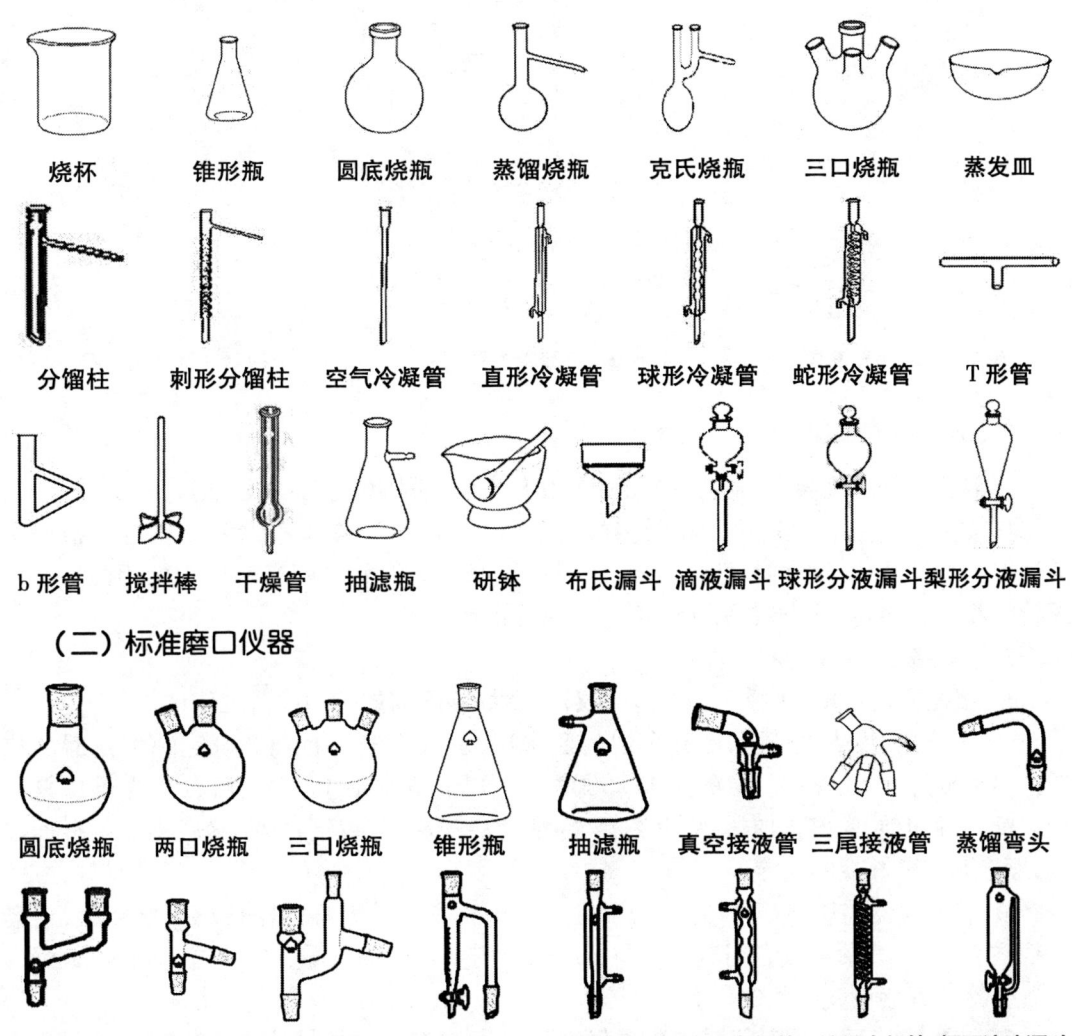

(二) 标准磨口仪器

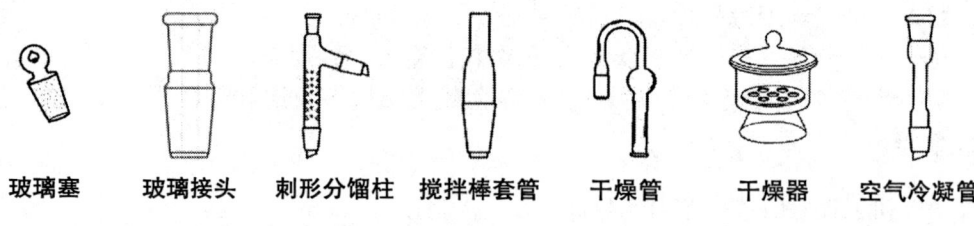

玻璃塞　　玻璃接头　　刺形分馏柱　　搅拌棒套管　　干燥管　　干燥器　　空气冷凝管

（三）有机化学实验其他常用仪器

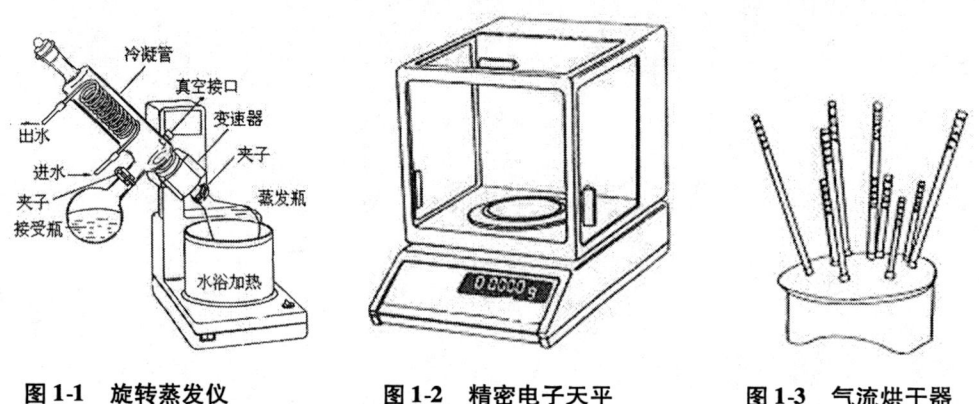

图 1-1　旋转蒸发仪　　　图 1-2　精密电子天平　　　图 1-3　气流烘干器

（四）仪器的装配

仪器装配得正确与否与实验的成败有很大关系。因此装配必须注意以下几点：

1. **热源的选择**　实验中用得最多的是水浴、油浴、电加热套、沙浴、空气浴。根据所需温度的高低及化合物的特性来决定。一般低于80℃的用水浴，高于80℃的用油浴。如果化合物比较稳定，沸点较高，可以用电加热套加热；

2. 熟悉装置的仪器和配件；

3. 根据实验要求，选择干净合适的仪器，做好装配前的一切准备工作；

4. 从安全、整洁、方便和留有余地的要求出发，大致安排台面和确定装配仪器的位置。然后放好支架，按照一定的要求和顺序，一般是"先下后上，先左后右"，先难后易逐个装配。拆卸前，先停止加热，移走热源，待稍微冷却后，先取下产物，然后再逐个拆掉仪器，顺序与装配相反；

5. 玻璃仪器用铁夹牢固地夹住，不宜太松或太紧。铁夹不能与玻璃直接接触，应套上橡皮管，粘上石棉垫或者用石棉绳包扎起来。需要加热的仪器，应夹住仪器受热最低的位置。冷凝管则应夹中间部位。

6. 装配完毕后必须对仪器和装置仔细地进行检查。检查每件仪器和配件是否合乎要求，有无破损；整个装配是否做到正确、整齐、稳妥、严密，一般是上下看一条线，左右看一个面；再检查安全（包括仪器安全、系统安全和环境安全）注意装置是否与大气相通，不能是封闭体系(除了在压力釜中的反应,剧毒的反应或十分贵重化合物的反应)。经检查确认装置没有问题后方能使用。对于初次做合成实验者应请老师检查认可后,才可进行实验。

(五) 常用玻璃器皿的洗涤、干燥及保养

1. 玻璃仪器的洗涤和保养

化学实验用的玻璃仪器需要干净,洗涤仪器的方法很多,应根据实验的要求、污物的性质和污染的程度来决定。

有机化学实验各种玻璃仪器的性能是不同的,必须掌握它们的性能、保养和洗涤方法,才能正确使用,提高实验效果,避免不必要的损失。下面介绍几种常用的玻璃仪器的保养和洗涤方法:

(1) 温度计:温度计水银球部位的玻璃很薄,容易打破,使用时要特别留心,一不能用温度计当搅拌棒使用;二不能测定超过温度计的最高量程的温度;三不能把温度计长时间放在高温溶剂中。否则,会使水银球变形及读数不准。

温度计用后要让它慢慢冷却,特别在测量高温之后,切不可立即用水冲洗。否则会破裂,应待冷却后把它洗净抹干,放回温度计盒内,盒底要垫上一小块棉花。如果是纸盒,放回温度计时要检查盒底是否完好。

(2) 冷凝管:冷凝管通水后很重,所以安装冷凝管时应将夹子夹紧在冷凝管的重心部位以免翻倒。如内外管都是玻璃质的则不适用于高温蒸馏。

洗刷冷凝管时要用长毛刷,如用洗涤液或有机溶液洗涤时,用软木塞塞住一端。不用时,应直立放置,使之易干。

(3) 蒸馏烧瓶:蒸馏烧瓶的支管处易被折断,故在使用或放置时要特别注意蒸馏瓶的支管,且支管的熔接处不能直接加热。其洗涤方法和烧瓶的洗涤方法相同。

(4) 分液漏斗:分液漏斗的活塞和盖子都是磨砂成套的,各个分液漏斗之间也不要互相调换,否则可能漏液。且使用时要注意保护,用后一定要在活塞和盖子的磨砂口间垫上纸片,以免日久后难以打开。

2. 玻璃仪器的干燥

有机化学实验往往都要使用干燥的玻璃仪器,故要养成在每次实验后马上把玻璃仪器洗净和倒置使之干燥的习惯。干燥玻璃仪器的方法有以下几种:

(1) 自然风干:自然风干是指把已洗净的仪器(洗净的标志是:玻璃仪器的器壁上不应附着有不溶物或油污,装着水把它倒转过来,水顺着器壁流下,器壁上只留下一层既薄又均匀的水膜,不挂水珠)放干燥架上自然风干,这是常用又简单的方法。但必须注意,如玻璃仪器洗得不够干净,水珠不易流下,干燥较为缓慢。

(2) 烘干:用气流烘干器烘干(仪器口朝下),用烘箱烘干(仪器口向上),带有磨砂口玻璃塞的仪器必须取出活塞拿开才可烘干,烘箱内的温度保持在 100~105℃,片刻即可。

当把已烘干的玻璃仪器拿出来时,最好先在烘箱内降至室温后再取出。切不可让很热的玻璃仪器沾上水,以免破裂。

(3) 吹干:用压缩空气或吹风机将仪器吹干。

(六) 电器和其他设备

1. 红外灯

红外灯用于低沸点易燃液体的加热。使用红外灯加热,既安全又可避免水浴加热时水气进入反应体系;温度易于调节,升或降温速度快;使用时受热容器应正对灯面,中间留有空隙。红外灯也可用于固体样品的干燥。

2. 电加热套(电热幅)

电加热套是由玻璃纤维包裹着电热丝织成帽状的加热器,由于它不是明火,因此加热和蒸馏易燃有机化合物时,具有不易着火的优点,热效率也高。电加热套相当于一个均匀加热的空气浴。加热温度通过变压器调节。最高加热温度可达400℃,是有机合成实验中一种简便、安全的加热装置。电热套的容积一般与烧瓶的容积相匹配,电热套主要用做加热回流的热源。

3. 调压变压器

调压变压器主要通过调节电压来调节电炉的温度和电动搅拌器的速率等。使用时应注意以下几点:

(1) 安全用电,接好地线;

(2) 不超负荷使用;

(3) 调节时要缓慢均匀,注意及时更换碳刷;

(4) 用完后,旋钮回零断电,放在干燥通风处,不得靠近有腐蚀性的物体。

4. 电动搅拌器

电动搅拌器是有机化学实验中常用的机械搅拌装置,通过变速器或外接调压变压器调节搅拌速度。使用时应注意以下几点:

(1) 开启或关闭时应逐渐变速,搅拌速度不能太快,以免液体溅出或打碎仪器;

(2) 不能超负荷运转,也不能运转时无人照看;

(3) 电动搅拌器长时间运转往往使电机发热,不能超过 50~60℃(有烫手的感觉);

(4) 使用时必须接地线。经常保持清洁干燥,防潮、防腐蚀,轴承经常加油保持润滑。

5. 磁力搅拌器

磁力搅拌器既能加热,又能调节搅拌速度,使用方便。调节转速旋钮使电动机带动磁子,达到搅拌的目的,同时利用磁场盘下面的电阻丝加热溶液。使用时应注意:

(1) 磁力加热搅拌器使用时须接地线;

(2) 搅拌磁子必须冲洗干净,放置和取出时应停止搅拌,动作要小心,以免打破玻璃容器;

（3）搅拌开始时慢慢旋转调速旋钮；

（4）如果溶液洒落在磁盘上，应立即关闭电源处理，以免溶液渗入电热丝及电机部分。

三、有机化学实验常用试剂的性质、制备及纯化

（一）有机光谱分析样品的准备

通过合成或分离获得的有机化合物，必须通过光谱鉴定才能确定其化学结构，有机化学工作者必须熟练掌握光谱分析的有关知识。通过合成获得的有机物通常不能直接进行光谱分析，必须进行适当的处理。

1. 红外光谱样品的准备

红外光谱是一种吸收光谱，是有机物官能团鉴定的有效方法，在有机物的结构分析中具有重要作用。红外光谱测定的样品通常是固体或液体，通过特殊的装置也可以测定气体的红外光谱。红外光谱的测定比较简单，通常情况下由学生自己独立操作完成。

一般红外光谱测定所需的样品量为每次 5~20 mg，样品应当充分地精制提纯，水分对红外光谱的测定影响较大，样品需充分干燥。

为了方便测定有机物的红外光谱，必须选择合适的载体。玻璃、石英以及塑料等具有共价键的化合物通常在红外区具有强烈的吸收，不能用来制作样品载体，必须用离子化合物作载体。金属卤化物如氯化钠、溴化钾、氯化银等是经常使用的载体材料。将氯化钠单晶切割成片并磨光，用这种晶片制作样品窗在整个红外区都没有吸收，但是氯化钠单晶容易破碎，而且氯化钠是水溶性的，样品必须干燥后才能测定。

固体粉末和结晶样品的分析常用溴化钾法，即先将样品与溴化钾粉末均匀混合后，在模具中加压制成透明的圆片再进行测定。

将 2~4 mg 样品在玛瑙或玻璃研钵中充分粉碎，将 200 mg 干燥的溴化钾分三次加入研钵中，最初几次制备样品时必须用分析天平称重，有了一定经验后，可以凭经验估计大致的量。继续研磨 5 min 左右，由于溴化钾有吸湿性，易吸收大气中的水分，所以研磨操作应迅速，避免吸湿，溴化钾保存时也应置于干燥器中。研磨时，必须把样品均匀地分散在溴化钾中，尽量将它们研细。颗粒越细，散射光越少，吸光度越大，可以得到很尖锐的吸收峰。研细后的样品在特制的模具中加压制成圆片，不同厂家生产的模具形状不一，应按各自的说明书进行操作。不透明或有气泡的样品片不能得到满意的谱图，应重新压片，压出半透明状的薄片。测定时把样品片固定在样品架里，在参比光路中放入纯溴化钾的压片。注意移动压好的薄片时必须使用镊子，不可用手拿，以免吸水或污染待测压片。压好的溴化钾压片保存时应用样品纸包好，放在干燥器内。研磨完样品的研钵和压完片的模具要清理干净，先用水洗去除较多的固体粉末，然后用脱脂棉蘸乙醇或丙酮擦洗几遍，在红外灯下干燥，然后进行下一个样品的制备或放入干燥器保存。

液膜法适用于难挥发性的液体样品(沸点约为80℃以上),最简单的方法即是在磨平且抛光的两块氯化钠晶片之间放上一薄层液体,即在一块晶片的表面滴上一滴液体,然后盖上第二块晶片,在第二块晶体的压力下使液体向四面铺开,在两块晶片间形成一层毛细薄膜。然后将晶片置于特制的支架上,置于光路中进行测定,装配支架时不可将螺帽拧得太紧,因为压得过紧会使氯化钠晶体碎裂。不要用手接触晶片,因为手指上的潮气会使磨光的表面损坏,使光无法透过,任何含水溶液的样品都不能用于盐窗。测完光谱后,氯化钠晶片必须用氯仿、四氯化碳等挥发性的干燥溶剂洗涤干净,干燥后保存在干燥器中。

2. 核磁共振谱(NMR)样品的准备

为了获得准确的分析结果,供核磁测定的样品应尽可能地纯净,送检样品纯度一般应大于95%,不得含磁性物质(如铁屑)、灰尘、滤纸毛等杂质。当样品中还含有结构不明的组分时,会给谱图的解析带来不必要的麻烦。分析未知样品时,首先应整理已经了解到的其他分析数据,明确用NMR测定的目的,从而确定样品浓度、溶剂、温度等测定条件。

核磁共振测定使用的溶剂应对样品有较强的溶解能力,不干扰样品的信号,也不与样品发生反应。经常使用的溶剂有氘代氯仿、氘代二甲亚砜、重水、氘代丙酮、氘代苯等。为方便测定,市售的氘代试剂一般都加入了一定浓度的内标物,常用的内标物为四甲基硅烷,其化学位移为0。选择溶剂应考虑溶剂对样品的溶解能力,氘代试剂价格较贵,对于未知样品可以先用非氘代试剂测试溶解度。样品在氘代试剂中溶解度要好,溶解后溶液均一透明,若有固体微粒必须首先过滤。

在实际测试过程中,采用不同的溶剂化学位移可能有很大变化,氘代的溶剂有时也会与样品中活泼氢发生交换反应。氘代试剂中含有1%的H,就会产生小的信号,应注意与样品信号的区分,为防止启封的氘代试剂瓶吸湿后会出现H的信号,应将其封好并放入装有硅胶干燥剂的干燥器中保存。也有已分装好的氘代试剂出售,用玻璃瓶密封包装,每瓶0.5 mL,使用十分方便。

一般使用市售的核磁管的规格为外径5 mm,内径4 mm,长180 mm,配有聚四氟乙烯或塑料的封盖。氘代试剂溶解后的样品体积以在核磁管中高度约3~4 cm左右为宜(氘代试剂0.5 mL),管外不要粘贴标签,以免影响旋转,标签纸应套在样品管上。为保证谱图质量,使用前核磁管必须清洗干净,首先用溶剂或洗涤剂洗净,再用丙酮清洗,充分干燥,由于核磁管比较细,干燥时间要长一些,以免残留溶剂,影响谱图的解析。

一般用于核磁共振测定的有机样品浓度为:氢谱约5~10 mg/0.5 mL氘代试剂;碳谱>15 mg/0.5 mL氘代试剂。测试氢谱时浓度太低则噪音较大、基线不平,浓度太高则谱峰裂分不好;测试碳谱时浓度高可缩短测试时间,噪音小,基线平直。高聚物一般不受上述限制,以溶解度最大为好。

样品管所带的标签纸上请注明:样品编号、所用氘代试剂、测试要求(如 ^1H, ^{13}C, DEPT,COSY,QC,BC等)、样品的可能结构、送样人姓名、联系方式、送样日期等。液体核磁通常的扫场范围为 ^1H: 1~13 ppm, ^{13}C: 12~230 ppm,特殊要求应在标签纸上注明,不稳定样品应提前与测试人员预约。

3. 质谱样品的准备

质谱分析时需要熟练的操作技巧,一般由专业人员进行测定,这里介绍有关委托分析的注意事项。

混合物的谱图一般是各单独组分谱图的叠加,符合加成法则,因此质谱法也可以分析混合物或混有一些杂质的样品。混合物定量分析时最主要的问题是分子离子的强度比,有干扰离子存在时要把样品做成衍生物或使其分解然后进行测定。解析未知物的构造时,碎片离子是非常重要的,希望尽可能地除净样品中的杂质。

质谱测定的核质比大约可到 2000,一般有机物结构解析时用到 500 左右,每次测定所用最少样品量为:固体、液体约 0.1 mg(直接进样时 0.01～0.1 μg)便可测定;气体、易挥发液体 0.1～1 mL。委托分析时准备样品量为其十倍以上为宜。

固体样品取 10 mg 放到样品管内;液体样品取 10 mg 左右封存在内径为 2 mm 的毛细管里;气体样品装在气体采样器中,贴上标签,并填写委托分析单。委托分析单上应注明:样品号、单位、姓名、委托日期;样品中含有的元素、结构式、分子量的估计值、纯度、沸点、熔点以及挥发性、升华性、吸湿性等;测定的目的、分子离子、碎片离子、同位素离子、亚稳态离子等,希望测定某些特定的峰时也应注明。

4. 紫外光谱样品的准备

测定紫外光谱时一般是将被测样品溶于适当的溶剂中,然后盛在吸收池中测定。所使用的溶剂应能充分溶解样品,与样品没有相互作用,且在测定波长范围内吸收少。各种溶剂可以使用的波长范围如下:蒸馏水、乙腈、环己烷大于 200 nm;甲醇、乙醇、乙醚大于 220 nm;二氧六环、氯仿、乙酸大于 250 nm;二甲基甲酰胺、乙酸乙酯大于 270 nm;四氯化碳大于 275 nm,苯、甲苯、二甲苯大于 290 nm;丙酮、吡啶大于 350 nm;二硫化碳大于 380 nm。

被测样品的浓度通常采用实验的方法来确定,首先精确配制 $0.01\ mol\cdot L^{-1}$ 浓度的溶液进行测定,若浓度过大则取其一部分稀释 10 倍进行测定,直到浓度适宜为止。稀释溶液时通常使用 20 mL 的容量瓶及 2 mL 的移液管。配好的样品溶液必须清澈透明,不能有气泡或悬浮物质存在。

比色皿(吸收池)应选择在测定波长范围内没有吸收的材质,玻璃比色皿只能用于可见光波长范围内,石英比色皿紫外、可见光均可使用,但价格较贵,用挥发性强的溶剂时应使用有盖的比色皿。

样品溶液移入比色皿前,首先用溶剂洗涤比色皿,然后再用样品溶液冲洗,清洗时首先用注射器注入 1 mL 液体,把比色皿各部润湿后倒掉。最后加入样品溶液,所加溶液为比色皿高的 4/5 为宜。

比色皿外侧粘有液体时可用脱脂棉擦净。拿比色皿时应只接触不透光的侧面,不应在透光面粘有指纹或异物。

使用过的比色皿应在干燥之前进行清洗,一般用溶剂进行清洗,使用不溶于水的溶剂时还需进一步用丙酮或乙醇清洗。比色皿应保存在干燥器中,或者放在有磨口盖的广口瓶中并加入酒精或水浸泡吸收池。

(二) 常用试剂的性质与制备纯化

实验经常用到大量的试剂,包括无机试剂和有机试剂,市售的试剂有分析纯(A.R)、化学纯(C.P)、工业级(T.P)等级别,其中分析纯的纯度较高,工业级则带有较多的杂质。在某些有机反应中,对试剂或溶剂的要求较高,即使微量的杂质或水分的存在,也会对反应的速率、产率和产品纯度带来一定的影响,因此掌握一些常用试剂的纯化方法是十分必要的。

在实际工作中还会经常遇到无法买到某种试剂或买不到高纯度试剂的情况,影响实验工作正常进行,因此,了解一些常用试剂的制备方法也是十分必要的。在这部分中给出了常用有机和无机试剂的制备与纯化方法,希望能给实验工作带来一些方便。

1. 氨气

商品的氨气一般用钢瓶盛装,使用时通过减压装置可以得到气态的氨。气体的流速可由计泡计来控制,其中计泡计中含有少量浓氢氧化钾溶液(12 g 氢氧化钾溶于 12 mL 水)。在计泡计和反应器之间应加一安全瓶。通过装有疏松的碱石灰或块状氧化钙的干燥塔干燥。

如果需要少量的氨可以用如下方法制备:在上端装有回流冷凝管的圆底烧瓶中加入浓氨水,缓慢加热,气体通过装有疏松的碱石灰或块状氧化钙的干燥塔干燥,然后通过安全瓶引入反应瓶。

2. 氨基钠

市售颗粒状氨基钠纯度为 80~90%,氨基钠不容易研碎,通常在装有烃类惰性溶剂(如甲苯、二甲苯等)的研钵中研磨。氨基钠在常温下暴露在空气中 2~3 天会产生危险的混合物。为了安全,打开的氨基钠应该立即使用,容器敞口放置不应超过 12 小时。当氨基钠形成氧化物时(颜色变为黄色或棕色)爆炸性很强,不能再使用。少量没有用完的氨基钠加入甲苯中使其完全被覆盖,然后搅拌下缓慢加入用甲苯稀释过的乙醇,可将其分解掉。

实验室由钠和液氨在三价铁离子催化下制备氨基钠:向 500 mL 的三颈瓶中加入 300 mL 无水液氨。三颈瓶上装有玻璃塞、密封的搅拌棒和装有碱石灰干燥管的回流冷凝管。搅拌下,向溶液中加入 0.5 g 钠,溶液显蓝色。然后加入 0.5 g 硝酸铁粉末催化剂,30 分钟内加入 13.3 g 切成小块的钠。当钠转化成氨基钠后,溶液由蓝色变为灰色悬浮液,从滴液漏斗中加入足量的无水乙醚,使液体体积保持在 300 mL 左右。升温蒸出氨,当氨几乎全部蒸完后搅拌氨基钠悬浮液,加热回流 5 min,然后冷却到室温,得到 23.4 g 氨基钠的醚悬浮液,转化几乎是定量的。

3. 钯催化剂

钯催化剂是非常有效的加氢催化剂,价格比较贵。实验室可由氯化钯制备钯催化剂。

(1) Pd – C(5% Pd)的制备:将1.7 g氯化钯和1.7 mL浓盐酸加入到20 mL水中,水浴加热2小时溶解完全,然后将其倒入溶有30g醋酸钠的200 mL水溶液中。然后加入20 g酸洗过的活性炭,在氢气气氛中氢化直到反应结束。过滤收集催化剂,用5份100 mL的水洗涤,吸滤抽干。在室温下用氢氧化钾干燥或在真空干燥器中用无水氯化钙干燥。将催化剂碾成粉末,贮存在塞紧塞子的试剂瓶中。

(2) Pd – C(30% Pd)的制备:将8.25 g氯化钯和5 mL浓盐酸加入到50 mL水中。冰浴冷却下,加入50 mL 40%的乙醛溶液,再加入11 g酸洗过的活性炭。机械搅拌下加入溶有50 g氢氧化钾的50 mL水溶液中,保持温度低于50℃。加完后将温度升至60℃,保持15 min,用水彻底清洗催化剂后,再将水倒出;用乙酸洗涤,吸滤,再用水洗至无Cl^-和OH^-离子。在100℃干燥,储存在干燥器中备用。

(3) 钯黑的制备:5 g氯化钯溶于30 mL浓盐酸后用80 mL水稀释,冰盐浴冷却下加入35 mL 40%的乙醛溶液。将35 g氢氧化钾溶于35 mL水中,强力搅拌下,在30 min内将其加入混合物中。加热到60℃,保持30 min后将水倾出并用水洗涤沉淀6次,过滤到坩埚上,用1 L水洗涤,吸干,转入干燥器中干燥,产量为3.1 g。

(4) Pd – $BaSO_4$(5% Pd)的制备:在2 L烧杯中加入63.1 g氢氧化钡溶于600 mL水的热溶液(t = 80℃),在快速搅拌下一次加入60 mL 3 mol·L^{-1}硫酸。再加入3 mol·L^{-1}硫酸使悬浮物对石蕊显酸性。将4.1 g氯化钯溶于10 mL浓盐酸后用20 mL水稀释,在机械搅拌下加入硫酸钡溶液,然后再加入4 mL 40%的乙醛溶液。用30%的氢氧化钠溶液调至弱碱性,继续搅拌5 min,静置。倾出上层清液,用水洗,再静置,重复8~10次。过滤,用5份25 mL的水洗涤,尽量吸干,80℃干燥,研细催化剂,密封在瓶子里备用。

4. 苯

沸点80.1℃,密度d = 0.87 g/cm^3,不溶于水,与乙醇互溶。熔点为5.2℃。工业苯中常含有噻吩,噻吩的沸点(84.0℃)与苯接近,不能用蒸馏方法分离。检查苯中有无噻吩,可取5 mL苯加入10 mL靛红和10 mL浓硫酸组成的溶液,振摇片刻,当有噻吩存在时,酸层呈现浅蓝色。

要制取无水无噻吩的苯一般可采用在室温下用浓硫酸洗涤的方法。取相当于苯体积15%的浓硫酸洗涤,可重复操作直至酸层呈现无色或淡黄色为止,然后用水洗至中性,用无水氯化钙干燥后,蒸馏,收集79~81℃馏分,最后以金属钠脱水成无水苯。

5. 吡啶

沸点115.2℃,密度d = 0.98 g/cm^3。分析纯吡啶含有少量水,如要制备无水吡啶,可将吡啶和粒状氢氧化钾一起回流,然后隔绝潮气蒸出备用。干燥的吡啶吸水性很强,保存时应将容器口用石蜡封好。

6. 丙酮

沸点 56.5℃，密度 $d = 0.78 \text{ g/cm}^3$，能与水、乙醇、乙醚互溶。工业丙酮含有甲醇、乙醇、酸、水等杂质。一般丙酮的纯化是将丙酮和高锰酸钾一起回流，直至加入的高锰酸钾的紫色不再褪去为止，然后将丙酮蒸出，用无水碳酸钾干燥，再进行蒸馏。

7. 冰醋酸

沸点 117.9℃，将市售乙酸在 4℃ 下缓慢结晶，过滤，压干。少量的水可用五氧化二磷回流干燥几小时除去。冰醋酸对皮肤有腐蚀作用，触及皮肤或溅到眼睛时，要用大量水冲洗。

8. 氮气

氮气一般以压缩气的形式贮存于钢瓶中，一般含有痕量的氧气，可以采用以下方法除去：(1) 通过没食子酸的碱溶液(15 g 没食子酸溶于 100 mL 50% NaOH 溶液)；(2) 通过 Fieser 溶液，该溶液制备方法：在 100 mL 水中溶 20 克氢氧化钾，搅拌加入 2 克蒽醌 - 2 - 磺酸钠和 15 g 亚硫酸氢钠微热到溶解，当该血红色的溶液冷至室温即可使用，该溶液能吸收 750 mL 氧气，当溶液颜色变化至褐色或者有沉淀生成时，该溶液即失去作用了。也有市售的不含氧气的高纯氮，但价格较贵。

9. N,N - 二甲基甲酰胺(DMF)

沸点 152.8℃，密度 $d = 0.94 \text{ g/cm}^3$，无色液体，能与多数有机溶剂和水互溶，是优良的有机溶剂。市售的 DMF 含有少量水、胺和甲醛等杂质。在常压蒸馏时有些分解，产生二甲胺与一氧化碳，若有酸或碱存在时，分解加快，在加入固体氢氧化钾或氢氧化钠后，在室温放置数小时，即有部分分解。因此最好用硫酸钙、硫酸镁、氧化钡、硅胶或分子筛干燥，然后减压蒸馏，收集 76℃/4.79 kPa(36 mmHg) 的馏分。如其中含水较多时，可加入十分之一体积的苯，在常压及 80℃ 以下蒸去水和苯，然后用硫酸镁或氧化钡干燥，再进行减压蒸馏。

10. 二甲亚砜

沸点 189.0℃，熔点 18.4℃，密度 $d = 1.10 \text{ g/cm}^3$。二甲亚砜能与水互溶，可用分子筛长期放置加以干燥。然后减压蒸馏，收集 76℃/1.6 kPa 馏分。蒸馏时温度不可超过 90℃，否则会发生歧化反应生成二甲砜和二甲硫醚。也可用氧化钙、氧化钡或无水硫酸钡等来干燥，然后减压蒸馏。二甲亚砜与某些物质混合时可能发生爆炸，如氢化钠、高碘酸或高氯酸镁等，使用时应注意。

11. 二氧化碳

在启普发生器中用碳酸钙和稀盐酸(1:1)可以制备二氧化碳。将气体通过装有碳酸氢钠的洗气瓶中可除去酸雾，如果需要干燥，再将气体通入另外两个装有浓硫酸的洗气瓶除去。

大量的二氧化碳可用商品的钢瓶气，气体可通过两个装有浓硫酸的洗气瓶干燥，在二

第一部分 有机化学实验的一般知识

氧化碳气体中存在少量的空气。

为了达到某种实验目的(如格氏反应),可用固态二氧化碳(干冰),注意不能在没有保护的情况下直接用手拿固态二氧化碳,否则会冻伤。如果要用干冰粉末,可将大块的干冰用布包起来再砸碎。干冰挥发时可以稳定地提供二氧化碳气体,可在烧瓶中装入大小合适的干冰块,产生的气体经过浓硫酸洗气瓶、安全瓶与反应器相连。

12. 二氧化锰

二氧化锰在有机合成方面的主要用途是将含有烯丙基、苄基的1°和2°醇选择性的氧化成相应的羰基化合物,二氧化锰的活性随制备方法的不同而不同,高活性的二氧化锰可以通过用过量高锰酸盐在碱性条件下氧化二价锰离子得到:

将223 g(1 mol)四水合硫酸锰溶于300 mL水中,形成溶液(a),配制240 mL 40%的氢氧化钠的水溶液(b),然后在1200 mL水中溶解190 g(1.2 mol)高锰酸钾并加热搅拌,在1小时内向其中同时加入(a)和(b),最后分离出纯的二氧化锰褐色沉淀。二氧化锰很细,离心分离,并用水彻底洗涤至溶液无色,在100~120℃干燥。也可以尽可能延长抽滤时间以除去大部分水分,再用150 mL苯与25 g滤饼混合蒸馏除去剩余的水。通过沉淀法得到的二氧化锰反应活性已足够直接用于氧化反应。要评价一种二氧化锰试样的反应活性,可在50 mL干燥的石油醚中(b. p. 30~60℃)溶解0.25 g纯苯丙烯醇,加入2 g预先用P_2O_5干燥的MnO_2试样,在室温下振荡该溶液2小时。过滤,挥发溶剂,将产物在甲醇中用2,4-二硝基苯肼的磺酸盐处理。收集得到的肉桂醛2,4-二硝基苯腙并用乙酸乙酯重结晶,高活性的二氧化锰生成的衍生物的产量应超过0.35 g(60%)。

13. 二氧六环

沸点101.3℃,密度$d = 1.04$ g/cm³。与水互溶,无色,易燃,能与水形成共沸物(含量为81.6%,沸点87.8℃),一般含有少量二乙醇缩醛与水,可加入10%的浓盐酸回流3小时,同时慢慢通入氮气,以除去生成的乙醛。冷却后,加入粒状氢氧化钾直至其不再溶解,分去水层,再用粒状氢氧化钾干燥一天。过滤,加入金属钠回流数小时,蒸馏。放久的二氧六环中可能含有过氧化物,要注意除去,然后再处理。

14. N,N-二环己基碳二亚胺(DCC;$C_6H_{11}N = C = NC_6H_{11}$)

熔点33~35℃,为蜡状低熔点的固体,该试剂对皮肤具有强腐蚀性,还会引起过敏,使用时必须小心。可以买到质量很高的DCC(纯度99%),可将试剂瓶置于少量热水中使之液化以便称重。

该试剂常用作脱水剂,反应后以二环己基脲形式除去。回收的二环己基脲可用乙醇重结晶,然后在吡啶溶液中与对甲苯磺酰氯、三氯氧磷或五氧化二磷反应转化为DCC:搅拌下,将17.1 g(47 mL,0.11 mol)三氯氧磷滴加到溶有22.5 g(0.1 mol)二环己基脲的50 mL吡啶溶液中,然后加热到60~90℃保持1.5小时,将反应产物倒在碎冰上,用石油醚(b. p. 60~80℃)萃取,用无水硫酸钠干燥萃取物,再用旋转蒸发仪蒸出溶剂,剩余的油状物减压蒸馏。二亚胺的产量约为 14 g(68%)。

15. 氟化钾

无水氟化钾可通过下列的步骤制备:氟化钾晶体研细,用加热套加热到 180~210℃,存放在干燥器中。在使用前,将氟化钾干燥三小时,然后在加热的研钵(50℃)中研磨。

16. 铬氧化剂

在有机化学中 Cr(VI) 广泛的用作氧化剂。氧化铬是一种易潮解的红色晶体,易溶于水和硫酸,为强氧化剂,处理时必须小心。通常用它的乙酸或乙酐溶液。将氧化铬加到冰冷的醋酐中可配成氧化铬的醋酐溶液,切记不要将酸酐加到氧化铬上,若将酸酐加到大量的氧化铬上会引起爆炸性分解。在将简单一级醇氧化为醛、二级醇氧化为酮、烷基硼烷氧化为酮的反应中,也可用重铬酸钠的硫酸水溶液作为氧化剂。由于一级醇氧化生成的醛会被继续氧化为羧酸,因此一般不用酸性铬酸盐来氧化一级醇制醛。而在惰性介质中 Cr(VI) 可以进行选择性氧化,目前 Cr(VI) 的吡啶配合物(重铬酸吡啶盐和氯铬酸吡啶盐)广泛用于一级醇和含有酸敏感基团的醇的选择性氧化。

用重铬酸吡啶盐氧化一级醇和二级醇的步骤为:在磁力搅拌下,向 150 mL 含吡啶 9.49 g(12 mmol) 的二氯甲烷中加入 6 g(60 mmol) 的三氧化铬,然后用装有干燥剂的干燥管将瓶口塞上,溶液为深紫色,搅拌 15 min,在搅拌后期加入一部分溶于少量二氯甲烷的醇溶液(10 mmol),立即有焦油状黑色沉淀产生,溶液温度保持在室温,继续搅拌 15 min,此时溶液和残渣分层,用 200 mL 乙醚洗残渣。有机层用三份 100 mL 5% 的 NaOH 水溶液洗三次,100 mL 5% 的 HCl 水溶液洗一次,100 mL 5% 的 $NaHCO_3$ 水溶液洗一次,100 mL 的 NaCl 饱和水溶液洗一次,然后用硫酸镁进行干燥,最后将分层的二氯甲烷浓缩,用乙醚将残渣萃出,滤出不溶的铬盐,用稀碱溶液和饱和食盐水洗涤,用硫酸镁干燥,减压蒸馏溶液得醛和酮的粗品。可用这样的步骤氧化的醇有 2-辛醇(羰基化合物的产率为 97%),1-辛醇(90%),苯甲醇(89%),冰片醇(89%),肉桂醇(96%)。

氯铬酸吡啶盐是在有盐酸存在的条件下由三氧化铬和吡啶作用形成的,它具有弱酸性,易和碱性基团反应,它可替代氧化剂重铬酸吡啶盐。可用下面的方法制备氯铬酸吡啶盐:在搅拌的过程中向 184 mL 6mol·L^{-1} HCl(1.1 mol) 中快速加入 100 g(1 mol) 氧化铬(VI),5 min 后将溶液冷却到 0℃,小心加入 79.1 g(1 mol) 吡啶(至少用 10 min),重新冷却到 0℃,得到一种橙黄色固体,将固体置于磨砂玻璃漏斗中过滤,真空干燥 1 小时,得产物 188.8 g(84%)。用水分测定仪不易测出该固体是否完全干燥,因此需在室温下放置一段时间。

在一些反应中吸附在氧化铝上的氯铬酸吡啶盐的反应效果更好。40℃时,6 g 三氧化铬溶于 11 mL 盐酸(6 mol·L^{-1}) 中,10 min 内加入 4.75 g 吡啶,将溶液降温到 10℃ 以下,直到形成橙黄色固体,再升温到 40℃,使固体溶解,在搅拌下加入 50 g 氧化铝,保持温度为 40℃,蒸出溶剂,得橙色固体,真空干燥 2 小时。该试剂在避光条件下可在真空干燥器中保存几周,其活性不变。

17. 高碘酸

商品化的高碘酸一般有 95% 和 50% 两种规格。高碘酸可对相邻碳原子上有两个羟基或一个羟基和一个氨基的化合物进行选择性氧化。即：C - C 键断裂。

$$RCH(OH)CH(OH)R' + HIO_4 \rightarrow RCHO + R'CHO + HIO_3 + H_2O$$

$$RCH(OH)CH(NH_2)R' + HIO_4 \rightarrow RCHO + R'CHO + HIO_3 + NH_3$$

只有两个羟基或一个羟基和一个氨基在相邻碳上时才能发生氧化反应，因此该反应可用来检验是否存在相邻的羟基（例如 1,2 - 二醇）和相邻的羟基、氨基。羟基和羰基相邻或羰基和羰基相邻的化合物也可被氧化，如：

$$RCH(OH)COR' + HIO_4 \rightarrow RCHO + R'CO_2H + HIO_3$$

$$RCOCOR' + HIO_4 + H_2O \rightarrow RCO_2H + R'CO_2H + HIO_3$$

pH 在 3~5 之间进行的氧化反应用 $NaIO_4$ 和 KIO_4。高碘酸钠在水中的溶解度为：$0.07\ g \cdot mL^{-1}$，加入碱会形成难溶的 $Na_2H_3IO_6$ 沉淀。（$Na_2H_3IO_6$ 水中溶解度 0.2%）。如果反应物不溶于水，氧化反应就应该在用水稀释的乙醇、甲醇或乙酸中进行。氧化剂应稍过量，否则所得的氧化产物为部分氧化产物。

18. 过氧化苯甲酰

过氧化苯甲酰是一种危险物质，很容易爆炸。商业产品很便宜，一般含水 25%。在实验中少量的过氧化苯甲酰可在强碱存在的条件下由苯甲酰氯和过氧化氢反应制备。

在通风橱中，向浸没于冰浴中的 600 mL 的烧杯中加入 50 mL（0.175 mol）12%（40 体积）的过氧化氢，同时装上机械搅拌，将 30 mL 4 $mol \cdot L^{-1}$ 的氢氧化钠溶液和 30 g（25 mL，0.214 mol）新蒸馏的苯甲酰氯（有催泪性，注意防护）分别装入两个滴液漏斗，将漏斗颈没于烧杯中，搅拌下同时滴入烧杯中。滴加的过程中要注意溶液保持弱碱性，温度不超过 5~8℃。全部加完后，继续搅拌半小时，此时不再有苯甲酰氯的气味，抽滤絮状沉淀，用少量冷水洗涤，然后放在滤纸上风干，得到 12 g 纯度为 46% 的过氧化苯甲酰。可溶于一体的氯仿，再加入两体积的甲醇析出沉淀的方法来提纯。在热的氯仿中过氧化苯甲酰不能重结晶，因为会产生非常剧烈的爆炸。过氧化苯甲酰在 160℃ 时熔化并分解，与所有的有机过氧化物一样，过氧化苯甲酰应在防护屏后小心处理，而且应使用角勺或聚乙烯勺处理。

为了确定过氧化苯甲酰的含量（含有其他有机过氧化物），可用下面的步骤：准确称取 0.5 g 过氧化苯甲酰，溶于装有 15 mL 氯仿的 350 mL 的锥形瓶中，冷却到 -5℃，加入 25 mL 0.1 $mol \cdot L^{-1}$ 的甲醇—甲醇钠溶液，冷却，震荡 5 min。在溶液为 -5℃ 时，剧烈搅拌，依次加入 100 mL 冰水，5 mL 10% 的硫酸和 2 g 溶于 20 mL 10% 的硫酸的碘化钾，然后用 0.10 $mol \cdot L^{-1}$ 的标准亚硫酸钠滴定析出的碘。

19. 过氧化氢

市售过氧化氢的浓度一般为 30% 和 60%。也有高浓度的过氧化氢，如浓度为 86%。

浓过氧化氢与有机物或过渡金属接触会发生爆炸,因此必须小心。

只要采用一定的安全防范,即使是高浓度的过氧化氢(大于50%),也可以进行处理。首先,最好戴上防护镜和橡胶或塑料手套,因为高浓度的溶液会使纺织品燃烧,而且必须穿上橡胶或塑料围裙。所有涉及该溶液的操作均应在通风橱中进行,并且反应装置应安装在装有水的塑料盘中,以防止过氧化氢溢出。

吸入高浓度的过氧化氢的蒸气会使鼻子和喉咙疼痛,眼睛接触后会使角膜溃烂。皮肤上溅到过氧化氢溶液,应立即用自来水冲洗。操作前应准备好水,用于冲洗溅出和泄露的过氧化氢。

可以根据含氧量粗略测得过氧化氢溶液的浓度,在标准状况下 1 mL 30% 的过氧化氢溶液加热完全分解会得到 100 mL 氧。过氧化氢水溶液用酸性碘化钾处理释放出碘,再用标准硫代硫酸钠滴定,这种方法也可测得过氧化氢水溶液的浓度。

20. 光气(碳酰氯)

有市售装在钢瓶中的光气或装在安瓿中的光气甲苯溶液(12.5%),由于光气毒性强,所有操作都应在通风橱中进行,多余光气必须用 20% 的氢氧化钠溶液吸收完。

21. 钾

在处理钾时必须非常小心,要在装有石油醚的研钵中切金属钾,不要用易碎的烧杯或培养皿。切开外面的氧化层,然后用镊子将碎屑放入另一装有石油醚的研钵中。用镊子将刚切的钾夹到滤纸上,快速吸干,然后加到已知质量的装有石油醚的烧杯中,称量。将称量后的钾加到反应物中。钾碎屑不应久置,应立即分解掉,可将装有钾碎屑的研钵转移到通风橱内,用移液管分批加入少量叔丁醇(不能用甲醇或乙醇),控制滴加速度使反应不是很剧烈。准备一个防热挡板,如果溶液着火,可用挡板盖住熄灭。粘在刀上和研钵中的钾屑也要在通风橱中用叔丁醇小心处理。

22. 甲醛

商品福尔马林是含 37~40% 甲醛的水溶液,加入 12% 的甲醇作稳定剂。当需要干燥的气态甲醛时,可通过 180~200℃ 多聚甲醛的解聚得到。

23. 金属氢化物

金属氢化物应用广泛,处理简单,常被选作很多有机官能团的还原剂。下面几种金属氢化物的氘代物可以通过商业途径得到,它们能在有机化合物的已知位置引入一个氘原子,因而这类化合物在推测反应途径和反应机理上是非常有用的。

氢化铝锂($LiAlH_4$)是一种很强的还原剂,能迅速还原许多官能团。一个典型的例子就是把酯还原成醇。这种试剂通常以粉末形式密封在塑料袋里,置于金属筒中。也可以溶液形式溶于乙醚、二甲醚、四氢呋喃或者甲苯中。氢化铝锂与水剧烈反应,放出氢气,也必须避免与痕量的水蒸气接触,因为随即产生的热量能引燃氢化铝锂。因此在处理该试剂时要特别小心。剩余的粉末试剂要安全销毁,方法是在安全隔板后放一容器,内置石油醚。将氢化铝锂粉末悬浮其中,小心搅拌滴加乙酸乙酯直到明显的反应停止,然后将混合物静置过夜,用乙醇,再用水重复上述步骤。最后水层倒入下水道,有机层回收。

氢化铝锂的还原通常在醚的溶剂中进行,如严格干燥过的乙醚或四氢呋喃,它在这两种溶剂中的溶解度分别是 25~30 g/kg 和 13 g/kg。这些溶液中常含有大量的不溶物,可能是操作过程中氢化物与水气反应生成的杂质所致,但这些成分不到1%,不会影响下一步的还原反应。

硼氢化钠($NaBH_4$)相对于氢化铝锂来说是一种温和的还原剂。在羰基化合物中,它一般只还原醛类和酮类,而且硼氢化钠比氢化铝锂的选择性要好,可以买到固体的 $NaBH_4$ 或者溶于乙二醇二甲醚、丙三醇三甲醚中的溶液。与氢化铝锂不同,硼氢化钠不溶于乙醚(但可溶于二氧六环),作还原剂时,一般溶于水或乙醇溶液中。

24. 磷酸

市售磷酸的含量为 85%,d = 1.87 g/cm³。同样也可以买到 100% 的磷酸(无水磷酸,相当于 72% P_2O_5),将 90% 的磷酸与 P_2O_5 按质量比 4∶1 混合也可制备 100% 的磷酸。

多聚磷酸(近似分子式 $2P_2O_5·3H_2O$)含 82~84% 的磷酸,为黏稠液体,取用时可用蒸气浴加热形成流动的液体。也可将 P_2O_5 溶于 88~90% 的磷酸(质量比为 1.8∶1)来制备,相当于含 87% 的 P_2O_5。

25. 硫化氢

硫化氢有毒,应在通风良好的通风橱中进行反应和制备,一般采用硫化亚铁与稀盐酸(1∶3)在启普发生器中制备,用水洗除去少量酸气,因市售硫化亚铁含有少量单质铁,所以制得的硫化氢含有少量氢气。也有高纯度的钢瓶气,纯度一般为 99.6%。

26. 硫酸二烷基酯

硫酸二甲酯为液体,沸点 188.5℃,几乎没有气味。气态和液态的硫酸二甲酯均有剧毒,应在通风橱中使用,并戴上胶皮手套。吸入气态的硫酸二甲酯会导致头晕,甚至中毒,液态的硫酸二甲酯会渗透皮肤导致中毒。如果不小心将液态硫酸二甲酯洒在手上,应立即用浓氨水冲洗,将它在未渗透皮肤之前分解,然后用浸有氨水的棉团轻轻擦拭。

硫酸二乙酯的毒性比硫酸二甲酯的弱,但在使用和处理时同样要采取相应的预防措施,所有的操作都应戴上胶皮手套在通风橱中进行。如果硫酸二乙酯为黑色,应该放在分液漏斗中用冰水洗涤,再用碳酸氢钠洗涤,直到不显酸性,最后用氧化钙干燥,分馏,收集 93℃/1.7 kPa 的馏分。

27. 氯气

氯是具有剧毒的刺激性气体,制备和使用必须在通风良好的通风橱中进行操作。对于使用大量的氯的情况,可用市售的钢瓶氯气。气体可通过两个装有浓硫酸的洗气瓶进行干燥,然后通过一个装有玻璃棉的洗气瓶以除去酸雾。根据所需氯气的质量计算出高锰酸钾的量(1 g Cl_2 约需 0.9 g $KMnO_4$),加入圆底烧瓶。将稍过量的浓盐酸置于恒压滴液漏斗中(1 g $KMnO_4$ 需 6.2 mL 浓盐酸)然后将恒压漏斗塞上,活塞用橡皮筋套上。将氯通过一装有水的洗气瓶以除去 HCl,然后通过另一装有浓硫酸的洗气瓶进行干燥,最好在反应器和干燥装置之间装一安全瓶。盐酸应慢慢地滴加到高锰酸盐晶体上,并不断震荡烧瓶。当酸加入一半时,气体的挥发速度逐渐降低,此时应稍微加热烧瓶,酸加完后将混合物加热到微沸,将氯全部挥发出来。

28. 氯仿

氯仿的沸点 61.2℃,密度 $d = 1.48$ g/cm^3,不溶于水,在日光下易分解为 Cl_2、HCl、CO_2 和光气(剧毒),故应保存在棕色瓶中,市场上供应的氯仿多加有 1% 的乙醇以消除光气,氯仿中乙醇的检验可用碘仿反应,游离氯化氢的检验可用 $AgNO_3$ 的醇溶液。

氯仿的纯化:先用浓硫酸除去乙醇,再用无水氯化钙干燥,最后进行蒸馏。氯仿遇金属钠会发生爆炸,不可用金属钠干燥。

29. 氯磺酸($ClSO_3H$)

处理氯磺酸时必须非常小心,它对皮肤和衣服的腐蚀性很强,与水发生剧烈反应。如果试剂不纯,可以在全玻璃的装置中进行蒸馏,收集沸点在 148～150℃/100 kPa 的馏分,应对馏分采取防潮措施。

30. 氯化亚锡

无水氯化亚锡易溶于丙酮和 1-戊醇,溶于无水甲醇和无水乙醇;不溶于苯,甲苯,二甲苯和氯仿。只要有微量的水就立即水解,形成一种乳状沉淀。

用油浴在 195～200℃ 对结晶氯化亚锡($SnCl_2 \cdot 2H_2O$)加热 1 小时,熔融物冷却后变为粉末状,可保存在干燥器中,所得产物在许多实验中都可满足要求。

用下面的步骤可得到更好的无水氯化亚锡:在 400 mL 的烧杯中加入 102 g(89.5 mL,1 mol)新蒸的乙酸酐,123 g 分析纯的 $SnCl_2 \cdot 2H_2O$(0.5 mol),结晶立即脱水,放热,乙酸酐沸腾。1 小时后,用布氏漏斗或磨砂玻璃漏斗过滤无水氯化亚锡,用两份 30 mL 的无水醚洗涤除去乙酐,然后在干燥器中干燥过夜。可保存在干燥器中或塞紧的瓶中。

31. 氯化亚铜

将 35 g(0.14 mol)五水硫酸铜和 9.2 g(0.175 mol)纯氯化钠溶于 125 mL 水中,温热溶解。5 min 内加入 8.4 g(0.044 mol)硫代硫酸钠溶于 90 mL 水的溶液,不断的震荡,冷却到室温(必要时可以用冰浴),将上层液体和白色的氯化亚铜分开,用溶有少量二氧化硫的水洗涤沉淀两次(二氧化硫用来防止产物氧化)。将潮湿的氯化亚铜溶于 60 mL 浓盐酸中,该溶液在制备好后必须在 24 小时内使用,因为它很容易氧化。如果不马上用,可将溶液保存在盖紧的瓶中。如果要用干燥的氯化亚铜,可用含二氧化硫的水洗涤潮湿的氯化亚铜固体,然后用布氏漏斗过滤,用少量的冰醋酸洗数次,然后在烘箱中于 100～120℃烘干,直到不再有冰醋酸的气味。得到纯白色的氯化亚铜保存在塞紧的瓶中,产率几乎是定量的。

32. 氯化氢

制备方法:由浓硫酸和熔融后的氯化铵制备。在启普发生器中由浓硫酸和熔融后的块状氯化铵反应来制备氯化氢。气体通过装有浓硫酸的洗气瓶进行干燥,干燥瓶应接一个安全瓶以防止倒吸。

33. 钠

处理钠时必须非常小心,在任何条件下都不能与水接触,钠应存放在煤油或石蜡中。不能用手接触金属钠,不用的钠块应放在装有煤油或石蜡的容器中,不能扔在水槽或垃圾桶中。如果要将小钠块处理掉,可将小钠块分批投入到大量的工业酒精中。钠表面总是覆盖有一层非金属层,在使用前要在惰性溶剂(如乙醚,二甲苯)中用小刀将它刮掉,但这样相当浪费;也可将钠块浸没于装有二甲苯的大口锥形瓶中,小心加热,轻轻搅拌,直到钠熔化并与表面的氧化层分开时,将锥形瓶从电热板上取下,冷却。熔融钠固化为小球状,然后用小铲取出,浸没于新制备的惰性溶剂中。用二甲苯洗涤后的残渣层,可浸没于工业酒精中安全分解。

钠砂的制备是在装有回流冷凝管(装有碱石灰干燥管)、密封搅拌和滴液漏斗的 1 L 三颈瓶中,加入 23 g 干净的钠和 150~200 mL 干燥的二甲苯,加热至微微回流,开始搅拌,直到钠成为粒状,将烧瓶冷却到室温,停止搅拌,倾析出二甲苯,用 2 份 100 mL 的干燥乙醚洗涤钠砂以除去残留的二甲苯,用这种方法可得到大量的钠砂。

34. 氢

实验室常用市售钢瓶氢气,高纯氢含量可达 99.99%。也可由活泼金属与稀酸反应制备。普通的氢气含有少量的氮、氧、水和烃类,欲除去氢气中的氧气,可用 Fieser's 溶液除氧,然后通入装有浓硫酸的洗瓶,并在洗瓶中加入少量的硫化银,硫化银可以除去 Fieser's 溶液分解出的硫化氢。

35. 氢碘酸

氢碘酸是含水的恒沸物,含 55~57% 的碘化氢,沸点 127.5℃,相对密度 $d = 1.70 \text{ g/cm}^3$(含 HI 0.936~0.99 g/mL),还有浓度为 45% 和 67% 的氢碘酸。67% 的氢碘酸加入 0.03% 的次磷酸会更稳定。如果将瓶口打开放置几天,氢碘酸溶液会变质,应密封保存并在密封之前充入氮气。

氢碘酸制备方法如下:在通风橱中向 1.5 L 的三口瓶中加入 480 g 碘和 600 mL 水,中间的瓶口装上机械搅拌,另一瓶口安导入管,将硫化氢气体导入到液体表面下。导出管与一倒置的漏斗相连,漏斗伸入 5% 的 NaOH 溶液表面。剧烈搅拌反应物,根据硫化氢的吸收速度尽快地通入硫化氢气体。硫化氢气体可以用启普发生器发生,几小时后,溶液变为黄色(有时几乎没有颜色),大部分生成的硫黄凝结为一硬块,用磨砂玻璃漏斗或塞有玻璃棉的漏斗过滤,烧瓶中剩下的硫块,可在通风橱中向烧瓶中加入浓硝酸,再加热到沸腾除去。将滤液煮沸,直到用醋酸铅试纸检验无硫化氢气体。如果需要可再过滤一次,然后用 500 mL 的烧瓶蒸馏氢碘酸,收 125.5~126.5℃/100 kPa 馏分,可得到浓度为 57% 恒沸点氢碘酸 785 g,产率 90%。

$$H_2S + I_2 \Longrightarrow 2\ HI + S$$

36. 氢溴酸

氢溴酸是一种含水的恒沸物(恒沸点的氢溴酸),常用 47~48% 的氢溴酸(每毫升含 0.695~0.715g HBr),市场也有含 60% HBr(含 HBr 1.007 g·mL^{-1})的氢溴酸。

37. 氢氟酸

常用 40% 或 48% 的溶液。使用氢氟酸时最好戴上防酸胶皮手套并戴上安全眼镜。氢氟酸和皮肤接触会产生非常疼痛的烧伤,如果不小心溅到皮肤上,应立即用自来水冲洗,直到变为自然肤色,并涂上少量甘油。

38. 石油醚

石油醚是石油分馏出来的多种烃类的混合物,实验室使用的石油醚依据沸点的高低常分为 30~60℃、60~90℃、90~120℃ 等几个馏分,其密度分别为 0.59~0.62、0.52~0.66、0.66~0.72。易燃,不溶于水。主要杂质为不饱和烃类,除去的方法是:取 100 g 石油醚用 5~20 g 浓硫酸振摇,放置 1 小时后分出,再用水洗,用无水氯化钙干燥,蒸馏。

39. 水合肼

肼是一种致癌物,在使用时要采用相应的预防措施。常用含 60% 肼的水溶液。如果需要更高浓度的肼,可用下面的方法浓缩:将 150 g(144 mL) 60% 肼的水溶液和 230 mL 二甲苯置于 500 mL 的圆底烧瓶中,氮气保护下进行分馏,所有的二甲苯全部蒸出,同时带出 85 mL 水,对剩余物进行蒸馏,得到约 50 g 90~95% 肼的水溶液。

无水肼可用 100% 的水合肼(95% 的水合肼与 20% 质量的 KOH 混合,放置过夜,再过滤出沉淀)与相同质量的 NaOH 颗粒一起加热回流 2 小时,然后在氮气流中缓慢地蒸馏,收集 114~116℃ 的馏分。在空气中蒸馏肼会发生爆炸。

40. 四氯化碳

沸点 76.8℃,密度 d = 1.59 g/cm^3。四氯化碳不溶于水,但溶于有机溶剂。不易燃,能溶解油脂类物质,吸入或皮肤接触都可导致中毒。纯化时,可将 100 mL 四氯化碳加入 6 g 氢氧化钠溶于 6 mL 水和 10 mL 乙醇的溶液中,在 50~60℃ 振摇 30 min,然后水洗,再重复操作一次(氢氧化钾的量减半)。四氯化碳中残余的乙醇可以用氯化钙除掉。最后用氯化钙干燥,过滤,蒸馏收集 76.7℃ 的馏分。四氯化碳不能用金属钠干燥,否则会有爆炸危险。

41. 四氢呋喃

沸点 66.0℃,密度 d = 0.89 g/cm^3。四氢呋喃能与水互溶,常含有少量水分及过氧化物。要制备无水四氢呋喃,可用氢化铝锂在隔绝潮气下回流(通常 1000 mL 约需 2~4 g 氢化铝锂),除去其中的水和过氧化物,然后蒸馏,收集 66℃ 的馏分,由于久置的四氢呋喃易产生过氧化物,蒸馏时注意不要蒸干,以免发生爆炸。精制后的四氢呋喃加入钠丝并用氮气保护。如长期放置,应加 0.025% 的 2,6-二叔丁基-4-甲基苯酚作抗氧化剂。

处理四氢呋喃时,应先取少量进行实验。在确定其中只有少量水和过氧化物(作用不会过于激烈)时,方可进行纯化。四氢呋喃中的过氧化物可用酸化的碘化钾溶液来检验。如过氧化物较多,需先除去过氧化物再进行纯化。

42. 碳酸二乙酯

可以通过以下步骤对商品的碳酸二乙酯提纯:100 mL 的碳酸二乙酯依次用 20 mL 10% 碳酸钠溶液、20 mL 饱和氯化钙溶液、25 mL 水洗涤,将其放在无水氯化钙中 1 小时,并不时地震荡几下,然后过滤到装有 5 g 无水氯化钙的长颈烧瓶中,再放置 1 小时,蒸馏收集 125~126℃ 的馏分。长时间放置的碳酸二乙酯可以和无水氯化钙会相互作用,应避免它们的长时间接触。

43. 铜粉

在磁力搅拌下,取 100 g 经过重结晶后的硫酸铜和 350 mL 的热水于 1 L 烧杯中,溶解后冷却到室温,将搅拌减缓,缓慢地加入 35 g 纯锌粉(如果需要可以多加),直到溶液褪色,铜沉淀用水洗涤。向沉淀中加入 5% 的稀盐酸,以除去剩余的锌。继续搅拌直到不再产生氢气,将铜粉过滤出来,用水洗涤,然后存放在有塞的瓶中,置于潮湿的环境中。

44. 无水三氯化铝

三氯化铝一般为粉状,有时也有块状,容易和潮湿的空气反应而变质。在使用前要认真检验是否变质。在一些反应中需要用高质量的无水三氯化铝,可用如下步骤制备:先将块状的三氯化铝研碎装入大小合适的圆底烧瓶中,安装蒸馏头,蒸馏头直接与接收瓶相连,接收瓶用两颈圆底烧瓶,接收瓶的另一个出口通过干燥塔和水泵相连。干燥塔中装有颗粒状的氯化钙,用煤气灯火焰小心加热蒸馏瓶,减压,三氯化铝便升华出来,收集在接收瓶中。

45. 硝酸

市售的硝酸密度为 1.42 g/cm^3,含 70% 的硝酸(每毫升溶液含 0.989 克硝酸)。发烟硝酸浓度更大,约含 95% 的 HNO_3(每毫升含 1.419 克 HNO_3),由于氮氧化物的存在,发烟硝酸显黄色,可通过加入少量尿素加热的方法除去。发烟硝酸可通过蒸馏浓硝酸和浓硫酸的混合物得到。

46. 溴

溴具有强烈的腐蚀性,通常要在通风橱中非常小心的操作,液态溴会对皮肤产生严重的烧伤,最好戴上胶皮手套;气态溴的刺激性特别强,注意不要吸入溴的蒸气。溴烧伤应立即用大量的甘油处理。纯溴的沸点为 59℃/100 kPa,但一般不用蒸馏法提纯。商品溴可通过和同体积的硫酸一起震荡,然后分离掉酸来进行干燥。

47. N-溴代丁二酰亚胺(NBS)

这是一种常用的溴代试剂,N-溴代丁二酰亚胺可由丁二酰亚胺来制备:将丁二酰亚胺溶于稍过量的冷的氢氧化钠溶液中(大约为 3mol·L^{-1}),剧烈搅拌下快速加入溶于同体积四氯化碳的 1 摩尔的溴(小心),溶液析出白色晶体,过滤收集,用冷水洗涤,可用十倍量的热水或冰醋酸进行重结晶。

48. 溴化氢

由溴和四氢化萘反应可以制备溴化氢。

加入的溴只有一半转化为溴化氢,按溴的质量算,溴化氢的产率为 45%。四氢萘必须干燥,可用无水硫酸镁或无水硫酸钙干燥,过滤,减压蒸馏后使用。将四氢化萘装在一细颈的圆底烧瓶中,圆底烧瓶安一"T"形接头和恒压滴液漏斗。将溴从滴液漏斗中滴入烧瓶,轻轻搅拌溶液,确保溴化氢稳定生成。被气体带出的溴可通过装有四氢化萘的吸收塔进行吸收,在干燥器和反应装置之间安装一安全瓶,防止倒吸。

49. 溴化亚铜

将 45 g(0.18 mol)五水硫酸铜和 19 g(0.19 mol)溴化钠溶于 150 mL 水中,在不断地搅拌下加入溶于 120 mL 水的 11.8 g 硫代硫酸钠溶液,加入时间不超过 5 min(或在 60℃的溶液中通入二氧化硫气体两小时)。如果溶液的蓝色没有褪去,可以补加少量的硫代硫酸钠。溶液冷却后慢慢倒去上层清液,用溶有少量二氧化硫的水溶液洗涤沉淀,以防止沉淀被氧化。制备溴化亚铜的溶液可将湿的溴化亚铜固体溶于 30 mL 饱和氢溴酸(48%)来制备。如果需要固体溴化亚铜可用布氏漏斗过滤,用溶有二氧化硫的水洗涤,然后用溶有少量二氧化硫的乙醇和醚洗涤,压紧除去残液后,用装有硫酸和氢氧化钾的真空干燥器干燥。

另一种制备溴化亚铜的方法是在回流装置中加入 63 g(0.25 mol)无水硫酸铜,20 g(0.314 mol)铜粉,114 g(1.109 mol)溴化钠,以及 30 g(16.3 mol)浓硫酸和 1 L 水,加热回流 3~4h。若加热后溶液的颜色不变成金黄色,追加几克亚硫酸钠,使反应物完全还原。

50. 盐酸(氢氯酸)

常用的盐酸含量在 32%~36% 之间(0.37~0.42 g·mL^{-1}),为常用化学试剂。

51. 乙醇

无水乙醇的沸点为 78.5℃,密度 d = 0.78 g/cm^3,可用本书实验部分的方法制备,检验乙醇中是否含有水分,常用的方法有下列两种:(1)取一支干净试管,加入制得的无水乙醇 2 mL,随即加入少量的无水硫酸铜粉末,如果乙醇中含有水分,则无水硫酸铜变为蓝色。(2)取一只干净的试管,加入制得的无水乙醇 2 mL,随即加入几粒干燥的高锰酸钾,若乙醇中含有水分,则溶液显紫红色。

52. 乙醇钠

乙醇钠是易燃、易潮解的固体。许多反应要求用乙醇钠的乙醇溶液,该溶液可用钠与乙醇反应制备。

53. 乙醚

乙醚的沸点34.6℃,密度 d = 0.73 g/cm³,是常用的有机溶剂,久置的乙醚容易产生过氧化物,蒸馏乙醚和制备无水乙醚时,首先必须检验有无过氧化物的存在,不然,容易发生危险。可取少量乙醚和等体积的2%碘化钾溶液,加入数滴稀盐酸,振摇,如能使淀粉溶液呈蓝色或紫色,说明有过氧化物存在。除去乙醚中过氧化物:把乙醚置于分液漏斗中,加入相当于乙醚体积五分之一的新配的硫酸亚铁溶液,用力振荡后,分去水层即可(硫酸亚铁溶液的制备:取 100 mL 水,慢慢加入 6 mL 浓硫酸,再加入 60 g 硫酸亚铁溶解即可)。有些反应需要无水乙醚或绝对乙醚,可先用氯化钙干燥,再用金属钠干燥来制备。

54. 醋酸钠

市售的乙酸钠可以满足一般用途,如有必要,可将它熔化,保持熔融状态数分钟,以除去在保存时吸收的水分。

由含结晶水的乙酸钠制备无水乙酸钠的操作:将结晶乙酸钠置于大的瓷蒸发皿中,用小火加热得到无水乙酸钠。盐很快液化,挥发出蒸气,当结晶水几乎挥发完后乙酸钠固化。为了除去剩余的水分,继续用小火加热固体,同时不断的移动火焰直到固体完全熔化。小心避免将固体加热过度,如果有可燃性气体放出和物质碳化,说明加热过度。将熔融盐固化,趁热用刀或小铲移出蒸发皿,立即研为粉末,保存在塞紧的瓶中。

55. 一氧化碳

使用的一氧化碳一般是钢瓶气。一氧化碳有毒,实验室在制备和使用时必须在通风良好的通风橱中操作。

实验室一般由 70~80℃的浓硫酸与浓甲酸的反应来制备一氧化碳。在 500 mL 的圆底烧瓶上装有带支管的接头和塞好的恒压分液漏斗,气体由接头支管引出,通过两个装有浓硫酸的洗气瓶进行干燥后经安全瓶通入反应器。圆底烧瓶中装有 125 g 浓硫酸,从滴液漏斗中漫漫加入 85 mL 甲酸,加入少量的液状石蜡可以控制气泡的产生。放出的一氧化碳中含有少量的二氧化碳和二氧化硫,可将混合气通过装有氢氧化钾颗粒的吸收塔除去。

56. 有机过酸

过甲酸:30%的双氧水与过量80%~90%的甲酸作用可制得过甲酸(涉及双氧水的反应应在防护板后进行)。

过乙酸:向有硫酸作催化剂的冰醋酸中加入双氧水来制备过乙酸,其中冰醋酸与双氧水的物质的量比是3:1。有市售的含少量硫酸的过乙酸的乙酸溶液,用碘量法可确定溶液中过乙酸的含量。有时在使用时要求用一定比例的乙酸钠中和硫酸,中和后的试剂不能长久放置,必须立即使用。

过三氟乙酸:双氧水与三氟乙酸酐反应可制备过三氟乙酸。将86%双氧水(4.1 mL,

0.15 mol)与冷的二氯甲烷(70 mL)混合,然后在0℃向溶液中滴入三氟乙酸酐(25 mL,0.18 mol),0℃下搅拌10 min,用无水硫酸钠干燥,得到的过三氟乙酸应立即使用。

$$(F_3CCO)_2 + H_2O_2 \rightarrow F_3CO_3H + F_3CCO_2H$$

过苯甲酸:易溶于氯仿、乙酸乙酯和醚,微于冷水和冷的石油醚,其制备方法如下:向500 mL的烧瓶中加入5.2 g(0.225 mol)钠,装上回流冷凝管,加入100 mL无水甲醇,反应非常剧烈,可用冰盐浴冷却。将生成的甲醇钠溶液冷却到 −5℃,取下冷凝管,冷却搅拌下,加入溶有50 g(0.206 mol)重结晶过的过氧化苯酰的氯仿溶液200 mL(小心!)。在该过程中溶液的温度不能超过0℃。在冰盐浴中继续搅拌5 min,溶液变为乳状。将反应混合物转移到1L的分液漏斗中,用500 mL含有碎冰的水萃取过苯甲酸钠,尽量将温度控制在0℃附近进行分离,分掉氯仿层,用100 mL冷的氯仿萃取水层两次,以除去苯甲酸甲酯。向水溶液中加入225 mL冰冷却的0.5 mol·L^{-1}的硫酸,然后用三份100 mL冷的氯仿萃取。干燥氯仿溶液(约308 mL),将氯仿溶液转移到聚乙烯容器中,保存在冰箱中。该溶液约含有24 g(84%)过苯甲酸。

用下面的步骤可确定溶液中过苯甲酸的精确含量:在250 mL试剂瓶中,将1.5克碘化钠溶于50 mL水,加入5 mL冰醋酸和5 mL氯仿,加入已知量或体积的过苯甲酸氯仿溶液,剧烈振荡。用0.1 mol·L^{-1}标准硫代硫酸钠溶液滴定释放出的碘。

邻氯过苯甲酸(MCPBA)溶液在温和的条件下长时间放置仍很稳定。因此它是有机合成中的常用氧化剂。在pH = 7.5的磷酸盐缓冲溶液洗涤邻氯过苯甲酸产品(80~85%),减压下干燥沉淀,可得99%的邻氯过苯甲酸,在使用前可用碘量法测定。

四、实验预习、记录和实验报告的基本要求

学生在本课程开始时,必须认真地阅读本书第一部分有机化学实验的一般知识。在进行每个实验时,必须做好实验预习、实验记录和书写实验报告。

(一) 实验预习报告

为了使实验能够达到预期的目的,在实验之前要做好充分的预习和准备,预习时除了要求反复阅读实验内容,领会实验原理,了解有关实验步骤和注意事项外,还需在实验记录本上写好预习笔记,预习笔记主要包括以下内容:

1. 实验目的;
2. 实验原理(化学反应原理和操作原理);
3. 主、副反应方程式;

(二) 实验记录

学生应用专门的实验记录本,不得用活页纸或散纸;实验记录本要空出前几页,留作编目录用,而且编好页码。进行实验时做到操作认真,仔细观察,并随时将测得的数据或观察到的实验现象记在记录本上,养成边实验边记录的好习惯。记录必须记录的内容包

括实验的全部过程,如加入药品的数量、仪器装置、每一步操作的时间、内容及所观察到的现象(包括温度、颜色、体积或质量等信息)。记录要求如实尽详、不得弄虚作假,准确反映实验的真实情况,特别是当观察到的现象和预期的不同,以及操作步骤与教材规定的不一致时,按照实际情况记录清楚,以便作为总结讨论的依据。其他各项可以记在备注栏内,如实验过程中的准备工作,现象解释,称量数据等事项,应该牢记,实际记录是原始资料,科学工作者必须重视。

实验记录可按下表格记录:

日期　　　年　　月　　日

时间	步骤	现象	备注

(三) 实验报告及格式

实验完成后应及时写出实验报告。实验报告是学生完成实验的一个重要步骤,通过写实验报告,可以培养学生判断问题,分析问题和解决问题的能力。一份合格的实验报告应包括以下内容:

1. 实验名称:通常为实验题目;
2. 实验目的及要求:简述该实验所要求达到的目的和要求;
3. 实验原理:简要介绍实验的基本原理,主要反应方程式及副反应方程式;
4. 实验所用的仪器(型号、数量、规格)、药品(名称、规格、用量);
5. 主要试剂的物理常数(相对分子量、相对密度、熔点、沸点和溶解度等);
6. 仪器装置图:认真画出主要实验装置图;
7. 实验内容、步骤:要求简明扼要,尽量用表格、框图、符号表示,不要全盘抄书;
8. 实验现象和数据的记录:在自己观察的基础上如实记录。
9. 结论和数据处理:化学现象的解释最好用化学反应方程式,如果是合成实验要写明产物的特征、产量,并计算产率。
10. 总结讨论:对实验中遇到的疑难问题提出自己的见解。若实验失败,应找出失败原因,总结经验教训。并对实验方法、教学方法、实验内容、实验装置等提出自己的改进建议。

实验报告参考格式:

有机化学实验报告

实验题目_____

年级:_____ 专业:_____ 姓名:_____ 日期:_____年___月___日

一、实验目的
二、实验原理(主、副反应方程式)
三、主要试剂的用量、规格及产物的物理常数

名称	相对分子量	用量	规格	外观	mp℃	bp℃	密度 ρ	折光率 n_D^t	溶解度/g·mL^{-1}		
									H_2O	乙醇	乙醚

四、仪器装置图

五、实验步骤及现象

实验步骤	现象	解释

六、产品质量及产率计算

七、注意事项

五、有机化学实验的文献介绍

查阅文献资料是化学工作者的基本功,特别是在科研工作中,通过文献可以了解相关科研方向的研究现状与最新进展,目前与有机化学相关的文献资料相当多,如化学辞典、手册、理化数据和光谱资料等,其数据来源可靠,查阅简便,并不断进行补充更新,是有机化学的知识宝库,也是化学工作者学习和研究的有力工具。随着计算机技术与互联网技术的发展,网上文献资源将发挥越来越重要的作用,了解一些与有机化学有关的网上资源对于我们做好有机化学实验是非常有帮助的。文献资料和网络化学资源不仅可以帮助了解有机化合物的性质、解释实验现象、预测实验结果和选择正确的合成方法,而且还可避免我们的重复劳动,达到事半功倍的实验效果。

(一) 常用工具书

1. 精细化学品制备手册:章思规,辛忠主编,科学技术文献出版社出版,1994年第1版。单元反应部分共十二章,分章介绍如:磺化、硝化等,从工业角度介绍这些单元反应的一般规律和工业应用。实例部分收入大约1200个条目,每个都有详细介绍便于查阅。

2. Handbook of Chemistry and Physics:是美国化学橡胶公司出版的一本(英文)化学与物理手册。初版于1913年,每隔一至二年再版一次。过去分上、下两册,从51版开始变为一册。该书内容分六个方面:数学用表、元素和无机、有机化合物、普通化学、普通物理常数及其他。

3. Aldrich:美国Aldrich化学试剂公司出版。是一本化学试剂目录,它收集了1.8万余个化合物。一个化合物作为一个条目,内含相对分子质量、分子式、沸点、折光率、熔点等数据。复杂的化合物还附了结构式。并给出了部分化合物核磁和红外谱图的出处。每个化合物都给出了不同包装的价格,这对有机合成、订购试剂和比较各类化合物的价格很有好处。书后附有分子式索引,便于查找,还列出了化学实验中常用仪器的名称、图形和规格。每年出一本新书,免费赠阅。

4. Acros catalogue of fine chemicals:Acros 公司的化学试剂手册,与 Aldrich 类似,也是化学试剂目录,包含熔点、沸点等常用物理常数,2005 年版新增了以人民币计算的试剂价格,每年出一册,国内可向百灵威公司索取。

5. The Merk Index,9th. Ed.:一本非常详尽的化工工具书,主要是有机化合物和药物。它收集了近一万种化合物的性质、制法和用途,4500 多个结构式及 4.2 万条化学产品和药物的命名,便于进一步查阅。

6. Dictionary of Organic Compounds,6th Ed.:本书收集常见的有机化合物近 3 万条,连同衍生物在内共约 6 万余条。内容为有机化合物的组成、分子式、结构式、来源、性状、物理常数、化合物性质及其衍生物等,并给出了制备化合物的主要文献资料。该书已有中文译本名为《汉译海氏有机化合物辞典》,但在使用中文译本时,仍需要知道化合物的英文名称。

7. Beilstein Handbuch der Organiscben Chemie:贝尔斯坦有机化学大全从性质上讲是一个手册,它从期刊、会议论文集和专利等方面收集有确定结构的有机化合物的最新资料汇编成的,对于有机化学工作者是一套重要的工具书,对物理化学及其他化学工作者也是非常有用的。是由留德的俄国人贝尔斯坦(Beilstein, F. K.)所编,由此得名。创刊于 1881 年。

8. Organic Synthesis:本书最初由 R. Adams 和 H. Gilman 主编,后由 A. H. Blatt 担任主编。于 1921 年开始出版,每年一卷,1988 年为 66 卷。本书主要介绍各种有机化合物的制备方法,也介绍了一些有用的无机试剂制备方法。书中对一些特殊的仪器、装置往往是同时用文字和图形来说明。书中所选实验步骤叙述得非常详细,并有附注介绍作者的经验及注意点。

9. Text Book of Practical Organic Chemistry,5th. Ed. :本书由 B. S. Furniss, A. J. Hannaford, P. W. G. Smith, A. R. Tachell 编写,由 Longman scientific & technical 于 1989 年出版,内容包括有机化学实验的安全常识、有机化学基本知识、常用仪器、常用试剂的制备方法、常用的合成技术以及各类典型有机化合物的制备方法,数据可靠,是一本比较好的实验参考书。

(二)常用期刊文献

1. 中国科学:月刊,创于 1951 年。原为英文版,自 1972 年开始出中文和英文两种文字版本。刊登我国各个自然科学领域中有水平的研究成果。中国科学分为 A、B 两辑,B 辑主要包括化学、生命科学、地学方面的学术论文。

2. 科学通报:半月刊,创于 1950 年,是自然科学综合性学术刊物,中、英文两种版本。

3. 化学学报:月刊,创于 1933 年,原名中国化学会会志。主要刊登化学方面有创造

4. 高等学校化学学报:月刊,创刊于 1980 年,是化学学科综合性学术期刊。既报道我国高校师生创造性的研究成果,也反映我国化学学科其他各方面研究人员的最新研究成果。

5. 有机化学:双月刊,创刊于 1981 年,刊登有机化学方面的重要研究成果。

6. 化学通报:月刊,创刊于 1952 年,以报道知识介绍、专论、教学经验交流等为主,也有研究工作报道。

7. Journal of Chemical Society(简称 J. Chem. Soc. 1841 年创刊):本刊为英国化学会会志,月刊。由 1962 年起取消了卷号,按公元纪元编排。本刊为综合性化学期刊,研究论文包括无机化学、有机化学、生物化学、物理化学;全年末期有主题索引及作者索引。从 1970 年起分四辑出版,均以公元纪元编排,不另设卷号。

(1) Doton Transactions:主要刊载无机化学、物理化学及理论化学方面的文章。

(2) Pelkin TransactionsⅠ:有机化学与生物有机化学,Ⅱ:物理有机化学。

(3) Faraday TransactionsⅠ:物理化学,Ⅱ:化学物理。

(4) Chemical Communication。

8. Journal of the American Chemical Society(简称 J. Am. Chem. Soc.):美国化学会会志,自 1879 年开始的综合性双周期刊。主要刊载研究工作的论文,内容涉及无机、有机、生物、物理、高分子化学等领域,并有书刊介绍。每卷末有作者索引和主题索引。

9. Journal of the Organic Chemistry(简称 J. Org. Chem.):创刊于 1936 年,为月刊。主要刊载有机化学方面的研究工作论文。

10. Tetrahedron:创刊于 1957 年,它主要是为了迅速发表有机化学方面的研究工作和评论性综述文章。大部分论文是用英文写的,也有用德文或法文写的论文。原为月刊,自 1968 年起改为半月刊。

11. Tetrahedron letters:主要是为了迅速发表有机化学方面的初步研究工作。大部分论文是用英文写的,也有用德文或法文写的论文。

12. Chemical Abstracts:美国化学文摘,简称 C. A. ,是化学化工方面最主要的二次文献,创刊于 1907 年。自 1962 年起每年出二卷;自 1967 年上半年即 67 卷开始,每逢单期号刊载生化类、有机化学类内容;而逢双期号刊载大分子类、应化与化工、物化与分析化学类内容。有关有机化学方面的内容几乎都在单期号内。

13. Journal of Organmetallic Chemistry(简称 J. Organomet. Chem. ,1963 年创刊):主要报道金属有机化学方面的最新进展。

14. Synthesis:这本国际性的合成杂志创刊于 1973 年,主要刊载有机化学合成方面的论文。

(三)网络资源

1. 美国化学学会(ACS)数据库(http://pubs. acs. org):美国化学学会 ACS(American

Chemical Society)成立于1876年,现已成为世界上最大的科技协会之一,其会员数超过16万。ACS出版34种期刊,在化学领域中被引用次数最多。涵盖内容非常广泛如:生化研究方法、药化、有机、普化、环境、材料、植物、毒物、食品、物化、环境工程、工程化学、应化、分子生化、分析、无机与原子能、资料系统计算机科学、学科应用、聚合物等学科。网站除具有索引与全文浏览功能外,还具有强大的搜索功能,查阅文献很方便。

2. 英国皇家化学学会(RSC)期刊及数据库(http://www.rsc.org):英国皇家化学学会(Royal Society of Chemistry)出版的期刊及数据库,是化学领域的核心期刊和权威性数据库。

数据库 Methods in Organic Synthesis(MOS),提供有机合成方面最新、最重要的进展;数据库 Natural Product Updates(NPU),提供有关天然产物化学方面最新发表的文摘。内容选自100多种主要期刊。包括分离研究、生物合成、新天然产物、结构鉴定、生物特性等。

3. Reaxys数据库(www.reaxys.com/):Reaxys数据库由爱思唯尔(Elsevier)公司出品,是CrossFire Beilstein/Gmelin的升级产品,将贝尔斯坦(Beilstein)、专利化学数据库(Patent)和盖墨林(Gmelin)的内容整合为统一的资源,包含了2800多万个反应、1800多万种物质、400多万条文献。

4. 欧洲专利局(https://worldwide.espacenet.com/):欧洲专利局数据库提供90余个国家和组织的专利信息,可以了解世界专利的最新情况,以及查询已有的专利信息。

5. John Wiley电子期刊(http://www.interscience.wiley.com):目前John Wiley出版的电子期刊有363种,其学科范围以科学、技术和医学为主。该出版社期刊的学术质量很高,是相关学科的核心资料,其中被SCI收录的核心期刊近200种。

6. Elsevier Science电子期刊全文库(http://www.sciencedirect.com):Elsevier Science公司出版的期刊是世界上公认的高品位学术期刊。清华大学与荷兰Elsevier Science公司合作在清华图书馆已设立镜像服务器,访问网址:http://elsevier.lib.tsinghua.edu.cn。

7. 中国期刊全文数据库(http://www.cnki.net):收录1994年至今的5300余种核心与专业特色期刊全文,累积全文600多万篇,题录600多万条。分为理工A(数理科学)、理工B(化学化工能源与材料)、理工C(工业技术)、农业、医药卫生、文史哲、经济政治与法律、教育与社会科学综合、电子技术与信息科学9大专辑,126个专题数据库,网上数据每日更新。

8. 中国化学、有机化学、化学学报联合网站(http://sioc-journal.cn/index.htm):提供中国化学(Chinese Journal Of Chemistry)、有机化学、化学学报2000年至今发表的论文全文和相关检索服务。

第二部分　有机化学实验基本操作技能

一、加热与冷却

(一) 加热方法

某些化学反应在室温下难以进行或进行得很慢。为了加快反应速度,须采用加热的方法。温度升高反应速度加快,一般温度每升高10℃,反应速度增加1倍。

有机化学实验常用的热源是电热套或油浴。直接用火焰加热玻璃器皿很少被采用,因为玻璃对于剧烈的温度变化和这种不均匀的加热是不稳定的。由于局部过热,可能引起有机化合物的部分分解。此外,从安全的角度来看,因为有许多有机化合物能燃烧甚至爆炸,应该避免用火焰直接接触被加热的物质。可根据物料及反应特性采用适当的间接加热方法。常用方法有:

1. 空气浴

空气浴就是让热源把局部空气加热,空气再把热能传导给反应容器。电热套加热就是简便的空气浴加热,能从室温加热到200℃左右。安装电热套时,要使反应瓶外壁与电热套内壁保持2 cm左右的距离,以便利用热空气传热和防止局部过热等。

2. 水浴

当所需温度在100℃以下时,可使用水浴加热。但当用到金属钾或钠的操作时,绝不能在水浴上进行。使用水浴时,水浴液面应略高于容器中的液面,勿使容器底触及水浴锅底,以免破裂。控制温度稳定在所需要范围内。若长时间加热,水浴中的水会汽化蒸发,要适时添加热水,或者在水面上加几片石蜡,石蜡受热熔化铺在水面上,可减少水的蒸发。

若加热温度稍高于100℃,则可选用适当无机盐的饱和溶液作为热浴液,其沸点列于表2-1。

表 2-1 某些无机盐作热浴液

盐 类	饱和水溶液的沸点/℃
NaCl	109
$MgSO_4$	108
KNO_3	116
$CaCl_2$	180

3. 油浴

若加热温度在 100~250℃ 之间用油浴(也常用电热套加热)。油浴温度取决于油的种类,反应物的温度一般低于浴液温度 20℃ 左右。

(1) 甘油可以加热到 140~150℃,温度过高时则会分解。因甘油吸水性强,故久置的甘油,使用前需先加热蒸去所吸的水分,之后再用;

(2) 甘油和邻苯二甲酸二丁酯的混合液适用于加热到 140~180℃,温度过高则分解;

(3) 植物油如菜油、蓖麻油和花生油等,可以加热到 220℃。若在植物油中加入 1% 的对苯二酚,可增加油在受热时的稳定性;

(4) 液态石蜡可加热到 220℃,温度稍高虽不易分解,但易燃烧;

(5) 固态石蜡也可加热到 220℃ 以上,其优点是室温下为固体,便于保存;

(6) 硅油在 250℃ 时仍较稳定,透明度好,安全,是目前实验室中较为常用的油浴之一。用油浴加热时,油浴中需放置温度计(水银球勿触及油浴锅底),以便随时观察和调节温度。加热完毕取出反应容器时,仍用铁夹夹住反应容器离开液面悬置片刻,待容器壁上附着的油滴完后,用纸或干布拭干。油浴所用的油中不能溅入水,否则加热时会产生泡珠或爆溅。使用油浴时,要特别注意油蒸气污染环境和引起火灾,为此,可用一块中间有圆孔的石棉板覆盖油锅。

4. 砂浴

当加热温度达 200℃ 或 300℃ 以上时,往往使用砂浴。

将清洁而又干燥的细砂平铺在铁盘上,把盛有被加热物料的容器埋在砂中,加热铁盘。由于砂对热的传导能力较差而散热却较快,所以容器底部与砂浴接触处的砂层要薄些,以便于受热。由于砂浴温度上升较慢,且不易控制,因而使用不广。

除了以上介绍的几种加热方法外,还可用熔盐浴、金属浴(合金浴)、电热法等更多的加热方法,以适于实验的需要。无论用何种方法加热,都要求加热均匀而稳定,尽量减少热损失。

(二) 冷却方法

有时在反应中产生大量的热,它使反应温度迅速升高,若控制不当,可引起副反应、反应物蒸发,甚至发生冲料和爆炸事故。为此要把温度控制在一定范围内,就要进行适当的冷却。有时为了降低溶质在溶剂中的溶解度或加速结晶析出,也要采用冷却。其方法有:

1. 冰水冷却

可用冷水在容器外壁流动,或把反应器浸在冷水中,交换走热量。

也可用水和碎冰的混合物作冷却剂,其冷却效果比单用冰块好,可冷却至 0 ~ -5℃。实验进行时,也可把碎冰直接投入反应器中,以更有效地保持低温。

2. 冰盐冷却

要在 0℃ 以下进行操作时,常按不同比例混合的碎冰和无机盐作为冷却剂。可把盐研细,把冰砸(或用冰片花)成小块,使盐均匀包在冰块上。冰 - 食盐混合物(质量比 3:1),可冷至 -5 ~ -18℃,其他盐类的冰 - 盐混合物冷却温度见表 2 - 2。

表 2 - 2 冰盐混合物的质量分数及温度

盐名称	盐的质量分数	冰的质量分数	温度/℃
六水氯化钙	100	246	-9
	100	123	-21.5
	100	70	-55
	100	81	-40.3
硝酸铵	45	100	-16.8
硝酸钠	50	100	-17.8
溴化钠	66	100	-28

3. 干冰或干冰与有机溶剂混合冷却

干冰(固体的二氧化碳)和乙醇、异丙醇、丙酮、乙醚或氯仿混合,可冷却到 -50 -78℃,当加入时会猛烈起泡。应将这种冷却剂放在杜瓦瓶(广口保温瓶)中或其他绝热效果好的容器中,以保持其冷却效果。

4. 液氮

液氮可冷至 -196℃(77K),用有机溶剂可以调节所需的低温浴浆。一些作低温恒温的化合物列在表 2 - 3 中。

表 2 - 3 可作低温恒温浴的化合物

化合物	冷浆浴温度/℃
乙酸乙酯	-83.6
丙二酸乙酯	-51.5
对异戊烷	-160.0
乙酸甲酯	-98.0
乙酸乙烯酯	-100.2
乙酸正丁酯	-77.0

液氮和干冰是两种方便而又廉价的冷冻剂,这种低温恒温冷浆浴的制法是:在一个清洁的杜瓦瓶中注入纯的液体化合物,其用量不超过容积的3/4,在良好的通风橱中缓慢地加入新取的液氮,并用一支结实的搅拌棒迅速搅拌,最后制得的冷浆稠度应类似于黏稠的麦芽糖。

5. 低温浴槽

低温浴槽是一个小冰箱,冰室口向上,蒸发面用筒状不锈钢槽代替,内装酒精。外设压缩机,循环氟利昂制冷。压缩机产生的热量可用水冷或风冷散去。可装外循环泵,使冷酒精与冷凝器连接循环。还可装温度计等指示器。反应瓶浸在酒精液体中。适于 $-30 \sim 30℃$ 范围的反应使用。

以上制冷方法可视具体情况选用。注意温度低于 $-38℃$ 时,由于水银会凝固,因此不能用水银温度计。对于较低的温度,应采用添加少许颜料的有机溶剂(酒精、甲苯、正戊烷)温度计。

二、干燥与干燥剂

干燥是指除去附在固体、液体或气体中少量水分或少量有机溶剂的方法。如在进行有机物波谱分析、定性或定量分析以及测物理常数时,往往要求预先干燥,否则测定结果便不准确,因此干燥具有重要的意义。

(一) 基本原理

干燥方法可分为物理方法和化学方法两种。

1. 物理方法

物理方法中有烘干、晾干、吸附、分馏、共沸蒸馏和冷冻等。近年来,还常用离子交换树脂和分子筛(是含水硅铝酸盐的晶体)等方法进行干燥。

2. 化学方法

化学方法采用干燥剂来除水。根据除水作用原理又可分为两种:

(1) 能与水可逆地结合,生成水合物,例如:$CaCl_2 + nH_2O \rightleftharpoons CaCl_2 \cdot nH_2O$

(2) 与水发生不可逆的化学变化,生成新化合物,例如:$2Na + 2H_2O \longrightarrow 2NaOH + H_2$

使用干燥剂时应注意以下几点:

(1) 干燥剂与水的反应为可逆反应时,反应达到平衡需要一定时间。因此,加入干燥剂后,一般最少需2h或更长一点的时间后才能收到较好的干燥效果。但不能将水完全除尽,故干燥剂的加入量要适当,一般为溶液体积的5%左右(干燥剂用量的确定:液体被干燥前呈浑浊状,经干燥后变成澄清),这可简单地作为水分基本除去的标志,例如在环己烯中加入无水氯化钙进行干燥,未加干燥剂之前,由于环己烯中含有水,环己烯不溶于水,溶液处于浑浊状态。当加入干燥剂吸水之后,环己烯呈清澈透明状,这时即表明干燥合格。否则应补加适量干燥剂继续干燥,另外还要根据干燥时间确定干燥剂用量(一般是短多长少)。当温度升高时,这种可逆反应的平衡向脱水方向移动,所以在蒸馏前,必须将干燥剂滤除,否则被除去的水将返回液体中。另外,若把盐倒(或留)在蒸馏瓶底,受热时会发生迸溅;

(2) 干燥剂与水发生不可逆反应时,使用这类干燥剂在蒸馏前不必滤除;

(3) 干燥剂只适用于干燥少量水分,若水的含量大,干燥效果不好。为此,萃取时应尽量将水层分离干净,这样效果较好,且产物损失少。

(二) 液态有机化合物的干燥

1. 干燥剂的选择

常用干燥剂的种类很多,选用时必须注意下列几点:

(1) 干燥剂与有机物应不发生任何化学变化,对有机物亦无催化作用;

(2) 干燥剂应不溶于有机液体中;

(3) 干燥剂的干燥速度快,吸水量大,价格便宜。

常用干燥剂有下列几种:① 无水 $CaCl_2$ 价廉、吸水能力大,是最常用的干燥剂之一,与水化合可生成一、二、四或六水化合物(在 30℃ 以下)。它只适于烃类、卤代烃、醚类等有机化合物的干燥,不适于醇、胺和某些醛、酮、酯(形成络合物)等有机化合物的干燥,因为能与它们形成络合物。也不宜作酸(或酸性液体)的干燥剂;② 无水 $MgSO_4$ 是中性干燥剂,不与有机化合物和酸性物质起作用。可作为各类有机化合物的干燥剂,它与水生成 $MgSO_4 \cdot 7H_2O$(48℃ 以下)。价较廉,吸水量大,故可用于不能用无水氯化钙来干燥的许多化合物;③ 无水 Na_2SO_4,类似于无水 $MgSO_4$,价廉,但吸水能力和速度都差一些。与水结合生成 $Na_2SO_4 \cdot 10H_2O$(37℃ 以下)。当有机化合物水分较多时,先用本品处理后再用其他干燥剂处理;④ 无水 K_2CO_3、吸水能力一般,与水形成 $K_2CO_3 \cdot 2H_2O$,作用慢,用于干燥醇、酯、酮、腈类等中性物和生物碱等一般的有机碱。但不适用于干燥酸、酚、或其他酸性物质;⑤ 金属钠、醚、烷烃等有机化合物用无水 $CaCl_2$ 或 $MgSO_4$ 等处理后,若仍含有微量水,可加入金属钠(切成薄片或压成丝)除去;不宜用作醇、酯、酸、卤烃、醛、酮及某些胺等能与碱起反应或易被还原的有机化合物的干燥剂。各类有机化合物的常用干燥剂列于表 2-4 中。

表 2-4 各类有机化合物的常用干燥剂

液态有机化合物	适用的干燥剂
醚类、烷烃、芳烃	$CaCl_2$、Na、P_2O_5
醇类	K_2CO_3、$MgSO_4$、Na_2SO_4、CaO
醛类	$MgSO_4$、Na_2SO_4
酮类	$MgSO_4$、Na_2SO_4、K_2CO_3
酸类	$MgSO_4$、Na_2SO_4

续表

液态有机化合物	适用的干燥剂
酯类	$MgSO_4$、Na_2SO_4、K_2CO_3
卤代烃	$CaCl_2$、$MgSO_4$、Na_2SO_4、P_2O_5
有机碱类（胺类）	NaOH、KOH

2. 干燥液态有机化合物的操作步骤与要点

液态有机化合物的干燥一般在锥形瓶内进行。之前应先把被干燥液中的水分尽可能除净，不应有任何可见的水层或悬浮水珠。再把按照条件选定的干燥剂投入液体里，塞紧（用金属钠作干燥剂时例外，此时塞中应插入一个无水 $CaCl_2$ 管，使氢气放空而水气不致进入），振荡片刻，静置，使所有的水分全被吸去。如果水分太多，或干燥剂用量太少，致使部分干燥剂溶解于水时，可将干燥剂滤出，用吸管吸出水层，再加入新的干燥剂，放置一定时间，将液体与干燥剂分离，进行蒸馏精制。

（三）固态有机化合物的干燥

从重结晶得到的固体常含水或有机溶剂，应根据其性质选择适当的方法进行干燥。

1. 自然晾干

是最简便，最经济的干燥方法。把要干燥的化合物先在滤纸上面压平，然后在一张滤纸上面薄薄地摊开，用另一张滤纸覆盖起来，在空气中慢慢地晾干。

2. 加热干燥

对于热稳定的固体可以放在烘箱内烘干，加热的温度切忌超过该固体的熔点，以免固体变色和分解，如属需要可在真空恒温干燥箱中干燥。其使用温度一般为 50~300℃，通常使用温度应控制在 100~200℃ 的范围内。

3. 红外线干燥

特点是穿透性强，干燥快。

4. 干燥器干燥

对易吸湿或在较高温度干燥时，会分解或变色的可用干燥器干燥，干燥器有普通干燥器和真空干燥器两种。

（四）气态有机化合物的干燥

在有机化学实验中常用气体有 N_2、O_2、H_2、Cl_2、NH_3、CO_2，有时要求气体中含很少或几乎不含 CO_2、H_2O 等，因此，需要对上述气体进行干燥。干燥气体常用仪器有干燥管、干燥塔、U 型管、各种洗气瓶（常用来盛液体干燥剂）等。常用的气体干燥剂列于表 2-5 中。

表 2-5 用于干燥气体的常用干燥剂

干燥剂	可干燥气体
CaO、碱石灰、NaOH、KOH	NH_3 类
无水 $CaCl_2$	H_2、HCl、CO_2、CO、SO_2、N_2、O_2、低级烷烃、醚、烯烃、卤代烃
P_2O_5	H_2、N_2、O_2、CO_2、SO_2、烷烃、乙烯
浓 H_2SO_4	H_2、N_2、HCl、CO_2、Cl_2、烷烃
$CaBr_2$、$ZnBr_2$	HBr

三、搅拌与搅拌器

搅拌器也是有机化学实验必不可少的仪器之一,它可使反应混合物混合得更加均匀,反应体系的温度更加均匀,从而有利于化学反应的进行特别是非均相反应。

搅拌的方法有三种:人工搅拌、磁力搅拌、机械搅拌。人工搅拌一般借助于玻璃棒就可以进行,磁力搅拌是利用磁力搅拌器,机械搅拌则是利用机械搅拌器。

(一) 磁力搅拌器

由于磁力搅拌器容易安装,因此,它可以用来进行连续搅拌尤其当反应量比较少或反应是密闭条件下进行时,磁力搅拌器的使用更为方便。但缺点是对于一些黏稠液或是有大量固体参加或生成的反应,磁力搅拌器无法顺利使用,这时就应选用机械搅拌器作为搅拌动力。磁力搅拌器是利用磁场的转动来带动磁子的转动。磁子是在一小块金属用一层惰性材料(如聚四氟乙烯等)包裹着的,也可以自制:用一截 10# 铁铅丝放入细玻管或塑料管中,两端封口。磁子的大小大约有 10 mm、20 mm、30 mm 长,还有更长的磁子,磁子的形状有圆柱形、椭圆形和圆形等,可以根据实验的规模来选用。

(二) 机械搅拌器

机械搅拌器主要包括三部分:电动机、搅拌棒和搅拌密封装置。

电动机是动力部分,固定在支架上,由调速器调节其转动快慢。搅拌棒与电动机相连,当接通电源后,电动机就带动搅拌棒转动而进行搅拌,搅拌密封装置是搅拌棒与反应器连接的装置,它可以使反应在密封体系中进行。搅拌的效率在很大程度上取决于搅拌棒的结构,根据反应器的大小、形状、瓶口的大小及反应条件的要求,选择较为合适的搅拌棒。

实验 1 塞子的选择、钻孔与简单玻璃工操作

一、实验目的

1. 通过实验,使学生能够掌握简单玻璃工操作的基本要领;
2. 学习塞子的配置与钻孔方法。

二、实验主要用品

橡胶塞、钻孔器、玻璃棒(管)、锉刀、酒精喷灯、石棉网、抹布。

三、实验步骤

1. 塞子的钻孔

有机化学实验室常用的塞子有软木塞和橡皮塞两种。软木塞的优点是不易与有机化合物作用,但易漏气和易被酸碱所腐蚀;橡皮塞虽然不漏气且不易被酸碱所腐蚀,但易被有机化合物所侵蚀或溶胀,二者各有优缺点。究竟选用哪种塞子要根据具体情况而定,一般来说,应该选择软木塞,因为在有机化学实验中主要用有机化合物。但现在用橡皮塞较多,因为比较方便。但无论选用哪种塞子都必须进行选择和钻孔。

(1)塞子的选择 选择一个大小合适的塞子,是使用塞子的起码要求,总的要求是塞子的大小与仪器的口径相适合,塞子进入瓶颈或管颈的部分是塞子本身高度的 1/3 ~ 2/3,否则,就不合适。使用新软木塞时,只要能塞入 1/3 ~ 1/2 就可以了,因为经过压塞机压软钻孔后就有可能塞入 2/3 左右了。塞子选择标准如图 2-1 所示:

不正确　　　　正确　　　　不正确

图 2-1 塞子规格的选择标准

(2)钻孔器的选择 有机化学实验往往需要在塞子内插入导气管、温度计、滴液漏斗等,这就需要在塞子上钻孔,钻孔用的工具叫钻孔器(也叫打孔器)。这种钻孔器是靠手力钻孔的。每套钻孔器约有五、六支直径不同的钻嘴,以供选择。若在软木塞上钻孔,就应选用比欲插入的玻璃管等的外径稍小或接近的钻嘴。若在橡皮塞上钻孔,则要选用比欲插入的玻璃管的外径稍大的钻嘴,因为橡皮塞有弹性,钻成后,会收缩使孔径变小。总之,塞子直径的大小,应能使欲插入的玻璃管等紧密地贴合固定为度。

(3)钻孔的方法 软木塞在钻孔之前,需用压塞机压紧,防止在钻孔时破裂。把塞子的一端朝上,平放在桌面的一块木板上,这块木板的作用是避免当塞子被钻通后,钻坏桌面。钻孔时,左手握紧塞子平稳放在木板上,右手持钻孔器的柄,在选定的位置,使劲地将

钻孔器以顺时针的方向向下转动,使钻孔器垂直于塞子的平面,不能左右摇摆,更不能倾斜。不然,钻得的孔道是偏斜的。等到钻至约塞子的一半时,按逆时针旋转取出钻嘴,用钻杆通出钻嘴中的塞芯。然后在塞子大的一面钻孔,要对准小头的孔位,以上述同样的操作钻孔至钻通。拔出钻嘴,通出钻嘴内的塞芯。如图2-2 所示。为了减少钻孔时的摩擦,特别是对橡皮塞时,可在钻嘴的刀口搽一些甘油或水。

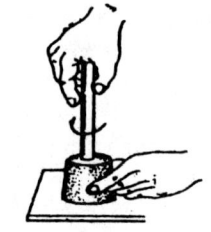

图 2-2　塞子的钻孔方法

钻孔后要检查孔道是否合适,如果不费力就能把玻璃管插入时,说明孔道过大,玻璃管和塞子之间不够紧密贴合会漏气,不能用。若孔道小或不光滑时,可用圆锉修整。

2. 简单玻璃工操作

(1) 玻璃管的截断　玻璃管的截断操作,一是锉痕,二是折断。锉痕用的工具是小三角锉刀或小砂轮片。锉痕的操作是把玻璃管平放在桌子的边缘上,左手的拇指按住玻璃管要截断的地方,右手执小三角锉刀,将小三角锉刀的棱边放在要截断的地方,用力锉出一道凹痕,凹痕约占管周的 1/6,锉痕时只能朝一个方向,不能来回锉。否则锉痕多,管口不齐。当锉出凹痕之后,下一步就是将玻璃管截断,两手分别握住凹痕的两侧,凹痕向外,两个大拇指分别按在凹痕的后面的两侧,向外用力、同时两手分别向两侧拉,玻璃管将在凹痕处被折成两段。为了安全可用抹布包住玻璃管,同时尽可能远离眼睛,以免伤人。如图 2-3 所示。玻璃管截断后,截面锋利为避免划破皮肤、橡皮管或塞子,必须在灯焰上烧熔,使之光滑。

图 2-3　玻璃管(棒)的折断

(2) 玻璃管的弯曲　有机化学实验中常用到弯曲的玻璃管,常见的弯曲角度有 45°、75°、90°、135°等。但初学者容易出现的问题有:弯曲部分变细,扭曲,凹陷等,为此操作时要注意:

① 酒精喷灯的使用　在弯曲玻璃管(棒)时,常用到鱼尾灯、酒精喷灯等,如图 2-4 所示。

酒精喷灯是利用压出式原理设计,由铜为原料制造而成,图 2-4 所示的是改进了的酒精喷灯。使用前,旋开酒精入口的铜帽 4,通过入口向酒精壶 5 中加入工业酒精至体积的4/5 左右,然后旋紧入口铜帽 4。使用时,在预热盘 3 中加入少量工业酒精,并点燃此处的酒精。一段时间后,酒精壶 5 中的酒精由于受热而变成蒸气,由喷射口灯管 1 喷出,由 3 处燃烧的火苗引燃。火焰可由空气调节器 2 进行上下移动来调节。当听到"呼呼……"声时,说明火焰温度已经接近 500℃,就可以旋转控制柄 4 将其固定在此处以得到稳定的喷射火焰。若要熄灭酒精喷灯,用石棉网直接盖住喷射口 5 即可;

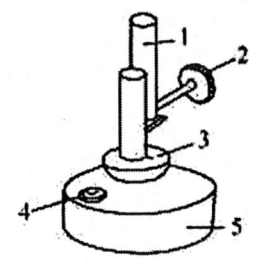 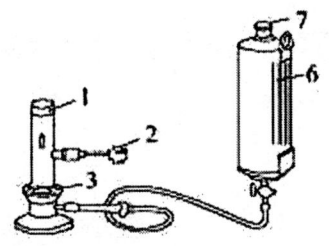

1. 灯管 2. 空气调节器 3. 预热盘 4. 铜帽 5. 酒精壶 6. 酒精储罐 7. 盖子

图 2-4 酒精喷灯

② 双手水平持玻璃管,手心向外把需要弯曲的地方放在火焰上预热,加热部分要稍宽些(一般 4~5 cm),同时要不停地、缓缓地向同一个方向转动(两手转速一致,否则玻璃管会在火焰中扭曲),使其受热均匀;如图 2-5(1)所示。

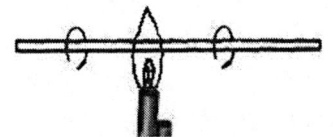 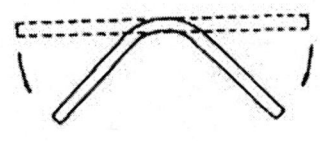 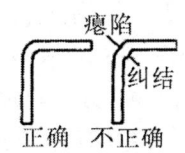

（1）酒精喷灯加热玻璃管　　　　（2）弯管　　　　（3）弯制的玻璃管

图 2-5 制作玻璃弯管

③ 当玻璃管受热至足够软化(玻璃管色变黄!)时,即从火焰中取出,轻轻弯曲成需要的角度,弯曲时两手用力要均匀,不能有扭力、拉力和推力。如图 2-5(2)所示。为防止弯曲部位凹陷,可在弯成角度之后,用乳胶头堵住玻璃管一端,另一端用嘴轻轻吹气(不能过猛!),不能一面加热一面弯曲;

④ 玻璃管弯曲角度较大时,不能一次弯成,先弯曲一定角度将加热中心部位稍偏离原中心部位,再加热弯曲,直至达到所要求的角度为止;

⑤ 弯制好的玻璃弯管不能立即和冷的物件接触,要把它放在石棉网上自然冷却。检查弯好的玻璃管的外形,要求整体在一个平面内。如图 2-5(3)所示弯制的玻璃管的形状。

（3）毛细管的拉制　　有机化学实验中常用的毛细管有熔点管、沸点管、薄层层析点样用的毛细管、减压蒸馏用的毛细管及滴管等,内径要求各不相同。方法是:

① 取一根干净、壁厚为 18 mm、直径 8-10 mm 的玻璃管,将其拉制成内径 1 mm 的毛细管。拉制方法与弯曲玻璃管一样只是软化程度要比弯玻璃管强(玻璃管呈红黄色!)一些。且勿将玻璃管未烧柔软就拉,否则易把玻璃管拉成哑铃形,见图 2-6。

② 当玻璃管烧软化后离开火焰向相反方向拉,拉的速度既不能太快也不能太慢。应根据毛细管内径要求而定,内径大的可快点,内径的小可慢点。同时边拉边轻轻旋转玻璃管;

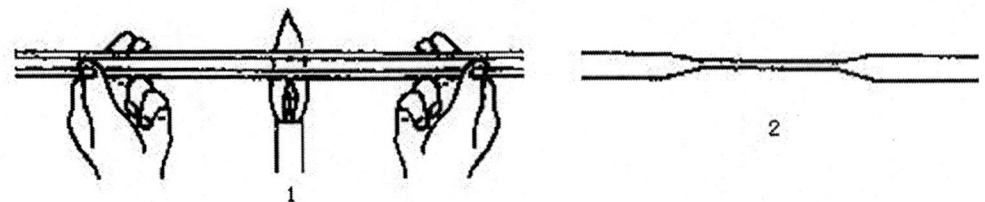

图 2-6 毛细管的拉制

③ 毛细管拉好后要两手要端平,稍停片刻再放到垫有石棉网(板)的台子上冷却(若毛细管未等冷却就立即放在台子上,会使毛细管两端弯曲或破裂)。冷却后截成 15~20 cm 长,并把此毛细管的两端在小火上封闭,当使用时,将这根毛细管的中央截断为两根熔点管,两端粗的玻璃管可作为玻璃滴管。

(4) 玻璃搅拌棒的制备　这里所说的玻璃搅拌棒,是指装在电动搅拌头上的搅拌棒。这里介绍一种制备简单,搅拌效果又好的玻璃搅拌棒的制法。

取一根一定长度的玻璃棒,在酒精喷灯火焰上先将锋锐的断口边缘熔成圆滑,再将距一端约 2 cm 处烧软后(程度与弯制玻璃管近似),在石棉网先上弯成 135°(或借助镊子弯曲),再将弯曲部分烧软化后放在石棉网(板)上,向相反方向弯成 135°,最后将弯曲部分烧软化后放在石棉网(板)上,用钳子(或镊子)等硬物压扁平即可,见图 2-7(要求在同一个平面内)。

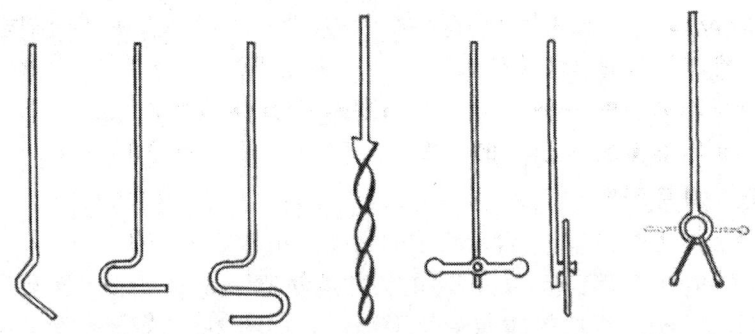

图 2-7 玻璃搅拌棒的弯制

(5) 玻璃管插入软木塞的方法　先用水或甘油润湿选好的玻璃管的一端(如插入温度计时即水银球部分),然后,左手手拿住软木塞,右手指捏住玻璃管的那一端,如图 2-8 所示,稍稍用力转动逐渐插入。必须注意,右手指捏住玻璃管的位置与塞子的距离应经常保持 4 cm 左右,不能太远;其次,用力不能过大,以免折断玻璃管刺破手掌,为了安全最好用抹布包住玻璃管。插入或者拔出弯曲玻璃管时,手指不能捏在弯曲的地方。

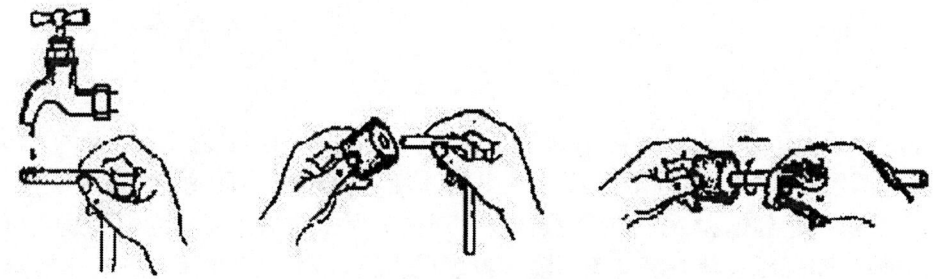

图 2-8 玻璃管插入塞子

四、注意事项

1. 塞子钻孔时塞子下面要垫一木板，以免损坏实验台，且要垂直，手不能颤抖。
2. 划玻璃管或棒时要朝一个方向，不能来回锉。
3. 玻璃管弯曲要掌握好火候，受热面积尽可能大，同时两手持平不停地朝一个方向旋转；离开火焰再弯曲。
4. 拉制毛细管时火焰强度比弯玻璃管要强些，离开火焰再拉，先慢后快。
5. 玻璃管插入塞子时要用抹布包好，以免划伤皮肤。

五、思考题

1. 选用塞子时要注意什么？如果钻孔器不垂直于塞子的平面时结果会怎样？怎样才能使钻嘴垂直于塞子的平面？为什么塞子钻孔要两面钻？
2. 截断玻璃管时要注意哪些问题？怎样弯曲和拉细玻璃管？在火焰上加热玻璃管时怎样才能防止玻璃管被拉歪？
3. 弯曲和拉细玻璃管时软化玻璃管的温度有什么不同？为什么要不同呢？弯制好了的曲玻璃管如果立即和冷的物件接触会发生什么不良的后果？应该怎样才能避免？
4. 把玻璃管插入塞子孔道中时要注意些什么？怎样才不会割破皮肤？怎样拔出才安全？

实验 2 蒸馏和沸点的测定

一、实验目的

1. 了解测定沸点的意义、原理和方法；
2. 掌握蒸馏法测定沸点的实验装置和操作方法。

二、实验原理

1. 沸点

液体的分子由于分子运动有从表面逸出的倾向,这种倾向随着温度的升高而增大,进而在液面上部形成蒸气。当分子由液体逸出的速度与由蒸气中回到液体中的速度相等时,液面上的蒸气达到饱和,称为饱和蒸气。它对液面所施加的压力称为饱和蒸气压。实验证明,液体的蒸气压只与温度有关。随着温度的升高,其蒸气压增大,当液体的蒸气压等于外界大气压时,就有大量气泡从液体内部逸出,即产生蒸气气泡大量逸出气化,此现象称沸腾,这时的温度为该液体物质的沸点。液体的沸点与所受外界压力大小有关。通常,液体的沸点是指在 0.1MPa(一个标准大气压)压力下液体沸腾时的温度。例如,水的沸点为 100℃,就是指在 0.1MPa 压力下,水在 100℃时沸腾。在其它压力下的沸点须注明压力。

沸点是液体物质的重要物理常数,纯净的液体物质一般都有固定的沸点。通过沸点的测定可以初步判断液体的纯度。但具有固定沸点的液体有机化合物不一定是纯粹的化合物。因为某些有机化合物常和其它组分形成二元或三元共沸混合物,它们也有一定的沸点。

沸点的测定有常量法和微量法两种。这里只介绍常量法即用蒸馏进行沸点测定的方法。

2. 蒸馏及其应用

将液体加热至沸腾,使液体变成蒸气,然后又将蒸气冷凝为液体,这两个过程的联合操作称为蒸馏。

蒸馏时的冷凝液称馏液(馏分),开始馏出第一滴和最后一滴的温度范围就是该馏分的沸点范围,称沸程或沸距。纯的液体物质有一定的沸点,用蒸馏测定时,沸程很小,一般不超过1℃。不纯的液体物质沸点不固定,沸程较大。所以,通过蒸馏可以测定液体物质的沸点和纯度。

除了用于测定液体混合物的沸点外,蒸馏还是分离和提纯液态有机化合物常用的方法之一。通过蒸馏,可将易挥发的物质和不挥发的物质分离开来,也可将沸点不同的液体混合物分离开来(其沸点差>30℃的分离效果较好),此外,在有机实验中还常用来回收溶剂、浓缩溶液。

蒸馏装置主要由气化、冷凝和接收三部分组成,如图2-9。

(1)热源:蒸馏需要加热,热源可采用水浴、油浴、砂浴或直接加热等方式。对易挥发、易燃且沸点低于80℃的液体,可用水浴加热;沸点超过80℃的易燃液体,可用油浴(液态石蜡)加热。

(2)蒸馏烧瓶的选择:采用圆底蒸馏烧瓶,其容量大小应与被蒸馏液体的量相匹配,一般待蒸馏液体体积占烧瓶体积的1/2~2/3。若装入液体的量过多,沸腾时液体有可能

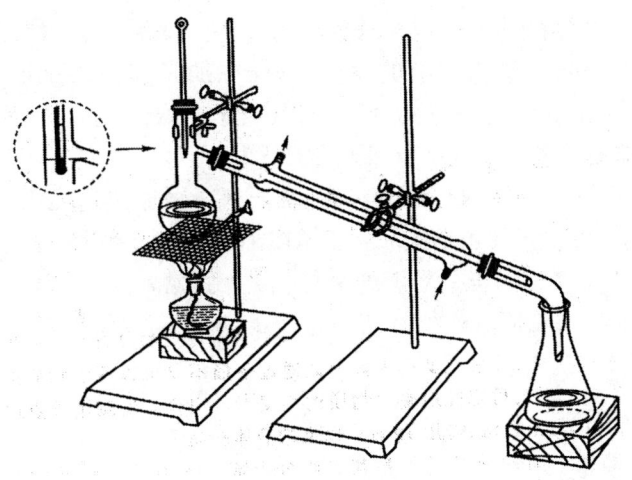

图 2-9 蒸馏装置

从支管冲出;若装入的量太少,蒸馏完毕将有较多的残液留在瓶底,造成损失。在蒸馏低沸点液体时,选用长颈蒸馏瓶;而蒸馏高沸点液体时,选用短颈蒸馏瓶;

(3) 温度计:温度计应根据被蒸馏液体的沸点来选,低于 100℃,可选用 100℃温度计;高于 100℃,应选用 250~300℃水银温度计。温度计水银球的上端应与蒸馏烧瓶支管的下缘处在同一水平线上,如图 2-9 所示。这样水银球才被蒸气完全浸湿,温度计指示的沸点温度才较准确;

(4) 冷凝管:蒸气在冷凝管中冷凝为液体。液体的沸点超过 130℃时,用空气冷凝管。低于 130℃时,用水冷凝,冷凝管下端的侧管为进水口,上端的为出水口,各套上橡皮管将冷却水导入和导出。安装时,上端的出水口应朝上,这样才能保证管内装满冷却水;

(5) 接液管及接受器(接收瓶):接液管将冷凝液导入接受器中。常压蒸馏选用锥形瓶为接收瓶,减压蒸馏选用圆底烧瓶为接收瓶。接液管应直接插入锥形瓶中,不用塞子。低沸点馏液为防其挥发,接受器外可用冰水浴冷却。易挥发、易燃、有毒的馏液,须以抽滤瓶或蒸馏烧瓶为接受器,瓶口与接液管用塞子相连,接液管侧管连一导管通入不断放水的水槽下水管口。若馏液易吸水,可在侧管上装一干燥管,管内放入无水氯化钙或其他干燥剂。值得注意的是,整套装置须与大气相通,不能封闭(减压蒸馏除外)。

3. 气化中心和暴沸现象

当温度接近液体的沸点时,其沸腾首先是从一些小的气泡开始的,这样的小气泡可作为大的蒸气气泡的核心,称为汽化中心。当液体继续受热,液体就会释放大量蒸气至汽化中心,使气泡持续变大,最后蒸气的气泡就上升并逸出液面。汽化中心的存在是液体平稳沸腾的必要条件。

加热时,液体的温度可能上升到超过沸点很多而不沸腾,形成过热液体,一旦有一个气泡形成,上升的气泡增大得非常快,引起液体的扰动,进而引起更多的汽化中心,产生更多的气泡,甚至将液体冲溢出瓶外,这种现象称为暴沸。暴沸对蒸馏操作不利。

在蒸馏过程中为了防止暴沸现象的发生,需要在加热前加入一定量的助沸物(也称止暴剂—表面疏松多孔、吸附有空气的物质,如素瓷片、沸石等,也可用一端封口的毛细管或进行有效的搅拌来提供汽化中心)以保证沸腾平稳。

使用沸石时应注意:① 在加热蒸馏前加入沸石;② 当加热后发觉未加沸石或原有沸石失效时,千万不能立即投入沸石,因为当液体在沸腾或接近沸腾时投入沸石,将会引起猛烈的暴沸,液体易冲出瓶口,若是易燃的液体,将会引起火灾,所以,应使沸腾的液体冷却至沸点以下后才能加入沸石;③ 如蒸馏中途停止,后来需要继续蒸馏,也必须在加热前补添新的沸石。

三、实验主要用品

主要试剂:95%乙醇。

主要仪器:圆底烧瓶、直形冷凝管、接液管(也称牛角管、尾接管)、锥形瓶、蒸馏头、温度计套管、100℃温度计、量筒、玻璃漏斗、加热套、水浴锅、橡皮管等;装置图参见图2-9。

四、实验步骤

1. 安装装置(参见图2-9)

安装顺序:先下后上,先左后右依次装配。要求整套装置准确、端正、美观、不漏气,做到"正看一个面,侧看一条线"。

以热源(电加热套)为基准,首先将装有待蒸馏物质的圆底烧瓶固定在铁架台上,然后插入蒸馏头,顺次连接冷凝管、接液管、接受瓶,最后插入温度计套管和温度计(注意:不能装成密闭系统!),最后检查一次装置是否稳妥与严密。

2. 加料

将待蒸液体(95%乙醇20 mL)小心倒入或经漏斗加入蒸馏瓶中,并加入2~3粒沸石。用温度计套管或橡皮塞固定好温度计,注意温度计的位置。再次检查整个装置是否严密,排除封闭体系。然后打开冷凝水,缓缓通入冷水(注意冷水自下而上)。

3. 加热

开始加热时可观察到烧瓶中的液体逐渐沸腾,蒸气上升,温度计读数也略有上升。当液体由沸腾产生的蒸气到达水银球部位时,温度计读数急剧上升。这时应调节热源温度,让水银球上液滴和蒸气温度达到平衡,控制加热温度,使馏出液速度以每秒1~2滴为宜。此时温度计读数就是馏出液的沸点。

4. 收集馏出液

在到达所需物质的沸点之前,低沸点的液体先馏出,馏出的液体称前馏分或馏头。前馏分蒸完,温度趋于稳定,再蒸出的就是较纯的物质。记下该部分开始馏出第一滴和最后一滴温度范围,此温度范围即为该馏分的沸点范围。馏分的沸点范围越窄,则馏分的纯度越高。当温度明显下降,说明该馏分基本蒸馏完毕。通过更换接受器,可按要求收集一定沸程的馏分。

在所需馏分蒸出后,温度计读数会突然下降。此时应停止蒸馏。即使杂质很少,也不能蒸干,以免蒸馏瓶破裂及发生其他意外事故。将收集馏出液称重,并计算产率。

5. 蒸馏结束操作

蒸馏结束后,应先停止加热,移走热源,待稍冷后关闭冷凝水,最后拆卸仪器并及时清洗。拆卸仪器的顺序与装配仪器顺序相反。

五、注意事项

1. 注意蒸馏装置中温度计水银球的正确位置。
2. 沸石必须预先加入;停止蒸馏的液体,在继续蒸馏前,必须待其稍冷后补加沸石。
3. 加料时应沿着面对支管的瓶颈壁小心加入,否则,液体易从支管流出;或者通过洁净的长颈漏斗加入。
4. 加热前勿忘通冷凝水,水流速以能保证蒸气充分冷凝为宜,注意节约用水,通常只需保持缓缓水流即可。
5. 严格控制加热速度:加热过猛,蒸馏速度过快,会使蒸气过热,测得的沸点偏高,加热不足,蒸馏速度慢,测得的沸点偏低或不规则;同时应注意防火防爆安全,切记不能将蒸馏烧瓶中的液体蒸干。
6. 注意蒸馏结束操作顺序:先停止加热,再停止通水,最后拆卸仪器。

六、思考题

1. 利用蒸馏分离沸点不同化合物的条件是什么?
2. 什么叫沸点?液体的沸点和大气压有什么关系?文献里记载的某物质的沸点是否即为你们那里的沸点温度?
3. 蒸馏时加入沸石的作用是什么?如果蒸馏前忘记加沸石,能否立即将沸石加至将近沸腾的液体中?当重新蒸馏时,用过的沸石能否继续使用?
4. 蒸馏时为什么蒸馏瓶所盛液体的量不应超过容积的2/3也不应少于1/3?
5. 为什么温度计水银球上端必须与蒸馏头支管下沿边对齐?
6. 试总结操作好蒸馏装置的关键是什么?

实验3　分馏

一、实验目的

1. 了解分馏的原理和意义，了解蒸馏与分馏的区别；
2. 了解分馏柱的种类、特点及选用方法；
3. 掌握实验室常用的分馏基本操作技术以及分馏装置的装配和拆卸技能。

二、实验原理

若将两种挥发性液体混合物进行蒸馏，在沸腾温度下，其气相与液相达成平衡，出来的蒸气中含有较多量易挥发性物质，将此蒸气冷凝成液体，其组成与气相组成等同（即含有较多的易挥发组分），而残留物中却含有较多量的高沸点组分（难挥发组分），这就是进行了一次简单的蒸馏。

如果将蒸气凝成的液体重新蒸馏，即又进行一次气液平衡，再度产生的蒸气中，所含的易挥发物质组分又有增高，同样，将此蒸气再经冷凝而得到的液体中，易挥发物质的组成当然更高，这样我们可以利用一连串的有系统的重复蒸馏，最后能得到接近纯组分的两种液体。

应用这样反复多次的简单蒸馏，虽然可以得到接近纯组分的两种液体，但是这样做既浪费时间，且在重复多次蒸馏操作中的损失又很大，设备复杂，所以，通常是利用分馏柱进行多次气化和冷凝，这就是分馏。简单地说，分馏就是多次蒸馏。

在分馏柱内，当上升的蒸气与下降的冷凝液互凝相接触时，上升的蒸气部分冷凝放出热量使下降的冷凝液部分气化，两者之间发生了热量交换，其结果，上升蒸气中易挥发组分增加，而下降的冷凝液中高沸点组分（难挥发组分）增加，如果继续多次，就等于进行了多次的气液平衡，即达到了多次蒸馏的效果。这样靠近分馏柱顶部易挥发物质的组分比率高，而在烧瓶里高沸点组分（难挥发组分）的比率高。这样只要分馏柱足够高，就可将这种组分完全彻底分开。工业上的精馏塔就相当于分馏柱。

采用分馏的分离效果比蒸馏好许多。例如，将 20 mL 甲醇和 20 mL 水混合物进行普通蒸馏和分馏，控制蒸出速度为三分钟 1 mL，每收集 1 mL 馏出液记录一下温度，以馏出体积为横坐标，温度为纵坐标，分别得出蒸馏曲线和分馏曲线，如图 2-10 所示。从分馏曲线可以看出，当甲醇蒸出后，温度迅速上升，达到第二组馏分的沸点，因此甲醇和水能够较好的分离。显然，分馏比一次普通蒸馏对于液体物质的分离提纯更为有效。需要注意的是，共沸物无法通过普通蒸馏和分馏进行分离。影响分离效率的因素除混合物的自身物理性质外，主要有以下三点：

1. 理论塔板数

在分馏柱中，每一次完整的气化－冷凝过程（即完成了一次普通蒸馏）视为具有一个

第二部分 有机化学实验基本操作技能

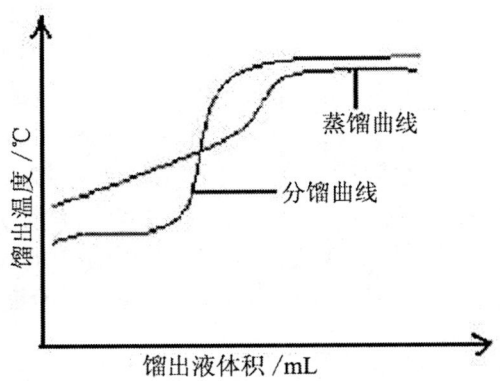

图 2-10 甲醇-水混合物(1:1)的蒸馏和分馏曲线

理论塔板。显然,塔板数越多,分馏柱的分离效果越好。

2. 回流比

在单位时间内,由柱顶冷凝返回柱中液体的量(体积)与蒸出物量(体积)之比称为回流比。回流比越大,分馏效率越好(馏出液速度太快时分离效果差)。

3. 柱的保温

分馏柱必须进行适当的保温,以保持温度的平衡。为提高分馏柱的分离效率,在分馏柱内装入具有表面积大的填料,以增加回流液体和上升蒸汽的接触机会。常见的填料有玻璃片、玻璃珠或金属丝等,在分馏柱的底部往往放一些玻璃丝以防止填料坠入蒸馏容器中。

三、实验用品

主要试剂:甲醇、水。

主要仪器:蒸馏烧瓶、蒸馏头、温度计及套管、直形冷凝管、尾接管、量筒、锥形瓶。

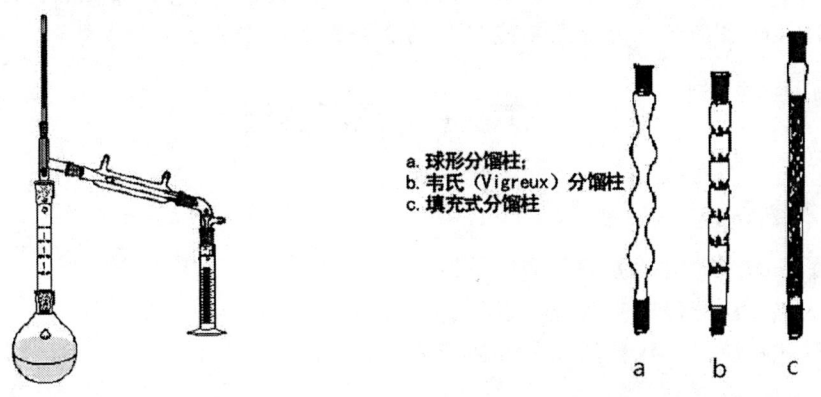

图 2-11 分馏装置图   图 2-12 实验室常用的分馏柱

四、实验步骤

实验室常用的分馏柱如图 2-12 所示。按图 2-11 安装分馏装置。在 100 mL 圆底烧瓶内放置 20 mL 甲醇，20 mL 水及 1～2 粒沸石，开始缓缓加热，并控制加热程度，使馏出液以 2～3 秒 1 滴的速度蒸出。用量筒接收馏出液，并记录每增加 2 mL 馏出液时的温度及总体积。将低于 70℃ 馏分转入到瓶 A，70℃～95℃ 的馏分转入到瓶 B，大于 95℃ 的馏分转入瓶 C，并记录三段馏分的体积；至蒸馏烧瓶中残液为 1～2 mL 时，停止加热。

用坐标纸以馏出液体积为横坐标，温度为纵坐标作图（实验报告上要取图名）。

五、注意事项

1. 分馏一定要缓慢进行，控制好恒定的蒸馏速度（2～3 秒 1 滴）蒸出，这样，可以得到比较好的分馏效果。分馏前加沸石，加热前先通水，注意防火。

2. 要使有相当量的液体沿柱流回烧瓶中，即要选择合适的回流比，使上升的气流和下降液体充分进行热交换，使易挥发组分尽量上升，难挥发组分尽量下降，分馏效果更好。

3. 必须尽量减少分馏柱的热量损失和波动。柱的外围可用石棉绳包住，这样可以减少柱内热量的散发，减少风和室温的影响也减少了热量的损失和波动，使加热均匀，分馏操作平稳地进行。分馏时将各组分倒入烧瓶时，必须熄火，冷却后进行。

六、思考题

1. 分馏和蒸馏在原理及装置上有哪些异同？如果是两种沸点很接近的液体组成的混合物能否用分馏来提纯？

2. 若加热太快，馏出液大于每 2～3 秒 1 滴（每秒钟的滴数超过要求量），用分馏分离两种液体的能力会显著下降，为什么？

3. 用分馏柱提纯液体时，为了取得较好的分离效果，为什么分馏柱必须保持回流比？

4. 在分馏时通常用水浴或油浴加热，它比直接用火加热有什么优点？

5. 什么叫共沸物？为什么不能用分馏法分离共沸混合物？

实验 4 减压蒸馏

一、实验目的

1. 了解减压蒸馏的原理和应用范围；
2. 认识减压蒸馏的主要仪器设备；
3. 掌握减压蒸馏仪器的安装和操作方法。

二、实验原理

液体的沸点是指它的蒸气压等于外界压力时的温度，因此液体的沸点是随外界压力的变化而变化的。如果借助于真空泵降低系统内压力,就可以降低液体的沸点,这种在较低压力下进行蒸馏的操作称为减压蒸馏。

在进行减压蒸馏前,应先从文献中查阅该化合物在所选择的压力下的相应沸点。如果文献中缺乏此数据,可用下述经验规律大致推算,以供参考。当蒸馏在 1333~1999 Pa(10~15 mmHg)进行时,压力每相差 133.3 Pa(1 mmHg),沸点相差约 1℃;也可以用图 2-13 的压力－温度关系图来查找,即从某一压力下的沸点便可近似地推算出另一压力下沸点。例如,水杨酸乙酯常压下 234℃,减压至 1999 Pa (15 mmHg)时,沸点为多少度? 可在图 2-13 中 B 线上找到 234℃ 的点,再在 C 线上找到 1999 Pa(15 mmHg)的点,然后通过

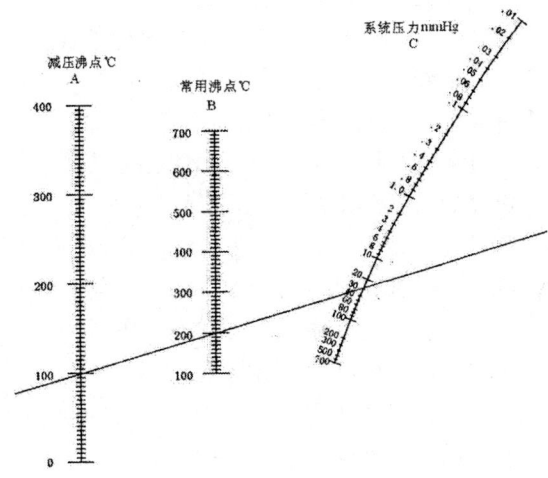

图 2-13　压力－温度关系图

两点连一条直线,该直线与 A 线的交点 113℃,即水杨酸乙酯在 1999 Pa(15 mmHg)时的沸点,约为 113℃。

一般把压力范围划分为几个等级:

"粗"真空[1.333~100 kPa(10~760 mmHg)],一般可用水泵获得;

"次高"真空[0.133~133.3 Pa(0.001~1 mmHg)],可用油泵获得;

"高"真空[<0.133 Pa(<10^{-3} mmHg)],可用扩散泵获得。

减压蒸馏的应用范围:减压蒸馏常用于分离和提纯高沸点和在常压下蒸馏往往发生分解、氧化或聚合的液体物质。常用的减压蒸馏系统可分为蒸馏、抽气以及保护和测压装置三部分。

1. 蒸馏部分

这一部分与普通蒸馏相似,由克氏蒸馏瓶、毛细管、温度计及冷凝管、接收器等组成。

(1) 减压蒸馏瓶(克氏蒸馏瓶)有两个颈,其目的是为了避免减压蒸馏时瓶内液体由于沸腾而冲入冷凝管中,一颈插入温度计,另一颈插入一根末端距瓶底约 1~2 mm 的毛细管(直径约 6 mm)。毛细管的上端连有一段带螺旋夹的橡皮管,螺旋夹用以调节进入空气的量,使极少量的空气进入液体,呈微小气泡冒出,作为液体沸腾的气化中心,使蒸馏平稳进行,又起搅拌作用;

(2) 冷凝管的选取和普通蒸馏相同;

(3) 蒸馏时,若要收集不同的馏份而又不中断蒸馏,则可用两尾或多尾接液管。转动多尾接液管,就可使不同的馏份进入指定的接收器中。

2. 抽气部分

实验室通常用水泵或油泵进行减压。

水泵(水循环泵)：如不需要很低的压力时可用水泵，其抽空效率可达 1067~3333 Pa (8~25 mmHg)。用水泵抽气时，应在水泵前装上安全瓶，以防水压下降时，水流倒吸。停止蒸馏时要先放气，然后关水泵。

油泵：油泵的效能取决于油泵的机械结构以及真空泵油的好坏。好的油泵能抽至真空度为 133.3 Pa 以下。油泵结构较精密，工作条件要求较严。蒸馏时，如果有挥发性的有机溶剂、水或酸的蒸气，都会损坏油泵及降低其真空度。因此，使用时必须十分注意油泵的保护。因此，使用油泵时必须注意下列几点：

(1) 在蒸馏系统和油泵之间，必须装有吸收装置；

(2) 蒸馏前必须用水泵彻底抽去系统中的有机溶剂蒸气；

(3) 如果能用水泵减压蒸馏的物质则尽量使用水泵；如蒸馏物中含有挥发性杂质，可先用水泵减压抽除，然后改用油泵。

3. 保护和测压装置部分

使用水泵减压时，必须在馏液接受器与水泵之间装上安全瓶，安全瓶由耐压的抽滤瓶或其他广口瓶装置而成，瓶上的两通活塞供调节系统内压力及防止水压骤然下降时，水泵的水会首先倒吸入接收器中，图 2-14、图 2-15 分别为接水泵、接油泵的减压蒸馏装置。

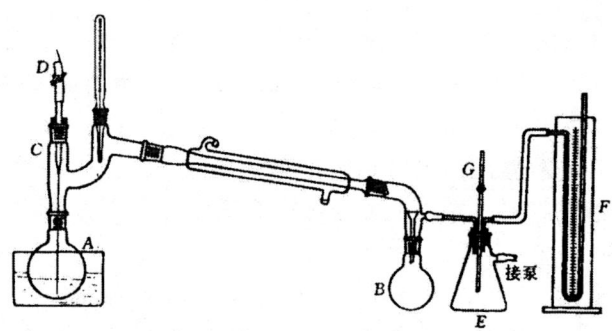

图 2-14 减压蒸馏装置(接水泵)

若使用油泵，还必须在馏液接收器与油泵之间顺次安装冷阱和几个吸收塔。冷阱中冷却剂的选择随需要而定。吸收塔(干燥塔)通常设三个：第一个装无水 $CaCl_2$ 或硅胶，吸收水汽；第二个装粒状 NaOH，吸酸性气体；第三个装切片石蜡，吸烃类气体。

实验室通常利用水银压力计来测量减压系统的压力。水银压力计又有开口式水银压力计、封闭式水银压力计。

三、实验主要用品

主要试剂：丁醇 20 mL。

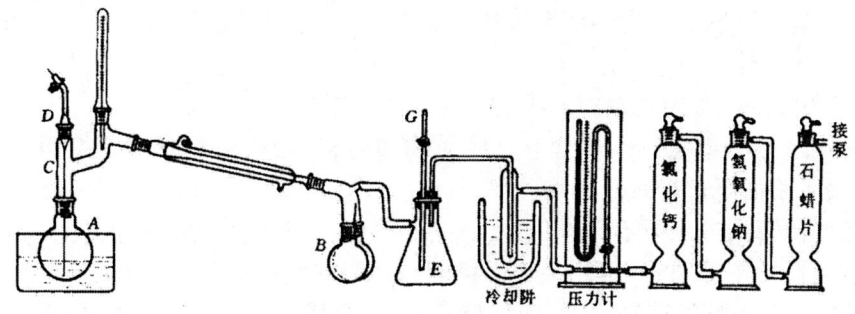

图 2-15　减压蒸馏装置（接油泵）

主要仪器：电炉、石棉网、水浴（油浴）锅、50 mL 圆底烧瓶、温度计、克氏蒸馏头、温度计套管、直形冷凝管、接液管（尾接管）、接收瓶等。装置图参见图 2-14、图 2-15。

四、实验步骤

1. 检查气密性

旋紧毛细管上的螺旋夹 D，打开安全瓶上的二通活塞 G，然后开启减压泵。逐渐关闭 G，减压至压力稳定后，折叠连接系统的橡皮管，观察压力计水银柱是否有变化，无变化说明不漏气。如漏气，应检查装置中各联结处是否紧密，必要时可用熔融的石蜡密封。磨口仪器可在磨口接头的上部涂少量真空油脂进行密封。检查完毕后，缓慢打开安全瓶的二通活塞 G，使系统与大气相通，压力计缓慢复原，关闭减压泵停止抽气。

2. 加料、调节空气量和真空度

将待蒸馏液 20 mL 正丁醇装入蒸馏烧瓶中，以不超过其容积的 1/2 为宜。旋紧毛细管上的螺旋夹 D，开启减压泵，慢慢关闭安全瓶上的二通活塞至完全，调节毛细管倒入的空气量，以连续冒出一连串小气泡为宜。缓慢调节全瓶上的二通活塞，使系统达到所需压力并稳定。

3. 加热蒸馏

通入冷凝水，开始加热蒸馏。待液体开始沸腾时，调节热源的温度，控制馏出速度为 1~2 d/s，收集馏分。当温度上升至超过所需范围，或蒸馏瓶中仅残留少量液体时，停止蒸馏。

4. 结束操作

蒸馏完毕时，应先移去热源，缓慢旋松螺旋夹（防倒吸），待稍冷后缓慢打开安全瓶上的活塞，解除真空，关闭减压泵。

五、注意事项

1. 减压系统连接的橡皮管应都用耐压橡皮管，否则在减压时会抽瘪而堵塞；绝不能用有裂痕或壁薄的玻璃仪器，特别是平底瓶，如锥形瓶等。即使用水泵减压、中等真空度的系统,都有几百磅的压力加在装置的外表面,薄弱点可能爆裂,急速冲进的空气粉碎玻璃,类似于爆炸。

2. 维持浴温高出待馏物在减压下的沸点 30℃ 左右,避免过热。

3. 蒸馏时,被蒸馏液体中若含有低沸点物质时,通常先进行普通蒸馏,再进行水泵减压蒸馏,最后用油泵进行减压蒸馏。

因传统的沸石在减压下不起作用,要有其他产生小气泡的方法,防止液体过热或防止暴沸。减压蒸馏常用毛细管(可用一节内径 6 mm 的软质玻璃管拉制而成),毛细管应相当细,通过它向含丙酮的试管中吹气时,只有细小、缓慢的气泡产生。另外,如果设备允许,也可在蒸馏瓶中,放一磁子,采用磁力搅拌。

4. 如水泵减压蒸馏的温度超过 50℃,必须冷却后再接入油泵系统,否则接入油泵后可能因内部压强大幅度降低而急剧沸腾,使未经分离的物料冲入冷凝管和接收瓶中。

5. 如果蒸馏少量高沸点物质或低熔点物质,则可省去冷凝管。如果蒸馏温度较高,在高温蒸馏时,为了减少散热,可在克氏蒸馏头处用玻璃棉等绝热材料缠绕起来。如果在减压条件下,液体沸点低于 140~150℃,可用冷水浴对接收瓶冷却。

6. 减压蒸馏时,压力计所测压力很重要,记录沸点时要记下相对应的压力。结束时一定要缓慢旋开安全瓶上的活塞,使压力计中的汞柱缓慢地恢复原状,否则,汞柱急速上升,有冲破压力计的危险。使用油泵时,应注意防护与保养,不可使水分、有机物质或酸性气体侵入泵内,否则会严重降低油泵的效率。

六、思考题

1. 具有什么性质的化合物需用减压蒸馏进行提纯?
2. 使用水泵减压蒸馏时,应采取什么预防措施?
3. 使用油泵减压时,要有哪些吸收和保护装置?其作用是什么?
4. 当减压蒸完所要的化合物后,应如何停止减压蒸馏?为什么?

实验 5 水蒸气蒸馏

一、实验目的

1. 学习水蒸气蒸馏的原理及应用范围;
2. 了解并掌握水蒸气蒸馏的各种装置及其操作方法。

二、基础知识

水蒸气蒸馏是将水蒸气通入不溶于水的有机物中或使有机物与水经过共沸而蒸出的操作过程。它是用来分离和提纯液态或固态有机化合物的一种方法。此法常用于下列几种情况(1)反应混合物中含有大量树脂状杂质或不挥发性杂质;(2)要求除去易挥发的有机物;(3)从固体多的反应混合物中分离被吸附的液体产物;(4)某些有机物在达到沸点时容易被破坏,采用水蒸气蒸馏可在100℃以下蒸出。若使用这种方法,被提纯化合物应具备以下列条件:(1)不溶或难溶于水,如溶于水则蒸气压显著下降,例如丁酸比甲酸在水中的溶解度小,所以丁酸比甲酸易被水蒸气蒸馏出来,虽然纯甲酸的沸点(101℃)较丁酸的沸点(162℃)低得多;(2)在沸腾下与水不起化学反应;(3)在100℃左右,该化合物应具有一定的蒸气压(一般不小于13.33kPa,10 mmHg)。

当水和不(或难)溶于水的化合物一起存在时,整个体系的蒸气压力根据道尔顿分压定律,应为各组分蒸气压之和。即 $P = P_A + P_B$,其中 P 为总的蒸气压,P_A 为水的蒸气压,P_B 为不溶于水的化合物的蒸气压。当混合物中各组分的蒸气压总和等于外界大气压时,混合物开始沸腾。这时的温度即为它们的沸点。所以混合物的沸点比其中任何一组分的沸点都要低些。因此,常压下应用水蒸气蒸馏,能在低于100℃的情况下将高沸点组分与水一起蒸出来。蒸馏时混合物的沸点保持不变,直到其中一组分几乎全部蒸出(因为总的蒸气压与混合物中二者相对量无关)。混合物蒸气压中各气体分压之比(P_A,P_B)等于它们的物质的量之比。即

$$\frac{n_A}{n_B} = \frac{P_A}{P_B}$$

式中 n_A 为蒸气中含有 A 的物质的量,n_B 为蒸气中含有 B 的物质的量。而式中 m_A,m_B 分别为 A,B 在容器中蒸气的质量;M_A,M_B 为 A,B 的摩尔质量。因此:

$$n_A = \frac{m_A}{M_A} \quad n_B = \frac{m_B}{M_B} \quad \frac{m_A}{m_B} = \frac{m_A n_A}{M_B n_B} = \frac{M_A P_A}{M_B P_B}$$

两种物质在馏出液中相对质量(也就是在蒸气中的相对质量)与它们的蒸气压和摩尔质量成正比。以溴苯为例,溴苯的沸点为156.12℃,常压下与水形成混合物于95.5℃时沸腾,此时水的蒸气压力为86.1 kPa(646 mmHg),溴苯的蒸气压为15.2kPa(114 mmHg)。总的蒸气压 = 86.1 kPa + 15.2 kPa = 101.3 kPa (760 mmHg)。因此混合物在95.5℃沸腾,馏出液中二物质之比:

$$\frac{m_{H_2O}}{m_{溴苯}} = \frac{18 \times 86.1}{157 \times 15.24} = \frac{6.5}{10}$$

就是说馏出液中有水6.5 g,溴苯10g;溴苯占馏出物61%。这是理论值,实际蒸出的水量要多一些,因为上述关系式只适用于不溶于水的化合物,但在水中完全不溶的化合物是没有的,所以这种计算只是个近似值。应用过热水蒸气蒸馏可以提高馏液中化合物的含量,例如:苯甲醛(沸点178℃),进行水蒸气蒸馏,在97.9℃沸腾[这时 P_A = 93.7 kPa (703.5 mmHg),P_B = 7.5 kPa(56.5 mmHg)],馏液中苯甲醛占32.1%,若导入133℃过热蒸汽,这时苯甲醛的蒸气压可达 29.3 kPa(220 mmHg)。因而水的蒸气压只要71.9 kPa (540 mmHg)就可使体系沸腾。因此:

$$\frac{m_A}{m_B} = \frac{71.9 \times 18}{29.3 \times 106} = \frac{41.7}{100}$$

这样馏出液中苯甲醛的含量提高到70.6%。操作中蒸馏瓶应放在比蒸气高约10℃的热浴中。

在实际操作中,过热蒸汽还应用在100℃时仅具有0.133~0.666kPa(1~5 mmHg)蒸气压的化合物。例如在分离苯酚的硝化产物中,邻硝基苯酚可用水蒸气蒸馏出来,在蒸馏完邻位异构体以后,再提高蒸汽温度也可以蒸馏出对位产物。

三、实验主要用品

主要试剂:松节油或者八角

主要仪器:水蒸气发生器、长颈圆底烧瓶、直形冷凝管、接尾管、锥形瓶、量筒、分液漏斗、烧杯。水蒸气蒸馏装置参见图2-16。

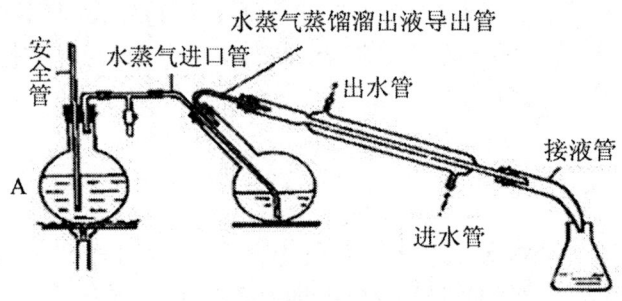

图 2-16 水蒸气蒸馏装置

四、实验步骤

1. 安装装置(按图2-16安装)

常用的水蒸气蒸馏装置,它包括蒸馏、水蒸气发生器、冷凝和接受器四个部分。

在水蒸气蒸馏装置图中,A是水蒸气发生器,通常盛水量以不超过其容积的3/4为宜。若太满,沸腾时水将冲至烧瓶。安全管B几乎插到发生器A的底部。当容器内气压太大时,水可沿着玻管上升,以调节内压。如果系统发生阻塞,水便会从管的上口喷出,此时应检查导管是否被阻塞。

水蒸气导出管与蒸馏部分导管之间用T形管相连接。T形管用来除去水蒸气中冷凝下来的水,有时在操作发生不正常的情况下,可使水蒸气发生器与大气相通。蒸馏的液体量不能超过其容积的1/3。水蒸气导入管应正对烧瓶底中央,距瓶底约0.8~1 cm,导出管连接在一直形冷凝管上。

2. 基本操作

在水蒸气发生瓶中,加入约占容器2/3体积的水,蒸馏瓶中加入5 mL松节油(或者10g捣碎的八角茴香)。待检查整个装置不漏气后,旋开T形管的螺旋夹,加热至沸腾。当有大量水蒸气产生并从T形管的支管冲出时,立即旋紧螺旋夹,水蒸气便进入蒸馏部分,开始蒸馏。在蒸馏过程中,通过水蒸气发生器安全管中水面的高低,可以判断水蒸气蒸馏系统是否畅通,若水平面上升很高,则说明某一部分被阻塞了,这时应立即旋开螺旋夹,然后移去热源,拆下装置进行检查(通常是由于水蒸气导入管被树脂状物质或焦油状物堵塞)和处理。如由于水蒸气的冷凝而使蒸馏瓶内液体量增加,可适当加热蒸馏瓶。但要控制蒸馏速度,以每秒 2~3 滴为宜,以免发生意外。

当馏出液无明显油珠,澄清透明时,便可停止蒸馏。其顺序是先旋开螺旋夹,然后移去热源,否则可能发生倒吸现象。

将馏出液倒入分液漏斗中(蒸馏八角时,要往馏出液中添加乙酸乙酯 10 mL),静置分层,分去下层水,上层松节油用无水硫酸镁干燥。计算回收率。

五、注意事项

1. 安装正确,连接处严密。
2. 严守操作程序。
3. 调节热源加热力度,控制蒸馏速度为每秒 2~3 滴,并时刻注意安全管。
4. 停火前必须先打开螺旋夹,然后移去热源,以免发生倒吸现象。
5. 按安装相反顺序拆卸仪器。

六、思考题

1. 比较普通蒸馏、减压蒸馏和水蒸气蒸馏的异同。
2. 什么是水蒸气蒸馏?什么情况下可以利用水蒸气蒸馏进行分离提纯?被提纯化合物应具备什么条件?
3. 安全管作用是什么?T 形管具有哪些作用?
4. 发现安全管内液体迅速上升,应该怎么办?
5. 怎样判断水蒸气蒸馏操作是否结束?

实验 6 萃取

一、实验目的

1. 学习萃取法提取和纯化化合物的原理及方法;
2. 掌握分液漏斗的使用方法;
3. 了解萃取选择溶剂的原则。

二、基础知识

萃取是分离和提纯有机化合物常用的操作之一。应用萃取可以从固体或液体混合物中提取出所需物质,也可以用来洗去混合物中少量杂质。通常称前者为"抽取"或萃取,后者为"洗涤"。萃取按两相的不同,可以分为液-液萃取、液-固萃取。从液体中萃取常用分液漏斗,分液漏斗的使用是基本操作之一。

1. 液-液萃取

液-液萃取是利用同一物质在两种不互溶(或微溶)溶剂中溶解度或分配比的不同来达到分离、提取或纯化目的的一种操作。其主要理论依据是分配定律。物质对不同的溶剂有着不同的溶解度,同时,在两种互不相溶的溶剂中,加入某种可溶性物质时,它能分别溶解在这两种溶剂中。实验证明,在一定温度下,某化合物与这两种溶剂不发生分解、电解、缔合和溶剂化等作用时,该化合物在两液层中的浓度之比是一个常数,称为"分配系数",用公式表示:

$$\frac{C_A}{C_B} = K$$

式中 C_A,C_B 分别表示一种化合物在两种互不相溶的溶剂中的物质的量浓度。K 为一常数,称为"分配系数"。

依照分配定律,要节省溶剂而提高萃取的效率,用一定量的溶剂一次性加入溶液中萃取,则不如把这个量的溶剂分成几份做多次萃取好。

第一次萃取:设 V_1 = 被萃取溶液的体积(因溶质量不多,故其体积可看做与溶剂 A 体积相等);

m_0 = 被萃取溶液中溶质(X)的总含量;

V_{B1} = 第一次萃取时所用溶剂 B 的体积;

m_1 = 第一次萃取后溶质(X)在溶剂 A 中的含量;

故 $m_0 - m_1$ = 第一次萃取后溶质(X)在溶剂 B 中的含量。

$\dfrac{m_1}{V_1}$ = 第一次萃取后溶质(X)在溶剂 A 中的质量浓度(单位为 g/mL)

$\dfrac{m_0 - m_1}{V_{B1}}$ = 第一次萃取后溶质(X)在溶剂 B 中的质量浓度(单位为 g/mL)

故 $\dfrac{\frac{m_1}{V_1}}{\frac{m_0 - m_1}{V_{B1}}} = K$,整理得 $m_1 = m_0\left(\dfrac{KV_1}{KV_1 - 1 - V_{B1}}\right)$

第二次萃取:设 V_2 = 被萃取溶液的体积;

m_2 = 第二次萃取后溶质(X)在溶剂 A 中的剩余量;

V_{B2} = 第二次萃取时所用溶剂 B 的体积;

故 $m_1 - m_2$ = 第二次萃取后溶质(X)在溶剂 B 中的含量。

$\dfrac{m_2}{V_2}$ = 第二次以后溶质(X)在溶剂剂 A 中的质量浓方式

$\dfrac{m_1 - m_2}{V_{B_1}}$ 第二次萃取后溶质(X)在溶剂 B 中的质量浓度

故 $\dfrac{\dfrac{m_2}{V_2}}{\dfrac{m_1 - m_2}{V_{B_2}}} = K$,整理得 $m_2 = m_1 \left(\dfrac{KV_2}{KV_2 + V_{B_2}} \right)$

因 $V_1 = V_2 = V$,$V_{B1} = V_{B2} = V_B$

以 $m_1 = m_0 \left(\dfrac{KV_1}{KV_1 + V_{B_1}} \right)$ 代入,得 $m_2 = m_0 \left(\dfrac{KV_1}{KV_1 + V_{B_1}} \right)^2$

依次类推,每次萃取所用溶剂 B 的体积均为 V_B,经过 n 次萃取后,m_n = 溶质(X)在溶剂中的剩余量为:

$$m_n = m_0 \left(\dfrac{KV}{KV + V_B} \right)^n$$

例:在15℃时4 g 正丁酸溶于100 mL 水的溶液,用100 mL 苯来萃取正丁酸。15℃时4 g 正丁酸在水中与苯中的分配系数为 K = 1/3,若 1 次用 100 mL 来萃取,则萃取后正丁酸水溶液中的剩余量为

$$m_1 = 4g \times \dfrac{\dfrac{1}{3} \times 100\,\text{mL}}{\dfrac{1}{3} \times 100\,\text{mL} + 100\,\text{mL}} = 1.0\,\text{g}$$

萃取率为 $\dfrac{4g - 1g}{4g} \times 100\% = 75\%$

若用 100 mL 苯分成 3 次萃取,即每次用 33.33 mL 苯来萃取,经过第三次萃取后正丁酸在水溶液中的剩余量为:

$$m_3 = 4g \times \left(\dfrac{\dfrac{1}{3} \times 100\,\text{mL}}{\dfrac{1}{3}100\,\text{mL} + 33.33\,\text{mL}} \right)^3 = 0.5\,\text{g}$$

萃取率为 $\dfrac{4g - 0.5g}{4g} \times 100\% \dfrac{3.5g}{4g} \times 100\% = 87.5\%$

从上面的计算,可知用同一分量的溶剂,分多次用少量溶剂来萃取,其效率要比一次用全量萃取高。然而这种效率的增加有一个极限点,到达极限点后再增加提取次数也不再得到与之相应的回收增加。

萃取剂要求与原溶剂不相混溶,对萃取物质溶解度大,纯度高,沸点低,毒性小,价格低。常用的萃取剂有乙醚、苯、四氯化碳、石油醚、氯仿、二氯甲烷和乙酸乙酯等。

2. 液 – 固萃取

固体物质的萃取是利用固体物质在液体溶剂中的溶解度不同来达到分离提取的目

的。若待萃取物对某种溶剂的溶解度大,可采用浸出法;若待萃取物的溶解度小,则采用加热提取法。

加热提取方法常采用索氏提取器[Soxhlet 提取器,图 2-17(a)]和普通回流装置[图 2-17(b)]。索氏提取器运用回流及虹吸现象,使固体物质每次均为纯溶剂所萃取,效率较高。萃取前先将固体物质研细,以增加液体浸润的面积,将固体物质用滤纸包成圆柱状(其直径稍小于提取器的直径),置于提取器中。提取器的下端通过磨口与装有溶剂的烧瓶连接,上端接冷凝管。当溶剂沸腾时,即发生虹吸流回烧瓶,因而才萃取出溶于溶剂的部分物质。

在普通回流装置中,用溶剂将固体物质浸渍。煮沸液体,溶剂蒸汽上升至冷凝管被冷却后回流到烧瓶中[图 2-17(b)]。

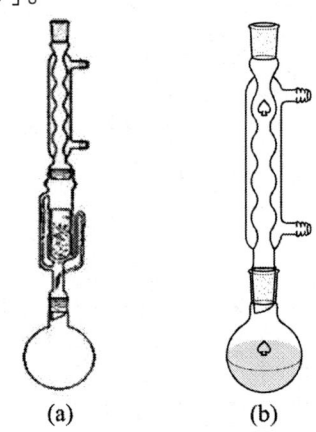

图 2-17 提取器和普通回流装置

3. 化学萃取

化学萃取是利用萃取剂与被萃取物发生化学反应而达到分离的目的。化学萃取常用的溶剂为 5%~10% 的氢氧化钠、碳酸钠、碳酸氢钠水溶液或稀盐酸、稀硫酸等。碱性萃取剂可从有机相中除去有机酸,或从有机化合物中除去酸性杂质。稀盐酸及稀硫酸可以从混合物中萃取出有基碱或除去碱性杂质。其方法与液-液分次萃取相同。

三、实验主要用品

主要试剂:苯酚水溶液($50g \cdot L^{-1}$)、乙酸乙酯、$FeCl_3$ 溶液($10 g \cdot L^{-1}$)。

主要仪器:移液管、分液漏斗。

第二部分　有机化学实验基本操作技能

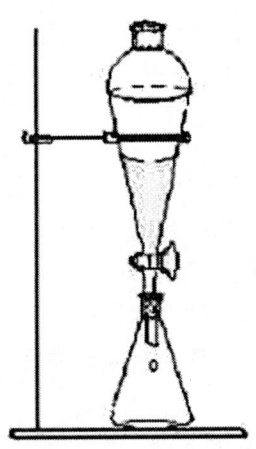

图 2-18　萃取分液操作示意图

四、实验步骤

本实验以乙酸乙酯从苯酚水溶液中萃取苯酚为例来说明液-液萃取实验步骤。

1. 一次萃取法

取分液漏斗一个，洗净、检漏。确认不漏水后，关好旋塞，然后取 50 g·L^{-1} 苯酚水溶液 20 mL 放入分液漏斗中[1]，再加入乙酸乙酯 24 mL。盖好盖子，先用右手食指的末节将漏斗上端玻塞顶住，再用大拇指及食指和中指握住漏斗，这样漏斗转动时可用左手的食指和中指蜷握在活塞的柄上，使振摇过程中（如图 2-19 所示）玻璃塞和活塞均夹紧。上下轻轻振摇分液漏斗，每隔几秒将漏斗倒置（活塞朝上），小心打开活塞，以平衡内外压力，重复操作 2~3 次，然后再用力振摇使两液层充分接触，提高萃取率，振摇时间太短则影响萃取率[2]。

然后将分液漏斗静置于铁环，当溶液分层后，小心旋开旋塞，将下层水溶液经旋塞下口放于 50 mL 锥形瓶内[3]，上层乙酸乙酯从上口倒入以锥形瓶中。

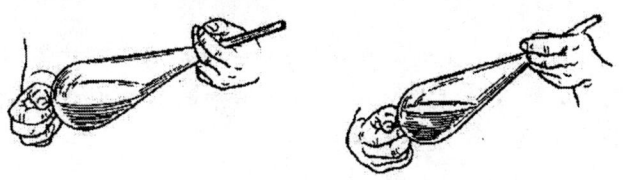

图 2-19　振荡分液漏斗及放气示意图

2. 多次萃取法

准确量取 50 g·L^{-1} 苯酚水溶液 20 mL 于分液漏斗中，用 8 mL 乙酸乙酯如上法萃取，分去乙酸乙酯溶液。再将分离后的水相倒入分液漏斗中，用 8 mL 乙酸乙酯按上述方法第二次萃取，分离出乙酸乙酯层并与第一次所得的乙酸乙酯层合并，如此共三次。

取未经萃取的 50 g·L^{-1} 苯酚水溶液和第一次、第三次萃取后下层水溶液各两滴于点滴板上,各加入 10 g·L^{-1} FeCl$_3$ 溶液 1~2 滴,比较个溶液颜色的深浅,从颜色不同说明什么问题?

五、注意事项

1. 选择较萃取剂和被萃取溶液总体积大一倍以上的分液漏斗。
2. 分液漏斗的玻塞和活塞有无用橡皮圈绑住?
3. 玻塞和活塞是否紧密?如有漏液现象及时处理,活塞用薄纸包裹塞回去。
4. 不能把附有凡士林的分液漏斗放在烘箱内烘干。
5. 不能用手拿分液漏斗的下端。
6. 不能用手拿住分液漏斗进行分离。
7. 玻塞打开后才能开启活塞。
8. 上层的液体不能从分液漏斗脚放出。
9. 在萃取时,特别是当溶液呈碱性时,常常会产生乳化现象,影响分离。破坏乳化的方法有:① 较长时间静置;② 轻轻地旋转摇动漏斗,加速分层;③ 若因两种溶剂(水与有机溶剂)部分互溶而发生乳化,可以加入少量电解质(如氯化钠),利用盐析作用加以破坏;若因两相密度差小发生乳化,也可以加入电解质,以增大水相的密度;④ 若因溶液呈碱性而产生乳化,可加入少量的稀酸或用过滤等方法消除。还可以根据具体情况,加入乙醇、磺化蓖麻油等消除乳化。

六、思考题

1. 影响萃取法的萃取效率的因素有哪些?怎样才能选择好溶剂?
2. 使用分液漏斗的目的何在?使用分液漏斗时要注意哪些事项?
3. 两种不相溶的液体同在分液漏斗中,请问相对密度大的在哪一层?下一层液体从哪里放出来?放出液体时为了不要流得太快,应该怎样操作?留在分液漏斗中的上层液体,应从哪里倾入另一容器?
4. 根据分配定律,如用一定量的溶剂萃取时,一次萃取和多次萃取相比那个效率高?
5. 若用下列溶剂:乙醚、氯仿、丁醇、苯等萃取水中的有机化合物,它们将在上层还是在下层?应从分液漏斗何处放入另一容器中?

注释:

[1] 常用的分液漏斗有球形、锥形和梨形三种,在有机化学实验中,其主要用于:
(1) 分离两种分层而不起作用的液体;
(2) 从溶液中萃取某种成分;
(3) 用水或酸或碱洗涤某种产品;
(4) 用来滴加某种试剂(即替代滴液漏斗)。

[2] 在使用分液漏斗前必须仔细检查:玻璃塞和活塞是否紧密配套?如有漏液现象,应及时按下述

方法处理:取下活塞,擦干,在活塞的大头及与小头相对应的漏斗内壁,均匀涂上少许凡士林(注意不要把凡士林涂在活塞孔上,以免堵塞)。把活塞放回原处,塞紧,来回旋转几下,使凡士林均匀分布,活塞旋转方便,然后,于漏斗中放入水摇荡,检查两个塞子处是否漏水(确实不漏时再使用)。

[3] 装入待萃取物和萃取溶剂。塞好塞子,旋紧。先用右手食指末节将漏斗上端玻塞顶住,再用大拇指及食指和中指握住漏斗,用左手的食指和中指蜷握在活塞的柄上,上下轻轻振摇分液漏斗,使两相之间充分接触,以提高萃取效率。振摇几次后,将漏斗尾部向上倾斜(朝无人处)打开活塞放气,以解除漏斗中的压力。如此重复至放气时只有很小压力后,再剧烈振摇 2~3 min,静置,待两相完全分开后,打开上面的玻塞,再将活塞缓缓旋开,下层液体自漏斗下口放出,然后将上层液体从分液漏斗上口倒出,绝不可也从上口倒出,以免被残留在漏斗颈上的另一种液体所沾污。

实验 7　重结晶

一、实验目的

1. 了解重结晶的基本原理及意义;
2. 初步学会用重结晶方法提纯固体有机化合物;
3. 掌握热过滤和抽滤的操作方法及菊花形滤纸的折叠方法。

二、基础知识

1. 基本原理

通过有机化学反应获得的固体有机化合物,往往含有未反应的原料、副产物及其他杂质,必须加以分离纯化,重结晶就是分离提纯固体化合物的一种重要的、常用的方法之一。

固体有机化合物在溶剂中的溶解度随温度的变化而变化,通常温度升高溶解度增大,反之则溶解度降低。把固体有机化合物溶解在热的溶剂中使之饱和,冷却时由于溶解度降低,溶液变为过饱和,有机化合物又重新析出晶体。重结晶方法就是利用溶剂对被提纯物质及杂质的溶解度不同,使溶解度很小的在热过滤时被除去或冷却后溶解度很大得到杂质被留在母液中,从而达到分离提纯有机化合物的目的。

重结晶根据所用溶剂的数量分为单一溶剂重结晶和混合溶剂重结晶。单一溶剂重结晶是利用被提纯化合物及杂质在一种溶剂中的溶解度不同提纯有机化合物。混合溶剂重结晶是利用被提纯化合物及杂质分别在两种不同极性的溶剂中的溶解度不同而提纯有机化合物。

重结晶法适用于与杂质性质差别较大、杂质含量小于5%的固体有机混合物的提纯。

2. 操作方法

重结晶提纯法的一般过程是:选择溶剂——→溶解固体——→趁热过滤去除杂质——→晶体的析出——→晶体的收集与洗涤——→晶体的干燥——→测定熔点。

(1) 选择适宜的溶剂

选择溶剂是进行重结晶时的首要问题。选择适宜的溶剂是一个关键,那么,适宜的溶剂必须具备下列条件:① 不与被提纯物质起化学反应;② 在较高温度时能溶解多量的被提纯物质;而在室温或更低温度时,只能溶解很少量的该种物质;③ 对杂质的溶解非常大或者非常小(前一种情况是使杂质留在母液中不随被提纯物晶体一同析出;后一种情况是使杂质在热过滤时被滤去);④ 易挥发(溶剂的沸点较低),易与结晶分离除去;⑤ 能给出较好的晶体;⑥ 无毒或毒性很小,便于操作;⑦ 是否价廉易得。

在几种溶剂都适合作重结晶溶剂时,则应根据晶体的回收率、操作的难易、溶剂的毒性、易燃性以及价格等方面考虑选择出较合适的溶剂。具体选择溶剂时,对于已知物可先查阅手册或参考类似化合物重结晶的条件。若是未知物,选择时可利用"相似相溶"的经验规律,并根据选择溶剂的条件要求,通过试验进行选择。

在实际中通过溶解度试验来选择溶剂:

取 0.1 g 固体样品置于小试管中,用滴管逐滴加入溶剂,并不断振摇,待加入的溶剂约 1 mL 时,在水浴上加热至沸(使其溶解),观察加热和冷却时样品溶解的情况:① 如样品在 1 mL 冷或热的溶剂中都溶解,表明溶解度太大,此溶剂不合适;② 如样品不全溶于 1 mL 沸腾的溶剂中,可继续加热,逐步添加溶剂,每次约为 0.5mL 并加热至沸腾,若加入溶剂总量达到 4 mL 时,还不溶解,表明溶解度太小,该溶剂也不合适;③ 若样品能溶于 4 mL 以内的沸腾溶剂中,则将其冷却或在室温下静置,观察有无晶体析出。能自行析出晶体时,则可选择该溶剂为重结晶溶剂;如结晶不能析出,可让溶剂挥发,也可用玻璃棒摩擦试管壁或用冰水浴冷却等方法,促使晶体析出,若仍然未析出晶体,该溶剂也不合适。

按照上述方法逐一试验不同的溶剂,对试验结果加以比较,从中选择最佳的作为重结晶的溶剂。常用溶剂见表 2-6。

表 2-6 常用重结晶溶剂的物理常数

溶剂	沸点/℃	冰点/℃	相对密度	与水混溶性	易燃性
水	100	0	1.00	+	0
甲醇	64.96	<0	0.79	+	+
乙醇95%	78.1	16.7	0.80	+	+ +
冰醋酸	117.9	<0	1.05	+	+
丙酮	56.2	<0	0.79	+	+ + +
乙醚	34.51	<0	0.71	−	+ + + +
石油醚	30~60	<0	0.64	−	+ + + +
乙酸乙酯	77.06	<0	0.90	−	+ +
苯	80.1	5	0.88	−	+ + + +
氯仿	61.7	<0	1.48	−	0
四氯化碳	76.54	<0	1.59	−	0

若不能选出单一的溶剂进行重结晶,则可用混合溶剂。所谓混合溶剂就是把对此物质溶解度很大和溶解度很小的而又能互溶的两种溶剂混合起来,这样可获得良好的溶解性能。用混合溶剂进行重结晶时,一般先用适量溶解度大的溶剂,在加热的条件下使样品溶解。溶液若有颜色,则用适量的活性炭脱色,趁热过滤除去不溶物。将滤液加热至接近沸腾时,慢慢滴加溶解度小的溶剂至刚好出现浑浊不消失时,再小心滴入溶解度大的溶剂直至溶液刚好变澄清,或者稍加热使其恰好完全溶解。然后放置,冷却结晶。若已知两种溶剂的某一比例适用重结晶被提纯物,则可先配好混合溶剂,按单一溶剂重结晶的方法进行。常用的混合溶剂有:乙醇－水、乙酸－水、丙酮－水、甲醇－乙醚、丙酮－乙醚、乙酸－石油醚、苯－石油醚等。

(2) 溶解固体样品

确定重结晶所用的溶剂后,可根据该固体样品在此溶剂中的溶解度,估算出溶剂的用量,用适当的仪器装置制备热的饱和溶液。

溶解固体就是将待结晶样品置于锥形瓶或圆底烧瓶中,加入比需要量略少的溶剂,加几粒沸石,装上球形回流冷凝管,以减少溶剂挥发。根据溶剂的沸点和易燃性,选择适当的热浴。若加热到微微沸腾仍未完全溶解,应分次补加溶剂,每次加入后均需再加热使溶液沸腾片刻,直至刚好完全溶解。若留下固体不多,再加溶剂也不溶解,说明是不溶性杂质,不需再加。

在重结晶中,若要得到较纯和较好的回收率,应注意溶剂的用量。减少溶剂损失,应避免溶剂过量,但溶剂少了,又会给过滤带来很多麻烦,可能造成更大损失,所以要全面衡量以确定溶剂的适当用量,一般比需要量多加20%左右的溶剂即可。

在溶解过程中,有时被提纯的化合物呈油珠状析出,这样常会混入杂质和少量溶剂,不利于纯化。为避免这种现象出现,应采取以下措施:① 选择沸点低于被提纯物熔点的溶剂,或应在比熔点低的温度下进行溶解;② 适当增加溶剂用量,但这样会影响结晶的回收率。

在进行重结晶时,若溶液存在有色杂质,则需使用活性炭(可吸附有色杂质、树脂状物质以及不溶性杂质的均匀悬浮物)脱色。使用活性炭应注意以下几点:① 加入活性炭前,先将待结晶化合物加热溶解在溶剂中;② 待热溶液稍冷后加入活性炭,振摇,使其均匀分布在溶液中(切不可在沸腾的溶液中加入活性炭,那样会有暴沸的危险),重新煮沸 5~10 min;③ 加入活性炭的量一般为样品质量的 1~5%,加入量过多,则会吸附一部分纯化物质,影响回收率;④ 活性炭在水溶液中进行脱色效果最好,也可在其他极性有机溶剂中使用,但在烃类等非极性溶剂中效果最差。

(3) 趁热过滤去除杂质

制备好的热溶液,必须趁热过滤,以除去不溶性杂质,并防止由于温度降低而在滤纸上析出晶体。为了保持滤液的温度,使过滤操作尽快完成,常用热过滤和减压过滤(吸滤)两种方法。

常压热过滤：选一短颈而粗的玻璃漏斗（需先在烘箱中预热），在漏斗中放一折叠滤纸，滤纸向外突出的棱边应紧贴于漏斗壁上（图2-20a）。先用少量热溶剂润湿滤纸（以免其吸收溶液中的溶剂，析出结晶堵塞滤纸孔），过滤时用玻璃棒将溶液引入漏斗，在漏斗上盖上表面皿（凹面向下）以减少溶剂挥发。盛溶液的器皿一般用锥形瓶（只有水溶液才可收集于烧杯中）。若过滤的溶液量较多，则可用热水保温漏斗，将它固定安装好后，预先将夹套内的水烧热（图2-20b），切记过滤时用明火加热（以水作溶剂除外）！若操作顺利，只有少量结晶析出在滤纸上，可用少量热溶剂洗下。若结晶较多，用刮刀刮回原来的瓶中，再加适量溶剂溶解、过滤。滤毕后，将溶液瓶加盖，放置冷却。操作时应注意：整个过程中，周围不能有火源，操作要迅速。

减压过滤（热吸滤）：要用布氏漏斗或砂芯漏斗和吸滤瓶（图2-20c）。此法操作简便，速度快，使用普遍，缺点是悬浮的杂质或活性炭粉末有时会穿过滤纸（可用双层滤纸），漏斗孔内易析出结晶，堵塞其孔，滤下的热溶液，由于减压溶剂易沸腾而被抽走。操作时应注意：过滤前应将漏斗放入烘箱内或用电吹风（或在热水中）预热；滤纸不能大于布氏漏斗的底面；抽滤前用同一热溶剂将滤纸润湿后抽滤，使其紧贴于漏斗的底面；热吸滤常用水泵抽气，为防止水压突降造成水倒吸，在水泵与吸滤瓶之间装上安全瓶。如停止过滤，应先打开安全瓶活塞与大气相通，然后再关闭水泵。附：折叠滤纸的方法（图2-21）

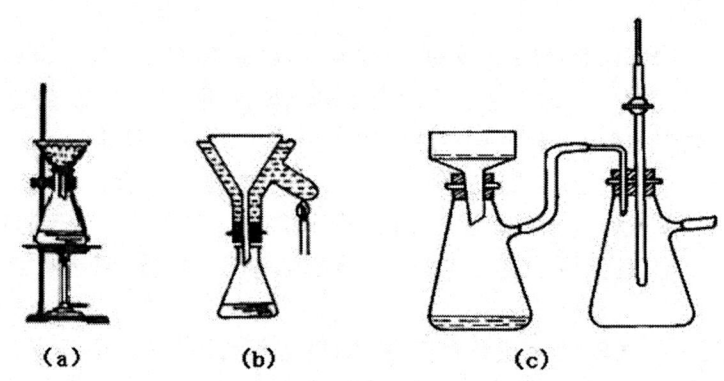

图2-20　热过滤和抽滤装置

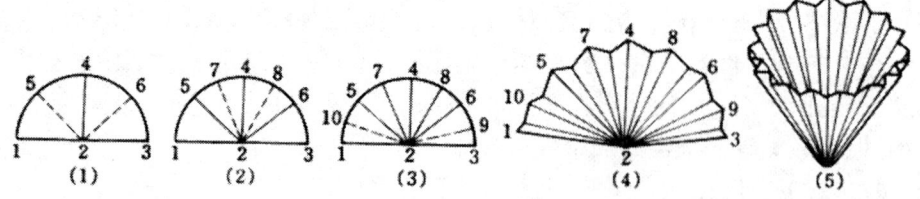

图2-21　折叠式滤纸的折叠顺序

将选定的圆滤纸先一折为二，再沿2－4对折成圆形的四分之一（图1）；展开后，以1对4折出5，3对4折出6；1对6折出7，3对5折出8（图2）；再以1对5折出10，3对6折出9(图3);最后在八个等分的每一小格中间以相反方向折成16等分(图4),结果得到折扇一样的排列;再在1-2和2-3处各向内折一小折面,展开后即得到折叠滤纸,也称扇形滤纸或菊花形滤纸(图5)。注意:在折纹集中的圆心处折叠时切勿重压,否则滤纸的中央在过滤时容易破裂;在使用前,应将折好的滤纸翻转并整理好后再放入漏斗中,这样可避免被手指弄脏的一面污染滤过的滤液。

(4) 晶体的析出

将热滤的溶液自然冷却,溶质从溶液中析出,使溶解度大的杂质留在母液中,当溶液降至室温且析出大量结晶后,可进一步用冰水冷却(若溶液冷却后仍不结晶,可投入"晶种"或用玻璃棒摩擦容器壁引发结晶)。结晶的大小与产品的纯度有关,若将热滤液迅速冷却或在冷却下剧烈搅拌,析出的结晶颗粒很小,小晶体包夹杂质少,但因表面积大,吸附在表面的杂质较多。若将热滤液在室温或保温静置让其慢慢冷却,析出的结晶体积较大,但往往有母液或杂质包夹在结晶体内。

杂质的存在会影响化合物晶核的形成和晶体的生长,要观察结晶过程,有时化合物虽已达到饱和状态也不析出晶体。为了促使晶体析出,实验室常采取下列方法促使晶体析出:① 用玻璃棒摩擦器壁;② 加入晶种;③ 冷却或冷冻。

此外,如果被提纯物呈油状析出时,可将析出油状物的溶液加热重新溶解,然后慢慢冷却;一旦油状物析出时,便剧烈搅拌使油状物分散;也可在搅拌至油状物消失的状况下固化。若溶液未达到饱和,则应加热蒸发除去多余的溶剂,晶体便会析出。

(5) 晶体的收集与洗涤

析出的晶体与母液分离,常用布氏漏斗进行抽气过滤。瓶中的残留晶体应用母液转移。抽滤时应注意以下几点:① 滤纸不应大于布氏漏斗的底面,也不能太小,应以盖住底面小孔为宜;抽滤前,先将滤纸用同一溶剂湿润,再打开水泵,关闭安全瓶上的旋塞,抽气,使滤纸紧贴于布氏漏斗的底面;② 将要过滤的混合物倒入布氏漏斗中,使晶体均匀分布,使其将漏斗内表面完全覆盖,并用玻璃钉挤压晶体,抽干母液;③ 停止抽滤时,先将抽滤瓶与水泵间连接的橡皮管拆开或将机械泵抽滤装置中安全瓶上的活塞打开与大气相通(防止水倒流),最后关闭泵。

为了除去晶体表面的母液,应用溶剂洗涤晶体。洗涤滤饼前,慢慢打开安全瓶上的旋塞,用少量溶剂(3~5 mL)均匀地洒在滤饼上,使全部晶体刚好被溶剂盖住为宜。用刮刀或玻璃棒小心搅动(切勿接触滤纸),使所有的晶体湿润,关闭旋塞,抽去溶剂,重复操作2~3次,可把结晶表面吸附的杂质洗净。

(6) 晶体的干燥

洗涤后的结晶,表面上仍吸附有少量溶剂,可根据所用溶剂及结晶的性质选择适当的方法(晾干、烘干、滤纸吸干、干燥器中干燥)除去。

(7) 测定熔点

将干燥后的晶体进行测定熔点来检验纯度,若不符合要求,应进行二次重结晶。

三、实验主要用品

主要试剂：粗乙酰苯胺、活性炭。

主要仪器：抽滤装置一套、锥形瓶、烧杯、短颈漏斗、循环水真空泵、水浴锅、保温漏斗、玻璃漏斗、玻棒、蒸发皿、热源(酒精灯、电炉)、滤纸、剪刀、刮刀、干燥箱等。

四、实验步骤

称取 2 g 粗乙酰苯胺，放在 150 mL 三角烧瓶中，加入 50 mL 纯水，在石棉网上小火加热至沸腾，直至乙酰苯胺溶解，若不溶解，可适量添加少量热水(总量约 70 mL)，搅拌并加热至接近沸腾，使乙酰苯胺溶解。移去热源，稍冷后，在溶液中加入适量活性炭(约 0.5 ~ 1 g)于溶液中，盖上表面皿，煮沸 5 ~ 10 min，用折叠式滤纸趁热过滤，用另一锥形瓶收集滤液。在过滤过程中，热水漏斗和溶液均用小火加热，以免冷却。滤液静置冷却，结晶析出完全后，减压过滤，抽干后，用玻璃钉挤压晶体，继续抽滤，尽量除去母液，然后进行晶体的洗涤。取出晶体，放在表面皿上，置于烘箱中干燥(控制温度 100 ℃ 以下)，称量，计算回收率。

趁热过滤，两种方法可任选(图 2-20a、图 2-20b)。注意：无论用哪种方法，操作都要迅速，防止热量散失而析出晶体，如有晶体在滤纸上析出，重新操作；然后冷却结晶。

结晶完成后，进行抽滤(图 2-20c)使结晶与母液分离。方法见前，最后将晶体移至干净的表面皿上，摊开，在空气中晾干或在干燥器中干燥。

晶体干燥后称重，计算回收率。

五、注意事项

1. 用活性炭脱色时，不要把活性炭加入正在沸腾的溶液中。
2. 滤纸不应大于布氏漏斗的底面。
3. 在热过滤时，整个操作过程要迅速，防止晶体在滤纸上和漏斗颈部析出。
4. 洗涤用的溶剂量应尽量少，以避免晶体因大量溶解而损失。
5. 停止抽滤时先将抽滤瓶与抽滤泵间连接的橡皮管拆开，或者将安全瓶上的活塞打开与大气相通，再关闭泵，以防倒吸。

六、思考题

1. 重结晶法一般包括哪几个步骤？各步骤的主要目的如何？
2. 活性炭脱色时为何要待固体物质完全溶解后才加入？能否在溶液沸腾时加入？
3. 使用有机溶剂重结晶时，哪些操作容易着火？怎样才能避免？
4. 用水重结晶乙酰苯胺，在溶解过程中有无油状物出现？这是为什么？
5. 停止抽滤前，如不先拔除橡皮管就关住水阀(泵)会有什么问题产生？
6. 对有机化合物进行重结晶时，最适宜的溶剂应该具备哪些条件？

7. 将溶液进行热过滤时,为什么要尽可能减少溶剂的挥发?如何减少其挥发?
8. 在布氏漏斗中用溶剂洗涤固体时应该注意些什么?

实验 8 升华

一、实验目的
1. 了解升华的基本原理、意义;
2. 学习实验室常用的升华方法。

二、基础知识

1. 基本原理

升华是指固态物质在其蒸气压等于外界压力的条件下,不经过液态直接气化为蒸气,而蒸气受到冷却又直接冷凝成固体的变化过程(严格地讲,升华是指固态物质在其压强等于外界压强的条件下不经液态直接转变为气态或气态物质在其压强与外界压强相等的条件下不经液态而直接转变为固态的物态转变过程)。

物质有三态,固态晶体质点在晶格点中不断进行振动,动能大的质点会脱离晶格表面,进入气相,再密闭的空间,这些进入气相的质点又有部分重新回到晶体表面,当由晶体表面进入气相重新回到晶体表面的质点数相同时,达到平衡。平衡时由气态质点产生的压力,叫作该固体物质的饱和蒸气压,简称蒸气压。

将晶体加热,温度上升,蒸气压加大。以温度为横坐标,以蒸气压位纵坐标作图,可得晶体物质的三相平衡图(图 2-22)。GS 表示固相与气相平衡时固相的蒸气压曲线,SY 表示液相与气相平衡时液相的蒸气压曲线,SV 表示固相与液相的平衡曲线,此曲线与其他两曲线在 S 处相交。S 点为物质的三相平衡点,在此温度和压力下物质处于气、固、液三相共存。不同的物质三相点是不同的,在三相点以下物质处于气、固两相的状态,若温度降

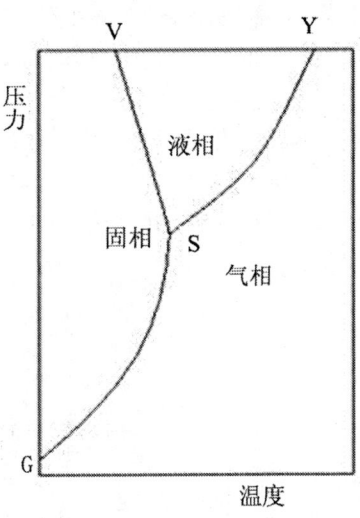

图 2-22 物质三相平衡

低,蒸气就不再经过液态而直接变为固态,因此,升华都是在三相点温度以下进行,即在物质的熔点以下进行(固体的熔点可以近似地看作是物质的三相点)。

若某化合物在三相点温度以下的蒸气压很高,则气化速率很大,这样就很容易从固态直接变成气态,而且此化合物的蒸气压随温度降低而下降,稍一降低温度,即可由气态直接变成固态,此化合物在常压下较易用升华方法来提纯。如樟脑的三相点温度为 179℃,

压力为 49.3 kPa(370 mmHg),在 160℃时蒸气压为 29.1 kPa(218.5 mmHg),未达到熔点时已有相当高的蒸气压,只要缓慢地加热至低于 179℃时,它就可以升华。蒸气遇到冷的表面就会凝结于上面,这样蒸气压始终维持在 49.3 kPa,直至升华完毕。

2. 升华的意义及使用范围

升华是纯化固体有机物的一种方法。利用升华可以除去不挥发性杂质或分离挥发度不同的固态物质,并可得到较高纯度的产物,特别适用于纯化易潮解的固体物质。一般来说,结构上对称性较高的物质具有较高的熔点,且在熔点温度时具有较高的蒸气压(高于 2.66 kPa),易于用升华来提纯。所含杂质蒸汽压比被提纯物蒸汽压小很多。如果操作时间长,产物损失较大,在实验室中仅用升华来提纯少量(1~2 g)的固态物质。升华主要适用于:

(1) 被提纯的固体化合物(熔点温度以下)具有较高的蒸气压(高于 2.6 kPa);
(2) 固体化合物中的杂质蒸气压较低。

3. 升华的方法

(1) 常压升华

常用的常压升华装置如图 2-23 所示:将预先粉碎的待升华物质均匀铺于蒸发皿中,上面覆盖一张刺有很多小孔的滤纸(滤纸毛刺向上),然后将玻璃漏斗(口径等于滤纸直径)倒盖在上面,其颈口塞一点脱脂棉花团或玻璃丝,以减少蒸气逃逸。在石棉网上缓慢加热蒸发皿(最好能用空气浴、砂浴或其他热浴),小心调节火焰,控制浴温低于被升华物质的熔点,使其慢慢升华。蒸气通过滤纸小孔上升,冷却后凝结在滤纸上或漏斗壁上。从漏斗壁或滤纸孔上下观看升华后的结晶,必要时漏斗外壁可用湿滤纸或湿布冷却。升华完成后先移走热源,轻轻取出纯化样品(最好两次法)。

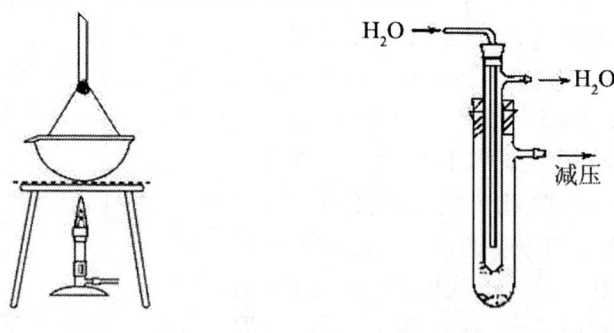

图 2-23　常压升华　　　图 2-24　减压升华

(2) 减压升华

常压不易升华的物质或者当物质升华温度比较高或在高温下易分解时,应用减压来进行升华提纯,装置如图 2-24 所示:把待升华的固体物质放入吸滤管中,然后将装有"冷凝指"的橡皮塞紧密塞住管口,利用水泵或油泵减压,将吸滤管浸在水浴或油浴中,缓慢加热,使之升华。固体可以在较低的温度下气化,蒸气遇到冷凝指的外表面又变成固体并附着在其壁上。升华完成后先移走热源,缓慢通大气,轻轻取出纯化样品。

三、实验主要用品

主要试剂:粗樟脑。

主要仪器:蒸发皿、玻璃漏斗、酒精灯、铁架台、铁圈、脱脂棉、滤纸、表面皿、刮刀等。

四、实验步骤

本实验是在常压下进行樟脑的升华。按图 2-23 安装装置,将 0.5 g 粉碎的粗樟脑均匀放入蒸发皿中,其余操作参见常压升华,待升华完成后将结晶转移到干净的称量纸(或表面皿)上,称重并计算回收率。

五、注意事项

1. 升华操作的关键是控制温度,因此升华过程中加热一定要缓慢。
2. 滤纸的刺孔最好要多、要大一些,以利于蒸气从刺孔逸出。
3. 本实验用到的热源是酒精灯,故要注意安全。

六、思考题

1. 具有何条件的物质才能用升华方法提纯?
2. 被提纯样品若铺层太厚有何不好?
3. 升华操作的关键是什么?

注释:

[1] 升华发生在物质表面,待升华的样品应该研的很细。

[2] 刺空向上,以避免升华上来的物质再落到蒸发皿内。

[3] 蒸发皿与石棉网之间宜隔开几毫米。

[4] 提高升华温度可以使升华加快,但会使产物晶体变小,产物纯度下降。注意在任何情况下,升华温度均应低于物质的熔点。

实验 9 薄层色谱

一、实验目的

1. 了解薄层色谱的基本原理和应用;
2. 掌握薄层色谱的操作技术;
3. 掌握比移值的计算方法;
4. 了解比移值的影响因素。

二、实验原理:

薄层色谱(Thin Layer Chromatography)常用 TLC 表示,又称薄层层析,是快速分离和定性分析微量物质的一种极为重要的实验技术,具有设备简单、操作方便而快捷的特点。薄层色谱属于固－液吸附色谱,依其所采用的薄层材料性质和物理、化学原理的不同,可分为吸附薄层色谱、分配薄层色谱、离子交换薄层色谱和排阻薄层色谱等。

吸附薄层色谱采用硅胶、氧化铝等吸附剂铺成薄层,将样品以毛细管点在原点处,用移动的展开剂将溶质解吸,解吸出来的溶质随着展开剂向前移动,遇到新的吸附剂,溶质又会被吸附,新到的展开剂又会将其解吸,经过多次的解吸－吸附－解吸的过程,溶质就会随着展开剂移动。吸附力强的溶质随展开剂移动慢,吸附力弱的溶质随展开剂移动快,这样不同的组分在薄层板上就得以分离。薄层色谱的基本原理就是利用混合物中各组分在某一物质中的吸附或溶解性能的不同,使混合物的溶液流经该种物质,进行反复的吸附或分配等作用,从而将各组份分开。薄层层析是一种微量、快速和简便的色谱方法,可适用小量样品(几到几十微克甚至 0.01 μg)的分离;也可用于多达 500 mg 样品的分离,是近代有机化学中用于定性、定量的一种重要手段。特别适用于那些挥发性小的化合物,以及在高温下易发生化学变化而不能用气相色谱分析的物质。

一个化合物在吸附剂上移动的距离与展开剂在吸附剂上移动的距离的比值称为该化合物比移值 R_f,根据原点至主斑点中心及展开剂前沿的距离,计算比移值(R_f):

$$R_f = \frac{溶质的最高浓度中心至原点中心的距离}{溶剂前沿至原点中心的距离}$$

化合物的吸附能力与它们的极性成正比,具有较大极性的化合物吸附较强,因此 R_f 值较小。在给定的条件下(吸附剂、展开剂、板层厚度等),化合物移动的距离和展开剂移动的距离之比是一定的,即 R_f 值是化合物的物理常数,其大小只与化合物本身的结构有关,因此可以根据 R_f 值鉴别化合物。

三、实验主要用品

主要试剂:石油醚、乙酸乙酯、苯甲酸乙酯、0.5% 羧甲基纤维素钠(CMC)水溶液、硅胶 G。

主要仪器:展开缸、点样毛细管、GF_{254} 薄板、紫外灯、载玻片、研钵、烘箱、镊子、吹风机、干燥器、普通天平、量筒、铅笔、尺子、烘箱。

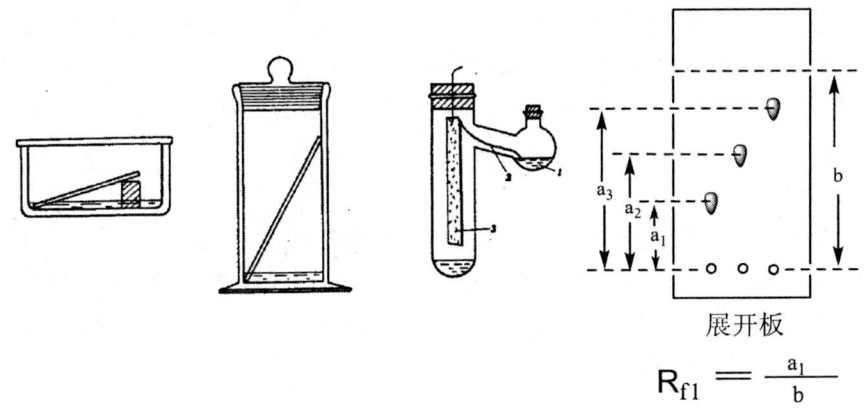

$$R_{f1} = \frac{a_1}{b}$$

图 2-25 薄层板在不同的层析缸中展开的方式

四、实验操作步骤：

1. 吸附剂的选择

薄层色谱的吸附剂最常用的是氧化铝和硅胶。

（1）硅胶：

硅胶 H——不含黏合剂；

硅胶 G——含煅烧石膏黏合剂；

硅胶 HF_{254}——含荧光物质，可在波长 254nm 紫外光下观察荧光；

硅胶 GF_{25}——含有煅烧石膏和荧光剂。

薄层色谱用的氧化铝也分为氧化铝 G，氧化铝 GF-254 及氧化铝 HF-254。

黏合剂除煅烧石膏外，还可用淀粉，羧甲基纤维素钠。加黏合剂的薄板称为硬板，不加黏合剂的称为软板。

其颗粒大小一般为 260 目以上。颗粒太大，展开剂移动速度快，分离效果不好；反之，颗粒太小，溶剂移动太慢，斑点不集中，效果也不理想。

化合物的吸附能力与它们的极性成正比，具有较大极性的化合物吸附较强，因而 R_f 值较小。

酸和碱 > 醇、胺、硫醇 > 酯、醛、酮 > 芳香族化合物 > 卤代物、醚 > 烯 > 饱和烃

本实验选择的吸附剂为薄层色谱用硅胶 G。

2. 薄层板的制备（湿板的制备）

薄层板制备的好坏直接影响色谱的结果。薄层应尽量均匀且厚度要固定，一般厚度为 0.5~1mm。否则，在展开时前沿不齐，色谱结果也不易重复。在烧杯中放入 5~6ml 0.5% 的羧甲基纤维素钠水溶液，然后加入 2g 硅胶 GF_{254}，搅拌均匀，以免生成太多的团块，调成糊状，稠度以能沿玻棒成细线性下滴为宜。然后将调成的糊状物采用下列两种涂布方法，制成薄板。

① 平铺法：可用自制的涂布器来制备薄板，也可以用全自动的薄板机来做薄板。

② 倾注法：若无涂布器，将配制好的浆料倾注到清洁干燥的载玻片上，拿在手中轻轻左右摇晃，使其表面均匀平滑，放在平整的地方室温下晾干后进行活化。本实验用此法制备薄层板4片。

3. 薄层板的活化

将涂布好的薄层板置于室温晾干后，放在烘箱内加热活化，活化条件根据需要而定。硅胶板一般在烘箱中渐渐升温，维持105～110℃活化30min。氧化铝板在200℃烘4h可得到活性为Ⅱ级的薄板，在150～160℃烘4h可得活性为Ⅲ—Ⅳ级的薄板。活化后的薄层板放在干燥器内保存待用。薄板的活性与含水量有关，其活性随含水量的增加而下降。

4. 点样

将样品溶于低沸点溶剂中，配制成溶液，用口径小于1mm，管口平整的毛细管点样，先用铅笔在距薄层板一端1cm处轻轻画一横线作为起始线，然后用毛细管吸取样品，在起始线上小心点样，斑点直径一般不超过2mm。若因样品溶液太稀，可重复点样，但应待前次点样的溶剂挥发后方可重新点样，以防样点过大，造成拖尾、扩散等现象，而影响分离效果。若在同一板上点几个样，样点间间隔距离0.5cm以上为宜。点样要轻，不可刺破薄层点样不能戳破薄层板面，各样点间距1～1.5cm，样点直径应不超过2mm。点样时点要细，直径不要大于2mm，浓度不可过大，以免出现拖尾、混杂现象。

5. 展开

薄层色谱的展开，需要在密闭容器中进行。为使溶剂蒸气迅速达到平衡，可在展开槽内衬一滤纸。在层析缸中加入配好的展开溶剂，使其高度不超过1cm。将点好的薄层板小心放入层析缸中，点样一端朝下，浸入展开剂中盖好瓶盖，观察当展开剂上升到距上端0.5～1cm时要及时将板取出，尽快在板上标出展开剂前沿位置。晾干，观察斑点位置，计算 R_f 值。展开时，不要让展开前沿上升至底线。否则，无法确定展开剂上升高度，即无法求得 R_f 值和准确判断粗产物中各组分在薄层板上的相对位置。

6. 显色

被分离物质如果是有色组分，展开后薄层色谱板上即呈现出有色斑点。如果化合物本身无色，可用非破坏性技术观察薄板：最好的方法就是用紫外灯进行观察。将薄板放紫外灯下，用铅笔标出所有有紫外活性的点（必须用含有荧光剂的薄层板）。当化合物没有紫外活性的时候，我们采用另一常用的无损方法——用碘染色法即碘蒸气熏的方法显色。

如果化合物没紫外活性且对碘不显色，只能采用破坏性方式观测薄板，可使用腐蚀性的显色剂如浓硫酸、浓盐酸和浓磷酸等。将干燥的薄板用镊子夹起并放入染色剂中，确保从基线到溶剂前沿都被浸没。用纸巾擦干薄板的背面。将薄板放在加热板上观察斑点的变化。在斑点变得可见而且背景颜色未能遮盖住斑点之前，将薄板从加热板上取下。

表 2-7 一些常用的显色剂示例

显色剂	配制方法	能被检出对象
浓硫酸	98%浓硫酸	大多数有机化合物在加热后可显出黑色斑点
碘蒸气	将薄层板放入缸内被碘蒸气饱和数分钟	很多有机化合物显棕黄色
碘的氯仿溶液	0.5%碘的氯仿溶液	同上
磷钼酸乙醇溶液	0.5%磷钼酸乙醇溶液,喷后120℃烘,还原性物质显蓝色,氨熏,背景变为无色	还原性物质显蓝色
铁氰化钾-三氯化铁试剂	1%铁氰化钾,2%三氯化铁使用前等量混合	还原性物质显蓝色,再喷2mol/L盐酸,蓝色加深,检氨、酚还原性物质
四氯邻苯二甲酸酐	2%溶液,溶剂:丙酮-氯仿(10:1)	芳烃
硝酸铈铵	6%硝酸铈铵的2mol/L硝酸溶液	薄层板在105℃烘5min后,喷显色剂,多元醇在黄色底色上有棕黄色斑点
香兰素-硫酸	3g香兰素于100ml乙醇中,再加0.5ml浓硫酸	高级醇及酮显绿色
茚三酮	0.3g茚三酮于100ml乙醇中喷后,110℃热至斑点出现	氨基酸、氨、氨基糖

7. 计算 R_f 值

准确地找出原点,溶剂前沿以及三个样品展开后斑点的中心,分别测量溶剂前沿和样点在薄层板上移动的距离,求出其 R_f 值。

五、实验内容:

1. 检验苯甲酸乙酯的纯度。(通过与已知标准物对比的方法检验物质是否纯净)

实验样品:苯甲酸乙酯(自制)、苯甲酸乙酯纯品。

溶剂:石油醚

展开剂:$V_{石油醚}:V_{乙酸乙酯} = 3:1$

2. 混合物的分离

苯甲酸乙酯、苯甲酸、石油醚:乙酸乙酯 = 5:1

步骤:

（一）硅胶 G 板的制备

取 20cm×5cm 左右的玻璃片 2 块，洗净，晾干。

在一洗净的研钵中，放入约 10~15g 硅胶 G，加入 15~20ml 蒸馏水，研磨，调成糊状。用牛角匙将此糊状物倾倒于上述玻璃上，用食指和拇指拿住玻璃片，做前后、左右振摇摆动，使流动的糊状物均匀地铺在载玻片上。将已涂好硅胶 G 的薄层板放置在水平的长玻璃片上，室温放置干燥后，移入烘箱，缓慢升温至 110℃，恒温半小时。取出稍冷放入干燥器中备用。

（二）点样

在小试管中，分别取少量苯甲酸乙酯的石油醚溶液、苯甲酸的石油醚溶液及以上两个样品的混合溶液为试样。离薄层板一端约为 1cm 处，用铅笔轻轻画一直线。取管口平整的毛细管，插入试样溶液中，注意毛细管必须专用，不可弄混，于画线处轻轻点样。每块板可点样 4 个。先点纯试样，再点混合试样。晾干备用。

（三）展开

以体积比 3:1 的石油醚与乙酸乙酯为展开剂，倒入层析缸，加入展开剂的高度不超过 1cm。将点好样的薄层板小心放入层析缸中，点样一端朝下，侵入展开剂约 0.5cm。盖好瓶盖，观察展开剂前沿上升到一定高度时取出，尽快在展开剂的前沿画出标记。晾干，观察混合试样斑点出现的位置及相应样品斑点是否相符。

六、注意事项：

1. 薄层色谱的用途：

① 化合物的定性检验。（通过与已知标准物对比的方法进行未知物的鉴定）

② 在条件完全一致的情况，纯粹的化合物在薄层色谱中呈现一定的移动距离，称比移值（R_f 值），所以利用薄层色谱法可以鉴定化合物的纯度或确定两种性质相似的化合物是否为同一物质。但影响比移值的因素很多，如薄层的厚度，吸附剂颗粒的大小，酸碱性，活性等级，外界温度和展开剂纯度、组成、挥发性等。所以，要获得重现的比移值就比较困难。为此，在测定某一试样时，最好用已知样品进行对照。

③ 快速分离少量物质。（几到几十微克，甚至 0.01μg）

④ 跟踪反应进程。

⑤ 在进行化学反应时，常利用薄层色谱观察原料斑点的逐步消失，来判断反应是否完成。

⑥ 化合物纯度的检验（只出现一个斑点，且无拖尾现象，为纯物质。）。

⑦ 利用制备型薄层板（例如薄层板板面积 20cm×20cm 或 30cm×40cm），吸附剂铺得较厚（如层厚达 2~3mm）点样量多，点成一条线状（点宽达 3~4mm），可制得 10~100mg 或几百毫克的纯品。

2. 载玻片应干净且不被手污染，吸附剂在玻片上应均匀平整。

3. 点样不能戳破薄层板面,各样点间要有一定距 1~1.5 cm,样点直径应不超过 2 mm。

4. 展开时,不要让展开剂前沿上升至底线。否则,无法确定展开剂上升高度,即无法求得 R_f 值和准确判断粗产物中各组分在薄层板上的相对位置。

5. 根据初始薄层色谱结果修改溶剂体系的选择。如果想让 R_f 变得更大一些,可使溶剂根据初始薄层色谱结果修改溶剂体系的选择。如果想让 R_f 变得更大一些,可使溶剂体系极性更强些;如果想让 R_f 变小,就应该使溶剂体系的极性减小些。如果在薄板上点样变成了条纹状而不是一个圆圈状,那么你的样品浓度可能太高了。稀释样品后再进行一次薄板层析,如果还是不能奏效,就应该考虑换一种溶剂体系。

6. 苯甲酸乙酯的结构是:

$$\text{C}_6\text{H}_5-\overset{\overset{\displaystyle O}{\|}}{\text{C}}-\text{O}-\text{CH}_2\text{CH}_3$$

7. 展开剂是影响色谱分离度的重要因素。一般来说,展开剂的极性越大,对特定化合物的洗脱能力也越大,一般常用展开剂按照极性从小到大的顺序排列大概为:石油醚<己烷<甲苯<苯<氯仿<乙醚<THF<乙酸乙酯<丙酮<乙醇<甲醇<水<乙酸。

七、思考题

1. 如何利用 R_f 值来鉴定化合物?
2. 薄层色谱法点样应注意些什么?
3. 常用的薄层色谱的显色剂是什么?薄层色谱有哪些常见的用途?
4. 影响 R_f 值的主要因素有哪些?
5. 展开时,展开剂为何不可浸没样品原点?

实验 10 柱色谱

一、实验目的

1. 了解柱谱法分离提纯有机化合物的基本原理和应用;
2. 掌握柱层析分离技术和操作要点;
3. 掌握溶剂极性的规律和洗脱液的配制。

二、实验原理

色谱法是分离、提纯和鉴定有机化合物的重要方法,有广泛用途。

色谱法是 1903 年提出的,它首次成功的用于植物色素的分离,将色素溶液流经装有吸附剂的柱子,结果在柱的不同高度显出各种色带,而使色素混合物得到分离,因此早期称之为色层分析,现在一般称为色谱法。

色谱法是一种物理的分离方法,其分离原理是利用混合物中各个组分的物理化学性质的差别,当选择某一个条件使各个成分流过支持剂或吸附剂时,各成分可由于其物理性质的不同而得到分离,色谱法能否获得满意的分离效果其关键在于条件的选择。

色谱法的分离效果远比分馏、重结晶等一般方法好,而且适用于小量和微量的物质处理。近年来,这一方法在化学、生物学、医学中得到了普遍应用,它帮助解决了像天然色素、蛋白质、氨基酸、生物代谢产物、激素和稀土元素等的分离和分析。其中最常用的有柱色谱、薄层色谱、纸色谱、和气相色谱。其中柱色谱在实验室中是分离的一种主要手段。

柱色谱(柱上层析)常用的有吸附色谱和分配色谱两类。吸附色谱常用氧化铝和硅胶作固定相;而分配色谱中以硅胶、硅藻土和纤维素作为支持剂,以吸收较大量的液体作固定相,而支持剂本身不起分离作用。

吸附柱色谱通常在玻璃管中填入表面积很大经过活化的多孔性或粉状固体吸附剂。当待分离的混合物溶液流过吸附柱时,各种成分同时被吸附在柱的上端。当洗脱剂流下时,由于不同化合物吸附能力不同,往下洗脱的速度也不同,于是形成了不同层次,即溶质在柱中自上而下按对吸附剂的亲和力大小分别形成若干色带,再用溶剂洗脱时,已经分开的溶质可以从柱上分别洗出收集;或将柱吸干,挤出后按色带分割开,再用溶剂将各色带中的溶质萃取出来。

1. 吸附剂

常用的吸附剂有氧化铝、硅胶、氧化镁等。柱色谱用的氧化铝以通过 100~150 目筛孔的颗粒为宜,颗粒太粗,溶液流出太快,分离效果不好,颗粒太细,表面积大,吸附能力高,但溶剂的流速就越慢;柱色谱用的硅胶有 100–200 目,200~300 目,300~400 目之分,实际操作中,以通过 200~300 目筛孔的颗粒为宜,若是对需要提纯的药品纯度要求较高,可以用应 300~400 目的硅胶;对于样品的粗分离,一般用 100~200 目。硅胶和氧化铝均有酸性、中性、碱性三种,根据实际分离需要选择合适的吸附剂。

2. 溶质的结构与吸附能力的关系

化合物的吸附性与它们的极性成正比,化合物分子中含有极性较大的基团时,吸附性也较强。

3. 溶解试样的溶剂

(1) 溶剂要求较纯;(2) 溶剂和吸附剂不能起化学反应;(3) 溶剂的极性应比试样极性小一些;(4) 溶剂对试样的溶解度不能太大,也不能太小。

4. 洗脱剂

试样吸附在吸附剂上后,要用合适的溶剂进行洗脱,这种溶剂称为洗脱剂。常用洗脱剂的极性按如下次序递增:

己烷和石油醚＜环己烷＜四氯化碳＜三氯乙烯＜二硫化碳＜甲苯＜苯＜二氯甲烷＜氯仿＜乙醚＜乙酸乙酯＜丙酮＜丙醇＜乙醇＜甲醇＜水＜吡啶＜乙酸

4. 吸附剂色谱的分离效果不仅依赖于吸附剂和洗脱剂的选择而且与制成的色谱柱也有关：

（1）柱中的吸附剂用量为被分离样品量的 30～40 倍；

（2）柱高和直径之比一般是 10:1－70:1；

（3）装柱有湿法和干法两种，无论采用哪种方法装柱，都不用使吸附剂有裂缝或气泡。

三、实验主要用品

主要试剂：200～300 目硅胶、石油醚、乙酸乙酯、苯甲酸乙酯粗品。

主要仪器：层析柱、脱脂棉、漏斗、铁架台。

四、实验操作步骤：

1. 装柱

取一干净且干燥的柱子垂直地固定于支架上，在柱子的底端铺一层玻璃棉或者脱脂棉，轻轻塞紧，注意松紧要适度，可在玻璃棉上盖一层厚度约为 0.5 cm 的石英砂，有的色谱柱下端已是用砂芯片烧结而成，可直接装柱。

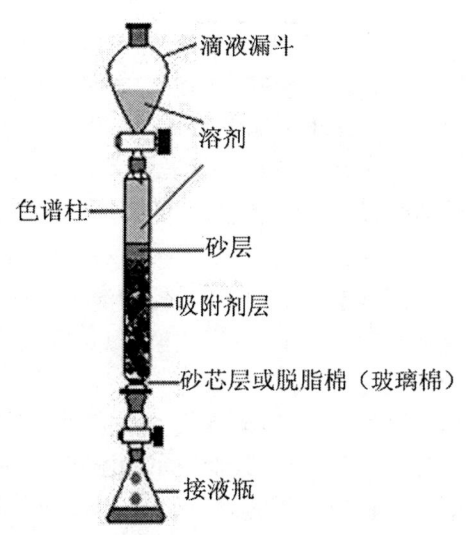

图 2-26　柱色谱装置图

干法装柱：在柱的上端放一玻璃漏斗，使吸附剂经漏斗成一细流，慢慢注入柱中，并经常用橡皮锤或大橡皮塞轻轻地敲击管壁，使填装均匀，直到吸附剂的高度约为柱长的四分之三为止。然后沿管壁慢慢地倒入洗脱剂，使吸附剂全部润湿，并略有多余。最后在吸附剂顶部盖一层约为 0.5 cm 的石英砂。

由于这种方法在添加溶剂时易出现气泡，吸附剂也可能发生溶胀，所以一般很少采用，为了克服上述缺点，通常先将洗脱剂加入柱内，约为柱高的四分之三处，然后一边通过旋塞使洗脱剂缓缓流出，一边将一定量的吸附剂慢慢倒入柱中，并控制流出速度为 1～2 滴/s。用橡皮锤或者洗耳球轻轻敲打色谱柱柱身，使填装紧密，待完全沉降后，再在上面加一片小圆滤纸（或一层厚度约为 0.5 cm 的石英砂）以防止加入样品或洗脱剂时冲动吸附剂表面。

湿法装柱：将洗脱剂装入约为柱高的二分之一后，把下端的旋塞打开，将洗脱剂的旋塞打开，使洗脱剂一滴一滴地流出，然后通过玻璃漏斗将调好的吸附剂和洗脱剂的糊状物，慢慢倒入柱内，加完后继续让洗脱剂流出，直到吸附剂完全沉降，高度不变为止，最后再加入石英砂或一张圆滤纸。这种方法比干法好,因为它可把留在吸附剂内的空气全部赶出,使吸附剂均匀地填在柱内。

2. 加样品

柱填装后,让洗脱剂继续流出,到液面刚好接近吸附剂表面时关闭旋塞,开始加样。

湿法上样:先把要分离的试样用洗脱剂配制成适当浓度的溶液,小心的加入柱中,形成均匀的薄层,打开旋塞,直到液面接近吸附剂表面时再关闭旋塞,加入少量洗脱剂,重新打开旋塞使液面下降至吸附剂表面,重复 3 次,使样品全都进入吸附剂,然后用洗脱剂洗脱。

干法上样:先用洗脱剂将样品溶解,再加入样品质量 2 倍左右的硅胶拌样,减压蒸除溶剂后将样品和硅胶的混合物加入柱中,并不时轻轻敲打使填装均匀,全部加入后,再在上面加一片小圆滤纸(或一层厚度约为 0.5 cm 的石英砂)即可用洗脱剂洗脱。

本实验中加入 1mL 乙酸乙酯溶液(内含 200mg 苯甲酸乙酯),当此溶液流至接近石英砂面时,加入石油醚和乙酸乙酯混合液洗脱。

3. 洗脱和分离

用选定的溶剂洗脱,控制流出速度如前。整个过程都应有洗脱剂覆盖吸附剂。在洗脱和分离过程中,应当注意:(1)继续不断地加入洗脱剂,应保持一定高度的液面,在整个操作过程中勿使硅胶表面的溶液流干,一旦流干,再加溶剂,易使硅胶柱产生气泡和裂缝,影响分离效果;(2)收集洗脱液,如试样各组分有颜色,在柱子上直接观察,洗脱后分别收集各个组分,在多数情况下,化合物没有颜色,收集洗脱液时,多采用等份收集,每份洗脱剂的体积随所用的硅胶的量及试样的分离情况而定;(3)要控制洗脱液的流出速度,一般不宜太快,太快了柱子中交换来不及达到平衡,因而影响分离效果;(4)由于硅胶表面活性较大,有时可能促使某些成分破坏,所以应尽量在一定时间内完成一个柱色谱的分离,以免试样在柱上停留时间过长,发生变化。

本实验用石油醚和乙酸乙酯混合液洗脱,控制流出速度。洗脱速度不宜过快,以每秒 1~2 滴为宜,否则柱中交换来不及达到平衡会影响分离效果,操作过程中要及时添加洗脱剂,不要让洗脱剂走干,否则易产生气泡或裂缝,影响分离效果。

4. 收集产品

收集的洗脱液一般 5~20 mL 为一瓶,具体的量要视情况而定,所得的洗脱液可用薄层色谱或者纸色谱跟踪,并决定是否合并在一起,对有色物质,可以按色带分别收集,无色的样品如果经紫外光照射能呈荧光的,可以用紫外光照射来观察和检测混合物展开和洗脱的情况。

洗脱液合并后,蒸出溶剂就可以得到某一组分,如果有几个组分的混合物需用新的柱子或通过其他方法进一步分离。

五、实验注意事项：

1. 关于柱子尺寸选择

柱子越长，相应的塔板数就高。柱子越粗，上样后样品的原点就小（反映在柱子上就是样品层比较薄），这样相对地减小了分离的难度，但是柱子短了可能分离效果不好，太长了也会由于扩散或拖尾导致分离效果不好，所以具体的选择要具体分析。

2. 装柱要紧密，要求无断层、无缝隙、无气泡、平整、均匀。

3. 先根据 TLC 方法筛选好洗脱剂，使两相邻物质 R_f 值之差最大。

4. 洗脱时切勿使溶剂流干，以免干柱后影响分离效果。

5. 应控制洗脱液流出速度，流速不应太快，若流速太快，则柱内交换来不及达到平衡，因而影响分离效果；若流速太慢，则样品在柱内停留时间过长，会造成色带扩散亦会影响分离效果，甚至样品发生变化。

六、思考题

1. 为什么极性大的组分要用极性较大的溶剂洗脱？
2. 柱子中若有气泡或装填不均匀，将给分离造成什么样的结果？如何避免？

实验 11　熔点的测定

一、实验目的

1. 了解熔点测定的原理和意义；
2. 掌握毛细管测定熔点的操作方法；
3. 熟悉数字熔点仪测熔点方法。

二、实验原理

1. 熔点

化合物的熔点是指该物质的固－液两相在大气压力下达到平衡时的温度。纯固体有机化合物一般都有固定的熔点，即在一定的压力下，初熔至全熔（熔点范围称为熔程），温度不超过 0.5~1℃。若该物质含有杂质，则熔点较低、熔程较长。因此，熔点是固体化合物纯度的重要指标。有机化合物的熔点一般不超过 350℃，较易测定，故可用测定熔点来鉴定有机化合物和定性判断其纯度。

如果在一定的温度和压力下，将某物质的固液两相置于同一容器中，将可能发生三种情况：固相迅速转化为液相；液相迅速转化为固相；固相液相同时并存。

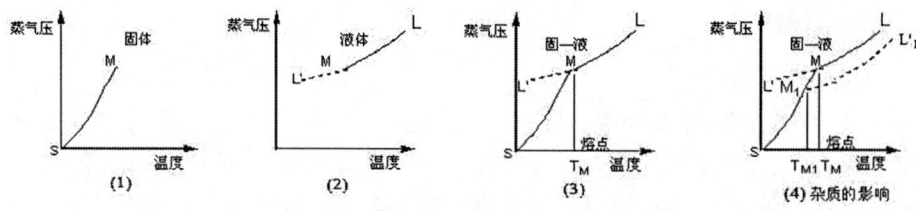

图 2-27 物质的温度与蒸气压曲线

在图 2-27 中,图(1)为物质固体的蒸气压随温度升高而增大的曲线;图(2)为物质液体的蒸气压随温度升高而增大的曲线;图(3)为(1)与(2)的加合,由于固相的蒸气压随温度变化的速率较相应的液相大,最后两曲线相交于 M 处,此时固、液两相同时并存,它所对应的温度 T_M 即为该物质的熔点。图(4)为当含杂质时(假定两者不形成固溶体),根据拉乌耳(Raoult)定律可知,在一定的压力和温度条件下,在溶剂中增加溶质,导致溶剂蒸气分压降低(图中 M_1L_1'),固液两相交点 M_1 即代表含有杂质化合物达到熔点时的固液相平衡共存点,T_{M1} 为含杂质时的熔点,显然,此时的熔点较纯粹者低。因此测定熔点也可用于化合物纯度的检验。

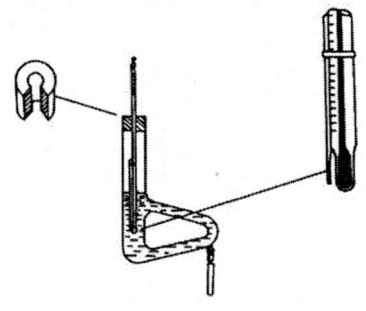

图 2-28 Thiele 管熔点测定装置

图 2-29 WRS-1B 型数字熔点仪

2. 熔点的测定方法

熔点的测定方法有毛细管法、显微熔点测定法和数字熔点仪测定法。

(1) 毛细管法

此法操作简便,样品用量少,应用广泛,是常用的测定方法。毛细管法测定熔点一般采用提勒管(Thiele)(b 形管),见图 2-28。

b 形管管口装有具有侧槽的塞子固定温度计,温度计的水银球位于管的上下两叉管口之间。管中装入的加热液体液面高于上叉管口 0.5 cm 即可,加热部位如图所示。加热时浴液因温差产生循环,使管内浴液温度均匀。

装置中用的热浴液(加热介质),可根据所需的具体温度进行选择。若温度低于 140℃,最好选用液态石蜡和甘油;采用浓硫酸作热浴,则适用于测熔点在 220℃ 以下的样品,使用硫酸作加热浴液要特别小心,不能让有机物碰到浓硫酸,否则使溶液颜色变深,有碍熔点的观察;若要测熔点在220℃以上的样品可用硅油作加热浴,安全无腐蚀性,但价格较贵。

影响毛细管法测熔点的主要因素:

① 熔点管要干净,若如含有灰尘,会产生10℃左右的误差。管壁不能太厚,封口要均匀;

② 样品一定要干燥,并要研成细粉末,往毛细管内装样品时,一定要反复墩实,管外样品要用卫生纸擦干净;

③ 用橡皮圈将毛细管缚在温度计旁,并使装样部分和温度计水银球处在同一水平位置,同时要使温度计水银球处于 b 形管两侧管中心部位;

④ 升温速度不宜太快,特别是当温度将要接近该样品的熔点时,升温速度更要缓慢。若升温速度过快,热传导不充分,导致所测熔点偏高。

(2) 显微熔点测定法

此法是主要用显微熔点测定仪。测定时样品用量更少,只需几颗小粒晶体。在显微镜下能清楚地看到样品受热变化的过程,如结晶的失水、多晶的变化及分解等。具体操作:将研细的样品小心放在干燥洁净的载玻片的中央,不可堆积,并将其置于电热板的中心空洞上,另取一载玻片盖住样品。调节镜头,使显微镜焦点对准样品,开启加热器,用变压器调节加热速度,当温度接近样品熔点时,控制温度使每分钟上升 1~2℃。当样品的结晶棱角开始变圆时是熔化的开始,结晶形状完全消失时是熔化的完成。熔点测定后应停止加热,稍冷片刻后用镊子取出载玻片,将一厚铝板盖放在热板上,加快冷却,然后清洗载玻片,以备再用。

(3) 数字熔点仪测定法

数字熔点仪的工作原理:物质在结晶状态时反射光线,在熔化状态时透射光线,因此物质在熔化过程中随着温度的升高会产生透光度的跃变。数字熔点测定仪采用光电方式自动检测熔化过程。当温度达到初熔和终熔时,显示初熔温度和终熔温度,并保存到检测下一样品。WRS-1B型数字熔点仪(参见图2-29)的特点:采用光电检测,微机控制,加热速度由程序自动控制,初熔、终熔、温度、熔化曲线由 LED 自动显示,测量熔点更快更精确。

3. 熔点测定的应用

(1) 用于固体化合物的熔点测定;

(2) 根据熔程的长短来定性判断有机化合物的纯度;

(3) 可以根据混合熔点是否下降来鉴别熔点相同的化合物是否为同一化合物;

(4) 用于温度计的校正。

三、实验主要用品

试剂:液态石蜡、肉桂酸、尿素。

仪器:b 形管(Thiele 管)、温度计、酒精灯、熔点管、开口橡皮塞、表面皿、乳胶管、玻棒、长玻璃管、铁架台、数字熔点测定仪等。

四、实验步骤

1. 毛细管法测熔点

(1) 样品的填装

将毛细管(内径 1 mm、长 60~70 mm)的一端封口,把 0.5 g 肉桂酸(或尿素)研成细粉末,将毛细管未封口的一端插入粉末中,使粉末挤压入毛细管,再将其开口向上从大玻璃管中垂直滑落,熔点管在玻璃管中反弹蹦跳,使样品粉末落入毛细管的底部。重复以上操作,直至毛细管底部有 2~3 mm 粉末并被墩实(否则不易传热、造成熔点误差)。

(2) 仪器的安装

按图 2-27 安装装置,将提勒(Thiele)管固定在铁架台上,装入液态石蜡,使液面高度达到提勒管上侧管时即可。熔点管下端沾一点润湿后黏附于温度计下端,并用橡皮圈将毛细管(其外擦干净以免污染热浴液)紧缚在温度计上,样品部分应靠在温度计水银球的中部。温度计水银球恰好在提勒管的两侧管中部为宜。若装好样品的毛细管浸入浴液后,样品变黄或管底渗入液体,说明管漏,应弃之,另换一根熔点管。

(3) 测定熔点

先粗测:以每分钟约 5℃ 的速度升温,记录当管内样品开始塌落即有液相产生时(初熔)和样品刚好全部变成澄清液体时(全熔)的温度,此读数为该化合物的熔程。待热浴的温度下降大约 30℃ 时,换一根样品管,重复上述操作进行精确测定。

精确测定:测定时,开始升温可稍快(10℃/min),待热浴温度离粗测熔点约 15℃ 时,升温速度变慢(1~2℃/min)。当接近熔点时,升温速度更慢(0.2~0.3℃/min)。严格控制升温速度。记录刚有小滴液体出现(初熔)和样品恰好完全熔融(全熔)时的两个温度读数。二者的温度范围即为被测样品的熔程(期间如有分解、变色、萎缩或升华等现象应如实记录)。

(4) 重复测定

待浴温冷至熔点以下 20℃ 后重复上述操作两次(每次必须用新的熔点管)。实验完成后,待浴液冷却后方可将其倒回瓶中。温度计冷却后,用废纸擦、洗,否则温度计极易炸裂。

2. 数字熔点仪测熔点

WRS-1B 型数字熔点仪的具体操作如下:

(1) 开启电源,稳定 20 min,光标止在"起始温度",若需要用键盘修改,按"enter"键;不需直接按"enter"键,光标跳至"升温速率"。直接按"enter"键光标回到"起始温度"。

(2) 当实际炉温达到预设温度并稳定后,可插入样品毛细管。按升温键,操作显示"↑"。当到达初熔点时显初熔温度,到达终熔点时显终熔温度,同时显示熔化曲线。上述数值一直保留到切断电源。

(3) 测量另一样品,输入"起始温度",按"enter"键后,原先的曲线自动消除,开始下一样品的测量。

(4) 重新测量,按"清除"键,显示"123C",选择相应的数字键进行清除曲线,再按"清除键"放弃操作。

(5) 死机或刷新界面,按"RESET"键。

使用数字熔点仪时应注意:① 样品要烘干研细,装样密实,高度为 3 mm;② 设定起始温度切勿超过仪器适用范围(<300℃);③ 测 5 次取中间 3 个的平均值为测定结果;④ 先低后高(样品熔点);⑤ 毛细管外面用软布擦干净以免污染仪器。

比较两种方法测定结果,记录于下表中。

方法 样品	毛细管法测熔点		数字熔点仪测熔点	
	初熔	全熔	初熔	全熔
尿素				
肉桂酸				

五、注意事项

1. 仪器因素:① 温度计要校正;② 熔点管要干净、不漏、壁要薄。

2. 操作因素:① 样品必须干燥并研细、装填紧密;② 严格控制升温速率,使热量有充分的传输时间从热源通过传热介质传到毛细管内试样,避免温度观察滞后于温度升高;③ 重复测样需重新装样且待浴温冷至熔点以下 20℃才能测定。

3. 操作时应注意防火。

六、思考题

1. 测定熔点对确定某些化合物的纯度与鉴定有机化合物有何作用?

2. 测定熔点造成的误差与哪些因素有关?升温太快对它有何影响,为什么?

3. 测定熔点时,若遇下列情况将会产生什么结果?请说明原因。

(1) 熔点管壁太厚;   (2) 熔点管底部未完全封闭,尚有一针孔;
(3) 熔点管不洁净;   (4) 样品未完全干燥或含有杂质;
(5) 样品研得不细或装得不紧密;   (6) 加热太快。

4. 测过一次熔点的有机化合物是否可以再作第二次测定呢?为什么?

第三部分 基础合成实验

一、卤代烃类化合物的制备

卤代烃是指烃分子中的氢原子被卤素原子取代后所生成的一类化合物,是一类重要的有机合成中间体,是许多有机化合物合成的原料,能发生许多化学反应,如取代反应、消除反应等。卤代烃按烃基的结构可分为卤代烷、不饱和卤代烃、芳香族卤代烃,其中卤代烷中的卤素原子容易被 $-OH$、$-OR$、$-CN$、NH_3 或 H_2NR 取代,生成相应的醇、醚、腈、胺等化合物。由卤代烃与金属镁在无水乙醚中反应生成的化合物称为 Grignard 试剂(格氏试剂),格氏试剂在合成中有广泛的应用,它可与醛酮、环氧乙烷、酯等反应用于制备醇类化合物,也可与二氧化碳反应用于制备羧酸。

简单的卤代烃,如氯甲烷、二氯甲烷等,多是在高温或光照条件下由烷烃直接发生卤代反应制得。结构复杂的卤代烃则常由相应的醇或不饱和烃制得。通常情况下,由烃制备脂肪族-卤代烃时,是由饱和烃发生取代反应,不饱和烃发生加成反应完成的。例如:

$$\bigcirc \xrightarrow[h\nu]{Cl_2} \bigcirc-Cl$$

$$CH_3CH_2CH_2CH=CH_2 \xrightarrow{HBr} CH_3CH_2CH_2\overset{Br}{\underset{|}{C}}HCH_3$$

芳香族卤代烃的制备一般是通过苯环上的亲电取代反应将卤素原子(氯或溴)引入苯环。例如:

$$\bigcirc + Br_2 \xrightarrow{FeBr_3} \bigcirc-Br + HBr$$

在制备溴苯的反应中使用的催化剂 $FeBr_3$ 很容易水解失效,所以反应时所用试剂和仪器都要求是无水和干燥的。为了避免反应过于剧烈和副产物的生成,操作时须将溴慢慢滴入苯中。

芳香族碘化物和氟化物的制备不能用此方法,常用的方法则是以芳香伯胺为原料,先进行重氮化反应得到重氮盐,然后重氮盐再进一步反应制取碘化物或氟化物。例如:

$$\underset{}{\underset{}{C_6H_5NH_2}} \xrightarrow[0\sim5℃]{NaNO_2,HCl} \underset{}{C_6H_5N_2^+Cl^-} \xrightarrow{KI} C_6H_5I$$

由醇制备卤代烃是实验室普遍采用的方法，常用的试剂有氢卤酸、卤化磷及氯化亚砜。

醇与氢卤酸的作用可以用来制备氯代烃、溴代烃和碘代烃，反应式如下：

$$ROH + HX \rightleftharpoons RX + H_2O$$

此反应是一个可逆反应，为了使反应完全，提高产率，通常可采取：(1) 增加其中一种反应物的浓度；(2) 设法使反应产物离开反应体系即减少产物的浓度；(3) 增加反应物的浓度和减少产物的浓度同时并用。

例如，制备溴代烃时，采用过量的溴化氢和硫酸与醇共热，虽有利于加速反应和提高收率，但硫酸的存在也会使醇脱水而生成副产物烯烃和醚。反应式如下：

$$C_2H_5OH + HBr \xrightarrow{H_2SO_4} C_2H_5Br + H_2O$$

$$CH_3CH_2OH \xrightarrow[\Delta]{H_2SO_4} CH_2=CH_2 + H_2O$$

$$2CH_3CH_2OH \xrightarrow[\Delta]{H_2SO_4} CH_3CH_2OCH_2CH_3 + H_2O$$

需要注意的是，利用这种方法进行制备时，由于有些醇在反应过程中可能发生重排，会生成混合产物，从而降低反应产率。因此，在具体的实验操作过程中，为了除去多余的原料醇及副产物，可以用硫酸进行洗涤。

醇与卤化磷作用，是制备卤代烃的又一种常用方法，反应式如下：

$$ROH + PX_3 \longrightarrow RX + P(OH)_3$$

制备溴代烃或碘代烃常用三溴化磷或碘化磷；反应操作时，常将溴或碘和赤磷直接加入到醇中共热进行反应。制备氯代烃时，一般采用五氯化磷与醇进行反应。

醇与氯化亚砜($SOCl_2$)作用是制备氯代烃最常用的方法之一。反应生成的副产物都是气体，容易除去，故产品纯度高，反应产率高。反应式如下：

$$ROH + SOCl_2 \longrightarrow RCl + SO_2\uparrow + HCl\uparrow$$

卤代烃的毒性较大，经皮肤吸收后，容易引起中毒。通常，低级卤代烃比高级卤代烃毒性强；饱和卤代烃比不饱和卤代烃毒性强；多卤代烃比含卤素少的卤代烃毒性强，因此在使用和制备卤代烃的工作场所应保持良好的通风。

实验 12　正溴丁烷的制备

一、实验目的

1. 学习用正丁醇和无水溴化钠、浓硫酸反应制备正溴丁烷的原理和方法；
2. 学习并掌握带有吸收有害气体装置的加热回流操作；
3. 掌握液体混合物的分离、洗涤、干燥、蒸馏等基本操作技术。

二、实验原理

实验室常用正丁醇、无水溴化钠、浓硫酸为原料来制备正溴丁烷[1]。反应式如下：

$$NaBr + H_2SO_4 \longrightarrow HBr + NaHSO_4$$

$$CH_3CH_2CH_2CH_2OH + HBr \underset{\Delta}{\rightleftharpoons} CH_3CH_2CH_2CH_2Br + H_2O$$

此反应为可逆反应，为了提高正溴丁烷的产率，使用过量的浓硫酸和溴化钠作为溴代试剂代替 HBr，使 HBr 边生成边参与反应，提高 HBr 的利用率。由于 HBr 有毒，为防止 HBr 逸出，需安装气体吸收装置[2]。

浓硫酸不仅作为反应物，同时还起到了催化作用，但是浓硫酸的存在也会使正丁醇脱水生成副产物烯烃或醚，反应式为：

$$CH_3CH_2CH_2CH_2OH \xrightarrow[\Delta]{H_2SO_4} CH_3CH_2CH=CH_2 + H_2O$$

$$2CH_3CH_2CH_2CH_2OH \xrightarrow[\Delta]{H_2SO_4} (CH_3CH_2CH_2CH_2)_2O + H_2O$$

三、实验主要用品

主要试剂及性质：正丁醇、无水溴化钠、浓硫酸、10%碳酸钠溶液、无水氯化钙。

名称	分子量	熔点/℃	沸点/℃	相对密度/20℃	特性
正丁醇	74.12	-88.9	117.3	0.810	无色透明液体，具有特殊气味，微溶于水，溶于乙醇等，低毒。
无水溴化钠	102.89	747	1390	3.203 (25℃)	无色晶体（或粉末），味咸而微苦，溶于水，微溶于乙醇，低毒。

续表

名称	分子量	熔点/℃	沸点/℃	相对密度/20℃	特性
浓硫酸	98.08	10	338	1.84	无色无味油状液体,易溶于水,有强腐蚀性。

主要仪器：三口烧瓶、球形冷凝管、直形冷凝管、圆底烧瓶、温度计、温度计套管、蒸馏头、真空接液管、锥形瓶、烧杯、玻璃漏斗、分液漏斗、阿贝折光仪等。

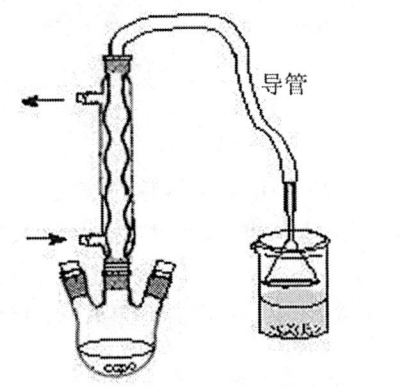

图 3-1　回流反应装置

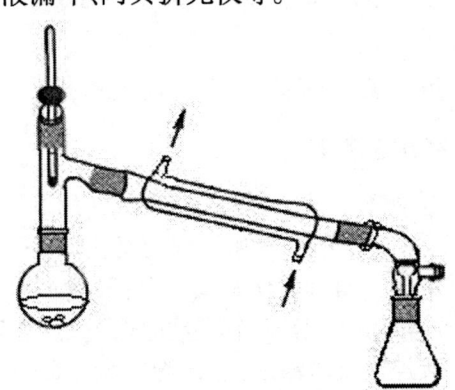

图 3-2　蒸馏装置

四、实验操作步骤

1. 粗产物的制备

稀释浓硫酸：在一小锥形瓶内放入 10 mL 水，将锥形瓶放在冷水浴中冷却，边摇边慢慢加入 12 mL(0.221 mol)浓硫酸。

按图 3-1 安装回流反应装置。在 100 mL 三口烧瓶中放入 6.2 mL(0.068 mol)正丁醇、8.3g(0.081 mol)研细的溴化钠和 2～3 粒沸石。将稀释的硫酸分 4 次从三口烧瓶侧口处慢慢加入瓶中，每加一次都要充分震荡烧瓶，使反应物混合均匀。用电加热套慢慢加热至沸腾，控制好反应温度，使回流速度稳定在 1～2 滴/秒为宜，保持回流 30～40 min[3]，并不时摇动烧瓶促使反应完全。

反应完成后，停止加热，待反应物冷却几分钟后卸下回流冷凝管，再加入 2 粒沸石于烧瓶中，改为蒸馏装置进行蒸馏，仔细观察温度计的温度及馏出液，温度持续上升到 105℃ 以上而无油滴蒸出时即可停止蒸馏[4]。

2. 分离纯化

将馏出液倒入分液漏斗中静置分层(如不分层，可加入等体积水让其分层)，将下层有机层[5]从下面收集至一干燥的小锥形瓶中。用 3 mL 浓硫酸分两次缓慢加入瓶内，每加一次都要摇匀锥形瓶,如果混合物发热,可用冷水浴冷却。将冷却后的混合物再小心地移入分液漏斗中,静置分层后,放出下层的浓硫酸(将硫酸倒入指定的废液桶中)。

上层有机层依次用 5 mL 水[6]、2.5 mL10% 碳酸钠溶液和 5 mL 水洗涤、分离[7]。

将最后分离得到的下层粗正溴丁烷放入干燥的锥形瓶中,加 1~2 g 块状的无水氯化钙[8],塞紧瓶塞,静置干燥,并间歇振荡锥形瓶,直到液体澄清为止。

将干燥后的液体倒入 50 mL 干燥的蒸馏烧瓶中(注意勿使氯化钙掉入蒸馏烧瓶中[9]),并加入 2~3 粒沸石,安装好常压蒸馏装置(图 3-2)。用电加热套小火加热蒸馏,待馏分温度恒定后,收集 99~102℃的馏分。称重(产量约 4~5 g),计算产率。

3. 测折光率

取适量产品,测其折光率,并与纯品折光率($n_D^{20} = 1.4385 \sim 1.4395$)进行比较。

五、操作注意事项

1. 反应装置的密封性要好,吸收液用水即可,气体导管出口处不能完全浸入液面下。
2. 注意加料顺序:先加研细的溴化钠、正丁醇,再加入稀释、冷却的硫酸(配置稀硫酸的操作要正确),每加一次都要充分振荡,混合均匀。
3. 加热回流时,刚开始不要加热过猛,温度不能太高,以防溴被硫酸氧化,整个反应过程须注意控制反应温度,保持微沸状态即可。
4. 蒸馏粗正溴丁烷时,在安装蒸馏装置前,要充分冷却反应液,然后再加 2~3 粒沸石,防止暴沸,并能正确判断蒸馏终点。蒸馏结束后将反应余液倒入指定的废液桶。
5. 洗涤分离粗正溴丁烷时,要清楚各步洗涤的目的,并能正确分出所要的有机层。
6. 最后蒸馏时所用的玻璃仪器必须是干燥的,可事先将仪器放入烘箱烘干,否则产品易浑浊。

六、思考题

1. 本实验为什么要用气体吸收装置?
2. 实验中加入浓硫酸到粗产物中的目的是什么?
3. 实验中粗产物进行蒸馏时,如何控制蒸馏终点?
4. 反应后的粗产物中含有哪些杂质?为什么用饱和碳酸氢钠溶液洗涤前先要用水洗一次?
5. 用分液漏斗洗涤产物时,用什么简便的方法判断正溴丁烷在上层或是下层?

注释:

[1] 正溴丁烷(1-bromobutane):分子式 C_4H_9Br,分子量 137.03,沸点 101.6℃,熔点 -112.4℃,相对密度(20/4℃)1.270~1.277,折光率(n_D^{20})1.4385~1.4395;无色透明液体,不溶于水,与乙醇、乙醚、丙酮混溶。可用作溶剂及有机合成时的烷基化剂及中间体,还可用作增塑剂原料、医药原料、染料原料、半导体中间原料等。

[2] 在有机化学实验中产生和逸出有毒气体时,必须用装有吸收液(水或适当的溶液)的气体吸收

装置将其处理掉,而不能直接排入大气,以免污染环境。由于本实验中产生有毒的 HBr,会有少量 HBr 从冷凝管上口逸出,故需要对 HBr 加以吸收。HBr 气体可溶于水,且呈酸性,因而可用水或稀碱液作吸收液(本实验用水)的吸收装置。

[3] 反应温度的控制很重要。温度过高,会使较多的 HBr 气体从冷凝管上口逸出,也会促使浓硫酸将 HBr 氧化成游离溴,从而降低产率;而温度过低,则反应难以顺利完成。

[4] 判断正溴丁烷是否蒸馏完全可从以下几方面进行判断:①馏出液是否由混浊变为澄清。②蒸馏瓶中的上层油状物是否蒸完。③取馏出液进行检验:可用盛少量清水的小烧杯接几滴馏出液,观察烧杯底部有无油珠沉在下面,如无油珠沉在下面,表示馏出液中已无有机物、即蒸馏完成。④可用温度计观察蒸气出口的温度,当蒸气温度持续上升到 105℃ 以上而馏出液增加甚慢时即可停止蒸馏。反应余液倒入指定的废液桶。

[5] 馏出液分为两层,下层为粗正溴丁烷(有机层),上层为水。若未反应的正丁醇较多,或因蒸馏时间过久而蒸出一些氢溴酸恒沸液,则液层的比重会发生变化,有机层可能悬浮或变成上层。此时,可加清水稀释使有机层下沉。

[6] 有机层如呈红棕色,说明含有游离的溴。可用溶有少量亚硫酸氢钠的水溶液洗涤以除去溴。其反应式为:

$$2NaBr + 3H_2SO_4(浓) \longrightarrow Br_2 + SO_2 + 2H_2O + 2NaHSO_4$$
$$Br_2 + NaHSO_3 + H_2O \longrightarrow 2HBr + NaHSO_4$$

[7] 每次洗涤后,应先将该步骤中的废液分去后,才能进行下步洗涤。根据相对密度数据判断产物在上层还是在下层。用水、碳酸氢钠溶液洗涤时,正溴丁烷(有机层)在下层。

[8] 用无水氯化钙干燥时,一般用块状,粉末状的容易造成悬浮而不好分离。用氯化钙干燥产品,一般至少放置半个小时,为保证干燥彻底,最好放置过夜。

[9] 干燥剂可通过小漏斗(带有折叠滤纸或塞上一团棉花)过滤而除去,也可以用玻璃棒挡住干燥剂将液体倾倒入蒸馏烧瓶中。

实验 13　溴苯的制备

一、实验目的

1. 掌握苯的溴代反应原理和操作方法;
2. 练习电动搅拌器的正确使用;
3. 掌握带有吸收有害气体装置的加热回流操作;
4. 巩固液态化合物的分离、洗涤、干燥、蒸馏等基本操作技术。

二、实验原理

芳香族卤代物是指卤素原子直接和苯环相连接的一类化合物,其制备方法和脂肪族卤代烃不同,一般是用卤素分子(氯或溴)在三卤化铝或三卤化铁(也可用铁屑替代)等催化下与芳香族化合物作用,通过芳香烃的亲电取代反应将卤原子直接引入芳环。

实验室常用苯直接进行溴代反应来制取溴苯[1],反应常用铁屑作催化剂。反应式为：

$$\text{C}_6\text{H}_6 + \text{Br}_2 \xrightarrow{\text{Fe}} \text{C}_6\text{H}_5-\text{Br} + \text{HBr}$$

反应时铁屑先和液溴作用生成三溴化铁,然后三溴化铁再起催化作用。溴代反应开始时反应不明显,过一段时间后反应进行很剧烈,常伴有副产物二溴代苯生成,反应式如下:

$$\text{C}_6\text{H}_6 + \text{Br}_2 \xrightarrow{\text{Fe}} \text{邻-二溴苯} + \text{对-二溴苯} + \text{HBr}$$

为了避免反应过于剧烈和减少副产物二溴代苯的生成,必须将溴慢慢地滴加到过量的苯中。三溴化铁很容易水解失效,所以反应时所用的试剂必须经无水处理,仪器必须预先干燥。

三、实验主要用品

主要试剂及性质:苯(无水)、液溴(Br_2)、铁屑、10%氢氧化钠溶液、无水氯化钙。

名称	分子量	熔点/℃	沸点/℃	相对密度/20℃	特性
苯	78.11	5.5	80.1	0.8765	无色透明易挥发液体,难溶于水,可与乙醇等互溶,可燃,毒性高。
液溴	159.83	−7.2	58.8	3.119	深棕红色,有强烈刺激性臭味的液体,微溶于水,易溶于乙醇等,有极强毒性与腐蚀性。

主要仪器:三口烧瓶、电动搅拌器、球形冷凝管、恒压滴液漏斗、圆底烧瓶、直形冷凝管、空气冷凝管、温度计、温度计套管、蒸馏头、真空接液管、锥形瓶、烧杯、分液漏斗、玻璃漏斗、阿贝折光仪等。

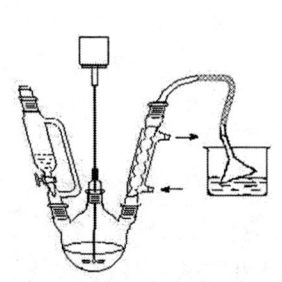

图 3-3 滴加搅拌反应装置

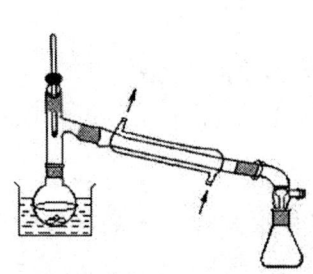

图 3-4 水浴蒸馏装置

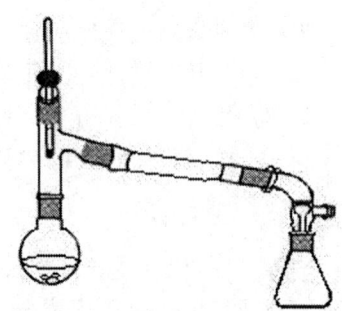

图 3-5 空气冷凝蒸馏装置

四、实验操作步骤

1. 反应回流

按图 3-3 安装滴加搅拌反应装置[2]：在 250 mL 三口烧瓶上，分别装上电动搅拌器、球形冷凝管和恒压滴液漏斗，在冷凝管顶端连接溴化氢气体吸收装置[3]。

在三口烧瓶内加入 3.1 mL(0.035 mol) 无水苯和约 0.1 g 铁屑。在滴液漏斗中加入 2 mL(0.039 mol) 液溴[4]。在三口烧瓶中先滴入少量液溴，片刻后，反应即开始（必要时可用水浴温热），可观察到有溴化氢气体逸出。然后开动搅拌器，在搅拌下缓慢滴入其余的液溴，使溶液保持微沸状态[5]（约 10 min 加完）。加完溴后，再用水浴（60~70℃）加热约 10 min，直至无溴化氢气体逸出为止。

2. 分离纯化

反应物冷却后，移入分液漏斗中，粗产物依次用 3 mL 水洗涤 1 次[6]、2 mL 10% 氢氧化钠溶液洗涤 1 次[7]、8 mL 水洗涤 2 次（每次 4 mL），然后用无水氯化钙干燥约 30 min。将干燥后的粗产物移至圆底烧瓶中，加入 2~3 粒沸石，安装好蒸馏装置（图 3-4），用水浴先蒸去未反应的苯。然后改用空气冷凝蒸馏装置（图 3-5）用电加热套继续加热蒸馏，收集 150~160℃ 的馏分。称重（产量约 2.5 g），计算产率。

3. 测折光率

取少量产品，测其折光率，并与纯品折光率（$n_D^{20} = 1.5597$）进行比较。

五、操作注意事项

1. 实验所用仪器必须干燥，否则反应难以进行；实验开始前应检查仪器装置是否严密。

2. 反应时，溴的滴加要缓慢，速度不能过快，始终使溶液保持微沸状态，否则反应剧烈，副产物会增加，影响溴苯的产率。

3. 注意洗涤的顺序，正确判断每次洗涤时分液漏斗中的上下层。由于粗产物溴苯的密度比水大，所以用水和 10% 氢氧化钠溶液洗涤时，粗产物溴苯都是在下层。

4. 注意两次蒸馏装置上的差别，在蒸馏收集产物馏分前，需将冷凝管更换为空气冷凝管。

六、思考题

1. 本实验所用仪器和试剂为什么必须是干燥的，水分对反应有何影响？
2. 本实验中采取哪些措施可减少二溴化物的生成？
3. 如何正确使用具有腐蚀和刺激性的药品？
4. 氯、溴、碘同苯进行卤代反应的速率快慢有何不同？为什么？

注释:

[1] 溴苯(bromobenzene):别名一溴代苯、苯基溴、溴化苯、一溴苯;分子式 C_6H_5Br,分子量 157.02,熔点 -30.7℃,沸点 156.2℃,密度(20/4℃)1.50,折光率(n_D^{20})1.5597;无色油状液体,不溶于水,溶于甲醇、乙醚、丙酮、苯、四氯化碳等多数有机溶剂,有毒。化工上主要用作分析试剂和有机合成等。

[2] 仪器安装须小心;所用的反应仪器应事先在烘箱中烘干,冷却后备用;滴液漏斗必须涂好凡士林以防漏液。电动搅拌器的搅拌棒应保持垂直,搅拌棒下端位于液面以下,其末端不能接触瓶底,以离瓶底部约 5 mm 为宜。先用手试验搅拌棒转动是否灵活,再以低转速开动搅拌器试验运转情况。

[3] 参见实验 12 中的注释[2]。

[4] 溴是具有强烈腐蚀性和刺激性的物质,因此在量取时要特别小心,必须在通风橱中进行,最好带上防护手套。如不慎触及皮肤,则应立即用水冲洗,然后用甘油涂抹,最后再涂上油膏。

[5] 溴代反应是放热的,溴的滴加速度过快则反应剧烈,副产物二溴苯增加。因此,反应中需控制溴的滴加速度使反应保持微沸状态以减少副产物生成。

[6] 用水洗涤主要是除去三溴化铁、溴化氢及部分溴,如未洗涤完全,则用氢氧化钠溶液洗涤时,会产生胶状的氢氧化铁沉淀,难以清晰分层。

[7] 用氢氧化钠溶液可以洗去剩余的溴。

二、烯烃类化合物的制备

烯烃是一类重要的有机化工原料。工业上主要通过石油裂解的方法制备烯烃,有时也利用醇在氧化铝等催化剂存在下,进行高温催化脱水来制取。例如:

$$CH_3CH_2OH \xrightarrow[350 \sim 360℃]{Al_2O_3} CH_2=CH_2$$

实验室制备烯烃,一般可以通过下面几种方法进行。

1. 醇在酸催化下脱水

此方法是实验室制备烯烃最常用的方法,常在硫酸、磷酸等强酸或路易斯酸催化下进行,在一定温度下,醇进行 1,2 - 消除反应脱去一分子水而生成烯烃。一般认为,醇在催化剂作用下加热,是一个通过碳正离子中间体进行的单分子消除反应。消除产生的主要产物是碳碳双键上烃基相对较多的烯烃。例如:

$$(CH_3)_2\underset{OH}{C}CH_3 \xrightarrow[85℃]{20\% H_2SO_4} (CH_3)_2C=CH_2$$

2. 卤代烃脱卤化氢

一卤代烷在碱性试剂存在下,同样经 1,2 - 消除反应失去一分子卤化氢而生成烯烃。若卤代烷上有两个以上不同的 β - 氢原子时,则生成两种或两种以上烯烃的混合物,主要产物也是碳碳双键上烃基相对较多的烯烃。例如:

$$CH_3CH_2\underset{Br}{C}(CH_3)_2 \xrightarrow[EtOH,\Delta]{EtOK} \underset{70\%}{CH_3CH=C(CH_3)_2} + \underset{30\%}{CH_3CH_2\underset{CH_3}{\overset{CH_3}{C}}=CH_2}$$

第三部分 基础合成实验

3. 邻二卤代物脱卤分子

邻二卤代物在金属锌或镁等作用下,失去两个卤原子而生成烯烃。例如:

$$CH_3CH(Br)-CH(Br)CH_3 \xrightarrow{Zn} CH_3CH=CHCH_3$$

4. 炔烃与氢反应

在不同条件下,炔烃可以通过与氢反应还原得到烯烃。用林德拉(Lindlar)催化剂,可使三键在碳链中间的炔烃主要得顺式烯烃;炔烃用钠加液氨还原时,可以得到反式烯烃。例如:

$$CH_3CH_2C\equiv CCH_2CH_3 + H_2 \xrightarrow{\text{林德拉 Pd}} \begin{array}{c} CH_3CH_2 \quad CH_2CH_3 \\ C=C \\ H \quad\quad H \end{array}$$

$$CH_3C\equiv CCH_2CH_3 \xrightarrow{Na}_{NH_3(液)} \begin{array}{c} CH_3 \quad\quad H \\ C=C \\ H \quad\quad CH_2CH_3 \end{array}$$

5. Wittig 试剂与醛或酮反应

Wittig 试剂与醛或酮反应是一个极有价值的合成烯烃的方法。此方法是在醛、酮羰基所在的位置形成碳碳双键,与醇和卤代烷的消除相比,此反应具有位置专一性特征,不存在区域选择性和重排问题。例如:

$$CH_3O-C_6H_4-CHO + Ph_3P=CH-C_6H_4-NO_2 \xrightarrow[\Delta]{C_6H_6} CH_3O-C_6H_4-CH=CH-C_6H_4-NO_2 \quad 89\%$$

除上述方法外,通过季铵碱的热消除、氧化胺热裂、羧酸酯热裂、黄原酸酯热裂等反应也都可以用于实验室制备烯烃。

实验 14 环己烯的制备

一、实验目的

1. 学习环己醇以酸为催化剂进行脱水制取环己烯的原理和方法;
2. 掌握分馏回流的反应装置及其基本操作方法;
3. 巩固液态有机化合物的分离、干燥、蒸馏等基本操作。

二、实验原理

醇在酸作用下脱水是实验室里制备烯烃的常用方法。实验室中环己烯[1]的制备通常就是由环己醇在酸的催化作用下脱去一分子水而获得的,常用的酸催化剂为浓硫酸或浓磷酸[2]。本实验是采用浓磷酸为催化剂来制备环己烯的。反应式如下:

$$\underset{}{\bigcirc}\!\!-\!\!OH \xrightarrow[\Delta]{H_3PO_4} \bigcirc + H_2O$$

酸催化醇脱水成烯常会伴随有少量的副反应发生。本实验中可能的副反应为环己醇分子之间脱水形成醚。反应式为:

$$2\ \underset{}{\bigcirc}\!\!-\!\!OH \xrightarrow[\Delta]{H^+} \bigcirc\!\!-\!\!O\!\!-\!\!\bigcirc$$

由于产物环己烯和水能形成二元共沸物(沸点 70.8℃,含水 10%),原料环己醇也能和水形成二元共沸物(沸点 97.8℃,含水 80%)。为避免副产物产生,减少原料环己醇的蒸出,提高反应产率,本实验采用分馏回流的反应装置,并控制柱顶温度不超过 90℃,使产物以共沸物的形式蒸出反应体系。

三、实验主要用品

主要试剂及性质:环己醇、85%磷酸、5%碳酸钠溶液、氯化钠、无水氯化钙。

名称	分子量	熔点/℃	沸点/℃	相对密度/20℃	特性
环己醇	100.16	25.9	160.8	0.962	无色透明油状液体或白色针状结晶,微溶于水,可混溶于乙醇等,低毒,有刺激性。
85%磷酸	97.97	/	/	1.685	无色透明或略带浅色、稠状液体,易溶于水,低毒,有腐蚀性。

主要仪器:圆底烧瓶、蒸馏头、温度计、温度计套管、刺形分馏柱、直形冷凝管、真空接液管、锥形瓶、分液漏斗、阿贝折光仪等。

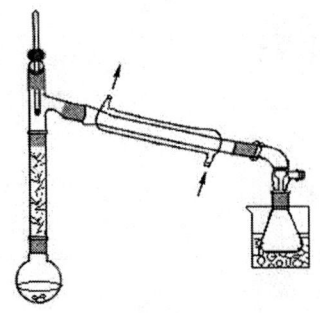

图 3-6 分馏回流反应装置

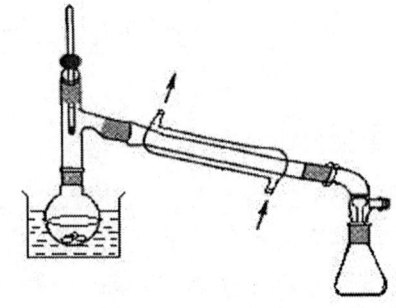

图 3-7 水浴蒸馏装置

四、实验操作步骤

1. 粗产物的制备

在干燥的 50 mL 圆底烧瓶中加入 6.25 mL(0.060 mol)环己醇、2.5 mL(0.037 mol) 85%磷酸和 2~3 粒沸石,充分摇动使之混合均匀[3]。按图 3-6 安装好分馏回流反应装置,将接收瓶置于冰水浴中冷却[4]。

用电加热套慢慢加热混合物至沸腾,控制分馏柱顶部的馏出温度不超过 90℃[5],使馏出液环己烯和水(混浊液体)慢慢蒸出,保持馏速为 1 滴/2 秒,至烧瓶中只剩下很少残液并出现阵阵白雾时,即可停止加热。整个过程约需 40 min。

2. 分离纯化

往馏出液中加入 0.8 g 氯化钠,然后慢慢加入 2 mL 5%的碳酸钠溶液中和残留的微量酸[6]。充分振荡后转移至小分液漏斗中,振摇后静置分层。放出下层水相,将上层即粗产品由上口倒入干燥的小锥形瓶中,加入 1~1.5 g 无水氯化钙(块状最好且边加边摇),塞上空心塞进行干燥[7],约 30 min,并间歇摇动,待粗产品变澄清透明。

将澄清透明的粗产品滤入或倾倒入干燥的小烧瓶中,加入 2 粒沸石,安装好蒸馏装置(图 3-7),用热水浴加热蒸馏,收集 80~85℃的馏分[8]。当温度计读数下降到 70℃以下时,说明产物已经蒸完,停止加热。称重(产量约 2.5~3.0 g),计算产率。

3. 测折光率

取适量产品,测其折光率,并与纯品折光率($n_D^{20}=1.4465$)进行比较。

五、操作注意事项

1. 安装反应装置时,须注意分馏柱要保温,整个装置要平稳、各接口处要严密。
2. 取样时最好先取环己醇,后取磷酸,二者应充分混合均匀。
3. 注意控制反应温度,加热时温度不可过高,蒸馏速度不宜太快,以减少未反应的环己醇蒸出。
4. 判断反应终点可参考:(1)反应烧瓶中出现阵阵白雾;(2)柱顶温度下降后又升到 85℃以上;(3)反应进行 40 min 以上。
5. 在蒸馏已干燥的产物时,所用仪器都应充分干燥,接收产品的容器应事先称重。

六、思考题

1. 为什么要在粗制的环己烯中加入一定量的氯化钠?
2. 实验中为什么要控制分馏柱柱顶温度不超过 90℃?
3. 为什么本实验用磷酸作催化剂而不用硫酸作催化剂?
4. 怎样用简单的化学方法证明最后得到的产品是环己烯?

注释:

[1] 环己烯(cyclohexene):分子式 C_6H_{10},分子量 82.15;熔点 -103.7℃,沸点 82.98℃,相对密度(20/4℃)0.81,折光率(n_D^{20})1.4465;无色透明液体,有特殊刺激性气味,不溶于水,溶于乙醇、醚,易燃。是某些有机物的合成原料,如合成赖氨酸、环己酮、苯酚、聚环烯树脂、橡胶助剂、环己醇等,另外还可用作催化剂溶剂和石油萃取剂,高辛烷值汽油稳定剂。

[2] 用磷酸作催化剂的好处:一是不生成碳渣,二是不产生难闻气体(用硫酸易产生 SO_2 副产物)。

[3] 因环己醇在常温下黏度大,用量筒量取时则环己醇很难倒净,为减少损失最好用称量法。若用量筒取样时,可多取 1mL。环己醇与磷酸应充分混合以防在加热过程中局部碳化,使溶液变黑。

[4] 保持馏出液充分冷却,以免因挥发而损失产品。

[5] 注意不要让烧瓶触碰到电加热套,以防烧裂。因为反应中环己醇能与环己烯形成共沸物(含环己醇30.5%,沸点64.9℃)、环己烯能与水形成共沸物(含水10%,沸点70.8℃)、环己醇能与水形成共沸物(含水80%,沸点97.8℃)。所以,温度不能过高,以减少未作用的环己醇蒸出。

[6] 可先用 pH 试纸检测一下 pH 值,再慢慢加入直到中性为止。

[7] 分离时水层应尽可能分离完全,否则将增加无水氯化钙的用量,从而导致产物更多地被干燥剂吸附而造成损失。用无水氯化钙干燥粗产品,还可除去少量未反应的环己醇。

[8] 蒸馏时所用仪器均需干燥无水。若观察到蒸馏时馏出液呈混浊状态,可能是干燥时间不够,有较多的前馏分(环己烯和水的共沸物)蒸出。必须重新干燥后再蒸馏。

三、醇类化合物的制备

醇是脂肪烃、脂环烃或芳香烃侧链中的氢原子被羟基取代而生成的一类化合物,广泛存在于自然界,在有机化学中有着重要的地位。醇不但可以用作溶剂,而且还是一类重要的有机化工原料,常作为有机合成反应的中间体,可进一步转变为卤代物、烯、醚、醛酮和羧酸等化合物。

醇的制备方法很多,简单的醇在工业上可利用水煤气合成、淀粉发酵、烯烃水合等反应来制备。如乙醇可用含淀粉的作物为原料通过发酵法生产,也可采用乙烯为原料,用直接水合法和间接水合法生产。

实验室通常采用以下方法制备醇类化合物。

1. 由烯烃制备

烯烃可直接用水合法制醇,也可通过间接方法如硼氢化-氧化法或羟汞化-脱汞法获得醇。烯烃的直接水合法,是在浓度中等的强酸如硫酸、磷酸等催化下进行的,得到符合马氏规则的醇。的醇相反,即得到反马氏规则的醇。此方法具有步骤简单、副反应少和产率高等优点。

羟汞化-脱汞的方法也是常用的间接制备醇的方法,此方法相当于烯烃与水按马氏规则进行加成,反应具有高度的位置选择性、反应速率快、条件温和、无重排产物及产率高等优点。例如:

第三部分 基础合成实验

$$(CH_3)_3CCH=CH_2 \xrightarrow[(2)\ NaBH_4,OH^-]{(1)\ Hg(OAc)_2,THF,H_2O} (CH_3)_3CCHCH_3$$
$$\phantom{(CH_3)_3CCH=CH_2 \xrightarrow{(1)\ Hg(OAc)_2,THF,H_2O}\ } |$$
$$\phantom{(CH_3)_3CCH=CH_2 \xrightarrow{(1)\ Hg(OAc)_2,THF,H_2O}\ \ } OH$$

2. 由卤代烃制备

在一般情况下,醇比卤代烃更容易得到,因此通常是由醇来制卤代烃,而不是由卤代烃来制醇,但对于容易得到的卤代烃如烯丙基氯、苄基氯、环己基氯等却可以用来制备相应的醇。

$$CH_2=CHCH_2Cl \xrightarrow[\Delta]{NaOH,H_2O} CH_2=CHCH_2OH$$

由于卤代烃水解常存在亲核反应与消除反应的竞争,所以此方法会有副产物烯烃产生。为避免副产物烯烃的产生,通常采用 $1°RX$ 和 $2°RX$,水解时用 Na_2CO_3 等较缓和的碱性试剂。

3. 由格氏试剂制备

卤代烃与金属镁在无水乙醚中反应生成烃基卤化镁 RMgX,称为 Grignard 试剂(即格氏试剂)。格氏试剂的化学性质非常活泼,能与含活泼氢的化合物(如水、醇、羧酸等)、醛、酮、酯和二氧化碳等起反应。常用格氏试剂与环氧乙烷、羰基化合物及羧酸的衍生物等发生亲核加成反应后,再水解得到醇类化合物。此方法常用于结构上比较复杂的醇的制备。格氏试剂通过与不同化合物反应可得到相应的伯醇、仲醇和叔醇。

(1)格氏试剂与甲醛、环氧乙烷反应,得到伯醇。反应式如下:

$$RMgX + HCHO \xrightarrow{Et_2O} RCH_2OMgX \xrightarrow{H_3O^+} RCH_2OH$$

$$RMgX + \underset{\underset{\diagdown\ \ \ \diagup}{O}}{CH_2\text{——}CH_2} \xrightarrow{Et_2O} RCH_2CH_2OMgX \xrightarrow{H_3O^+} RCH_2CH_2OH$$

(2)格氏试剂与其他醛、甲酸酯反应,得到仲醇。反应式如下:

$$RMgX + R'CHO \xrightarrow{Et_2O} \underset{\underset{R'}{|}}{RCHOMgX} \xrightarrow{H_3O^+} \underset{\underset{R'}{|}}{RCHOH}$$

$$2RMgX + HCOOCH_3 \xrightarrow{Et_2O} \underset{\underset{R}{|}}{RCHOMgX} \xrightarrow{H_3O^+} \underset{\underset{R}{|}}{RCHOH}$$

(3)格氏试剂与酮、羧酸酯反应,得到叔醇。反应式如下:

$$RMgX + R'COR'' \xrightarrow{Et_2O} \underset{\underset{R'}{|}}{\overset{\overset{R''}{|}}{RCOMgX}} \xrightarrow{H_3O^+} \underset{\underset{R'}{|}}{\overset{\overset{R''}{|}}{RCOH}}$$

$$2RMgX + R'COOCH_3 \xrightarrow{Et_2O} \underset{R'}{\overset{R}{RCOMgX}} \xrightarrow{H_3O^+} \underset{R'}{\overset{R}{RCOH}}$$

此类反应必须在无水和无氧条件下进行。因为微量水的存在会使格氏试剂发生分解,影响产率;氧也与格氏试剂发生反应,因此反应有时需要氮气保护。反应式如下:

$$RMgX + H_2O \longrightarrow RH + Mg(OH)X$$

$$RMgX + [O] \longrightarrow ROMgX \xrightarrow{H_3O^+} ROH + Mg(OH)X$$

制备格氏试剂时常用无水乙醚作溶剂,一般是将卤代烷滴加到金属镁和无水乙醚的混合物中,同时搅拌,生成的格氏试剂在金属表面与乙醚形成络合物后,被乙醚冲洗下来,使反应继续进行。在反应进行过程中,伴随着热量的放出,滴加的速度不宜过快,如需要可将反应瓶用冷水冷却。

格氏试剂与醛酮等反应产生的加成物可在酸性条件下水解,常用稀盐酸或稀硫酸使产生的卤化镁变成易溶于水的镁盐,便于乙醚溶液和水溶液分层。由于水解时放热,故要在冷却下进行。

此外,通过对羰基化合物醛、酮、羧酸和羧酸酯等的还原也可获得相应的醇类化合物。

实验 15　无水乙醇的制备

一、实验目的

1. 学习氧化钙法制备无水乙醇的原理和方法;
2. 初步了解无水操作及干燥管的使用方法;
3. 熟练掌握回流、蒸馏的基本操作方法;
4. 学会检测无水乙醇的简单方法。

二、实验原理

普通工业酒精是含乙醇95.5%和4.5%水的恒沸混合物,其沸点为78.15℃,用蒸馏的方法不能将其中的水分进一步除去。因此,不能直接用蒸馏的方法来制备无水乙醇[1](乙醇含量为99.5%)。

实验室中制备无水乙醇最常用的方法是生石灰法,此法制得的无水乙醇,其纯度可达99~99.5%。具体操作是先在工业酒精中加入生石灰后进行加热回流,使生石灰与水反应生成不挥发、一般加热不分解的熟石灰(氢氧化钙),然后再进行蒸馏得到无水乙醇。化学反应式为:

$$CaO + H_2O \Longrightarrow Ca(OH)_2$$

三、实验主要用品

主要试剂及性质:95%乙醇、氧化钙、氢氧化钠、无水氯化钙、无水硫酸铜。

名称	分子量	熔点/℃	沸点/℃	相对密度/20℃	特性
乙醇	46.07	-114.1	78.3	0.789	易挥发无色液体,与水混溶,可混溶于醚等,易燃,低毒。
氧化钙	56.08	2572	2850	3.350	白色或带灰色块状或颗粒,难溶于水,不溶于醇,溶于酸、甘油等,有腐蚀性。

主要仪器:圆底烧瓶、球形冷凝管、直形冷凝管、真空接液管、锥形瓶、蒸馏头、温度计、温度计套管、干燥管、小试管等。

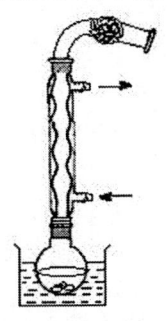 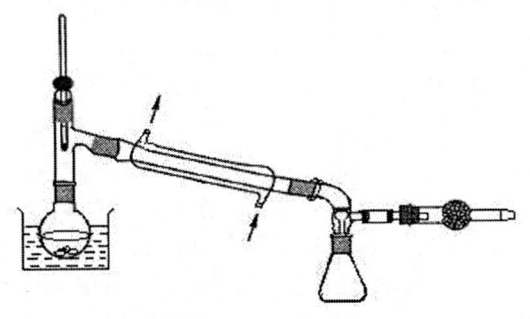

图 3-8　回流反应装置　　　　图 3-9　水浴蒸馏装置

四、实验操作步骤

1. 反应回流

按图 3-8 安装回流反应装置[2],在回流冷凝管上端接无水氯化钙干燥管。将 20 mL (0.325 mol)95% 乙醇加入到 50 mL 圆底烧瓶中,慢慢加入 5 g(0.089 mol)氧化钙和 0.1 g 氢氧化钠,再加入几粒沸石。在沸水浴上加热回流约 1h[3],直到氧化钙变成糊状,停止加热,结束回流。

2. 蒸馏

结束回流后,先移开热源,冷却后取下回流冷凝管,改成蒸馏装置[4](图 3-9),(待圆底烧瓶稍冷后,再加入 2~3 粒沸石)。在水浴上加热蒸馏,用干燥的圆底烧瓶或锥形瓶接收馏分[5],蒸馏至几乎无馏分为止,结束蒸馏[6]。

称量无水乙醇(产量约 15~17 mL),计算回收率。

3. 纯度检验

用无水硫酸铜检验乙醇的纯度,与未提纯 95% 乙醇或工业酒精作比较。取馏分、未提纯95%乙醇各少许于小试管中,加入无水硫酸铜观察现象,若馏分液体微微变蓝说明仍含有水分。

五、操作注意事项

1. 所用仪器应事先干燥,回流装置和蒸馏装置需安装干燥管与外界相通。
2. 回流时,最好使用颗粒状氧化钙,粉末状氧化钙易产生暴沸,使用时应加入几粒沸石。
3. 蒸馏时,应加入新的沸石,以防止在蒸馏过程中发生暴沸。
4. 乙醇是易燃溶剂,取用时应注意安全,在回流和蒸馏乙醇时要用水浴加热,禁用明火。

六、思考题

1. 回流操作和蒸馏操作都应注意哪些问题?
2. 实验中加入氢氧化钠的目的是什么?
3. 回流与蒸馏时,加入沸石的目的是什么?如果在开始加热后发现未加入沸石应怎么办?

注释:

[1] 乙醇(ethyl alcohol):别名酒精;分子式 C_2H_6O,分子量 46.07,沸点 78.3℃,熔点 -114.3℃,相对密度(20/4℃)0.7893,折光率($n_D^{18.35}$)1.3624;无色透明液体(纯酒精),有特殊香味,易挥发,易燃,能与水、氯仿、乙醚、丙酮等混溶。乙醇的用途很广,可用作溶剂、有机合成、洗涤剂、萃取剂、黏合剂、以及农药、医药、橡胶、塑料、人造纤维、洗涤剂等的制造原料;还可以做防冻剂、燃料、消毒剂等。

[2] 无水乙醇具有很强的吸水性,为防止水分进入反应瓶,需要在冷凝管顶端装上球形干燥管(装有无水氯化钙)。干燥管所用干燥剂为大小适中的固体颗粒。若颗粒太大,与气体接触的总表面积小,则干燥效率不高;若颗粒太小,则易造成气流不通畅。填入的干燥剂应松紧适度。干燥管的装法:在球部顶端塞一团疏松的脱脂棉,然后填充干燥剂至充满球部,最后再塞一团少许棉花。

[3] 回流时,应注意缓慢加热,沸腾不宜剧烈,始终保持冷凝管中有连续液滴落下即可。

[4] 蒸馏装置用直形冷凝管,真空接液管的支管处接一装有无水氯化钙的干燥管(可借助有孔的橡皮塞连接在支管处)。

[5] 蒸馏开始时,应缓慢加热,使烧瓶内的物料缓慢升温,弃去前馏分,当温度计的读数达到乙醇的沸点时(78℃),再收集馏出液。

[6] 如果利用电加热套加热时,当烧瓶中的物料变为糊状物时,表示蒸馏已基本结束。此时,应立即停止加热,可利用电加热套的余温将剩余的液体蒸出,以避免烧瓶过热破裂。

实验 16 2 – 甲基 – 2 – 己醇的制备

一、实验目的

1. 了解格氏试剂的制备、性质及其与酮反应制备叔醇的方法；
2. 掌握制备格氏试剂的条件和基本操作；
3. 熟练无水操作及电动搅拌装置的安装和使用；
4. 巩固回流、萃取、蒸馏等基本操作技术。

二、实验原理

利用格氏试剂与醛酮发生亲核加成反应，是制备醇类化合物的常用方法之一。本实验以正溴丁烷为原料、无水乙醚为溶剂先制备格氏试剂，然后格氏试剂与丙酮发生加成反应，最后再进行水解得到 2 – 甲基 – 2 – 己醇[1]。主要反应式如下：

$$n-C_4H_9Br + Mg \xrightarrow{\text{无水乙醚}} n-C_4H_9MgBr$$

$$n-C_4H_9MgBr + CH_3\overset{O}{\underset{\parallel}{C}}CH_3 \xrightarrow{\text{无水乙醚}} n-C_4H_9\overset{OMgBr}{\underset{|}{C}}(CH_3)_2$$

$$n-C_4H_9\overset{OMgBr}{\underset{|}{C}}(CH_3)_2 + H_2O \xrightarrow{H^+} n-C_4H_9\overset{OH}{\underset{|}{C}}(CH_3)_2$$

本实验中可能存在的副反应有：格氏试剂有可能被水解和氧化，也可能与卤代烷发生偶联反应等。反应式如下：

$$n-C_4H_9MgBr + [O] \longrightarrow n-C_4H_9OMgBr$$

$$n-C_4H_9MgBr + H_2O \longrightarrow n-C_4H_{10} + Mg(OH)Br$$

$$n-C_4H_9MgBr + n-C_4H_9Br \longrightarrow n-C_8H_{18} + MgBr_2$$

$$n-C_4H_9MgBr + CO_2 \longrightarrow n-C_4H_9COOMgBr$$

为了避免副反应的发生，实验中所用的仪器必须干燥，所用的原料必须经过严格的无水处理。

三、实验主要用品

主要试剂及性质：正溴丁烷、丙酮、镁条、无水乙醚、碘、10% 硫酸、5% 碳酸钠溶液、无水碳酸钾、无水氯化钙。

名称	分子量	熔点/℃	沸点/℃	相对密度/20℃	特性
正溴丁烷	137.03	-112.4	101.6	1.270~1.277	不溶于水,溶于氯仿,与乙醇混溶,易燃,有毒。
丙酮	58.08	-94.6	56.5	0.788	无色透明易流动液体,易挥发,与水混溶,可溶于乙醇等,易燃,有刺激性。
无水乙醚	74.12	-116.3	34.6	0.7134	无色透明液体,极易挥发,微溶于水,溶于低碳醇等,易燃、低毒。

主要仪器:三口烧瓶、电动搅拌器、恒压滴液漏斗、球形冷凝管、干燥管、圆底烧瓶、直形冷凝管、真空接液管、锥形瓶、蒸馏头、温度计、温度计套管、分液漏斗、阿贝折光仪等。

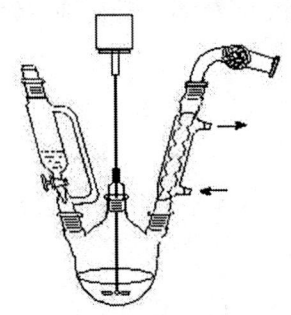

图 3-10　滴加搅拌反应装置

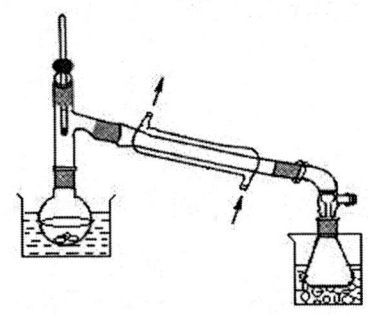

图 3-11　回收乙醚的蒸馏装置

四、实验操作步骤

1. 正丁基溴化镁的制备

按图 3-10 安装滴加搅拌反应装置[2]。在 250 mL 三口烧瓶中加入 8.0 mL 无水乙醚、1.55 g(0.065 mol)镁条[3]及一小粒碘片,并摇动;在恒压滴液漏斗中混合 6.7 mL(0.062 mol)正溴丁烷和 8.0 mL 无水乙醚,混合均匀[4]。

先向瓶内滴入约 2~3 mL 正溴丁烷与无水乙醚的混合液,数分钟后反应开始,可观察到溶液呈微沸状态,碘的颜色消失。若一直不发生反应,可用温水浴加热。若反应开始比较剧烈,必要时可用冷水浴冷却。

待反应缓和后,自冷凝管上端加入 12.0 mL 无水乙醚。开动搅拌[5],并慢慢滴入其余的正溴丁烷与无水乙醚混合液。控制滴加速度,使瓶内反应液呈微沸状态为宜。

滴加完毕后,在 40~50℃ 热水浴上(禁用明火)回流 20 min,使镁条几乎完全作用。

2. 2-甲基-2-己醇的制备

将反应瓶(即制备好的格氏试剂)在冰水浴冷却和搅拌下,自恒压滴液漏斗慢慢滴入

5 mL(0.068 mol)丙酮和 7.5 mL 无水乙醚的混合液,注意控制滴加速度,勿使反应过于剧烈,保持反应呈微沸状态。滴加完毕后,移去冰水浴,在室温下继续搅拌 15 min,可观察到溶液中有白色黏稠状固体析出。

将反应瓶在冰水浴中冷却,在搅拌下,自恒压滴液漏斗分批加入 10% 硫酸溶液 50 mL[6],分解上述加成产物。待分解完全后,将溶液倒入分液漏斗中,静置后分出醚层。将水层每次用 15 mL 乙醚萃取两次,合并醚层溶液[7],再用 5% 碳酸钠溶液 15 mL 洗涤一次,将最后分出的醚层溶液放入干燥的锥形瓶中,用无水碳酸钾干燥至液体澄清[8]。

将干燥后的粗产物醚溶液滤入 100 mL 圆底烧瓶中,加入 2~3 粒沸石,安装蒸馏装置(图 3-11),用温水浴蒸去乙醚后(乙醚回收),再用电加热套加热进行蒸馏,收集 138~142 ℃馏分。称重(产量约 3.5~4.0 g),计算产率。

3. 测折光率

取适量馏分产品,测其折光率,并与纯品折光率(n_D^{20} = 1.4175)进行比较。

五、操作注意事项

1. 本实验所用仪器及试剂必须充分干燥,反应装置安装要求严密、平稳,搅拌棒下端位于液面以下,以离瓶底部约 5 mm 为宜。
2. 久置的镁条在使用时应用砂纸除去表面的氧化物。
3. 为了使开始时正溴丁烷局部浓度较大,易于发生反应,故搅拌应在反应开始后进行。若 5 min 后反应仍不开始,可用温水浴温热,或在加热前加入一小粒碘促使反应开始。
4. 注意控制反应时的加料速度和反应温度。
5. 使用和蒸馏乙醚时,接收瓶应置于冰水浴中,禁用明火,防止外泄,注意通风,保证安全。

六、思考题

1. 正丁基溴化镁的制备及其与丙酮反应水解前各步中,为什么所用药品和仪器必须干燥?
2. 在制备正丁基溴化镁时,反应若不能立即开始,应采取什么措施?
3. 为什么实验中得到的 2-甲基-2-己醇粗产物不能用无水氯化钙进行干燥?
4. 格氏试剂可与哪些羰基化合物进行反应制备 2-甲基-2-己醇(丙酮除外)?

注释:

[1] 2-甲基-2-己醇(2-methyl-2-hexanol):分子式 $C_7H_{16}O$,分子量 116.20,沸点 141~142 ℃,相对密度(20/4℃)0.8119,折光率(n_D^{20})1.4175;无色液体,具有特殊气味,微溶于水,易溶解在醚、酮的溶液中;与水能形成共沸物(沸点 87.4℃,含水 27.5%)。

[2] 所用的反应仪器应事先在烘箱中烘干,冷却后备用;仪器与空气连接处必须装干燥管(装有无水氯化钙)。

[3] 镁条长期放置其表面会有一层氧化层,在使用前应用砂纸将其表面擦亮,去除氧化层,并剪成小段。

[4] 正溴丁烷用无水氯化钙干燥并蒸馏纯化,丙酮用无水碳酸钾干燥并蒸馏纯化,碘的作用可促使反应开始,量不能多加,只需 1 粒即可。

[5] 开动搅拌时,用手小心帮助旋动搅拌棒,同时启动调速旋钮至合适转速。

[6] 硫酸溶液最好事先配好,放在冰水中冷却待用。开始滴入速度要慢,以后可逐渐加快。

[7] 水层应尽可能分离干净,否则在用碳酸钠溶液洗涤时会产生大量气泡,进行放气操作时易使液体溅出。

[8] 碳酸钾应分批少量加入。每次加入后,先轻轻摇动后再用玻璃塞盖住瓶口,静置观察液体至最后澄清为止。2-甲基-2-己醇与水能形成共沸物,因此须干燥彻底。

四、醚类化合物的制备

醚可看成是水分子中的两个氢原子被烃基取代而生成的化合物,其性质稳定,能溶解大多数的有机化合物,主要用途是在有机合成中用做溶剂。醚通常根据烃基的结构不同分为简单醚和混合醚。醚的实验室制备方法主要有以下几种。

1. 威廉逊合成法

此方法主要用醇钠或酚钠与卤代烃进行反应,是用于制备烃基醚、芳基烃基混合醚的方法。

$$(Ar)RONa + R'X \longrightarrow (Ar)ROR' + NaX$$

威廉逊合成法一般认为进行的是 S_N2 亲核取代反应,要求底物的结构通常是伯卤代烃或仲卤代烃,叔卤代烃因在碱性条件下更易发生消除反应而不能用于此合成法中。另外,卤代烃的 β-位有支链或芳基,也易起消除反应,因此也不能用于此合成法中。此方法在制备芳基烃基醚时产率较高。反应底物除卤代烃外,还可用磺酸酯、硫酸酯等。例如:

$$\text{2-naphthol} + (CH_3O)_2SO_2 \xrightarrow[H_2O]{NaOH} \text{2-methoxynaphthalene}$$

2. 醇分子间脱水

在酸性条件下,两分子醇脱水可以成醚。酸的作用是将一分子醇的羟基转变成更好的离去基团。

$$ROH + R'OH \underset{\Delta}{\overset{H^+}{\rightleftharpoons}} ROR' + H_2O$$

常用的酸性催化剂有硫酸、苯磺酸等。此反应是可逆的,通常采用蒸出产物(醚或水)的方法,使反应向有利于生成醚的方向进行。由于醇在酸作用下,随温度不同会生成不同的产物,主要有醚、烯、酯,因此,醇脱水制醚时,必须严格控制反应温度,以减少副产物的生成。

此法通常用来从低级伯醇合成相应的简单醚。通常 1°ROH 制醚产率好，2°ROH 制醚产率不好，副产物多，3°ROH 无法分离得到醚，通常得到烯。

3. 醇与烯烃的加成

在酸性催化剂存在下，醇与烯烃进行亲电加成反应生成醚。酸的作用使烯烃变成碳正离子，然后与醇反应。所用的酸根必须是弱的亲核试剂以免与醇竞争碳正离子。

由于反应经历碳正离子，有时会得到重排产物。例如：

$$(CH_3)_3CCH=CH_2 + CH_3OH \xrightarrow{H_2SO_4} (CH_3)_2CCH(CH_3)_2 \\ \qquad\qquad\qquad\qquad\qquad\qquad\qquad |\\ \qquad\qquad\qquad\qquad\qquad\qquad\quad OCH_3$$

为避免重排，可选用烯烃的烷氧汞化-去汞法来制备醚：用醇作溶剂，先将烯烃与醋酸汞进行反应，然后在碱性条件下用硼氢化钠进行还原得到醚。如果是叔醇，则可用三氟乙酸汞代替醋酸汞进行反应。

$$RCH=CH_2 \xrightarrow[(2)\ NaBH_4, OH^-]{(1)\ Hg(OAc)_2, R'OH} RCHCH_3 \\ \qquad\qquad\qquad\qquad\qquad\qquad\qquad\quad |\\ \qquad\qquad\qquad\qquad\qquad\qquad\qquad OR'$$

此反应的优点是不会发生重排，缺点是空间位阻太大时反应难进行。

实验 17　乙醚的制备

一、实验目的

1. 学习在酸作用下醇分子间脱水制备醚的原理和方法；
2. 了解通过控制反应温度来控制反应进行的方法；
3. 掌握低沸点易燃液体的蒸馏、洗涤分离等基本操作要点。

二、实验原理

在酸作用下，醇发生分子间脱水是实验室常用的制备醚的方法。本实验在浓硫酸作用下，乙醇发生分子间脱水生成乙醚[1]。

$$2CH_3CH_2OH \xrightleftharpoons[浓\ H_2SO_4]{140℃} CH_3CH_2OCH_2CH_3 + H_2O$$

制备乙醚时，反应所需温度比原料乙醇的沸点高许多，为了避免乙醇被蒸出，可采用先将催化剂加热至所需的温度，然后再将乙醇滴加到催化剂中，反应可立即进行。反应先是乙醇与硫酸作用生成硫酸氢乙酯，然后硫酸氢乙酯再与乙醇反应生成乙醚。主要反应式如下：

$$CH_3CH_2OH + H_2SO_4 \xrightleftharpoons{100\sim130℃} CH_3CH_2OSO_2OH + H_2O$$

$$CH_3CH_2OSO_2OH + CH_3CH_2OH \underset{}{\overset{135\sim145℃}{\rightleftharpoons}} CH_3CH_2OCH_2CH_3 + H_2SO_4$$

由于乙醚的沸点(34.6℃)较低,一旦生成就立即从反应瓶中被蒸出来。在反应过程中,如果温度控制不好,就可能发生乙醇分子内脱水成烯、氧化为醛或酸的副反应,反应式为:

$$CH_3CH_2OH \xrightarrow[\text{浓} H_2SO_4]{170℃} CH_2=CH_2 + H_2O$$

$$CH_3CH_2OH \xrightarrow[\Delta]{\text{浓} H_2SO_4} CH_3CHO + SO_2\uparrow + H_2O$$

$$\Big\downarrow^{H_2SO_4}_{\Delta}$$

$$CH_3COOH + SO_2\uparrow + H_2O$$

三、实验主要用品

主要试剂及性质:95%乙醇、浓硫酸、5%氢氧化钠溶液、饱和氯化钙溶液、饱和食盐水、无水氯化钙。

名称	分子量	熔点/℃	沸点/℃	相对密度/20℃	特性
乙醇	46.07	−114.3	78.3	0.789	易挥发无色液体,与水混溶,可混溶于醚等,易燃,低毒。
浓硫酸	98.08	10	338	1.84	无色无味油状液体,易溶于水,有很强腐蚀性。

主要仪器:三口烧瓶、蒸馏头、温度计、温度计套管、长颈滴液漏斗、直形冷凝管、75°弯头、真空接液管、圆底烧瓶、锥形瓶、玻璃塞、分液漏斗、烧杯等。

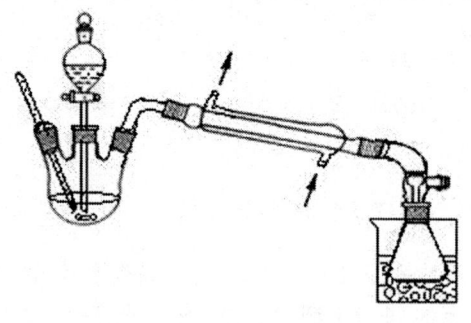

图3-12 滴加反应装置

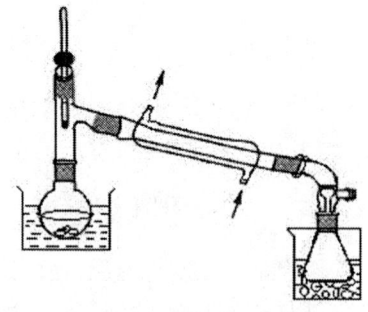

图3-13 蒸馏乙醚装置

四、实验操作步骤

1. 乙醚的制备

按图 3-12 安装滴加反应装置[2]。在干燥的 100 mL 三口烧瓶中加入 12 mL(0.195 mol) 95% 乙醇,将烧瓶浸入冰水中冷却,边摇动边缓慢加入 12 mL(0.221 mol) 浓硫酸,混合均匀,另取 25 mL(0.407 mol)95% 乙醇加入到滴液漏斗中,最后加入几粒沸石。

用电加热套加热,使反应瓶温度迅速上升至 140℃,开始由滴液漏斗慢慢滴加乙醇,控制滴加速度与馏出液速度大致相等(约 1 滴/秒)[3],维持反应温度在 135~145℃,约 30~40 min 滴加完毕,再继续加热至温度上升到 160 ℃,然后去掉热源停止反应。

2. 乙醚的精制

将馏出液转至分液漏斗中,依次用 8 mL 5% 氢氧化钠溶液、8 mL 饱和食盐水洗涤,最后用 8 mL 饱和氯化钙溶液洗涤两次[4],分出醚层。将醚层从分液漏斗上口倒入 100 mL 锥形瓶中,加入约 2 g 粒状无水氯化钙,用塞子塞住瓶口,干燥约 30 min。

将干燥后的液体倾倒入干燥干净的 50 mL 圆底烧瓶中,加入 2 粒沸石,然后在水浴中 (50~70℃)进行蒸馏(图 3-13),收集 33~38 ℃ 的馏分[5]。称量(产量约 8~9 g),计算产率。

五、操作注意事项

1. 仪器要干燥,安装要严密,滴液漏斗下端要浸入液面以下。
2. 注意温度计位置:制备乙醚和蒸馏乙醚时温度计的位置不一样。
3. 分批加浓硫酸时,注意边加边摇边冷却,防止乙醇进一步氧化。
4. 控制好反应温度及滴加乙醇的速度(约 1 滴/秒)。
5. 反应完后要先停止加热,稍冷却后再拆下接收瓶,防止产物挥发。
6. 乙醚是易燃溶剂,在洗涤、分离、蒸馏时要远离明火,注意通风,保证安全。

六、思考题

1. 在乙醚的制备过程中,滴液漏斗的下端为什么要伸到液面以下?
2. 在洗涤分离过程中,每一步分别除去的是哪些杂质?
3. 制备乙醚时,反应温度过高或过低对反应有什么影响?
4. 在制备乙醚和蒸馏乙醚时,温度计的位置是否相同?为什么?

注释:

[1] 乙醚(ether):分子式 $C_4H_{10}O$,分子量 74.12;熔点 -116.3℃,沸点 34.6℃,相对密度(20/4℃) 0.7134,折光率(n_D^{20})1.3556;无色透明液体,有特殊刺激气味,极易挥发,易燃,低毒,微溶于水,溶于低碳醇、苯、氯仿、石油醚和油类;在空气的作用下能氧化成过氧化物、醛和乙酸,当乙醚中含有过氧化物时,在蒸发后所分离残留的过氧化物加热到 100℃ 以上时能引起强烈爆炸,这些过氧化物可加 5% 硫酸亚铁水溶液振摇除去;与无水硝酸、浓硫酸和浓硝酸的混合物反应也会发生猛烈爆炸。主要用作油类、染料、

生物碱、脂肪、香料等的优良溶剂,药物生产的萃取剂和医疗上的麻醉剂,毛纺、棉纺工业用作油污洁净剂等。

[2] 漏斗脚末端与温度计的水银球须浸入液面以下距瓶底约 0.5~1cm,接收瓶应浸入冰水中冷却,接液管的支管接橡皮管通入下水道。

[3] 制备乙醚时,反应温度达到 130~140℃时即可产生乙醚,此时再滴加乙醇,乙醇将继续与硫酸氢乙酯作用生成乙醚。若此时滴加速度太快,不仅会降低反应液温度,而且还会使滴加的部分乙醇因来不及作用而被蒸出,甚至出现暴沸、溢出;若滴加速度太慢,则反应时间长,且瓶内的乙醇易被热的浓硫酸氧化和碳化。

[4] 由于副反应的存在,在粗制乙醚中会含有水、乙酸、亚硫酸及未反应的乙醇。用氢氧化钠溶液洗涤除去酸性物质:乙酸、亚硫酸;用饱和食盐水洗涤除去残留的碱并减少乙醚在水中的溶解度;用饱和氯化钙溶液洗涤除去乙醇。

[5] 为防止乙醚挥发,加速冷凝,应将接收瓶置于冰水浴中。另外,因乙醚蒸气在上升或蒸发过程中会继续被加热而导致温度会升高,故注意勿蒸干。

实验 18　正丁醚的制备

一、实验目的

1. 掌握由正丁醇分子间脱水制正丁醚的反应原理和操作方法;
2. 熟悉回流分水反应装置及分水器的正确使用;
3. 巩固萃取、干燥、蒸馏等基本操作技术。

二、实验原理

实验室常用相同醇的分子间脱水制备单纯醚,常用的脱水剂是浓硫酸。本实验是以正丁醇为原料,在浓硫酸的作用下,正丁醇发生分子间脱水生成正丁醚[1]。反应式为:

$$2CH_3CH_2CH_2CH_2OH \xrightleftharpoons[135℃]{H_2SO_4} CH_3CH_2CH_2CH_2OCH_2CH_2CH_2CH_3 + H_2O$$

此反应为可逆反应,为了使反应向有利于生成产物正丁醚的方向进行,反应回流时需要采用分水器[2]将生成的水不断地从反应体系中除去[3]。

反应用硫酸作催化剂时,正丁醇除了发生分子间脱水生成正丁醚外,在较高温度下,还可能发生分子内脱水生成丁烯,也可能与硫酸发生酯化反应生成相应的硫酸酯。因此,操作时必须严格控制反应温度,以减少副产物的生成。副反应式如下:

$$CH_3CH_2CH_2CH_2OH \xrightarrow[>135℃]{H_2SO_4} CH_3CH_2CH=CH_2 + H_2O$$

$$CH_3CH_2CH_2CH_2OH + H_2SO_4 \longrightarrow (CH_3CH_2CH_2CH_2O)_2SO_2 + H_2O$$

三、实验主要用品

主要试剂及性质:正丁醇、浓硫酸、50% 硫酸、无水氯化钙。

名称	分子量	熔点/℃	沸点/℃	相对密度/20℃	特性
正丁醇	74.12	-88.9	117.3	0.810	无色透明液体,具有特殊气味,微溶于水,溶于乙醇等,低毒。
浓硫酸	98.08	10	338	1.84	无色油状液体,易溶于水,有很强腐蚀性。

主要仪器:三口烧瓶、分水器、球形冷凝管、温度计、温度计套管、圆底烧瓶、蒸馏头、空气冷凝管、真空接液管、锥形瓶、烧杯、分液漏斗、阿贝折光仪等。

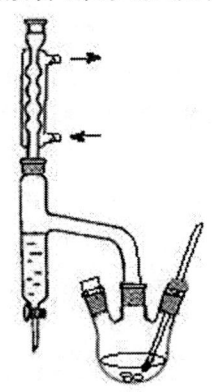 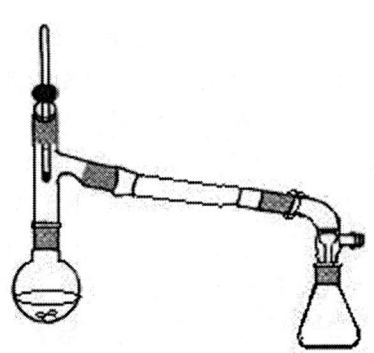

图 3-14　回流分水反应装置　　　图 3-15　空气冷凝蒸馏装置

四、实验操作步骤

1. 反应回流分水

在 100 mL 三口烧瓶中加入 15.5 mL (0.169 mol)正丁醇,边摇动边慢慢加入约 2.2 mL(0.040 mol)浓硫酸,充分摇动使混合均匀,并加入几粒沸石。按图 3-14 安装回流分水反应装置:在三口烧瓶的一侧口装上温度计,中间口装上分水器,分水器上端接回流冷凝管。在分水器中可事先加入一定量的水[4],然后用电加热套小火加热,使瓶内液体保持微沸,回流开始。

回流液滴收集于分水器中,水沉于下层,有机液体浮于上层。当液体在分水器中达到一定高度(支管处)时,上层的有机液体可自动流回烧瓶中。随着反应的进行,分水器中的水层不断增加,反应液的温度也逐渐上升。继续加热,使烧瓶内反应液温度达到 135℃ 左右[5]。当分水器中的水层不再变化,瓶中的反应温度已达 150℃ 时,表明反应已基本完成,停止加热。

2. 分离纯化

待反应物稍冷,把混合物连同分水器中的水一起倒入盛有 25 mL 水的分液漏斗中,充分振摇后,静置,弃去下层水溶液。上层粗产物用50%硫酸[6]洗涤两次(每次 8 mL),再用水[7]洗涤两次(每次 5 mL),然后用无水氯化钙(约 1.5 g)干燥约30min。

将干燥后的粗产物小心倾倒入干燥的 50 mL 圆底烧瓶中,加 2 粒沸石,安装好蒸馏装置(图 3-15 用空气冷凝管),用电加热套加热进行蒸馏,收集 140~144℃ 的馏分。称重(产量约 5~6 g),计算产率。

3. 测折光率

取少量产品,测其折光率,并与纯品折光率(n_D^{20} = 1.3992)进行比较。

五、操作注意事项

1. 正确安装回流分水反应装置,要求装置严密、平稳,使用分水器时应小心。
2. 正丁醇和浓硫酸混合时,须边摇边慢慢加入浓硫酸,并要振摇均匀,避免因浓硫酸局部过浓,而导致反应溶液碳化变黑。
3. 当分水器中的水层不再变化,瓶中反应液温度到达 150℃ 左右时,即停止加热。若继续加热,则反应液变黑并有较多副产物烯生成。
4. 由于每次洗涤时有机层均在上层,因此每次只需放出下层溶液,上层有机层不必倒出,可直接加入洗涤所需溶液进行萃取洗涤。
5. 蒸馏时,所用仪器均需干燥,否则会影响正丁醚的产量和纯度。

六、思考题

1. 怎样判断反应进行比较完全?为什么反应温度不能过高,反应时间不能过长?
2. 纯化粗产物时各步洗涤的目的何在?
3. 能否用本实验方法由乙醇和 2-丁醇制备乙基仲丁基醚?

注释:

[1] 正丁醚(Butyl ether):别名二丁醚、丁醚;分子式 $C_8H_{18}O$,分子量 130.23,熔点 -98℃,沸点 142℃,相对密度(20/4℃)0.7704,折光率(n_D^{20})1.3992;透明液体,几乎不溶于水,能与乙醇、乙醚混溶,易溶于丙酮。主要用作溶剂、电子级清洗剂、有机合成等。

[2] 分水器的作用是把反应产生的水从反应体系中分离出来,即降低产物的浓度使平衡向右移动,从而提高反应产率。使用分水器进行分水时,要求反应物或溶剂和水是不互溶的,而且密度比水小,这样在分水器里水就能和反应物或溶剂分层,上层的反应物或溶剂又能继续流回反应体系继续反应,而在下层的水就可以从反应体系里分离出来了。

[3] 由于原料正丁醇(沸点117℃)和产物正丁醚(沸点142℃)的沸点都较高,故可使反应在装有分水器的回流装置中进行,通过控制加热温度,将生成的水或水的共沸物不断蒸出。虽然蒸出的水中会含有正丁醇等有机物,但是由于正丁醇等在水中溶解度较小,相对密度又较水轻,浮于水层之上。因此借助分水器可使绝大部分的正丁醇等自动连续地流回反应瓶中,而水则沉于分水器的下部。根据蒸出的水的体积,可以估计反应的进行程度。

[4] 水的量可等于分水器的总容量减去反应完全时可能生成的水量,可从下式来估算。例如:

$$2CH_4H_9OH - H_2O = (C_4H_9)_2O$$

本实验用 12.56g(15.5×0.810)正丁醇脱水成正丁醚,应该脱去的水量为:

$$12.56g \times 18.02g \cdot mol^{-1}/(2 \times 74.21) \ g \cdot mol^{-1} = 1.52g(即 1.52mL 水)$$

实际上分出水层的体积要略大于计算量,因为有发生的副反应生成的水,如分子内脱水生成丁烯、有机物高温碳化脱水等。因此,在实验前预先在分水器中加 $(V-2)$ mL 水,V 为分水器的容积,那么加上反应以后生成的水,正好充满分水器。

[5] 制备正丁醚的适宜温度是 130～140℃,但开始回流时,此温度很难达到,因为正丁醚可与水形成共沸物(沸点 94.1℃,含水 33.4%);另外,正丁醚、水及正丁醇形成三元共沸物(沸点 90.6℃,含水 29.9%,正丁醇 34.6%),正丁醇也可与水形成共沸物(沸点 93℃,含水 44.5%),但随着水的蒸出,温度将逐渐升高,最后可达到 135℃以上,时间约 1h。

[6] 用硫酸洗的目的是洗去没有反应的正丁醇。

[7] 用水洗的目的是除去残余的硫酸。

五、醛酮类化合物的制备

醛和酮都是分子中含有羰基的一类化合物,羰基是它们的官能团。羰基可以氧化为羧基成为羧酸,也可以还原为羟基成为醇,因此,醛酮在官能团的转化和有机合成中占有核心地位。醛酮的制备方法很多,下面介绍几种常见的方法。

1. 醇的氧化

醇的氧化是制备醛酮的重要方法之一。一级醇及二级醇的羟基所连接的碳原子上有氢,可以被氧化成醛、酮或羧酸。三级醇由于醇羟基相连的碳原子上没有氢而不易被氧化,如在剧烈的条件下,碳碳键会氧化断裂。常用的氧化剂有高锰酸钾、铬酸、硝酸等。

用高锰酸钾作氧化剂,在冷、稀、中性的高锰酸钾水溶液中,一级醇、二级醇不易被氧化,如在比较强烈的条件下(如加热)可被氧化,一级醇生成羧酸钾盐,溶于水,并有二氧化锰沉淀析出。二级醇常氧化为酮,但易进一步氧化而使碳键断裂。

实验室制备脂肪醛、酮和脂环酮最常用的方法是将伯醇或仲醇用铬酸氧化产生相应的醛或酮。铬酸氧化醇是放热反应,必须严格控制反应温度以免反应过于剧烈。氧化反应可在酸、碱或中性条件下进行。在酸性条件下氧化,可用水、醋酸、二甲亚砜(DMSO)、二甲基甲酰胺(DMF)等作溶剂。由于铬酸长期存放不稳定,因此需要时可将重铬酸钠(或钾)或三氧化铬与过量的酸(硫酸或乙酸)反应制得。

另外,三氧化铬-吡啶、PCC、二氧化锰等试剂也常用于将伯仲醇氧化成相应的醛酮。

三氧化铬-吡啶是比较温和的氧化剂,可顺利将伯醇氧化为醛,仲醇氧化为酮。例如:

PCC(氯铬酸吡啶盐)是将吡啶加到三氧化铬的盐酸溶液中得到的一种选择性高的氧化剂。易储存,使用安全,室温下可将伯醇氧化成醛。例如:

$$CH_3(CH_2)_5CH_2CH_2OH \xrightarrow[CH_2Cl_2]{PCC} CH_3(CH_2)_5CH_2CHO$$

二氧化锰通常选择性氧化苄醇或烯丙醇,反应物醇中的双键常会保留下来。例如:

$$CH_3CH_2CH=CHCH_2OH \xrightarrow{MnO_2} CH_3CH_2CH=CHCHO$$

2. 利用芳烃制备

醇的氧化一般用于制备脂肪族醛酮,不适于芳香族醛酮的制备。芳香族醛酮通常是利用芳烃的侧链氧化和傅克酰基化反应得到。

芳烃类化合物结构中芳环侧链上的 α-H 受芳环的影响易被氧化成醛或酮,常用的氧化剂有:二氧化锰和硫酸、铬酸和乙酐等。例如:

$$C_6H_5CH_3 \xrightarrow[H_2SO_4, H_2O]{MnO_2} C_6H_5CHO$$

$$C_6H_5CH_2CH_3 \xrightarrow[H_2SO_4, H_2O]{MnO_2} C_6H_5COCH_3$$

在无水氯化铝存在下芳烃与酰氯或酸酐发生傅克酰基化反应是合成芳香酮类化合物的重要方法之一。由于酰基是一个钝化的间位定位基,因此反应能控制在一元取代物阶段,产率较好。例如:

$$C_6H_6 + (CH_3CO)_2O \xrightarrow{AlCl_3(>2mol)} C_6H_5COCH_3 + CH_3COOH$$

产物芳基酮与 $AlCl_3$ 络合使 $AlCl_3$ 失活,故酰卤作酰化试剂时,$AlCl_3$ 的用量应略超过酰卤的物质的量。若用酸酐作酰化试剂,由于产物酮、羧酸均能与 $AlCl_3$ 络合,故 $AlCl_3$ 的用量应略超过酸酐的物质的量的两倍。傅克酰基化反应有一定局限性,若苯环上有强吸电子基如 $-NO_2$、$-SO_3H$、$-COOH$、$-COR$ 等时,反应不会发生。

3. 用烯烃和炔烃制备

烯烃的臭氧化还原水解产物是醛酮,因此可用于制备醛酮。含6%~8%臭氧的氧气和烯烃作用,生成臭氧化合物,此反应迅速而定量,常用二氯甲烷、乙醇、乙酸乙酯等作溶剂。生成的臭氧化合物易于爆炸,一般不需分离出来,在还原剂如锌粉存在下直接加水可分解为相应的醛酮。例如:

$$CH_3CH=C(CH_3)CH_3 \xrightarrow[(2)\ Zn/H_2O]{(1)\ O_3} CH_3CHO + CH_3COCH_3$$

在酸作用下,炔烃与水反应先生成一个很不稳定的烯醇,烯醇易发生异构化,很快转变为稳定的羰基化合物醛或酮。因此利用炔烃的水合反应来制备醛酮也是常用的方法之一,反应常在硫酸溶液中进行(硫酸汞作催化剂)。例如:

$$CH_3(CH_2)_5C\equiv CH + H_2O \xrightarrow[H_2SO_4]{HgSO_4} CH_3(CH_2)_5\overset{O}{\underset{\|}{C}}CH_3$$

不同的炔烃水合产物不同。乙炔水合得到乙醛,末端炔烃水合常得到甲基酮,非末端炔烃往往得到两种酮的混合物。

实验 19　正丁醛的制备

一、实验目的

1. 掌握利用正丁醇的氧化反应制备正丁醛的方法;
2. 掌握滴加分馏蒸出反应装置及操作方法;
3. 巩固分液漏斗的使用、干燥、蒸馏等基本操作技术。

二、实验原理

伯醇的氧化是常用于制备醛的重要方法之一。本实验是以正丁醇为原料,重铬酸钠为氧化剂,在酸性介质(硫酸)中进行氧化反应得到正丁醛[1]。反应式如下:

$$CH_3CH_2CH_2CH_2OH \xrightarrow[H_2SO_4]{Na_2Cr_2O_7} CH_3CH_2CH_2CHO + H_2O$$

为防止产物正丁醛被继续氧化,反应采用滴加分馏蒸出反应装置,即反应物正丁醇自滴液漏斗逐渐被滴加入反应瓶中,遇到氧化剂时很快被氧化成正丁醛,通过控制反应体系温度,使反应产物正丁醛和水一起不断从反应体系中蒸馏出去。

三、实验主要用品

主要试剂及性质:正丁醇、重铬酸钠、浓硫酸、无水硫酸镁。

名称	分子量	熔点/℃	沸点/℃	相对密度/20℃	特性
正丁醇	74.12	-88.9	117.3	0.810	无色透明液体,具有特殊气味,微溶于水,溶于乙醇等,低毒。
重铬酸钠	297.99	356.7	400(无水)	2.348	易溶于水,不溶于乙醇,有腐蚀性和毒性。
浓硫酸	98.08	10	338	1.84	无色油状液体,易溶于水,有很强腐蚀性。

主要仪器:三口烧瓶、恒压滴液漏斗、刺形分馏柱、圆底烧瓶、蒸馏头、温度计、温度计套管、直形冷凝管、真空接液管、锥形瓶、分液漏斗、烧杯、阿贝折光仪等。

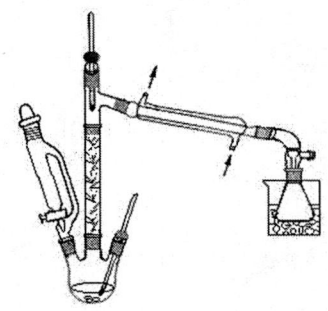 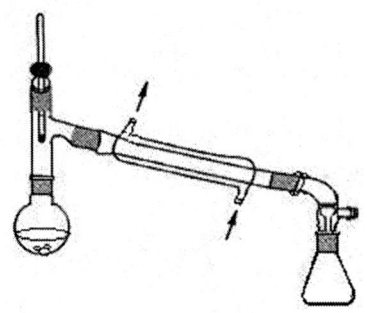

图 3-16　滴加分馏反应装置　　　　图 3-17　蒸馏装置

四、实验操作步骤

1. 滴加反应制粗产物

在 250 mL 烧杯中，溶解 15 g(0.050 mol)重铬酸钠于 85 mL 水中。在不断搅拌和冷却下，缓缓加入 11 mL(0.202 mol)浓硫酸。

按图 3-16 安装滴加分馏反应装置(接收瓶用冰水浴冷却)，将配制好的氧化剂溶液倒入恒压滴液漏斗中(可分数次加入)。往 250 mL 三口烧瓶里放入 14 mL(0.153 mol)正丁醇，再加几粒沸石。

将正丁醇加热至微沸，待蒸气上升刚好达到分馏柱底部时，开始滴加氧化剂溶液，约在 15 min 内加完。注意滴加速度，使分馏柱顶部的温度不超过 78℃[2]，同时，使生成的正丁醛不断被蒸出。当氧化剂全部加完后，继续用小火加热约 15 min，收集馏出的粗产物。

2. 分离纯化

将收集的粗产物倒入分液漏斗中，分去水层。把有机层倒入干燥的小锥形瓶中，加入约 1.5 g 无水硫酸镁进行干燥，间歇摇动，直至液体澄清透明。

将干燥后的澄清透明粗产物小心倒入 50 mL 干燥的圆底烧瓶中，加入 2 粒沸石，安装好蒸馏装置(图 3-17)。用电加热套缓慢加热进行蒸馏，收集 70~80℃的馏分。称重(产量约 3.5 g)，计算产率。

3. 测折光率

取产品少许，测其折光率，并与纯品折光率($n_D^{20}=1.3843$)进行对比。

五、操作注意事项

1. 反应装置的安装一定要严密、平稳，接收瓶最好用冰水浴冷却。
2. 在配制氧化剂溶液时，需要在冷却和不停搅拌下，慢慢加入浓硫酸，速度不能快。
3. 反应中，需要控制正丁醇的滴加速度，速度不能太快，否则反应过于剧烈，温度升高而导致反应物正丁醇可能被蒸出，影响产率。
4. 为保证产品质量，要求粗产物干燥要彻底，蒸馏时所用仪器必须干燥。

六、思考题

1. 除本实验的方法外,还有那些方法可用于制备正丁醛?
2. 为什么反应要控制醇的滴加速度?反应混合物的颜色变化说明什么?
3. 为什么本实验采用无水硫酸镁作干燥剂?

注释:

[1] 正丁醛(butyraldehyde):别名丁醛、酪醛;分子式 C_4H_8O,分子量 72.11,熔点 $-100℃$,沸点 $75.7℃$,相对密度(20/4℃)0.81,折光率(n_D^{20})1.3843;无色透明液体,微溶于水,溶于乙醇、乙醚等有机溶剂。用于有机合成,也是制造香料的原料,常用作树脂、塑料增塑剂、杀虫剂等的中间体。

[2] 正丁醛和水能形成二元恒沸混合物,其沸点为 $68℃$,恒沸物含正丁醛 90.3%。正丁醇和水也能形成二元恒沸混合物,其沸点为 $93℃$,恒沸物含正丁醇 55.5%。反应中,控制分馏柱顶部的温度不超过 $78℃$,使产物正丁醛和水一起蒸出反应体系,而反应物正丁醇则留在反应瓶中,继续反应。

实验 20 环己酮的制备

一、实验目的

1. 了解醇和酮之间的联系和区别以及由二级醇转变为酮的实验方法;
2. 掌握用重铬酸盐氧化法由环己醇制备环己酮的原理和方法;
3. 巩固电动搅拌、萃取、蒸馏等基本操作技术。

二、实验原理

仲醇的氧化是制备酮的重要方法,其中以铬酸为氧化剂氧化仲醇是制备脂肪酮的常用方法。氧化反应可在酸、碱或中性条件下进行。

铬酸是重铬酸盐与 40%~50% 硫酸的混合物。本实验采用铬酸为氧化剂,在乙醚-水的混合溶剂中,将环己醇氧化成环己酮[1],主要反应式如下:

$$3\,C_6H_{11}OH + Na_2Cr_2O_7 + 4H_2SO_4 \longrightarrow 3\,C_6H_{10}O + Cr_2(SO_4)_3 + Na_2SO_4 + 7H_2O$$

此反应是放热反应,若不控制反应温度,产物环己酮将进一步氧化而发生碳链断裂,产生己二酸,也可能导致反应物环己醇脱水形成环己烯和环己醚,甚至可能碳化。副反应式如下:

$$C_6H_{10}O \xrightarrow[H_2SO_4]{Na_2Cr_2O_7} HOOC(CH_2)_4COOH$$

$$C_6H_{11}OH \xrightarrow[\Delta]{H^+} C_6H_{10} + H_2O$$

$$2\,C_6H_{11}OH \xrightarrow[\Delta]{H^+} (C_6H_{11})_2O + H_2O$$

因此,为减少反应中副产物的生成,必须严格控制反应温度,采取将氧化剂铬酸滴加到环己醇中的实验操作方法。

三、实验主要用品

主要试剂及性质:环己醇、重铬酸钠、浓硫酸、乙醚、草酸、5%碳酸钠溶液、氯化钠、无水硫酸钠。

名称	分子量	熔点/℃	沸点/℃	相对密度/20℃	特性
环己醇	100.16	25.9	160.8	0.962	无色透明油状液体或白色针状结晶,微溶于水,可混溶于乙醇等,低毒,有刺激性。
重铬酸钠	297.99	356.7	400（无水）	2.348	易溶于水,不溶于乙醇,有腐蚀性和毒性。
草酸	90.04	101~102	150℃（升华）	1.653	无色透明结晶或粉末,溶于水,易溶于乙醇,微溶于乙醚,不溶于苯和氯仿,低毒。

主要仪器:三口烧瓶、电动搅拌器、球形冷凝管、圆底烧瓶、温度计、温度计套管、蒸馏头、恒压滴液漏斗、直形冷凝管、空气冷凝管、真空接液管、锥形瓶、干燥管、分液漏斗、烧杯、阿贝折光仪等。

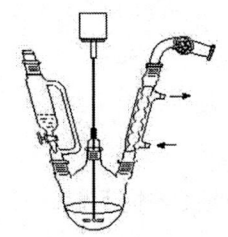 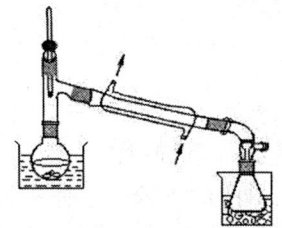 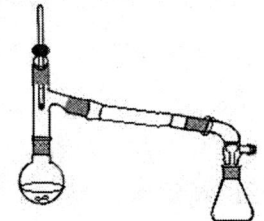

图 3-18 滴加搅拌反应装置　　图 3-19 回收乙醚蒸馏装置　　图 3-20 空气冷凝蒸馏装置

四、实验操作步骤

1. 制备粗产物

铬酸溶液配制:将 10.0 g(0.034 mol)重铬酸钠溶于盛有 30 mL 水的烧杯中,搅拌使之溶解,然后在搅拌下慢慢加入 7.4 mL(0.136 mol)浓硫酸,稀释到 50 mL,冷却至 0℃ 备用。

按图 3-18 安装滴加搅拌反应装置。在 250 mL 三口烧瓶中加入 5.3 mL(0.051 mol)环己醇和 25 mL 乙醚,摇匀且冷却至 0℃。将冷却至 0℃ 的 50 mL 铬酸溶液分两次倒入恒压滴液漏斗中。开动搅拌器,在剧烈搅拌下于 10 min 内将铬酸溶液滴入反应瓶中。滴加完毕后,保持反应水浴温度在 55~60℃ 回流[2],继续剧烈搅拌 20 min 使反应完全。加入

1.0 g的草酸[3],以破坏过量的重铬酸盐,此时反应液呈墨绿色。

2. 分离纯化

往反应混合物中加饱和氯化钠溶液15 mL[4],转移到分液漏斗中分出醚层[5],水层用乙醚萃取2次(每次15 mL),将醚层合并,用15 mL 5%碳酸钠溶液洗涤1次,然后用水洗涤3~4次(每次15 mL)。最后用无水硫酸钠干燥约30min[6]。

将干燥后的液体小心倾倒入干燥的圆底烧瓶中,加入2粒沸石,安装好蒸馏装置(图3-19)。先用50~55℃水浴蒸馏回收乙醚,后改用空气冷凝管和新的接收瓶(图3-20),用电加热套加热,继续蒸馏,收集152~155℃馏分。称重(产量约3.0~3.5 g),计算产率。

3. 测折光率

取少许产品,测其折光率,并与纯品折光率($n_D^{20}=1.4507$)进行对比。

五、操作注意事项

1. 仪器的选用和搭配顺序及各仪器高度位置的控制要合理、平稳。
2. 配置铬酸溶液时,浓硫酸的滴加要缓慢,注意冷却;铬酸溶液具有较强的腐蚀性,操作时多加小心,不要溅到衣物或皮肤上。
3. 实验过程中严格控制反应温度,以防反应过于剧烈。
4. 正确判断反应终点,细心观察反应完全后反应液是否呈墨绿色。
5. 本实验使用大量乙醚作溶剂和萃取剂,故在操作时应特别小心,使用和蒸馏时必须远离明火,以防意外。

六、思考题

1. 本实验的氧化剂能否改用硝酸或高锰酸钾,为什么?
2. 蒸馏产物时为何要使用空气冷凝管?
3. 反应中为什么要严格控制反应温度?温度过高或过低有什么不好?
4. 能否用铬酸作氧化剂把2-丁醇和2-甲基-2-丙醇区别开来?

注释:

[1] 环己酮(cyclohexanone):分子式$C_6H_{10}O$,分子量98.14,熔点-47℃,沸点155.6℃,相对密度(20/4℃)0.95,折光率(n_D^{20})1.4507;室温下为无色透明液体,有类似薄荷油和丙酮的气味,久置颜色变黄,微溶于水,可混溶于醇、醚、苯、丙酮等多数有机溶剂。环己酮是重要的化工原料,在工业上被用作溶剂以及一些氧化反应的触发剂,也用于制取己二酸、己内酰胺及尼龙-6等的主要中间体。

[2] 铬酸氧化性比较强,温度高反应过于激烈,不易控制,会使副产物增多;而温度过低则反应又难以进行,导致反应不完全。

[3] 若20min后反应液不能完全变成墨绿色,则应加入少量草酸以破坏过量的氧化剂。若反应液呈墨绿色,说明反应进行完全,则可不用加草酸。

[4] 加氯化钠可使极性小的有机物在水中的溶解度进一步降低,达到萃取分离的目的。

[5] 由于上下两层颜色接近,不易看清两相界面,可加少量乙醚或水,利于界面观察。

[6] 环己酮和水可形成恒沸物(90℃,约含环己酮38.4%),使其沸点下降,用无水硫酸钠干燥时一定要完全,干燥30 min后再蒸馏,否则会影响产品的质量和收率。

六、羧酸类化合物的制备

羧酸是最重要的一类有机酸,它可以看作是烃分子中的氢原子被羧基(—COOH)取代后生成的化合物,羧基是羧酸的官能团。当羧基中的羟基被其他原子或基团取代时,则形成羧酸衍生物,主要有羧酸酯、酰卤、酸酐和酰胺。羧酸在自然界中常以游离状态或以盐或酯的形式广泛存在于动植物体中,是与医药类关系十分密切的一类化合物。

用于制备羧酸的常见方法主要有以下几种:

1. 氧化法

烯、醇、醛等的氧化是制备羧酸最常用的方法,常用的氧化剂有重铬酸钾(钠)的硫酸溶液、高锰酸钾、硝酸、过氧化氢和过氧乙酸等。

高锰酸钾能将双键上有氢原子的烯烃氧化成羧酸,也能将炔烃氧化成羧酸。芳香烃的苯环比较稳定,较难于氧化,但苯环上含有α—H的侧链烃基则易被氧化。遇到氧化剂时,含有α—H的侧链烃基不论长短,最终都被氧化成羧基。例如:

$$(CH_3)_2CHCH_2CHCH=CH_2 \xrightarrow{KMnO_4} (CH_3)_2CHCH_2CHCOOH$$
$$\qquad\qquad\qquad |\qquad\qquad\qquad\qquad\qquad\qquad |$$
$$\qquad\qquad\qquad CH_3\qquad\qquad\qquad\qquad\qquad\quad CH_3$$

$$CH_3CH_2CH_2C\equiv CH \xrightarrow{KMnO_4} CH_3CH_2CH_2COOH + HCOOH$$

邻氯甲苯 $\xrightarrow{KMnO_4}$ 邻氯苯甲酸

伯醇用重铬酸盐氧化时可被氧化为同碳数的羧酸,但氧化反应常伴随有酯的生成,主要是因为生成的酸与未反应的醇在酸的催化作用下进一步发生酯化反应的结果。

醛容易被氧化成同碳数的羧酸。开链酮进行氧化时,常常碳链断裂生成含碳较少的羧酸,其中甲基酮的卤仿反应常用于合成少一个碳原子的羧酸;环酮则往往被氧化成含同数碳原子的二元羧酸。例如:

$$(CH_3)_3CCHC(CH_3)_3 \xrightarrow{K_2Cr_2O_7, H_2SO_4} (CH_3)_3CCHC(CH_3)_3$$
$$\qquad\qquad |\qquad\qquad\qquad\qquad\qquad\qquad\qquad |$$
$$\qquad\quad CH_2OH\qquad\qquad\qquad\qquad\qquad\quad COOH$$

$$n\text{-}C_6H_{13}CHO \xrightarrow[20℃]{KMnO_4, H_2SO_4} n\text{-}C_6H_{13}COOH$$

环戊酮 $\xrightarrow{\text{稀}HNO_3}$ HOOC(CH_2)_3COOH

第三部分 基础合成实验

$$(CH_3)_3CCCH_3 \xrightarrow{Br_2, NaOH} (CH_3)_3CONa \xrightarrow{H^+} (CH_3)_3COH$$

2. 水解法

羧酸衍生物酯、酰卤、酸酐、酰胺进行水解时可生成羧酸。其中酰卤最活泼,易水解,其次是酸酐。酯和酰胺的反应活性较小,水解时需在酸或碱催化下进行。例如:

$$CH_3CCl + H_2O \xrightarrow{-20℃} CH_3COOH$$

$$(CH_3CO)_2O + H_2O \xrightarrow{\Delta} CH_3COOH$$

$$CH_3COOC_2H_5 + H_2O \xrightarrow[\Delta]{OH^-} CH_3COOH + C_2H_5OH$$

$$C_6H_5-CH_2CONH_2 \xrightarrow[\text{回流}]{35\% HCl} C_6H_5-CH_2COOH$$

另外,腈在酸性或碱性溶液中进行水解也可得到羧酸。腈常由卤代烃(伯、仲)与 KCN 或 NaCN 反应得到,因此由卤代烃通过腈合成羧酸是一种常用的合成碳链加长羧酸的方法。例如:

$$C_6H_5-CH_2Cl \xrightarrow{NaCN} C_6H_5-CH_2CN \xrightarrow{H_3O^+} C_6H_5-CH_2COOH$$

3. 羧化法

格氏试剂或有机锂试剂和 CO_2 的反应,先加成后水解生成羧酸。反应常需要低温下进行,以免生成的羧酸与格氏试剂作用。此法可使卤代烃通过格氏试剂转变为碳链增加的羧酸。例如:

$$CH_3CH_2CHCH_3 \xrightarrow{Mg, Et_2O} CH_3CH_2CHCH_3 \xrightarrow[(2) H_2O]{(1) CO_2} CH_3CH_2CHCH_3$$
$$\quad\quad |\quad\quad\quad\quad\quad\quad\quad\quad\quad\quad |\quad\quad\quad\quad\quad\quad\quad\quad\quad\quad |$$
$$\quad\quad Cl\quad\quad\quad\quad\quad\quad\quad\quad\quad\quad MgCl\quad\quad\quad\quad\quad\quad\quad\quad COOH$$

4. 催化氧化法

此法是在催化剂存在下,用空气做氧化剂,不仅成本低廉,而且可大规模连续进行,常用于工业生产。

此外,制备羧酸还可利用乙酰乙酸乙酯或丙二酸二乙酯为原料进行合成,合成时常先进行烃基化或酰基化,在分子中引入相应的烃基或酰基,然后再经水解制得高一级羧酸。

实验 21 己二酸的制备

一、实验目的

1. 学习并掌握用高锰酸钾氧化环己醇制备己二酸的原理和方法;
2. 掌握带有电动搅拌的反应装置及其操作技术;
3. 进一步掌握浓缩、抽滤、重结晶等基本操作。

二、实验原理

己二酸[1]是工业上合成尼龙-66 的主要原料之一,它可以用硝酸或高锰酸钾氧化环己醇制得。采用硝酸为氧化剂时反应会非常剧烈,常伴有大量二氧化氮毒气放出,既危险又污染环境,因此实验室常用高锰酸钾为氧化剂。

本实验以环己醇为原料,高锰酸钾为氧化剂,在碱性条件下发生氧化反应,然后再进行酸化得到己二酸。主要反应式如下:

$$3\,C_6H_{11}OH + 8KMnO_4 + H_2O \longrightarrow 3\,HOOC-(CH_2)_4-COOH + 8MnO_2\downarrow + 8KOH$$

三、实验主要用品

主要试剂及性质:环己醇、高锰酸钾、浓盐酸、碳酸钠、10% 碳酸钠溶液、亚硫酸氢钠。

名称	分子量	熔点/℃	沸点/℃	相对密度/20℃	特性
环己醇	100.16	25.9	160.8	0.962	无色透明油状液体或白色针状结晶,微溶于水,可混溶于乙醇等,低毒,有刺激性。
高锰酸钾	158.04	240	/	2.703	紫黑色针状结晶,溶于水、碱液,有毒,有腐蚀性。

主要仪器:电动搅拌器、三口烧瓶、球形冷凝管、温度计、温度计套管、布氏漏斗、吸滤瓶、烧杯、玻璃棒、真空循环水泵等。

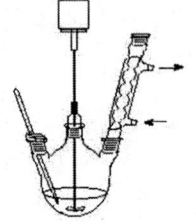

图 3-21 滴加搅拌反应装置

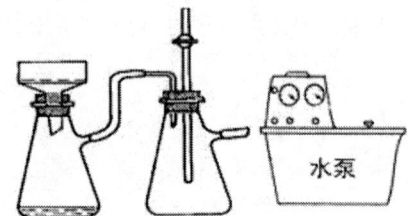

图 3-22 抽滤装置

四、实验操作步骤

1. 反应制粗产物

按图3-21安装滴加搅拌反应装置[2]。在250 mL三口烧瓶中,加入3.8 g(0.036 mol)碳酸钠和44 mL水。开动搅拌器,边搅拌边加入研细的16.17 g(0.102 mol)高锰酸钾(可分四次小量加入)。水浴中预热溶液至30~40℃,待高锰酸钾溶解后,用滴管慢慢滴加3.82 mL(0.037 mol)环己醇,边滴加边搅拌,反应随即开始,控制滴加速度,维持反应温度在45℃左右[3]。

滴加完后,继续搅拌,然后在50℃的水浴中继续加热至高锰酸钾溶液颜色褪去(约30 min)。在沸水浴上将混合物加热5 min,促使氧化反应完全,可观察到有大量二氧化锰的沉淀凝结[4]。

2. 分离纯化

安装抽滤装置(图3-22),趁热抽滤反应混合物,用10%碳酸钠溶液洗涤滤渣2次(10 mL/次)[5]。将滤液倒入小烧杯中,用小火加热蒸发使溶液浓缩至20 mL左右。冷却后,在搅拌下慢慢滴加浓盐酸进行酸化至溶液呈强酸性(pH值为2~4)。冷却析出结晶[6],抽滤,晾干,得粗产品。

将粗产品用水进行重结晶提纯,得白色晶体,然后放在烘箱中烘干。称重(产量约1.5~2.9 g),计算产率。

3. 测熔点

取干燥后的产品少许,测其熔点,并与纯品熔点(mp:152 ℃)进行对比。

五、操作注意事项

1. 高锰酸钾要研细,以利于充分反应;环己醇常温下为黏稠液体,可加入适量水(约1 mL)搅拌,便于用滴管滴加。
2. 环己醇应逐滴加入,滴加速度不宜过快(1~2滴/秒),以免反应剧烈而难以控制。
3. 严格控制反应温度,以免因反应过于激烈而引起混合物冲出反应器等意外发生。
4. 浓缩蒸发时,须慢慢加热并用玻璃棒搅拌,以防液体外溅。

六、思考题

1. 实验室制备羧酸的常用方法有哪些?
2. 本实验为什么必须控制氧化反应的温度和环己醇的滴加速度?
3. 如果反应后反应混合物呈淡紫红色,怎么办?

注释:

[1] 己二酸(adipic acid,hexanedioic acid):又称肥酸;分子式 $C_6H_{10}O_4$,分子量146.14;熔点152℃,沸点337℃,相对密度(20/4℃)1.36;白色晶体,微溶于水,易溶于酒精、乙醚等大多数有机溶剂。在有机合成工业中,主要用于制造尼龙-66,聚氨酯泡沫塑料,也是医药、酵母提纯、杀虫剂、黏合剂、合成革、

合成染料和香料等的原料。

[2] 电动搅拌回流装置中各仪器高度位置的控制要合理,搅拌棒下端位于液面以下,离瓶底部约 5 mm 为宜。温度计应与搅拌棒平行且伸入液面以下,要求运转平稳。

[3] 此反应属强烈放热反应,要控制滴加速度和搅拌速度,以免反应过于剧烈;反应温度不可过高,否则反应很难控制,不但影响产率,还容易引起混合物飞溅或爆炸。

[4] 二氧化锰胶体受热后形成沉淀,便于过滤分离。反应结束后,用玻璃棒蘸一滴反应混合物点到滤纸上,观察是否有紫色存在。若无紫色存在,表明已没有高锰酸钾;如还有紫色,可加入少量固体亚硫酸氢钠直到无紫色存在为止。

[5] 用碳酸钠溶液的目的是洗去夹杂在二氧化锰残渣中的己二酸钾盐。

[6] 为了提高收率,最好用冰水浴冷却溶液以降低己二酸在水中的溶解度,使结晶完全析出。

实验 22　肉桂酸的制备

一、实验目的

1. 学习 Perkin 反应(浦尔金反应)的机理及其在合成上的应用。
2. 掌握肉桂酸的制备原理和操作方法。
3. 巩固水蒸气蒸馏、热过滤、重结晶等基本操作。

二、实验原理

芳香醛和酸酐在碱性催化剂的作用下,可以发生类似羟醛缩合的反应,生成 α,β-不饱和芳香酸,这个反应称为 Perkin 反应(浦尔金反应)。催化剂通常是相应酸酐的羧酸的钾或钠盐,也可以用碳酸钾或叔胺。此反应的机理可用反应式表述如下:

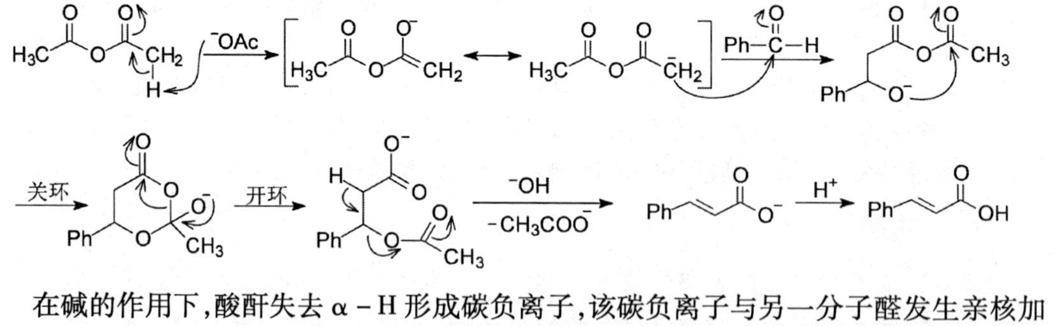

在碱的作用下,酸酐失去 α-H 形成碳负离子,该碳负离子与另一分子醛发生亲核加成产生氧负离子中间体;氧负离子进攻分子内的羰基而发生关环,然后再从另一侧开环,得到羧酸根负离子;在碱的作用下,羧酸根负离子发生 β-消除,失去质子及酰氧基,产生一个不饱和的羧酸根负离子,再经酸化,最后得到芳基不饱和羧酸(主要是反式羧酸)。

肉桂酸[1]有顺式和反式两种异构体,通常以反式异构体存在。本实验利用 Perkin 反应,将苯甲醛与乙酸酐混合后在碳酸钾存在下进行加热来制备肉桂酸。主要反应式为:

$$\underset{}{\text{Ph—CHO}} \xrightarrow[\text{K}_2\text{CO}_3, \text{回流}]{(\text{CH}_3\text{CO})_2\text{O}} \text{Ph—CH=CHCOOK} \xrightarrow{\text{H}^+} \text{Ph—CH=CHCOOH}$$

为了使反应能顺利进行,反应回流温度一般控制在约170℃左右。在反应过程中,若温度控制不好,反应时间过长,可能会导致如下的副反应发生:

$$\text{Ph—CH=CHCOOH} \xrightarrow[-\text{CO}_2]{\Delta} \text{Ph—CH=CH}_2 \xrightarrow{\text{聚合}} \underset{\underset{\text{Ph}}{|}}{+\text{CH—CH}_2+_n} \text{树脂状物}$$

实验中,反应混合物中会残留一些未反应的苯甲醛,其在常压下蒸馏时易氧化分解,利用常压蒸馏无法将其与产物分开,因此未反应的苯甲醛可以通过水蒸气蒸馏法除去。

三、实验主要用品

主要试剂及性质:苯甲醛、乙酸酐、无水碳酸钾、10%氢氧化钠溶液、1∶1盐酸溶液、乙醇、活性炭。

名称	分子量	熔点/℃	沸点/℃	相对密度/20℃	特性
苯甲醛	106.12	-26	179	1.046	无色液体,微溶于水,能与乙醇等混溶,有毒,具刺激性。
乙酸酐	102.09	-73.1	138.6	1.081	无色透明液体,有刺激气味,溶于水形成乙酸,溶于乙醇等,易燃,低毒,有腐蚀性。
无水碳酸钾	138.21	891℃	333.6℃	2.428(19℃)	无水物为白色粒状粉末,结晶品为白色半透明小晶体,无臭,有强碱味,易潮解,不溶于乙醇和乙醚。

主要仪器及装置:三口烧瓶、空气冷凝管、温度计、温度计套管、直形冷凝管、真空接液管、干燥管、锥形瓶、抽滤瓶、布氏漏斗、水蒸气发生器、安全管及T型螺旋夹、烧杯、真空循环水泵等。

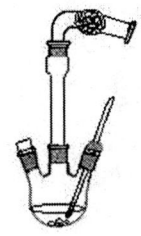
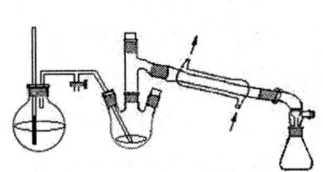
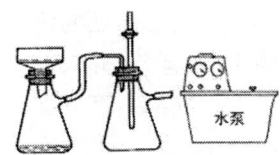

图 3-23 回流反应装置　　图 3-24 水蒸气蒸馏装置　　图 3-25 抽滤装置

四、实验操作步骤

1. 反应回流

按图3-23安装回流反应装置[2]，在100 mL三口烧瓶中依次放入1.5 mL(0.015 mol)苯甲醛、4 mL乙酸酐(0.042 mol)和2.2 g(0.016 mol)无水碳酸钾[3]，混合均匀，再加入2~3粒沸石。将其置于电加热套中，缓慢加热，控制加热速度，使三口烧瓶内温度控制在150~170℃左右[4]。反应回流40 min后结束[5]，停止加热，冷却反应混合物。

2. 分离纯化

向冷却后的反应混合物中加入10 mL热水浸泡几分钟，改为水蒸气蒸馏装置[6]（图3-24），蒸馏出未反应的苯甲醛，观察馏出液无油状物时蒸馏即结束。将烧瓶冷却至室温，加入10 mL 10%氢氧化钠溶液，使生成的肉桂酸形成钠盐而溶解。加入少量活性炭(约0.2 g)进行脱色，煮沸5 min左右，趁热抽滤（图3-25），将滤液倒入烧杯中。待滤液冷却至室温后，边搅拌边慢慢加入10 mL左右1:1的盐酸溶液，酸化至溶液呈酸性（用pH试纸检验）。

将酸化后的溶液充分冷却[7]，待晶体析出完全后进行抽滤，并用少量冷水洗涤，抽干，得到白色固体。晾干，称重(产量约1.5~2.0 g)，计算产率。

粗产品可用热水或乙醇:水=1:5的混合溶剂进行重结晶。

3. 测熔点

取干燥后的产品适量，测其熔点，并与纯品熔点(反式肉桂酸 mp:133℃)进行对比。

五、操作注意事项

1. 回流装置所用仪器必须彻底干燥（包括量取苯甲醛和乙酸酐的量筒），因乙酸酐遇水能水解成乙酸，影响反应进行。

2. 回流时，升温不可过快，反应温度一般控制在约170℃左右，反应呈微沸状态。

3. 巩固水蒸气蒸馏中安全管与T形管的作用，熟悉水蒸气蒸馏的正确操作：

(1) 操作前，仔细检查装置的严密性。

(2) 先打开T型管的螺旋夹，待有蒸汽逸出时再旋紧螺旋夹。

(3) 控制馏出液的流出速度（约2滴/秒），随时注意安全管的水位，若有异常，先打开螺旋夹，再移开热源，检查、排除故障后方可继续蒸馏。

(4) 正确判断蒸馏终点，待蒸馏结束后，先打开螺旋夹，再停止加热。

4. 脱色时，活性炭的量不要加太多，热过滤速度要快。

5. 酸化时，盐酸滴加不能过快，边搅拌边慢慢滴加，酸化至溶液呈酸性即可。

六、思考题

1. 具有何种结构的醛能进行perkin反应(浦尔金反应)？

2. 制备肉桂酸时,用水蒸气蒸馏能除去什么？如何判断蒸馏终点？
3. 苯甲醛和丙酸酐在无水丙酸钾存在下,相互作用得到什么产物？
4. 久置的苯甲醛中有何杂质？为什么要除去苯甲醛中的杂质？

注释：

[1] 肉桂酸(cinnamic acid；β – phenylacrylic acid)：又名桂皮酸、桂酸、β – 苯丙烯酸、3 – 苯基 – 2 – 丙烯酸；有顺反两种异构体,通常以反式为主；分子式 $C_9H_8O_2$,分子量 148.17,熔点 133℃,沸点 300℃,相对密度(20/4℃)1.245,折光率(n_D^{20})1.555；白色至淡黄色粉末,微有桂皮香气,溶于乙醇、甲醇、石油醚、氯仿,易溶于苯、乙醚、丙酮、冰醋酸及油类,微溶于水。肉桂酸是从肉桂皮或安息香分离出的有机酸,植物中由苯丙氨酸脱氨降解产生的苯丙烯酸。是生产冠心病药物"心可安"的重要中间体；主要用于香精香料、食品添加剂、医药工业、美容、农药、有机合成等方面。

[2] 三口烧瓶的中间口连接空气冷凝管,冷凝管上口不能用塞子塞住,可连接干燥管,要与大气相通,一侧口插入200℃温度计,要求插入液面下,水银球不能接触瓶壁,另一侧口可加一个空心塞。

[3] 久置的苯甲醛和久置的乙酸酐需重新蒸馏。因久置的苯甲醛由于自动氧化生成较多量的苯甲酸,而且苯甲酸混在产品中不易除净,会影响产品质量；久置的乙酸酐由于吸潮和水解转变为乙酸,会影响反应率。

[4] 由于反应物苯甲醛和乙酸酐的反应活性都较小,反应速度慢,必须提高反应温度来加快反应速度,但温度太高不仅导致反应物的挥发,而且易引起脱羧、聚合等副反应而形成树脂状物质,甚至得不到产物。因此反应温度控制在 170 ℃左右。

[5] 由于反应中有二氧化碳逸出,可观察到反应初期有大量泡沫出现。反应时间不宜太长,否则肉桂酸脱酸成苯乙烯,进而生成苯乙烯低聚物,影响反应产率。

[6] 在进行水蒸气蒸馏时,可不用安装水蒸气发生器,简易的操作方法为：直接向冷却后的反应混合物中加入 30 mL 热水,再加 2 粒沸石,安装普通蒸馏装置进行蒸馏。

[7] 如室温较高时,可用冷水或冰水加速冷却,使晶体完全析出。

七、羧酸酯类化合物的制备

有机羧酸酯是由羧酸(有机酸)与醇在酸催化作用下脱水得到的。羧酸酯广泛存在于自然界。低级酯具有芳香气味,存在于植物的花、果实中。油脂是高级脂肪酸的甘油酯,是生命不可缺少的物质。羧酸酯的沸点比相应的羧酸和醇都要低,而与含同数碳原子的醛、酮差不多。酯在水中的溶解度较小,但能溶于一般的有机溶剂。

常用于制备羧酸酯的方法主要有以下几种：

1. 酯化反应

羧酸与醇在酸催化作用下脱水发生酯化反应是制备酯的常用方法,常用的酸性催化剂为硫酸、盐酸、苯磺酸等。反应通式如下：

$$R-\overset{O}{\underset{\|}{C}}-OH + R'OH \underset{}{\overset{H^+}{\rightleftharpoons}} R-\overset{O}{\underset{\|}{C}}-OR' + H_2O$$

酯化反应是可逆反应,为了提高酯的产量,将平衡向生成酯的方向移动,通常采用如

下方法:

(1) 增加反应物之一酸或醇的浓度。在工业生产中,常考虑原料是否易得、价格是否便宜以及是否容易回收等情况而选定用过量的酸或是过量的醇,实验室里一般采用醇过量的方法。

(2) 连续除去反应生成的水。可在反应过程中,采用共沸等方法,随时把水蒸出。

提高反应温度可加速酯化反应进行。酯化反应的速率决定于醇和羧酸的结构,一般来说,羧酸中烃基的结构越大(即 α-位支链越多),酯化速率越慢;芳香羧酸的酯化速率小于直链羧酸。对同一羧酸,醇的反应活性为:伯醇 > 仲醇 > 叔醇。

2. 卤代烷和羧酸盐反应

羧酸盐能与活泼卤代烷等起 S_N2 反应而生成羧酸酯,此方法只适用于 1°RX 和活泼 RX,常用的是钠盐,例如:乙酸钠与 1-溴丁烷在 DMF 溶剂中反应生成乙酸丁酯。

$$CH_3COONa + CH_3CH_2CH_2CH_2Br \xrightarrow[\Delta]{DMF} CH_3COOCH_2CH_2CH_2CH_3$$

3. 羧酸对烯、炔的加成

在酸作用下,羧酸与烯或炔发生亲电加成可以制备各种醇的酯。例如:

$$CH_2(COOH)_2 + 2(CH_3)_2C=CH_2 \xrightarrow[\text{室温}]{\text{浓}H_2SO_4} CH_2(COOCMe_3)_2$$

$$CH_3COOH + HC\equiv CH \xrightarrow[75\sim 80℃]{H^+, HgSO_4} CH_3COOCH=CH_2$$

4. 酰氯、酸酐的醇解反应

羧酸酯还可由酰氯、酸酐进行醇解而制得,一般在酸或碱催化下进行。酰氯、酸酐性质比较活泼,一般难以制备的酯,都可以通过它们的醇解来合成。例如:

$$(CH_3)_3CCOCl + C_2H_5OH \xrightarrow{\text{吡啶}} (CH_3)_3CCOOC_2H_5$$

邻苯二甲酸酐 $+ 2CH_3OCH_2CH_2OH \xrightarrow{H_2SO_4}$ 邻苯二甲酸二(2-甲氧基乙基)酯

5. 酯交换反应

酯与醇反应生成新的酯和醇,称为酯交换或酯基转移,反应需要酸或碱作催化剂。常用于难以合成或不能用直接酯化方法合成的酯,例如:酚酯和烯醇酯的制备。

第三部分 基础合成实验

$$\text{CH}_3\overset{\text{O}}{\underset{}{\text{C}}}-\text{OC}(\text{CH}_3)=\text{CH}_2 + \text{环己酮} \xrightarrow[\Delta, 12\text{h}]{p-\text{CH}_3\text{C}_6\text{H}_4\text{SO}_3\text{H}} \text{环己基}-\text{OCCH}_3 + \text{CH}_3\text{COCH}_3$$

实验 23 乙酸乙酯的制备

一、实验目的

1. 了解酯化反应的原理、反应条件及提高可逆反应产率的措施；
2. 掌握实验室以乙醇和乙酸为原料制备乙酸乙酯的方法；
3. 巩固液体有机化合物的分液、洗涤、干燥、蒸馏等基本操作。

二、实验原理

乙酸乙酯[1]的合成方法很多，例如：可由乙酸或其衍生物与乙醇反应制取，也可由乙酸钠与卤乙烷反应来合成等。其中在酸催化下由冰醋酸和乙醇直接进行酯化反应是最常用的方法，反应常用浓硫酸、氯化氢、对甲苯磺酸或强酸性阳离子交换树脂等作催化剂。其主要反应为：

$$\text{CH}_3\text{COH} + \text{CH}_3\text{CH}_2\text{OH} \underset{110 \sim 120℃}{\overset{\text{浓 H}_2\text{SO}_4}{\rightleftharpoons}} \text{CH}_3\text{COCH}_2\text{CH}_3 + \text{H}_2\text{O}$$

酯化反应为可逆反应，为提高产物乙酸乙酯的产率，可采用如下措施：一方面加入过量的乙醇，另一方面在反应过程中不断蒸出生成的乙酸乙酯和水，促使平衡向生成乙酸乙酯的方向移动。由于乙酸乙酯和水、乙醇能形成二元或三元共沸混合物，共沸点都比原料的沸点低，故可在反应过程中不断将其蒸出[2]。

酯化反应是在加热下进行的，通常温度在 110~120℃，若加热温度控制不好，就会导致乙醇脱水生成乙醚或产生乙烯等副产物，反应式如下：

$$\text{CH}_3\text{CH}_2\text{OH} \xrightarrow{\Delta} \text{CH}_2=\text{CH}_2 + \text{H}_2\text{O}$$

$$2\text{CH}_3\text{CH}_2\text{OH} \xrightarrow{\Delta} \text{CH}_3\text{CH}_2\text{OCH}_2\text{CH}_3 + \text{H}_2\text{O}$$

三、实验主要用品

主要试剂及性质：冰醋酸、无水乙醇（99.5%）、浓硫酸、饱和碳酸钠溶液、饱和氯化钙溶液、饱和氯化钠溶液、无水硫酸镁。

名称	分子量	熔点/℃	沸点/℃	相对密度/20℃	特性
冰醋酸	60.05	16.6	117.9	1.050	无色液体,有刺鼻的醋酸味,易溶于水、乙醇等,有腐蚀性。
无水乙醇	46.07	-114.1	78.3	0.789	易挥发无色液体,与水混溶,可混溶于醚等,易燃,低毒。
浓硫酸	98.08	10	338	1.84	无色无味油状液体,易溶于水,有很强腐蚀性。

主要仪器:三口烧瓶、长颈滴液漏斗、圆底烧瓶、蒸馏头、温度计、温度计套管、直形冷凝管、真空接液管、锥形瓶、分液漏斗、烧杯、阿贝折光仪等。

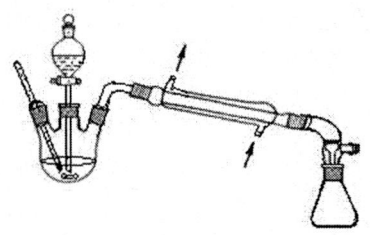 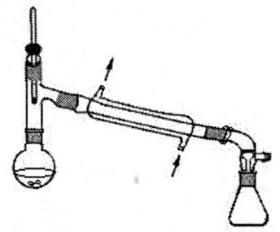

图 3-26　滴加蒸馏反应装置　　　　图 3-27　水浴蒸馏装置

四、实验操作步骤

1. 制备粗产物

按图 3-26 安装滴加蒸馏反应装置[3],在 250 mL 三口烧瓶中,加入 9 mL(0.153 mol)无水乙醇,边摇动边慢慢加入 12 mL(0.221 mol)浓硫酸,混合均匀,并加入 2~3 粒沸石。往滴液漏斗内加入由 14 mL(0.239 mol)无水乙醇和 14.3 mL(0.250 mol)冰醋酸组成的混合液,先向瓶内滴入 3~4 mL,然后将三口烧瓶在电加热套上小火加热到 110~120 ℃左右[4],这时蒸馏管口应有液体流出,控制好温度,继续自滴液漏斗慢慢滴入其余的混合液。控制滴加速度和馏出速度大致相等[5],并维持反应温度在 110~120 ℃之间。滴加完毕后,继续加热 15 min,直至温度升高到 130℃不再有馏出液为止[6]。

2. 分离纯化

在摇动下,慢慢向粗产物中加入约 10 mL 饱和碳酸钠溶液[7],至无二氧化碳气体逸出,有机层对 pH 试纸试验呈中性。将混合液移入分液漏斗,充分振摇(注意及时放气!)后静置,分去下层水溶液。有机层用 10 mL 饱和氯化钠溶液洗涤[8]后,再用饱和氯化钙溶液洗涤[9]两次(每次 10 mL)。最后弃去下层液体,将上层有机层自分液漏斗上口倒入干燥的锥形瓶中,加入适量无水硫酸镁进行干燥[10],放置约 30 min,在此期间要间歇震荡锥形瓶。

将干燥后的粗产品倾倒入 50 mL 干燥的圆底烧瓶中,加入 2 粒沸石,用电加热套加热进行蒸馏(图 3-27),收集 73~78℃ 馏分。称重(产量约 10~11 g),计算产率。

3. 测折光率

取适量产品馏分,测其折光率,并与纯品折光率(n_D^{20} = 1.3719)进行对比。

五、操作注意事项

1. 安装仪器时,要求仪器高度、位置合理,整个装置要平稳、严密,烧瓶中勿忘加沸石。

2. 加浓硫酸时要逐滴加入,并充分振荡烧瓶,使其与乙醇混合均匀,以免局部碳化变黑。

3. 严格控制酯化反应的温度和滴加速度,并使滴加速度与馏出速度大致相等(约 1 滴/秒)。

4. 洗涤分液时,注意振摇后的及时放气操作以及有机相和水相上下层的正确判断。

5. 粗产物干燥要充分,避免由于乙酸乙酯和水形成低沸点共沸物而影响酯的产率。

6. 最后蒸馏所用仪器要干燥,接收瓶应事先称重,注意馏分的收集。

六、思考题

1. 本实验中浓硫酸起什么作用?为什么要用过量的乙醇?
2. 酯化反应有何特点?实验中采取什么措施使酯化反应向生成酯的方向进行?
3. 反应后蒸出的粗产物中含有哪些杂质?杂质又是如何被除去的?

注释:

[1] 乙酸乙酯(ethyl acetate):别称醋酸乙酯、乙酸乙醚、甜菜糖蜜浑;分子式 $C_4H_8O_2$,分子量 88.11,熔点 -83℃,沸点 77℃,相对密度(20/4℃)0.902,折光率(n_D^{20})1.3719;无色透明具有刺激性气味的液体,有水果香,易挥发,能吸水分,易燃,能与氯仿、乙醇、丙酮和乙醚混溶,溶于水。由于酒中含有少量乙酸,长时间放置后,和乙醇进行反应就会产生具有果香味的乙酸乙酯,这就是为什么陈酒又香又好喝的原因。乙酸乙酯用途广泛,是一种非常重要的有机化工原料和极好的工业溶剂,被广泛用于醋酸纤维、乙烯树脂、乙酸纤维树脂、合成橡胶、涂料及油漆等的生产过程中。

[2] 乙酸乙酯和水、乙醇形成二元或三元共沸混合物,共沸点都比原料的沸点低,它们的组成和沸点见下表:

共沸点/℃	质量分数/%		
	乙酸乙酯	乙醇	水
70.4	91.9	–	8.1
71.8	69.0	31.0	–
70.2	82.6	8.4	9.0

由表看出,沸点最低的共沸物是三元共沸物,其共沸点为 70.2℃,二元共沸物的共沸点为 70.4℃ 和 71.8℃,三者很接近。蒸馏出来的很可能是二元组成和三元组成的混合物。

[3] 三口烧瓶一侧口插入温度计到液面下,中间口连接蒸馏装置,另一侧口安装滴液漏斗,漏斗末端需浸入液面以下,距瓶底约 5mm。根据具体情况,蒸馏装置和滴液漏斗的位置可进行互换。

[4] 加热时需小火均匀进行,严格控制反应温度,温度过低,酯化反应不完全;温度过高(>140℃),会导致大量乙醇挥发,而且易发生醇脱水和氧化等副反应。

[5] 要正确控制滴加速度,滴加速度过快,会使大量乙醇来不及发生反应而被蒸出,同时也造成反应混合物温度下降,导致反应速度减慢,从而影响产率;滴加速度过慢,会延长反应时间,影响实验进程。如温度接近 120℃,适当滴加快点,如温度落到接近 110℃,可滴加慢点。

[6] 馏出液中除了产物乙酸乙酯和水外,还含有未反应的少量乙醇和乙酸,另外还可能有副产物乙醚。

[7] 饱和碳酸钠溶液的作用:① 除去混合在乙酸乙酯中的乙酸;② 溶解混合在乙酸乙酯中的乙醇;③ 减小乙酸乙酯在水中的溶解度,利于分层。加入碳酸钠溶液时要小量分批的加入,并不断地摇动。

[8] 用饱和碳酸钠溶液洗涤之后,若立即用饱和氯化钙溶液洗涤,有可能会生成絮状碳酸钙沉淀,使分液漏斗堵塞,分离变得困难,故在用饱和氯化钙溶液洗涤之前,必须用饱和氯化钠溶液洗涤。饱和氯化钠溶液不仅能溶解碳酸钠,可以将其从酯中除去,同时使乙酸乙酯在水中的溶解度降低,减少损失。此外,可加速有机相与水相的分层,易于分离。

[9] 酯层中含有少量未反应的乙醇,由于乙醇和氯化钙作用形成络合物而溶于饱和氯化钙溶液中,由此可除去粗产物中所含的少量乙醇。

[10] 干燥剂无水硫酸镁的用量可视粗产品的多少和混浊程度而定,一般来说干燥剂用量以摇动锥形瓶时,干燥剂可在瓶底自由移动,一段时间后溶液变澄清为宜。

实验 24 苯甲酸乙酯的制备

一、实验目的

1. 学习和掌握苯甲酸乙酯的制备原理及方法;
2. 掌握利用反应平衡移动提高产率的实验方法;
3. 掌握分水器的使用及操作方法;
4. 巩固萃取、干燥、蒸馏等基本操作。

二、实验原理

在酸催化条件下,有机酸与醇进行的酯化反应是经典的制备酯的方法。本实验以苯甲酸和乙醇为原料,在浓硫酸的催化下进行酯化反应来制备苯甲酸乙酯[1],其反应式为:

$$\text{C}_6\text{H}_5\text{COOH} + \text{C}_2\text{H}_5\text{OH} \underset{\text{环己烷}}{\overset{\text{H}_2\text{SO}_4}{\rightleftharpoons}} \text{C}_6\text{H}_5\text{COOC}_2\text{H}_5 + \text{H}_2\text{O}$$

该反应是可逆反应,为了使反应向生成物酯的方向移动,实验中通过采取以下措施来提高产物苯甲酸乙酯的产率：
（1）采用过量乙醇，使反应平衡向右移动。
（2）用环己烷为带水剂[2]，利用分水器及时将生成的水带出。

三、实验主要用品

主要试剂及性质：苯甲酸、无水乙醇、浓硫酸、环己烷、乙酸乙酯、碳酸钠、无水氯化钙。

名称	分子量	熔点/℃	沸点/℃	相对密度/20℃	特性
苯甲酸	122.12	122.1	249	1.2659（15℃）	鳞片状或针状结晶，微溶于水，易溶于乙醇等，有轻度刺激性。
无水乙醇	46.07	-114.1	78.3	0.789	易挥发无色液体，与水混溶，可混溶于醚等，易燃，低毒。
浓硫酸	98.08	10	338	1.84	无色无味油状液体，易溶于水，有很强腐蚀性。

主要仪器：圆底烧瓶、球形冷凝管、分水器、温度计、温度计套管、直形冷凝管、空气冷凝管、真空接液管、分液漏斗、锥形瓶、烧杯、阿贝折光仪等。

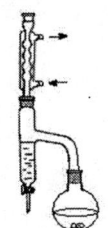
图 3-28　回流分水反应装置
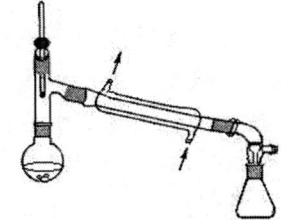
图 3-29　蒸馏装置
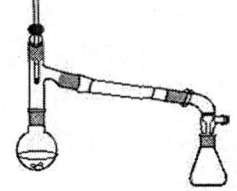
图 3-30　空气冷凝蒸馏装置

四、实验操作步骤

1. 回流分水制粗产物

按图 3-28 安装回流分水反应装置，在 50 mL 圆底烧瓶中依次加入 4 g(0.033 mol)苯甲酸、12 mL(0.204 mol)无水乙醇、8.0 mL 环己烷、2 mL 浓硫酸，充分摇匀[3]，加几粒沸石。从分水器上端小心加水至分水器支管处，然后再放去 3 mL。

将烧瓶置于水浴上进行加热回流，开始时回流速度要慢[4]，随着回流的进行，分水器中出现了上、中、下三层液体[5]，且中层液体越来越多。当分水器中的中层液体达 3 mL 时[6]即可停止加热（约 80 min 后）。将中、下层液体放出并记录体积。继续用水浴加热，使多余的环己烷和乙醇蒸至分水器中[7]，至瓶内有白烟或无液滴回流下来时，即可停止加热，冷却。

2. 分离纯化

将冷却后的残液倒入盛有 30 mL 水的烧杯中,在搅拌下分批加入固体碳酸钠粉末[8],中和至无二氧化碳气体产生,用 pH 试纸检验呈中性。

将中和后的混合液用分液漏斗分出粗产物[9],水层用 10 mL 乙酸乙酯萃取。然后将有机层和粗产物合并,加入适量无水氯化钙干燥约 30 min。

将干燥后的液体小心倾倒入干燥的圆底烧瓶,加入 2 粒沸石,安装好蒸馏装置(图 3-29),先用电加热套蒸去乙酸乙酯,再换成空气冷凝蒸馏装置(图 3-30)继续加热蒸馏,收集 210~213 ℃馏分。称重(产量约 3~4 g),计算产率。

3. 测折光率

取适量产品馏分,测其折光率,并与纯品折光率($n_D^{20}=1.5001$)进行对比。

五、操作注意事项

1. 仪器干燥要充分彻底,使用分水器时要小心,装置安装要平稳、严密。
2. 注意浓硫酸的取用安全,加入浓硫酸时应慢加且混合均匀,防止碳化。
3. 回流分水时,反应温度不能过高,防止局部过热,保持平稳回流。
4. 在萃取时,若两相之间出现絮状物或乳浊液,难以分层时,可多加适量乙酸乙酯。

六、思考题

1. 本实验采用什么措施来提高反应产率?为什么使用分水器除水?
2. 反应开始时为什么不能加热太快?为什么用水浴加热回流?
3. 浓硫酸的作用是什么?常用酯化反应的催化剂有哪些?
4. 在萃取和分液时,两相之间有时会出现絮状物或乳浊液,难以分层,如何解决?

注释:

[1] 苯甲酸乙酯(ethyl benzoate):别名安息香酸乙酯;分子式 $C_9H_{10}O_2$,分子量 150.17,熔点 -34.6℃,沸点 212.6℃,相对密度(20/4℃)1.05,折光率(n_D^{20})1.5001;无色透明液体,有芳香气味,微溶于热水,与乙醇、乙醚、石油醚等混溶。用于配置香水香精和人造精油等,也大量用于食品中,也可用作有机合成中间体、溶剂等。

[2] 由于苯甲酸乙酯的沸点较高,很难蒸出,所以本实验采用加入环己烷的方法,使环己烷、乙醇和水形成三元共沸物,其沸点为 62.1℃(组成:水 4.8%、乙醇 19.7%、环己烷 75.5%)。三元共沸物经过冷却形成两相,在分水器中,环己烷在上层的比例大,再流回反应瓶,而水在下层的比例大,放出下层即可除去反应生成的水,使平衡向生成酯的方向移动。

[3] 浓硫酸要最后加入,而且要慢慢加入,边加边摇,防止剧烈溢出。如不充分摇动,硫酸局部过浓,加热后易使反应溶液变黑。

[4] 开始必须慢慢加热,如回流速度过快易形成液泛。

[5] 分水器中的三层液体分别是:最下层为原来加入的纯水。由反应瓶中蒸出的馏出液为三元共沸物即水-乙醇-环己烷(沸点为 62.6℃,其中含水 4.8%、乙醇 19.7%、环己烷 75.5%),它从冷凝管

第三部分　基础合成实验

流入分水器后分为两层,上层主要是由环己烷、乙醇和极少量水组成;下层(即分水器中的中层)主要是由极少量环己烷、乙醇和水组成。

[6] 根据理论计算,反应带出的总水量约 1g 左右。因本反应是借助共沸蒸馏带出反应中生成的水,共沸物中下层(即分水器中的中层)的总体积约 3 mL。

[7] 当多余的环己烷和乙醇充满分水器时,可由活塞放出,回收到指定容器,注意放出时禁明火。也可以去掉分水器,改为蒸馏装置蒸出多余的环己烷和乙醇。

[8] 加碳酸钠的目的是除去硫酸和未反应的苯甲酸,要研细后慢慢分批加入,避免因反应过于剧烈产生大量的泡沫而使液体溢出。

[9] 粗产物在上层,若粗产物中含有絮状物难以分层时,可直接加入适量乙酸乙酯进行萃取。

实验 25　乙酰水杨酸的制备

一、实验目的

1. 了解乙酰水杨酸的来源及其在医药上的应用价值;
2. 掌握酸酐和水杨酸在酸催化下制备乙酰水杨酸的原理和方法;
3. 巩固有机固体化合物的抽滤、重结晶、熔点测定等基本操作。

二、实验原理

早在 18 世纪,人们就已经从柳树皮中提取了水杨酸,并认识到它可以作为治痛、退热和抗炎药物,缺点是对肠胃的刺激作用较大。19 世纪末,人们成功合成了一种可以替代水杨酸的有效药物"乙酰水杨酸"[1],俗称阿斯匹林(aspirin)。阿斯匹林作为一个有效的解热止痛、治疗感冒的药物,至今仍广泛使用。

乙酰水杨酸是由水杨酸(邻羟基苯甲酸)与乙酸酐进行酯化反应而得到。水杨酸是一个含有酚羟基和羧基的双官能团化合物,羧基和羟基都可以发生酯化。当其酚羟基与乙酸酐进行反应时,可得到乙酰水杨酸;当其羧基与醇类发生反应时,得到的是水杨酸某酯,如其与甲醇发生酯化反应得到的水杨酸甲酯是冬青油(由冬青树提取而得)的主要成分。

本实验是在少量浓硫酸催化下,利用水杨酸的酚羟基与乙酸酐发生反应来制备乙酰水杨酸。主要反应式为:

$$\text{水杨酸} + (CH_3CO)_2O \xrightarrow{H^+} \text{乙酰水杨酸} + CH_3COOH$$

实验中可能的副反应是由水杨酸分子间发生缩合生成少量聚合物而产生的,反应式如下:

$$n \underset{OH}{\underset{|}{\text{COOH}}} \xrightarrow{H^+} \cdots\text{—O—}\overset{O}{\overset{\|}{C}}\text{—} \cdots\text{—O—}\overset{O}{\overset{\|}{C}}\text{—}\cdots \overset{O}{\overset{\|}{C}}\text{—O—} + nH_2O$$

反应产物乙酰水杨酸因含有羧基可溶于碱液,而聚合物却难溶于水、难溶于碱溶液。因此对反应粗产物进行纯化时可加入饱和碳酸氢钠溶液,使其与乙酰水杨酸反应生成水溶性钠盐,而聚合物不溶于饱和碳酸氢钠溶液,通过抽滤可将产物与杂质分开,从而达到分离的目的。

本实验可以利用三氯化铁来检验产品的纯度:由于酚羟基可与三氯化铁水溶液反应形成深紫色溶液,所以未反应的水杨酸与三氯化铁溶液反应呈紫色,而纯净的乙酰水杨酸不会产生紫色。

三、实验主要用品

主要试剂及性质:水杨酸、乙酸酐、浓硫酸、饱和碳酸钠溶液、20%盐酸、1%三氯化铁溶液、乙醇。

名称	分子量	熔点/℃	沸点/℃	相对密度/20℃	特性
水杨酸	138.12	158~161	211	1.44	白色针状晶体或毛状结晶性粉末,溶于水,易溶于乙醇等,具刺激性和腐蚀作用。
乙酸酐	102.09	-73.1	138.6	1.081	无色透明液体,有刺激气味,溶于水形成乙酸,溶于乙醇等,易燃,低毒,有腐蚀性。
浓硫酸	98.08	10	338	1.84	无色无味油状液体,易溶于水,有很强腐蚀性。

主要仪器:锥形瓶、温度计、烧杯、布氏漏斗、吸滤瓶、玻璃棒、表面皿、真空循环水泵等。

四、实验操作步骤

1. 制备粗产物

称取 2 g(0.014 mol)干燥的水杨酸放入 100 mL 锥形瓶中,依次加入 5 mL(0.053 mol)乙酸酐[2]和4滴浓硫酸,充分摇动锥形瓶使水杨酸全部溶解。然后将锥形瓶置于85~90℃水浴中加热,保持瓶内温度在70℃左右[3],维持反应20 min左右,并不时摇动使反应尽可

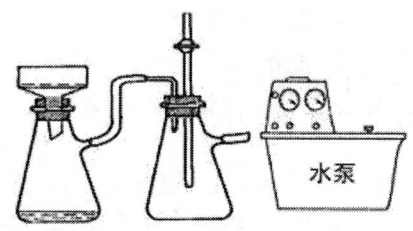

图 3-31 抽滤装置

能完全。

反应完全后,停止加热,取出锥形瓶待反应混合物冷却至室温后,在不断搅拌下,缓缓加入 30 mL 冷水,并将锥形瓶置于冰水浴中冷却 10 min 左右,使结晶完全析出。抽滤(图 3-31),并用少量冷水洗涤结晶。抽干,得到乙酰水杨酸粗产物。

2. 分离纯化

将粗产物转移至 100 mL 烧杯中,在搅拌下加入 25 mL 饱和碳酸氢钠溶液,加完后继续搅拌直到不再有二氧化碳产生为止。抽滤,并用 5 mL 水洗涤。然后将滤液倒入 100 mL 烧杯中,缓缓加入 20% 盐酸 10~20 mL,边加边搅拌,即有乙酰水杨酸结晶逐渐析出。将烧杯置于冰水浴中,使结晶完全。抽滤,用少量冷水洗涤滤饼 2~3 次,然后抽干。将晶体转移至表面皿上,干燥。称重(产量约 1~2 g),计算产率。

取少量乙酰水杨酸晶体(若干晶粒即可),溶入几滴乙醇或少量水中,并滴加 1~2 滴 1% 三氯化铁溶液,观察颜色变化[4]。

若要得到更纯产品,可用乙醇-水混合溶剂进行重结晶:先将粗产品溶于少量乙醇中(约 5 mL),溶解时在水浴上小心加热,再加少量热水直至溶液中出现混浊,再继续加热至澄清[5]。趁热过滤,将滤液静置,慢慢冷却至室温,使晶体完全析出[6]。抽滤,用少许冷水洗涤,抽干得白色晶体,干燥。

3. 测熔点

将重结晶得到的乙酰水杨酸进行熔点测定,并与纯品熔点(mp:136~140℃)进行比较。

五、操作注意事项

1. 所用仪器要全部干燥,反应试剂水杨酸和乙酸酐用前需经处理。
2. 注意加料顺序,反应试剂的加入一定要按顺序依次加入,否则水杨酸会被氧化。
3. 反应过程要注意控制好温度(水浴温度<90℃),温度过高会加快副产物的生成。
4. 由于产品微溶于水,所以抽滤时要用少量冷水洗涤,不能用水太多,以防损失。
5. 乙酰水杨酸受热后易发生分解,因此重结晶时不宜长时间加热。

六、思考题

1. 在水杨酸与乙酸酐的反应过程中浓硫酸的作用是什么?

2. 为什么实验需控制反应温度在70℃左右？

3. 本实验能否用乙酸来代替乙酸酐？

4. 在浓硫酸存在下，水杨酸与乙醇反应会得到什么？写出反应式。

注释：

[1] 乙酰水杨酸(acetylsalicylic acid, aspirin)：别名阿司匹林，醋柳酸；分子式 $C_9H_8O_4$，分子量 180.16，熔点 136~140℃，沸点 321.4℃，相对密度(20/4℃)1.35；白色针状结晶或结晶性粉末，微溶于水，溶于乙醇、乙醚、氯仿，也溶于氢氧化碱溶液或碳酸溶液，同时分解。阿司匹林是使用最多、使用时间长的解热、镇痛和消炎药物，用于治感冒、发热、头痛、牙痛、关节痛、风湿病，还能抑制血小板聚集，用于预防和治疗缺血性心脏病、心绞痛、心肺梗死、脑血栓形成等。

[2] 水杨酸应是干燥的，乙酸酐应是新蒸的，收集 139~140℃ 的馏分。

[3] 反应温度不宜过高，否则将增加其他副产物的生成，如水杨酰水杨酸酯、乙酰水杨酰水杨酸酯。反应式为：

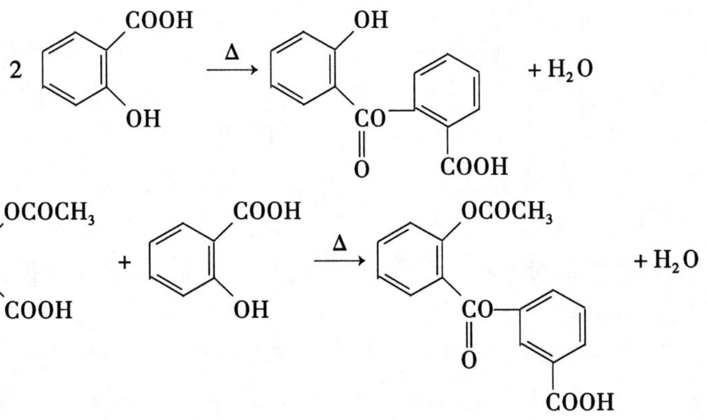

[4] 若观察到有紫色出现，说明产物不纯，仍有水杨酸存在，需要对产品进行重结晶；若无颜色变化则认为纯度基本达到要求。

[5] 用易燃有机溶剂(如乙醇)重结晶时需用水浴加热，禁用明火，溶剂量大时需采用回流装置。此重结晶时加热不能太久，以防乙酰水杨酸分解。

[6] 如不析出结晶，可用玻璃棒摩擦瓶壁。若还无晶体析出，则可先在水浴上浓缩，稍冷后置于冰水中冷却。

八、酯类化合物的水解反应

酯在纯水中基本上不反应，即使加热反应也很慢。一般情况下，酯的水解需要在酸或碱的催化下进行。

酯的酸性水解是酯化反应的逆反应，在酸性溶液中，酯、水、羧酸和醇在酸的催化下形成动态平衡，反应式为：

$$R-\underset{O}{\overset{O}{C}}-OR' + H_2O \underset{}{\overset{H^+}{\rightleftharpoons}} R-\underset{O}{\overset{O}{C}}-OH + R'OH$$

平衡的移动取决于反应的条件。当反应体系中有大量水存在时,有利于酯的水解,平衡向生成羧酸和醇的方向移动。例如:

$$C_6H_5\underset{Cl}{CH}COCH_2CH_3 + H_2O \xrightarrow[\Delta]{HCl} C_6H_5\underset{Cl}{CH}COOH + CH_3CH_2OH$$
$$80\sim82\%$$

酯在碱性溶液中水解时,碱的用量要比1mol多,因OH⁻是较强的亲核试剂,容易与酯羰基发生亲核反应,而且碱又可以与生成的羧酸作用使其转变为盐而从平衡中除去,有利于平衡反应的正向移动,使水解进行到底。因此碱实际上不仅是催化剂,还是反应试剂。反应式为:

$$R-\underset{}{\overset{O}{\underset{\|}{C}}}-OR' + H_2O \xrightleftharpoons{NaOH} R-\underset{}{\overset{O}{\underset{\|}{C}}}-OH + R'OH$$
$$\downarrow$$
$$RCOONa + H_2O$$

酯的水解反应速率受酯羰基邻近基团的影响十分明显。酯分子中与羰基相连的烃基(R)或烷氧烃基(OR')的体积大小所产生的空间位阻对酯的水解是不利的。一般认为,R和R'的体积越大,空间位阻越大,酯的酸性或碱性条件下的水解速率都会越慢。

酯的碱性水解速率还与OH⁻的浓度成正比,OH⁻的浓度越大,水解速率越快。此外,酯分子中与羰基相连的基团中的吸电子基的存在,也会加速碱性水解的反应速率。例如三氟乙酸酯的碱性水解在室温下就能顺利进行。

$$CF_3-\overset{O}{\underset{\|}{C}}-OC_2H_5 + OH^- \longrightarrow CF_3-\overset{O}{\underset{\|}{C}}-O^- + C_2H_5OH$$

在酸和碱不同的条件下,酯的水解经历的反应历程不同。大多数伯、仲醇的羧酸酯在酸催化下水解,酯分子中的羰基氧接受质子变成质子化的羰基,增加了羰基的反应活性,易于与水分子发生亲核加成,形成四面体正离子中间体,再通过质子转移,消去醇分子,最后脱质子得到羧酸。用反应式可以表示为:

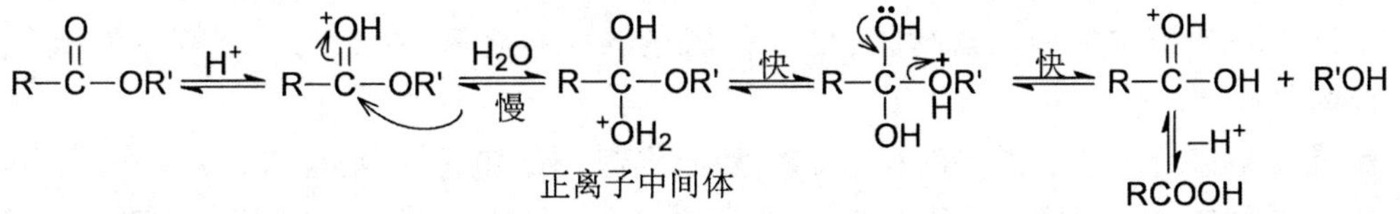

$$R-\overset{O}{\underset{\|}{C}}-OR' \xrightleftharpoons{H^+} R-\overset{+OH}{\underset{\|}{C}}-OR' \xrightleftharpoons[慢]{H_2O} R-\underset{+OH_2}{\overset{OH}{\underset{|}{C}}}-OR' \xrightleftharpoons{快} R-\underset{OH}{\overset{OH}{\underset{|}{C}}}-\overset{\ddot{O}H}{\underset{}{\overset{}{O}}}R' \xrightleftharpoons{快} R-\overset{+OH}{\underset{\|}{C}}-OH + R'OH$$
$$正离子中间体 \qquad\qquad \updownarrow -H^+$$
$$RCOOH$$

实验证实大多数酯在碱性条件下水解,首先是亲核性强的OH⁻作为亲核试剂进攻羰基碳原子,形成四面体负离子中间体,然后很快消去RO⁻基团,RO⁻为强碱,立即夺取羧酸中的质子,形成稳定的羧酸负离子和醇,从而使水解反应进行完全。用反应式表示如下:

$$\underset{\text{负离子中间体}}{R-\overset{O}{\underset{OH}{C}}-OR' + \bar{O}H \underset{}{\overset{\text{慢}}{\rightleftharpoons}} R-\overset{O^-}{\underset{OH}{C}}-OR'} \overset{\text{快}}{\rightleftharpoons} R-\overset{O}{C}-OH + {}^-OR' \overset{\text{快}}{\longrightarrow} RCOO^- + R'OH \\ \downarrow NaOH \\ RCOONa + H_2O$$

由于酯的碱性水解是不可逆的,速率又比较快,是酯进行水解常采用的方法。许多世纪以来,一直用油脂的碱性水解生成肥皂,因此,酯的碱性水解又称为皂化(saponification)。

酯的水解反应在油脂工业上非常重要,很多天然存在的脂肪、油或蜡,常需用水解方法得到相应的羧酸。酯的水解反应也常用于分析和测定酯的结构,通过水解得到的酸和醇,就可进一步得知酯的结构。

实验26　透明肥皂的制备

一、实验目的

1. 了解透明肥皂的性能、特点和用途;
2. 熟悉透明肥皂制备配方中各原料的作用;
3. 巩固酯水解的基本知识及油脂的碱性水解(皂化反应);
4. 掌握实验室透明肥皂制备的操作过程与技巧。

二、实验原理

以各种天然的动植物油脂为原料,与碱发生皂化反应而制得肥皂,是目前仍在使用的生产肥皂的传统方法。反应式如下:

$$\begin{array}{l} CH_2OCOR_1 \\ | \\ CHOCOR_2 \\ | \\ CH_2OCOR_3 \end{array} + 3NaOH \xrightarrow{H_2O} \begin{array}{l} CH_2OH \\ | \\ CHOH \\ | \\ CH_2OH \end{array} + \begin{array}{l} R_1COONa \\ R_2COONa \\ R_3COONa \end{array}$$

油脂[1]是指植物油和动物脂肪,是制备肥皂的原料之一,在制肥皂过程中它提供长链脂肪酸。

碱是油脂进行水解所需要的反应试剂和催化剂,常用的碱主要是碱金属氢氧化物,由碱金属氢氧化物制成的肥皂具有良好的水溶性。不同种类的油脂,由于其组成有别,进行皂化反应时需要的碱量不同。皂化时需要的碱量与各种油脂的皂化值[2]和酸值有关。

透明肥皂[3]以牛羊油、椰子油、蓖麻油等含不饱和脂肪酸较多的油脂为原料,与氢氧化钠溶液发生皂化反应而制得。加入乙醇、蔗糖能促使肥皂透明,加入结晶阻化剂,能有效提高透明度,这样制得的透明、光滑的透明皂可以作为皮肤清洁用品。

第三部分 基础合成实验

为了改善肥皂产品的外观和拓宽用途,可加入色素、香料、抑菌剂、消毒药物以及酒精、白糖等,以制成香皂或药皂等产品。

三、实验主要用品

主要试剂:牛油、椰子油、蓖麻油、蔗糖、30%氢氧化钠溶液、95%乙醇、甘油、蒸馏水、香精。

主要仪器:烧杯、温度计、玻璃棒、肥皂模具等。

四、实验操作步骤

量取30%氢氧化钠溶液6.5 mL和95%乙醇3 mL,将它们转移至50 mL烧杯中,混匀备用。

另取一个50 mL烧杯,加入甘油1.25 g,蔗糖5 g,蒸馏水5 mL,搅拌均匀,预热至80℃,呈透明状,备用。

往150 mL烧杯中依次加入牛油5 g、椰子油5 g,将其置于75℃左右的热水浴中混合融化[4]。然后加入蓖麻油4 g混溶[5]。快速将已配置好的氢氧化钠和乙醇的混合液加入到油脂融化后的烧杯中,控制水浴温度75℃左右,匀速搅拌,进行皂化反应,待反应结束后[6]停止加热。

将事先预热好的甘油、蔗糖及水的混合液在搅拌下加入到已皂化反应完全的烧杯中,搅拌均匀,降温至60℃,加入1~2滴香精,继续搅匀后,倒入预先准备好的模具(用冷水冷却)或烧杯中,迅速凝固,得透明、光滑的透明肥皂[7]。

五、操作注意事项

1. 控制水浴温度75℃左右,均匀搅拌防止浴锅。
2. 防止乙醇的挥发,若乙醇挥发过多,会使肥皂变得不透明,需适当补加少量乙醇。
3. 皂化反应要彻底,若皂化不完全,制成的皂基不能透明,且影响洗涤效果。

六、思考题

1. 为什么蓖麻油不与其他油脂一起加入,而在加碱前才加入?
2. 在制备肥皂过程中,如何判断皂化反应结束?
3. 制肥皂时常会加入一些甘油和蔗糖,为什么?

注释:

[1] 由于以 C_{12}~C_{18} 的脂肪酸组成的肥皂洗涤效果好,所以制肥皂的常用油脂是椰子油(C_{12}为主)、棕榈油(C_{16}~C_{18}为主)、猪油或牛油(C_{16}~C_{18}为主)等。脂肪酸的不饱和度会对肥皂品质产生影响。不饱和度高的脂肪酸制成的肥皂,质软而难成块状,抗硬水性能也较差。所以通常要把部分油脂催化加氢使之成为氢化油,然后与其他油脂搭配使用。

[2] 皂化值是指完全皂化1g油脂所需的氢氧化钾的毫克数。以下是一些油脂的皂化值。

油脂	椰子油	花生油	棕仁油	牛油	猪油
皂化值	185	137	250	140	196

皂化值的高低表示油脂中脂肪酸分子量的大小(即碳原子的多少)。皂化值愈高,说明脂肪酸分子量愈小,亲水性较强,易失去油脂的特性;皂化值愈低,说明脂肪酸分子量愈大或含有较多的不皂化物,油脂接近固体。

[3] 透明肥皂(transparent soap):能看清皂体后面手指的肥皂或切成6.35mm的皂块能看清4号14点印刷字体的肥皂,简称透明皂。其使用精炼的、色泽非常浅的油脂,如牛油、椰子油等,另外还要加入作透明剂的乙醇、甘油、蔗糖等。透明皂的脂肪酸钠皂含量较低,一般38%~9%。可用于洗脸化妆、洗衣去污等。

[4] 注意搅拌防止浴锅,另外如有杂质,应用保温漏斗套趁热过滤,保持油脂澄清。

[5] 过热会使蓖麻油色泽变深,因此不宜与其他油脂一起加入,而是在加入碱液前加入。

[6] 判断皂化是否结束方法,可取少许样品溶解在蒸馏水中,呈清晰状表明皂化反应结束,即可停止加热。

[7] 刚制成的透明肥皂太软,需放置一段时间(一周左右)蒸发表面的水与乙醇。

九、酰胺类化合物的制备

酰胺可看作是羧酸分子中羧基中的羟基被氨基或烃氨基(–NHR或–NR$_2$)取代而成的化合物,也可看作是氨或胺分子中氮原子上的氢被酰基取代而成的化合物。酰胺广泛存在于自然界,如在生命活动中起重要作用的蛋白质就是以酰胺键–CONH–(即肽键)相连的化合物,许多生物碱如秋水仙碱、麦角碱等分子结构中也都含有酰胺键。

常用于合成酰胺的方法主要有以下几种。

1. 羧酸衍生物的氨(胺)解

酰卤(酰氯、酰溴)与氨或胺作用是合成酰胺的最简便的方法。通常酰氯、酰溴与脂肪族、芳香族胺均可迅速进行酰化反应生成酰胺。一般情况下,酰氯、酰溴与胺反应是放热的,有时甚至极为激烈,因此通常在低温下(用冰冷却)进行反应。反应常用的溶剂为二氯乙烷、乙醚、四氯化碳、甲苯等。由于反应中生成卤化氢,因此需要用碱除去卤化氢,以防止其与胺形成盐。常用的有机碱有三乙胺、吡啶等,常用的无机碱有碳酸钠、碳酸氢钠、氢氧化钠(钾)等。例如:

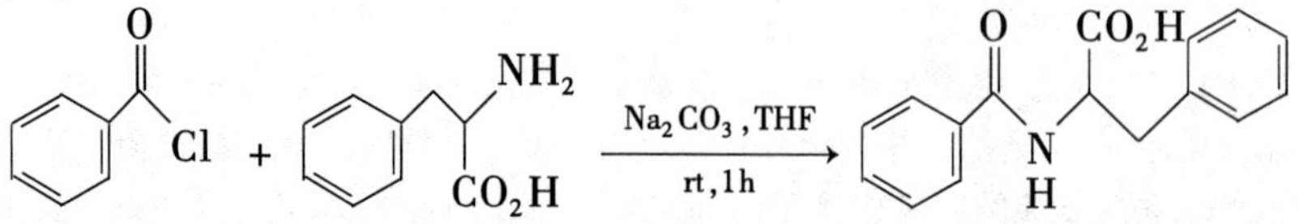

酸酐与酰卤类似,也能用作胺的酰化剂,但酸酐的活性比相应的酰卤弱,因此它的胺解反应速度比酰卤慢,常用硫酸、过氧酸等作催化剂。例如:

第三部分 基础合成实验

$$\text{MeO-}\underset{\text{O}}{\underset{||}{\text{C}}}\text{-}\underset{\text{O}}{\underset{||}{\text{C}}}\text{-O} \xrightarrow[\text{低温}]{\text{RNH}_2} \text{MeO-}\underset{\text{CONHR}}{\text{-COOH}} + \text{MeO-}\underset{\text{CONHR}}{\text{-COOH}}$$

通常酯的氨解通过氨的醇溶液或氨水来进行，可以很顺利地得到酰胺。N-取代酰胺可以利用相应的伯胺或仲胺与酯直接反应得到。反应条件的选择主要看酯的活性程度，一般来说，脂肪羧酸酯比芳香羧酸酯的反应活性强，与氨（胺）反应相对容易进行。在某些条件下，此类反应还需要氢氧化钠、醇钠、丁基锂等强碱存在才能够顺利进行。例如：

$$\underset{\text{Me}}{\text{COOMe}} \xrightarrow[80℃, 2\text{days}]{\text{NH}_4\text{OH, EtOH}} \underset{\text{Me}}{\text{CONH}_2}$$

$$\text{MeO-C}_6\text{H}_4\text{-COOEt} + \text{C}_6\text{H}_5\text{NH}_2 \xrightarrow[\text{DMSO}]{\text{NaOH}} \text{MeO-C}_6\text{H}_4\text{-CONHC}_6\text{H}_5$$

2. 羧酸与胺反应

羧酸与胺的反应是合成酰胺的重要方法，此反应是一个可逆反应，采用过量的反应物之一或除去反应中生成的水，均有利于平衡向产物方向移动。除去水的方法通常是在反应物中加入苯或甲苯进行共沸蒸馏。例如：将α-羟基乙酸及苄胺于90℃共热，并蒸出生成的水及过量的苄胺，则生成α-羟基乙酰基苄胺。

$$\text{HOCH}_2\text{COOH} + \text{PhCH}_2\text{NH}_2 \xrightarrow{90℃} \text{HOCH}_2\text{CNHCH}_2\text{Ph}$$

3. 腈的水解

腈与水反应可以得到伯酰胺。由于伯酰胺会继续水解为羧酸，因此需要根据底物的特性选择酸性、碱性或中性的水解条件。

在酸性条件下与饱和碳相连的氰基，可以在酸中顺利水解转化为酰胺，并容易进一步水解成酸。但乙烯基或芳基腈的水解一般需要强酸条件，而且一般不会进一步水解。例如：

$$\text{C}_6\text{H}_5\text{-CH}_2\text{CN} \xrightarrow[40\sim50℃]{35\%\text{HCl, H}_2\text{O}} \text{C}_6\text{H}_5\text{-CH}_2\text{CNH}_2$$

在碱性条件下，利用过氧化氢氧化的方法可在室温下短时间内水解腈为伯酰胺。例如：

$$\text{Cl}-\!\!\!\!\bigcirc\!\!\!\!-\text{CN} \xrightarrow[\text{DMSO, rt, 5min}]{30\% \text{ H}_2\text{O}_2, \text{K}_2\text{CO}_3} \text{Cl}-\!\!\!\!\bigcirc\!\!\!\!-\overset{\overset{\text{O}}{\|}}{\text{C}}\text{NH}_2$$

4. Beckmann(贝克曼)重排

贝克曼重排是由德国化学家恩斯特·奥托·贝克曼发现的。脂肪族醛酮或芳香族醛酮与氨的衍生物羟胺作用生成的化合物称为肟(由醛生成的为醛肟,由酮生成的为酮肟),肟在酸如硫酸、多聚磷酸、五氯化磷、三氯化磷、苯磺酰氯、亚硫酰氯等作用下发生分子重排,生成相应的取代酰胺。这种由肟变成酰胺的重排反应,称为Beckmann(贝克曼)重排。若起始物为环肟,产物则为内酰胺。

不对称的醛肟或酮肟进行重排时,通常是肟羟基反式位置的烃基迁移到N原子上,即为反式迁移。在重排过程中,烃基的迁移与羟基的离去是同时进行的。该反应是立体专一性的。其反应机理用反应式表示如下:

$$\underset{R_2}{\overset{R_1}{>}}\text{C=N}\text{OH} \xrightarrow{\text{H}^+} \underset{R_2}{\overset{R_1}{>}}\text{C=N}\overset{+}{\text{OH}_2} \xrightarrow{-\text{H}_2\text{O}} \underset{R_2}{\overset{+}{\text{C}}}=\text{N}-R_1 \xrightarrow{\text{H}_2\text{O}} \text{H}-\overset{+}{\underset{|}{\text{O}}}\text{H}\underset{R_2}{>}\text{C=N}-R_1$$

$$\xrightarrow{-\text{H}^+} \underset{R_2}{\overset{\text{HO}}{>}}\text{C=N}-R_1 \rightleftharpoons \underset{R_2}{\overset{\text{O}}{\|}}\text{C}-\text{NH}-R_1$$

应用贝克曼重排可以合成一系列酰胺,尤其是从环己酮肟重排为己内酰胺具有重要的工业合成价值。

实验27 乙酰苯胺的制备

一、实验目的

1. 掌握利用苯胺的酰化反应制备乙酰苯胺的原理和操作方法;
2. 熟悉分馏装置的安装及分馏柱在合成中的应用;
3. 巩固有机固体化合物的抽滤、重结晶、熔点测定等操作方法。

二、实验原理

胺的酰化反应是指伯胺或仲胺氮原子上的氢被酰基取代生成N-烃基酰胺或N-二烃基酰胺的反应。胺的酰化反应在有机合成中有着重要的作用,常用于芳胺的氨基保护。反应时先把氨基乙酰化后再进行其他反应,最后可在酸或碱的催化下将乙酰基水解脱去。

芳胺可用酰氯、酸酐或冰醋酸(乙酸)加热来进行酰化,其中芳胺与乙酰氯反应最激烈,乙酸酐次之,冰醋酸最慢。由于冰醋酸易得,价格便宜,实验室常用冰醋酸进行酰化。

本实验利用苯胺与冰醋酸共热进行酰化反应来制备乙酰苯胺[1]。反应式如下：

$$\text{C}_6\text{H}_5-\text{NH}_2 + \text{CH}_3\text{COOH} \xrightleftharpoons[\text{Zn}]{\Delta} \text{C}_6\text{H}_5-\text{NHCCH}_3 + \text{H}_2\text{O}$$

苯胺与冰醋酸的反应为可逆反应，反应速率较慢，由于反应物冰醋酸的沸点比水略高，故加热时很容易随水被蒸出从而降低反应物的利用率。为了提高乙酰苯胺的产率，可采用冰醋酸过量，并利用分馏柱将反应中生成的水从平衡中除去，使平衡向生成乙酰苯胺的方向移动，而反应物冰醋酸则不被蒸出，可回流到烧瓶内继续参与反应。

此外，为防止苯胺在反应过程中被氧化，可在反应时加入少量锌粉。

三、实验主要用品

主要试剂及性质：苯胺、冰醋酸、锌粉、活性炭。

名称	分子量	熔点/℃	沸点/℃	相对密度/20℃	特性
苯胺	93.14	-6.3	184.4	1.022	无色油状液体，稍溶于水，易溶于乙醇等，可燃，高毒性。
冰醋酸	60.05	16.6	117.9	1.050	无色液体，有刺鼻的醋酸味，易溶于水、乙醇等，有腐蚀性。

主要仪器：圆底烧瓶、刺形分馏柱、蒸馏头、温度计、温度计套管、直形冷凝管、真空接液管、锥形瓶、烧杯、布氏漏斗、吸滤瓶、真空循环水泵等。

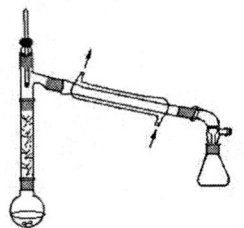
图 3-32　分馏反应装置

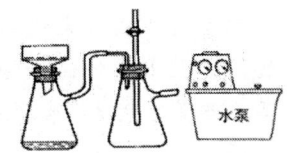
图 3-33　抽滤装置

四、实验操作步骤

1. 苯胺乙酰化反应

按图 3-32 安装分馏反应装置。在 50 mL 圆底烧瓶中，加入 5 mL(0.055mol)苯胺、7.5 mL(0.131mol)冰醋酸及少许锌粉(约 0.05 g)[2]，再加入 2~3 粒沸石。

将圆底烧瓶用电加热套小火加热，使反应物保持微沸约 15 min。然后逐渐升高温度，当温度计读数达到 100℃左右时，支管即有液体馏出。维持温度(必要时对分馏柱保温)

在100~110℃之间[3],反应约40 min,生成的水及大部分醋酸已被蒸出。当温度计读数下降时,表示反应已经完成,停止加热。

2. 分离纯化

在搅拌下趁热将反应混合物倒入盛50 mL冰水的烧杯中[4],充分搅拌,冷却,使乙酰苯胺结晶呈细颗粒析出。抽滤(图3-33)析出的固体,用少量冷水洗涤,得粗产物乙酰苯胺。

粗产物用水重结晶:将粗产物移入盛有50 mL热水的烧杯或锥形瓶中,加热煮沸使之完全溶解[5],稍冷后加入少量活性炭(约0.2 g),加热煮沸3~5 min,趁热抽滤[6]。将滤液转移至烧杯中,冷却至室温,乙酰苯胺呈白色片状晶体析出。抽滤,用少量冷水洗涤产品,尽量挤压以除去晶体中的水分。最后将产品转移至洁净的表面皿中,晾干,称重(产量约4~5 g),计算产率。

3. 测熔点

取少许干燥后的产品进行熔点测定,并与纯品熔点(mp:114.3℃)进行比较。

五、操作注意事项

1. 苯胺毒性较大,使用时要在通风橱中操作,应避免长期接触皮肤或吸入其蒸气。
2. 严格控制分馏柱顶端的温度在100~110℃,以保证能将水蒸出而醋酸不被蒸出。
3. 加活性炭时,不能在溶液沸腾时加入,否则会引起突然暴沸,致使溶液冲出容器。应当在溶液稍冷后加入。
4. 为了能得到较好的固体结晶,滤液结晶时速度要尽量慢;如晶体不能析出,可用玻璃棒摩擦烧杯壁促使晶体析出。

六、思考题

1. 本实验中采取了哪些措施来提高乙酰苯胺的收率?
2. 为什么在反应过程中要控制分馏柱顶部的温度在100~110℃?
3. 由苯胺制备乙酰苯胺时,可采用哪些化合物作酰化试剂?

注释:

[1] 乙酰苯胺(acetanilide):又称 N - 苯基乙酰胺、退热冰;分子式 C_8H_9NO,分子量135.17,熔点114.3℃,沸点304℃,相对密度(15/4℃)1.2190,折光率(n_D^{20})1.5860;白色有光泽片状结晶或白色结晶粉末,微溶于冷水,溶于热水、甲醇、乙醇、乙醚、氯仿、丙酮、甘油和苯等,不溶于石油醚。是磺胺类药物的原料,可用作止痛剂、退热剂、防腐剂和染料中间体,工业上可作橡胶硫化促进剂、纤维脂涂料的稳定剂、过氧化氢的稳定剂,以及用于合成樟脑等。

[2] 久置的苯胺因为氧化而颜色较深含有杂质,用前应重新蒸馏提纯。锌粉不能加入过多,否则在后处理中会出现不溶于水的氢氧化锌沉淀。

[3] 醋酸的沸点117.9℃,温度过高会使未反应的醋酸被蒸出而降低其利用率,且苯胺易被氧化,生成副产物;温度过低又不能除去反应生成的水。因此将反应温度控制在100~110℃左右较合适。

[4] 反应物冷却后,固体产物立即析出,沾在瓶壁不易理处。故须趁热在搅动下倒入冷水中,以除去过量的醋酸及未作用的苯胺(它可成为苯胺醋酸盐而溶于水)。

[5] 若在加热溶解过程中仍有油珠出现,需要补加适量的热水,直到油珠完全溶解为止。

[6] 为防止在过滤过程中析出产品而导致损失,可事先将吸滤瓶用铁夹夹住放在热水浴中预热,布氏漏斗在使用前也要放在热水浴中预热。

实验 28 己内酰胺的制备

一、实验目的

1. 学习肟的合成方法和贝克曼重排反应及反应机理;
2. 掌握实验室以贝克曼重排反应来制备己内酰胺的原理和方法;
3. 巩固萃取、抽滤、蒸馏等基本操作。

二、实验原理

己内酰胺[1]是一种重要的有机化工原料,工业上主要用来合成聚己内酰胺树脂即尼龙-6。本实验是以环己酮为原料,先与羟胺反应生成环己酮肟,然后在硫酸作用下发生贝克曼重排得到己内酰胺。反应式及反应机理如下:

环己酮 + $NH_2OH \cdot HCl$ → 环己酮肟

环己酮肟 $\xrightarrow{浓H_2SO_4}$ → $-H_2O$ → $+H_2O$ → $-H^+$ → 己内酰胺

三、实验主要用品

主要试剂及性质:环己酮、盐酸羟胺、无水醋酸钠、85%硫酸、二氯甲烷、20%氨水溶液、无水硫酸镁、石油醚。

名称	分子量	熔点/℃	沸点/℃	相对密度/20℃	特性
环己酮	98.14	-47	155.6	0.95	无色透明液体,微溶于水,可混溶于醇等,易燃,具刺激性,有毒。
盐酸羟胺	69.49	152	/	1.67 (17℃)	无色结晶,易潮解,溶于热水、醇等,有毒,具腐蚀性。

续表

名称	分子量	熔点/℃	沸点/℃	相对密度/20℃	特性
无水醋酸钠	82.03	324	/	1.528	无色结晶体,易溶于水,微溶于乙醇。可燃,低毒。

主要仪器:锥形瓶、烧杯、圆底烧瓶、温度计、温度计套管、直型冷凝管、分液漏斗、布氏漏斗、吸滤瓶、空心塞、真空循环水泵等。

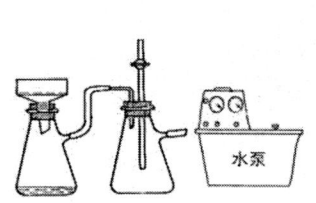
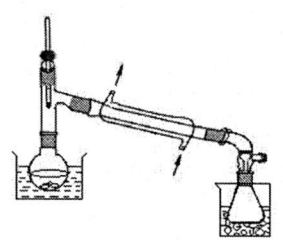

图 3-34　抽滤装置　　　　图 3-35　回收二氯甲烷蒸馏装置

四、实验操作步骤

1. 环己酮肟的制备

在 100 mL 锥形瓶中,加入 3.9 g(0.056 mol)盐酸羟胺、7.0 g(0.085 mol)无水醋酸钠和 15 mL 水,振荡使其溶解,置水浴中加热至 35 ~ 40℃[2]。取 5.4 mL 环己酮(0.052 mol),用滴管分批加入锥形瓶中(每次 1 mL),边加边摇动反应瓶,很快有固体析出。加完后,用空心塞塞住瓶口,剧烈振荡 2 ~ 3 min[3],环己酮肟呈白色固体析出,此时表明反应已完全。

冷却后,抽滤(图 3-34),并用少量水洗涤固体。抽干,得到白色固体环己酮肟,称重约 5 ~ 6 g。

2. 己内酰胺的制备

在 100 mL 烧杯中加入制得的环己酮肟和 5 mL 85% 的硫酸,搅拌使反应物混合均匀。用小火慢慢加热,边搅拌边加热至沸腾后,立即移开热源,反应在数秒钟内即可完成[4]。冷却至室温后再置于冰水浴中冷却至 5℃ 以下,用滴管慢慢滴加 20% 的氨水(约 30 mL),同时充分搅拌和冷却,控制温度在 20℃ 以下[5],直至溶液呈弱碱性(pH = 7 ~ 9)。

将得到的粗产品转移至分液漏斗中,用二氯甲烷萃取三次(5 mL/次)[6]。合并有机层,并用等体积水洗涤,最后分出的有机层用无水硫酸镁干燥至澄清。

将干燥后的有机层小心转移至 50 mL 干燥圆底烧瓶中,并加入 2 粒沸石,常压下蒸馏(图 3-35)除去二氯甲烷[7],大约剩 5 mL 左右,倒入干燥的烧杯中,稍冷后在 60℃ 以下滴加石油醚[8],搅拌至恰好有固体析出为止。用冰水浴继续冷却至结晶完全析出。抽滤,用少量石油醚洗涤结晶,干燥,得到白色固体,称重(产量约 2.0~2.5 g),计算产率。

3. 测熔点

取适量干燥后的己内酰胺,测其熔点,并与纯品熔点(mp:68~71℃)进行对比。

五、操作注意事项

1. 硫酸的腐蚀性很强,不能沾到皮肤;环己酮、二氯甲烷有毒性,使用时在通风橱内进行。
2. 制备环己酮肟时,反应温度不宜过高;加完环己酮以后,充分剧烈摇荡反应瓶使反应完全。
3. 由于环己酮肟在酸作用下反应很激烈,故须用大烧杯以利于散热,使反应缓和。
4. 进行蒸馏操作时,勿忘加沸石,烧瓶中剩余的二氯甲烷的量不能太多,否则晶体难析出。
5. 滴加石油醚时一定要搅拌,可用玻璃棒摩擦烧杯壁,利于晶体析出。

六、思考题

1. 制备环己酮肟时,为什么要分批加入环己酮且需要激烈振荡?
2. 制备己内酰胺时,为什么要加入 20% 氨水?滴加氨水时为什么要控制反应温度?
3. 反式甲基乙基酮肟经贝克曼重排会得到什么产物?

注释:

[1] 己内酰胺(caprolactam):又称卡普隆(CPL);分子式 $C_6H_{11}NO$,分子量 113.16,熔点 68~71℃,沸点 268.5 ℃,密度 $1.01 g/cm^3$,折光率(n_D^{20})1.4935;白色结晶性粉末或鳞片状固体,易溶于水、乙醇、乙醚、DMF、苯、氯代烷等。是一种重要的有机化工原料,主要用来制造聚己内酰胺树脂,亦称为尼龙-6,可用于制造工程塑料、合成纤维(锦纶)、人造皮革,以及国防、渔业和轻纺工业等;此外,还可用于生产抗血小板药物 6-氨基己酸、生产月桂氮䓬酮等;亦可用作溶剂及气相色谱固定液。

[2] 温度不宜过高,室温高不用加热也可以。

[3] 若环己酮肟呈白色小球状,则表示反应未完全,需继续振摇。

[4] 反应有小气泡生成,沸腾后应立即移开热源,几秒内溶液变为棕色黏稠状。

[5] 用氨水中和时会大量放热,故滴加氨水时要放慢滴加速度,最好置于冰水浴中,否则温度太高,将导致生成的酰胺可能进行水解,影响收率。

[6] 萃取静置分层,由于二氯甲烷的密度比水大,故水层在上层,有机层在下层。另外,萃取时若不分层,可多加少量二氯甲烷。

[7] 蒸馏时要在水浴上进行,接收器最好置于冰水浴中,馏出液二氯甲烷须回收到指定容器。

[8] 石油醚为无色透明液体,有煤油气味,沸点 40~80℃;主要为戊烷和己烷的混合物,不溶于水,溶于无水乙醇、苯、氯仿、油类等多数有机溶剂;易燃易爆,与氧化剂可强烈反应;主要用作溶剂和油脂处理。

十、芳香胺类化合物的制备

芳香胺是指具有芳香取代基的胺,即 $-NH_2$、$-NH-$ 或含氮基团连接到一个芳香烃上,芳香烃的结构中通常含有一个或多个苯环。最简单的芳香胺是苯胺。芳香胺一般为高沸点的液体或者低熔点的固体,具有特殊的气味,毒性较大,反应活性较高。

芳香胺的制备一般不能直接通过将氨基($-NH_2$)导入芳环上得到,而是经过间接的方法来获得。由于芳香族硝基化合物容易由硝化反应得到,因此,芳香族硝基化合物的还原是制备芳香族伯胺的常用方法。

硝基化合物可以在酸性或碱性条件下用化学还原剂还原为芳香族伯胺,常用的还原剂是由金属和酸组成,金属可用铁、锌、锡,酸可用盐酸、醋酸和硫酸等,其中以铁粉和盐酸最便宜,适合工业上大量生产。实验室制备芳胺除使用铁粉和盐酸还原法外,也常用锡和盐酸来还原。例如:

$$\text{3-硝基苯乙酮} \xrightarrow[\text{(2) NaOH}]{\text{(1) Sn, HCl}} \text{3-氨基苯乙酮}$$

另外,化学还原剂二硫化钠(Na_2S_2)、硫氢化钠($NaHS$)、硫氢化铵(NH_4HS)等也常用来还原硝基,可使芳香族多硝基化合物进行部分还原。例如:

$$\text{间二硝基苯} \xrightarrow[\Delta]{\text{NaHS, EtOH}} \text{间硝基苯胺}$$

硝基化合物也可用催化氢化的方法还原为芳香族伯胺。常用的催化剂为 Ni、Pt、Pd 等,反应一般在中性条件下进行,因此,对酸性和碱性条件敏感的化合物,可用此法还原。例如:

$$\text{邻硝基异丙苯} \xrightarrow[\text{CH}_3\text{OH}]{H_2, Ni} \text{邻异丙基苯胺}$$

由于用化学还原剂还原硝基产生的废弃物(如废液、残渣)会对环境造成污染,而催化氢化法还原硝基对环境污染少。因此,使用催化氢化法还原已逐渐成为一种趋势。

实验 29 苯胺的制备

一、实验目的

1. 学习利用芳香族硝基化合物的还原来制备芳香胺的方法;
2. 掌握利用铁粉还原法制备苯胺的实验原理和操作步骤;
3. 巩固水蒸气蒸馏、简单蒸馏、萃取等基本操作。

二、实验原理

将硝基苯还原是制取苯胺[1]的常用重要方法。实验室里还原简单的硝基化合物常用锡-盐酸和铁-盐酸作还原剂。锡作还原剂的反应速率较快,产率较高,但锡价格贵;铁作还原剂的反应时间较长,但反应所需成本低,如用醋酸代替盐酸,还原时间能显著缩短。

本实验采用铁-醋酸法还原硝基苯来制备苯胺。反应式如下:

$$4\text{C}_6\text{H}_5\text{—NO}_2 + 9\text{Fe} + 4\text{H}_2\text{O} \xrightarrow{\text{H}^+} 4\text{C}_6\text{H}_5\text{—NH}_2 + 3\text{Fe}_3\text{O}_4$$

产物苯胺可通过水蒸气蒸馏从反应体系中分离出来,再经过萃取、干燥、蒸馏等操作,最终获得纯品。

三、实验主要用品

主要试剂及性质:硝基苯、还原铁粉、冰醋酸、乙醚、食盐、氢氧化钠。

名称	分子量	熔点/℃	沸点/℃	相对密度/20℃	特性
硝基苯	123.11	5.7	210.9	1.204	无色或微黄色具苦杏仁味的油状液体,难溶于水,易溶于乙醇等,可燃烧、爆炸,有毒。
冰醋酸	60.05	16.6	117.9	1.050	无色液体,有刺鼻的醋酸味,易溶于水、乙醇等,有腐蚀性。

主要仪器:三口烧瓶、球形冷凝管、直形冷凝管、圆底烧瓶、蒸馏头、真空接液管、温度计、温度计套管、空气冷凝管、锥形瓶、分液漏斗、水蒸气发生器、安全管及T型螺旋夹、阿贝折光仪等。

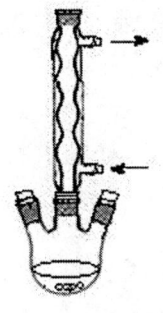
图 3-36 回流反应装置

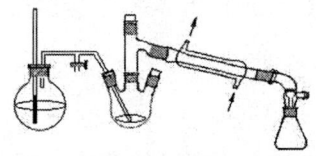
图 3-37 水蒸气蒸馏装置

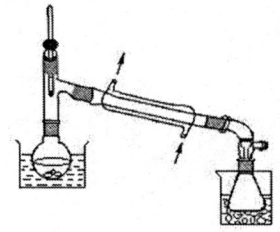 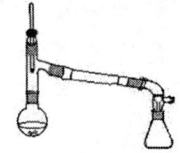

图 3-38　回收乙醚蒸馏装置　　　图 3-39　空气冷凝蒸馏装置

四、实验操作步骤

1. 反应回流

按图 3-36 安装回流反应装置。在 250 mL 三口烧瓶中加入 6.8 g(0.121 mol) 还原铁粉、13 mL 水、0.8 mL(0.014 mol) 冰醋酸,振荡使混合均匀,装上回流冷凝管。用电加热套小火微微加热煮沸约 5 min [2],稍冷后,从三口烧瓶侧口分批慢慢加入 3.9 mL(0.038 mol) 硝基苯,每次加完都需用力振荡,使反应物充分混合均匀[3]。加完后,开始加热回流 15 min,在回流过程中,经常用力振荡反应混合物使反应完全[4],待回流液中的黄色油状物消失,即可停止加热。

2. 分离纯化

将回流装置改为水蒸气蒸馏装置(图 3-37),进行水蒸气蒸馏,直到馏出液澄清为止,再多收集约 5 mL 清液。

将馏出液移入分液漏斗,静置分层,分出有机层(即粗产物苯胺)。水层加入约 10 g 食盐[5]后,用乙醚进行三次萃取(每次 5 mL),合并有机层,用粒状固体氢氧化钠(约 0.4 g)干燥[6]。

将干燥后的混合液滤入 50 mL 干燥圆底烧瓶中,并加入 2~3 粒沸石,安装蒸馏装置。先在温水浴上蒸馏回收乙醚(图 3-38)(接收瓶置于冰水浴中),然后改用空气冷凝蒸馏装置(图 3-39),用电加热套加热蒸馏残留物,收集 181~185℃ 的馏分。称重(产量约 2~3 g),计算产率。

3. 测折光率

取产品馏分适量,测其折光率,并与纯品折光率($n_D^{20}=1.5863$)进行比较。

五、操作注意事项

1. 苯胺有毒,操作时应小心,一旦触及皮肤,先要用水冲洗,再用肥皂和温水洗涤。
2. 为防止反应过于剧烈而使液体飞溅,故每次加入硝基苯时要缓慢并及时振摇。
3. 反应过程中,要充分振摇反应物,促使还原反应顺利进行。
4. 反应完后,烧瓶上黏附的黑褐色物质,可用 1∶1 盐酸水溶液温热除去。
5. 蒸馏乙醚时,接收瓶需置于冰水浴中,蒸馏速度不能太快,禁用明火,注意安全。

六、思考题

1. 本实验选择水蒸气蒸馏把苯胺从反应混合物中分离出来,为什么?
2. 如果最后制得的苯胺中混有硝基苯,应如何分离提纯?
3. 纯化苯胺时,为何用粒状的氢氧化钠作干燥剂而不用硫酸镁或氯化钙?

注释:

[1] 苯胺(aniline):又称阿尼林油、氨基苯;分子式 C_6H_7N,分子量 93.13,熔点 $-6.3℃$,沸点 184.4℃,相对密度(20/4℃)1.022,折光率(n_D^{20})1.5863;无色油状液体,加热至 370℃ 分解,微溶于水,溶于乙醇、乙醚、苯等有机溶剂;暴露于空气中或日光下变为棕色,可燃,毒性大。主要用于制造染料、药物、树脂等;它本身也可作为黑色染料使用。

[2] 主要是活化铁粉,铁与醋酸作用生成醋酸亚铁,可缩短反应时间。

[3] 因为该反应强烈放热,每次加入硝基苯时,均有一阵猛烈的反应发生,足以使反应液沸腾。

[4] 在反应过程中,硝基苯与醋酸不能混溶,且与铁接触面小,因此需要充分震荡促使还原反应顺利进行。当还原反应结束时,回流液中的黄色油状物(硝基苯)消失而变为乳白色油珠。

[5] 利用盐析可降低苯胺在水中的溶解度,从而使溶于水中的苯胺析出,加速两相分层。

[6] 粒状氢氧化钠干燥效果较好,且干燥速度快,可避免苯胺长时间放置过程中因氧化而颜色变暗。此外,固体氢氧化钾、无水碳酸钾均可作干燥剂。

十一、芳基重氮盐的应用

芳香族伯胺在强酸性介质中与亚硝酸作用,生成重氮盐(diazonium salt)的反应,称为重氮化反应。由于亚硝酸不稳定,为了避免在反应中亚硝酸的分解,通常使用亚硝酸钠和盐酸或硫酸使反应时生成的亚硝酸立即与芳香伯胺反应生成重氮盐。重氮化反应可用反应式表示为:

$$ArNH_2 + NaNO_2 + 2HCl \longrightarrow ArN_2^+Cl^- + 2H_2O + NaCl$$

芳香伯胺的重氮化反应是制备芳基重氮盐最重要的方法。通常重氮化反应是将芳香伯胺溶解或悬浮在过量的稀酸中,溶液冷却至 $0\sim5℃$。然后加入与芳香伯胺等物质量的亚硝酸钠水溶液。一般反应能迅速进行,重氮盐的产率几乎是定量的。过量的酸是为了维持溶液的酸度,防止重氮盐与未反应的芳香胺发生偶联反应。

重氮化反应需在低温下进行,一般在 $0\sim5℃$ 进行反应为宜,这是因为大部分重氮盐在低温下较稳定,在较高温度下重氮盐则容易分解。另外亚硝酸在较高温度下也容易分解,不利于反应进行。重氮化反应的温度常取决于重氮盐的稳定性。当芳香胺氨基邻位或对位有强吸电子基团,如:硝基、磺酸基时,其产生的重氮盐比较稳定,温度可稍微高些。

重氮化反应中亚硝酸钠的用量需要控制,若亚硝酸过量,则生成多余的亚硝酸会使重氮盐氧化而降低产率。因此在反应过程中必须及时用碘化钾-淀粉试纸进行检验,至刚变蓝为止。

重氮盐可溶于水呈中性,不溶于乙醚,制备后不宜久放,大多数重氮盐在 5℃ 以上是不稳定的,容易放出氮气而分解,光也能促使重氮盐分解。大多数重氮盐的干燥固体受热或震动能发生爆炸,所以重氮盐一般不需从溶液中分离出来,而是直接进行下一步反应。

重氮盐具有很强的化学活性,可被羟基(—OH)、卤素原子(—X)、氰基(—CN)、氢(—H)、硝基(—NO_2)等取代,广泛应用于芳香族化合物的合成中,尤其是那些利用苯环上亲电取代反应定位规律难得到的芳香族化合物。例如以苯为原料合成间氯苯酚就是通过重氮盐实现的。

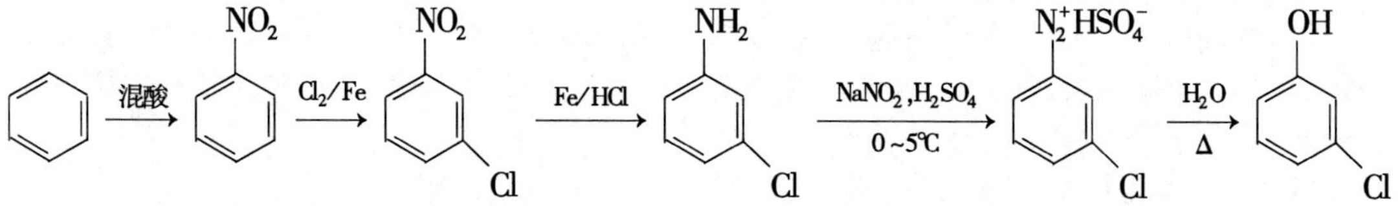

重氮盐不仅可以进行一系列的取代反应用来合成多种有机化合物,而且还可以与酚、三级芳香胺等活泼的芳香化合物发生偶联反应,生成偶氮化合物。反应一般在对位发生,若对位占据,则选择邻位。反应介质的酸碱性对反应的影响很大,通常与酚偶联在中性或弱碱性条件下进行,与三级芳香胺偶联宜在弱酸性条件中进行。例如:

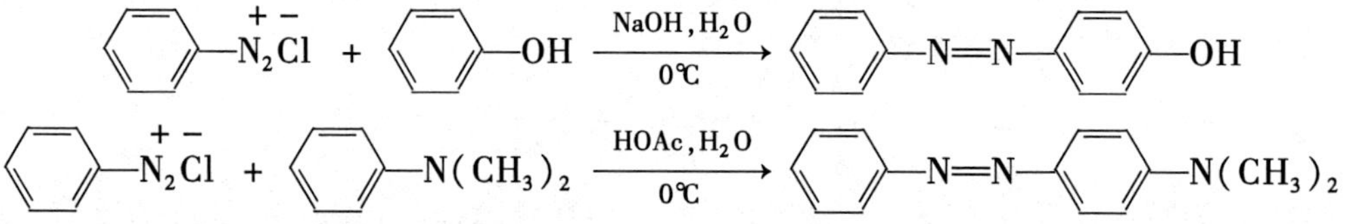

重氮盐的偶联反应是合成偶氮染料的基础,在有机合成上占有重要的地位。如用做酸碱滴定指示剂及印染纺织品的甲基橙就是通过偶联反应而得到的。

实验30 甲基橙的制备

一、实验目的

1. 学习由重氮化反应和偶联反应制备甲基橙的原理;
2. 掌握重氮化反应和偶联反应的操作方法及条件的控制;
3. 初步掌握冰盐浴低温反应的操作方法;
4. 巩固抽滤、洗涤、重结晶等基本操作。

二、实验原理

甲基橙[1]是一种橙色的偶氮染料,同时也是一种重要的酸碱指示剂。实验室制备甲基橙的方法主要是以对氨基苯磺酸为原料,先经重氮化反应变为对氨基苯磺酸重氮盐,然后在弱酸性介质中与 N,N-二甲苯胺发生偶联反应,先得到红色的酸式甲基橙,酸式甲基橙再用碱处理后转变为橙黄色的钠盐,即甲基橙。其合成路线如下:

$$HO_3S-\underset{}{\bigcirc}-NH_2 \longrightarrow \bar{O}_3S-\underset{}{\bigcirc}-\overset{+}{N}H_3 \xrightarrow{NaOH} NaO_3S-\underset{}{\bigcirc}-NH_2 \xrightarrow[0\sim5℃]{NaNO_2, HCl}$$

$$\left[HO_3S-\underset{}{\bigcirc}-\overset{+}{N}\equiv N\right]\bar{Cl} \xrightarrow[HOAc]{C_6H_5N(CH_3)_2} \left[HO_3S-\underset{}{\bigcirc}-N=N-\underset{}{\bigcirc}-\overset{+}{\underset{H}{N}}(CH_3)_2\right]O\bar{A}c$$

红色（酸式甲基橙）

$$\downarrow NaOH$$

$$NaO_3S-\underset{}{\bigcirc}-N=N-\underset{}{\bigcirc}-N(CH_3)_2$$

甲基橙

三、实验主要用品

主要试剂及性质：对氨基苯磺酸、N,N-二甲基苯胺、亚硝酸钠、浓盐酸、5%氢氧化钠溶液、冰醋酸、乙醇、乙醚、淀粉-碘化钾试纸、氢氧化钠、尿素。

名称	分子量	熔点/℃	沸点/℃	相对密度/20℃	特性
对氨基苯磺酸	173.19	288	500	1.485	白至灰白色晶体或粉末，微溶于冷水，溶于热水，不溶于乙醇等，中等毒性。
N,N-二甲基苯胺	121.19	2.5	193~194	0.956	淡黄色油状液体，不溶于水，溶于乙醇等，可燃，毒性高。
亚硝酸钠	69.00	271	320	2.17	白色或微带淡黄色结晶或粉末，易潮解，微溶于醇及乙醚，水溶液呈碱性，有毒。

主要仪器：烧杯、温度计、玻璃棒、表面皿、滴管、试管、布氏漏斗、吸滤瓶、真空循环水泵等。

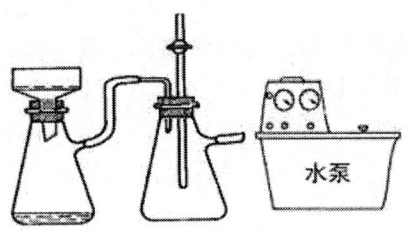

图3-40 抽滤装置

四、实验操作步骤

1. **重氮化反应**

在150 mL烧杯中放入10 mL 5%氢氧化钠溶液及2.1 g(0.012 mol)对氨基苯磺酸晶体[2]，温热使其溶解。冷却至室温后，向该混合物中加入溶于8 mL冷水的0.8 g(0.012

mol)亚硝酸钠,用冰盐浴[3]冷至 0~5℃。在不断搅拌下,将 2.5 mL 浓盐酸与 25 mL 水配成的溶液慢慢滴加到上述混合溶液中[4],并控制温度在 5 ℃以下[5]。滴加完后用淀粉-碘化钾试纸进行检验[6]。然后在冰盐浴中继续放置 15 min,使重氮化反应进行完全,此时会有细小晶体析出[7]。

2. 偶联反应

在一支试管中加入 1.3 mL(0.010 mol) N,N-二甲基苯胺和 1 mL(0.017 mol)冰醋酸,振荡使之混合均匀。边搅拌边将此混合液慢慢加到上述冷却的重氮盐溶液中。加完后,继续搅拌 10 min,此时有红色沉淀生成。然后慢慢加入 5% 氢氧化钠溶液(约 25 mL),直至反应物变为橙色。此时反应液呈碱性,粗制的甲基橙呈细粒状沉淀析出[8]。将反应物在沸水浴上加热 5 min,冷至室温后,再在冰水浴中冷却,使甲基橙晶体完全析出。

3. 分离纯化

将析出的甲基橙晶体进行抽滤(图 3-40),收集结晶,并依次用少量冰水、乙醇、乙醚洗涤,压干得到橙色粗产物。

将粗产物用溶有少量氢氧化钠(约 0.1 g)的沸水(25 mL 水/每克粗产物)进行重结晶[9]。待结晶完全析出后,抽滤,并依次用少量乙醇、乙醚洗涤,得到橙色片状晶体。称重(产量约 2~3 g),计算产率。

4. 测熔点

取适量重结晶后的产品,测其熔点,并与纯品熔点(mp:300 ℃)进行对比。

另外,可取少许甲基橙溶解于水中,加入几滴稀盐酸溶液,随后用稀氢氧化钠溶液中和,观察甲基橙的颜色变化。

五、操作注意事项

1. 重氮化过程中,若温度上升,需及时补加冰盐,严格控制反应温度在 5℃ 以下。
2. 淀粉-碘化钾试纸检验时,试纸刚好变蓝说明亚硝酸的量较为合适,不需加尿素。
3. 25mL 5% 氢氧化钠溶液不能一次性全部加入,慢慢加到变为橙色时就可以了。
4. 若粗产物甲基橙颜色较深,则需要重结晶进一步纯化,重结晶操作时要迅速。
5. 用少量乙醇、乙醚进行洗涤的目的是促使产物迅速干燥。

六、思考题

1. 实验中重氮盐的制备为什么要控制在 0~5℃ 进行?
2. 什么叫偶联反应?重氮盐为什么可以与酚或胺偶联呢?
3. N,N-二甲基苯胺与重氮盐偶联为什么总是在氨基的对位上发生?
4. 试解释甲基橙在酸碱介质中的变色原因,并用反应式表示。

注释:

[1] 甲基橙(methyl orange):4-[对-(二甲氨基)苯偶氮]苯磺酸钠,别名金莲橙 D;分子式 $C_{14}H_{14}$

N₃SO₃Na,分子量 327.33,熔点 300℃,密度 1.28 g/cm？;橙黄色片状结晶或结晶性粉末,稍溶于水而呈黄色,易溶于热水,溶液呈金黄色,几乎不溶于乙醇,难溶于醚;pH 值 3.0~4.4,由红至黄色。主要用做酸碱滴定指示剂、印染纺织品等。

[2] 对氨基苯磺酸是两性化合物,酸性比碱性强,重氮化时,先将对氨基苯磺酸与碱作用,变成水溶性较大的对氨基苯磺酸钠。

[3] 冰盐浴的降温原理与溶液的凝固点下降有关。当食盐和冰均匀地混合在一起时,少部分冰因吸收环境热量融化变成水,食盐遇水而溶解,使表面水形成了浓盐溶液。由于浓盐溶液的冰点较纯水低,而此时体系中为浓盐溶液和冰共存,因此体系的温度必须下降才能维持这一共存状态。这将导致更多的冰融化变成水来稀释浓盐溶液,在融化过程中因大量吸热而使体系温度降低。通常能维持体系温度在 0℃ 以下。

[4] 在重氮化反应中,溶液进行酸化生成亚硝酸,而对氨基苯磺酸钠也变为对氨基苯磺酸从溶液中以细颗粒沉淀析出,并与亚硝酸反应生成重氮盐。反应式为:

$$NaNO_2 + HCl \longrightarrow HNO_2 + NaCl$$

$$NaO_3S-C_6H_4-NH_2 \xrightarrow{HCl} HO_3S-C_6H_4-\overset{+}{N}H_3 \xrightarrow{HNO_2} [HO_3S-C_6H_4-\overset{+}{N}=N]Cl^-$$

为了使对氨基苯磺酸完全重氮化,反应过程须充分搅拌。

[5] 温度的控制对重氮化反应很重要,一般反应时要求温度低于 5℃。温度过高则生成的重氮盐易分解而影响产率。

[6] 若试纸一直不显蓝色,表明亚硝酸量不足,需要再补加亚硝酸钠,并充分搅拌至试纸刚变蓝色。若试纸已显蓝色,表明亚硝酸过量,析出碘使淀粉变蓝色。由于亚硝酸能起氧化和亚硝化作用,其用量过多就会引起一系列副反应。因此若亚硝酸过量,可加入少量尿素除去。

$$2HNO_2 + 2KI + 2HCl \longrightarrow I_2 + 2NO\uparrow + 2H_2O + 2KCl$$

$$H_2NCNH_2 \text{ (O=)} + 2HNO_2 \longrightarrow CO_2\uparrow + 2N_2\uparrow + 3H_2O$$

[7] 重氮盐在水中可以电离,形成中性内盐,但在低温时难溶于水而形成细小晶体析出。

[8] 若反应物中有未作用的 N,N-二甲基苯胺醋酸盐,在加入氢氧化钠溶液后,会有难溶于水的 N,N-二甲基苯胺析出,影响产物的纯度。湿的甲基橙在空气中受光照射后,颜色很快变深,因此有些粗产物的颜色会深些。

[9] 重结晶操作要迅速,否则由于产物呈碱性,温度高时容易变质,颜色变深。

十二、芳香硝基化合物的制备

芳香族硝基化合物是指芳环中一个或多个 H 被硝基(-NO₂)取代的化合物。是一类非常重要的有机化工原料,广泛应用于农药、医药、炸药、染料、化纤及橡胶等工业生产。

此类化合物一般是由芳香族化合物利用稀硝酸、浓硝酸和浓硫酸的混合酸直接进行硝化反应制得。芳香族化合物的硝化反应,是一个亲电取代反应,混合酸中浓硫酸的作用主要是促使硝基离子(也称硝鎓离子)的生成,提高反应速率。例如苯的硝化反应如下:

$$\text{C}_6\text{H}_6 + \text{HNO}_3 \xrightarrow[50℃]{\text{H}_2\text{SO}_4} \text{C}_6\text{H}_5\text{NO}_2 + \text{H}_2\text{O}$$

反应是按下面的历程进行的：

$$\text{HONO}_2 + \text{HOSO}_2\text{OH} \longrightarrow [\text{H}_2\text{O}^+\text{-NO}_2] + \text{HSO}_4^-$$

$$\xrightarrow{-\text{H}_2\text{O}} \overset{+}{\text{N}}\text{O}_2$$

$$\text{C}_6\text{H}_6 + \overset{+}{\text{N}}\text{O}_2 \longrightarrow [\text{芳基正离子}] \xrightarrow[\text{HSO}_4^-]{-\text{H}^+} \text{C}_6\text{H}_5\text{NO}_2$$

取代芳烃再硝化时，需考虑原有定位基的定位效应及其对苯环活性的影响。如甲基的致活作用使甲苯比苯易硝化，反应条件比苯硝化时温和，生成邻对位混合物；而硝基的致钝作用使硝基苯继续硝化则比苯困难，生成一种间位化合物，通常使用发烟硝酸和浓硫酸的混合酸作硝化试剂，反应温度要高一些才能使反应进行。反应式为：

$$\text{C}_6\text{H}_5\text{CH}_3 + \text{HNO}_3 \xrightarrow[30℃]{\text{H}_2\text{SO}_4} \text{邻硝基甲苯} + \text{对硝基甲苯}$$

$$\text{C}_6\text{H}_5\text{NO}_2 + \text{HNO}_3(\text{发烟}) \xrightarrow[95℃]{\text{浓 H}_2\text{SO}_4} \text{间二硝基苯}$$

芳香硝基化合物一般有毒，而一些多硝基化合物又有爆炸性，所以实验室进行反应操作时必须小心，在进行蒸馏等操作时，切记不能蒸干。

实验31 邻硝基苯酚和对硝基苯酚的制备

一、实验目的

1. 加深对苯环上的亲电取代反应及定位规律的理解；
2. 掌握苯酚进行硝化反应的实验原理和操作方法；
3. 巩固水蒸气蒸馏、重结晶等基本实验操作。

二、实验原理

苯酚进行硝化反应比苯容易得多，只需要用稀硝酸，在室温下就可以顺利进行：

$$\text{C}_6\text{H}_5\text{OH} + \text{HNO}_3(\text{稀}) \xrightarrow{20℃} \text{邻-O}_2\text{N-C}_6\text{H}_4\text{OH} + \text{对-O}_2\text{N-C}_6\text{H}_4\text{OH}$$

苯酚硝化后得到的产物是混合物:邻硝基苯酚[1]和对硝基苯酚[2]。由于邻硝基苯酚可通过分子内氢键形成六元环,而对硝基苯酚通过分子间氢键形成缔合体,因此,邻硝基苯酚的沸点比对硝基苯酚的沸点低,在沸水中的溶解度较对位的小得多,易随水蒸气蒸发,因此可借水蒸气蒸馏将这两个异构体进行分离。

实验室多用硝酸钠与稀硫酸的混合物代替稀硝酸作硝化试剂。为避免反应中苯酚被氧化,提高反应产率,通常反应温度控制在15～20℃之间。

三、实验主要用品

主要试剂及性质:苯酚、硝酸钠、浓硫酸、95%乙醇、浓盐酸、2%盐酸、活性炭。

名称	分子量	熔点/℃	沸点/℃	相对密度/20℃	特性
苯酚	94.11	40.6	181.9	1.071（25 ℃）	无色或白色晶体,有特殊气味,微溶于冷水,可混溶于乙醇等,易燃,有毒,具腐蚀性。
硝酸钠	84.99	306.8	380	2.257	白色粉末或无色晶体,易溶于水和液氨,微溶于甘油和乙醇中,易潮解,有毒。
浓硫酸	98.08	10	338	1.84	无色无味油状液体,易溶于水,有很强腐蚀性。

主要仪器:三口烧瓶、圆底烧瓶、滴液漏斗、温度计、温度计套管、水蒸气发生器、安全管及T型螺旋夹、蒸馏头、直形冷凝管、真空接液管、接收瓶、吸滤瓶、布氏漏斗、烧杯、真空循环水泵等。

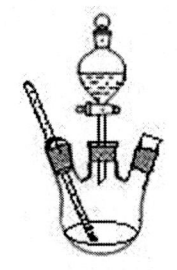 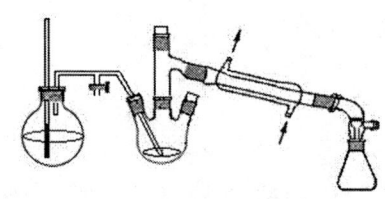 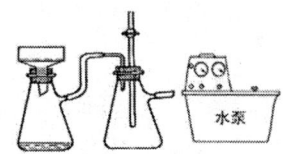

图 3-41　滴加反应装置　　　图 3-42　水蒸气蒸馏装置　　　图 3-43　抽滤装置

四、实验操作步骤

1. 滴加反应

按图 3-41 安装滴加反应装置,在 250 mL 三口烧瓶中加入 30 mL 水,在振荡和冰水浴冷却下,慢慢加入 10.5 mL(0.193 mol)浓硫酸,再加入 11.5 g(0.135 mol)硝酸钠。待硝酸钠全溶后,装上温度计和滴液漏斗,将三口烧瓶置于冰水浴中冷却。

在小烧杯中称取 7.1 g(0.075 mol)苯酚[3],并加入 2 mL 水,温热搅拌使之溶解,冷却后放入滴液漏斗中。在振荡下自滴液漏斗向三口烧瓶中逐滴加入苯酚水溶液,用冰水浴控制反应温度在 15~20℃ 之间[4]。滴加完毕后,保持同样温度放置约 30 min,并间歇振荡,使反应完全[5]。将反应混合物用冰水浴冷却,使油状物凝成固体。小心倾析出酸液,固体用水洗涤 3 次(每次 20 mL),以除去残余的酸液。

2. 分离纯化

安装好水蒸气蒸馏装置(图 3-42),将固体进行水蒸气蒸馏,直至冷凝管中无黄色油状物馏出为止。馏出液冷却后迅速凝成黄色固体(即粗邻硝基苯酚),抽滤(图 3-43)收集固体,晾干,粗产物用乙醇-水混合溶剂重结晶[6],得亮黄色针状结晶邻硝基苯酚。称重(产量约 2.2 g),计算产率。

在水蒸气蒸馏后的残液中,加水至总体积约 80 mL,再加入 5mL 浓盐酸和活性炭(约 0.5 g),加热煮沸约 10 min,趁热抽滤。将脱色后的溶液加热后,在搅拌下慢慢倒入浸在冰水浴内的另一烧杯中,粗对硝基苯酚立即析出。抽滤晾干后,再用 2% 盐酸重结晶,得浅黄色针状结晶对硝基苯酚。称重(产量约 1.5 g),计算产率。

3. 测熔点

分别取邻硝基苯酚和对硝基苯酚各少许,分别进行熔点测定,并与纯品熔点(邻硝基苯酚 mp:44~45℃,对硝基苯酚 mp:114~116℃)进行比较。

五、操作注意事项

1. 由于苯酚有较大的腐蚀性,取用时应小心不要接触皮肤。
2. 进行硝化反应时,须不断振荡反应瓶使酚与酸接触反应,严格控制反应温度在

15~20℃之间,防止局部过热。

3. 在水蒸气蒸馏前,必须将多余的酸去除干净,否则由于温度的升高,会使硝基苯酚进一步硝化或氧化。

4. 水蒸气蒸馏后的烧瓶内粘有黑色物质,不宜清洗掉,可用少量碱溶液浸泡洗涤。

六、思考题

1. 为什么邻硝基苯酚和对硝基苯酚可以用水蒸气蒸馏的方法分离?
2. 反应中可能发生的副反应有哪些?如何减少这些副反应的发生?
3. 苯、硝基苯、苯酚三者进行硝化反应的难易有什么不同?为什么?

注释:

[1] 邻硝基苯酚(o-nitrophenol):别名 2-硝基苯酚、邻硝基酚、邻羟基硝基苯;分子式 $C_6H_5NO_3$,分子量 139.11,熔点 44~45℃,沸点 216℃,相对密度(40/4℃)1.294,折光率(n_D^{50})1.5723;浅黄色针晶或棱晶,有杏仁味,溶于乙醇、乙醚、苯、二硫化碳、苛性碱和热水中,微溶于冷水,能随水蒸气挥发,有毒。用于医药,染料,橡胶助剂,感光材料的中间体;亦可用作单色 pH 值指示剂。

[2] 对硝基苯酚(p-nitrophenol):别名 4-硝基苯酚、4-硝基-1-羟基苯;分子式 $C_6H_5NO_3$,分子量 139.11;熔点 114~116℃,沸点 279℃,相对密度(20/4℃)1.479;浅黄色结晶,无味,常温下微溶于水,不易随水蒸气挥发,易溶于乙醇、氯仿及乙醚,能升华。常用作农药、医药、染料等精细化学品的中间体。

[3] 苯酚室温时为固体,可用温水浴温热使呈液态,利于反应。苯酚对皮肤有较大的腐蚀性,如不慎弄到皮肤上,应立即用肥皂和水冲洗,最后用少量乙醇擦洗至不再有苯酚味为止。

[4] 由于酚与酸不互溶,故须不断振荡使其充分接触,促使反应完全,同时可防止局部过热现象。若反应温度超过20℃时,硝基苯酚可继续硝化或被氧化,苯酚也可能被氧化,使产量降低。若温度较低,则反应较慢,时间长。

[5] 反应完全后,反应液为黑色焦油状物质。

[6] 将粗邻硝基苯酚溶于热的乙醇中(40~45℃),过滤后滴入温水至出现浑浊,再滴入少量乙醇至浑浊变清,冷却后即析出亮黄色针状结晶,抽滤,晾干。

十三、杂环化合物的制备

杂环化合物是分子中含有杂原子环结构的有机化合物。构成环的原子除碳原子外,主要的杂原子有 N、O、S。杂环化合物数目庞大,广泛存在于自然界,例如核酸、某些维生素、激素、色素、抗生素和生物碱等。此外,人工合成了多种多样的杂环化合物,其中有些可作除草剂、杀虫剂、药物、染料、塑料等。

由于杂环化合物种类繁多,合成方法也不同。这里介绍几种常用的合成杂环化合物的方法。

1. Knorr. L(诺尔)合成法

诺尔合成法是实验室常用于合成吡咯环的方法。此法是用 α-氨基酮与 β-二羰基化合物为原料进行缩合完成的。例如:

$$CH_3COCH_2NH_2 + \begin{matrix}CH_2CO_2Et\\CH_2CO_2Et\end{matrix} \xrightarrow[rt]{KOH, H_2O} \text{(4-CH}_3\text{-3,2-二(CO}_2\text{Et)-吡咯)}$$

2. Paal, C. - Knorr, L.(帕尔-诺尔)合成法

此方法是实验室用于合成呋喃和噻吩环的常用方法。利用1,4-二羰基化合物在硫酸、P_2O_5、强酸性离子交换树脂等催化剂下缩合生成呋喃环,而与P_2S_5一起加热生成噻吩环。例如:

$$t\text{-Bu-CO-CH}_2\text{-CO-Bu-}t \xrightarrow[\text{回流}]{\text{TsOH, PhH}} t\text{-Bu-(呋喃)-Bu-}t$$

3. Hantzsch A(韩奇)合成法

此合成法是实验室用于合成吡啶环的经典方法。此法利用醛、两分子β-酮酸酯和氨在醇溶液中缩合,一步生成1,4-二氢吡啶,后者可用硝酸等氧化脱氢成吡啶衍生物。例如:

$$HCHO + 2\begin{matrix}CH_2CO_2Et\\COCH_3\end{matrix} + NH_3 \xrightarrow{EtOH} \text{(1,4-二氢吡啶)} \xrightarrow{HNO_3, H_2SO_4} \text{(吡啶衍生物)}$$

4. Skraup(斯克洛浦)法

此方法是合成杂环化合物喹啉及其衍生物常用的最重要合成法。它是用苯胺(或其他芳胺)、甘油、硫酸和一种氧化剂(如As_2O_5、硝基苯等)共热而生成喹啉的反应。反应式为:

$$\text{PhNH}_2 + \begin{matrix}CH_2-CH-CH_2\\|\quad\;\;|\quad\;\;|\\OH\;\;OH\;\;OH\end{matrix} \xrightarrow[\text{硝基苯, }\Delta]{\text{浓 }H_2SO_4} \text{(喹啉)}$$

为了避免反应过于剧烈,常加入$FeSO_4$等缓和剂使反应顺利进行。反应中所用的硝基化合物,要与芳胺的结构相对应,否则会导致产生混合物。

实验32 8-羟基喹啉的制备

一、实验目的

1. 掌握制备杂环化合物8-羟基喹啉的原理和操作方法;
2. 巩固加热回流、水蒸气蒸馏、重结晶等基本操作。

二、实验原理

本实验以邻氨基苯酚、无水甘油、浓硫酸和邻硝基苯酚为原料,通过Skraup(斯克洛

浦)法合成8-羟基喹啉[1]。反应式为:

$$\text{邻氨基苯酚} + \text{甘油} \xrightarrow[\text{邻硝基苯酚},\triangle]{\text{浓}H_2SO_4} \text{8-羟基喹啉}$$

浓硫酸的作用使甘油脱水成丙烯醛,并使邻氨基苯酚和丙烯醛发生加成反应后脱水成环。邻硝基苯酚为弱氧化剂,能将成环产物8-羟基-1,2-二氢喹啉氧化成8-羟基喹啉,邻硝基苯酚本身被还原成邻氨基苯酚,也可参与缩合反应。其反应过程表示如下:

$$\underset{\text{OH OH OH}}{CH_2-CH-CH_2} \xrightarrow[-2H_2O]{\text{浓}H_2SO_4} H_2C=CH-CHO$$

邻氨基苯酚 + $H_2C=CH-CHO$ $\xrightarrow{H^+}$ 中间体 $\xrightarrow{\text{烯醇化}}$ 中间体 $\xrightarrow[\text{关环}]{-H_2O}$ 中间体 $\xrightarrow{\text{邻硝基苯酚}}$ 8-羟基喹啉

三、实验主要用品

主要试剂及性质:邻氨基苯酚、邻硝基苯酚、无水甘油、浓硫酸、50%氢氧化钠溶液、饱和碳酸钠溶液、乙醇。

名称	分子量	熔点/℃	沸点/℃	相对密度/20℃	特性
邻氨基苯酚	109.12	174	153（1.47kPa）	1.328	白色或浅灰色结晶粉末,溶于水、乙醚和乙醇,不溶于苯,有毒。
邻硝基苯酚	139.11	44~45	216	1.294（40℃）	浅黄色针晶或棱晶,溶于热水、乙醇等,微溶于冷水,有毒。
无水甘油	92.09	17.8	290.0	1.263	无色透明黏稠液体,与水、乙醇混溶,可燃,具刺激性。

主要仪器:圆底烧瓶、球形冷凝管、直形冷凝管、蒸馏头、真空接液管、接收瓶、吸滤瓶、布氏漏斗、烧杯、真空循环水泵等。

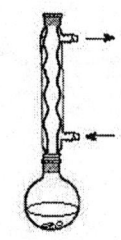
图 3-44　回流反应装置

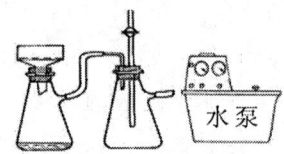
图 3-45　抽滤装置

四、实验操作步骤

1. 回流反应

按图 3-44 安装回流反应装置。在 100 mL 干燥圆底烧瓶中加入 0.9 g(0.006 mol)邻硝基苯酚、1.4 g(0.013 mol)邻氨基苯酚、3.8 mL(0.052 mol)无水甘油[2],剧烈振荡,使之混匀。在不断振荡下慢慢滴入 2.3 mL 浓硫酸,置于冷水浴上冷却。加入几粒沸石,装上球形冷凝管,用电加热套小火加热,待溶液微沸(约 8 min)即移开热源[3]。反应大量放热,待反应缓和后,继续小火加热,保持反应呈微沸状态,回流约 1 h。

2. 分离纯化

冷却后,往烧瓶中加入 8 mL 水,充分摇匀,再加入 2 粒沸石,改为蒸馏装置进行简易水蒸气蒸馏,直至馏出液由浅黄色变为无色为止[4]。

待瓶内液体冷却后,慢慢滴加约 3.5 mL 50% 氢氧化钠溶液至中性,置于冷水中冷却,摇匀后,再小心滴加约 2.5 mL 饱和碳酸钠溶液,使之呈中性(pH = 7~8)[5]。再加入 10 mL 水进行水蒸气蒸馏,蒸出 8-羟基喹啉。待馏出液充分冷却后,抽滤(图 3-45),得到粗产物约 1.5 g。

粗产物可用 4:1(体积比)乙醇-水混合溶剂约 13 mL 进行重结晶。干燥后得白色晶体,称重(产量约 1 g),计算产率。

3. 测熔点

取干燥后的晶体少许,测其熔点,与纯品熔点(mp:75~76℃)进行对比。

五、操作注意事项

1. 回流反应装置中的仪器必须预先干燥。
2. 甘油常温下是黏稠液体,用量筒取用时应注意避免转移中的损失。
3. 此反应为放热反应,反应前应注意开通冷凝水,并严格控制反应呈微沸状态,以免溶液冲出反应容器。
4. 实验中用了两次水蒸气蒸馏,需清楚每次蒸馏的目的,并能准确判断蒸馏的终点。
5. 第二次水蒸气蒸馏前溶液需呈中性,仔细调节 pH = 7~8,以保证 8-羟基喹啉被全部蒸出。

六、思考题

1. 8-羟基喹啉的合成反应机理是什么?能否用硝基苯代替邻硝基苯酚做氧化剂?
2. 实验中用了两次水蒸气蒸馏,两次水蒸气蒸馏有什么不同?
3. 在斯克洛浦合成法中,如用对甲基苯胺做原料应得到什么产物?

注释:

[1] 8-羟基喹啉(8-Hydroxyquinoline):别名8-氢氧化喹啉、8-羟基氮萘、喔星等;分子式 C_9H_7NO,分子量145.16,熔点 75~76℃,沸点 267℃,密度 $1.03g/cm^3$;白色或淡黄色结晶或结晶性粉末,易溶于乙醇、丙酮、氯仿、苯和矿酸,几乎不溶于水;8-羟基喹啉是两性的,能溶于强酸、强碱,在 pH = 7 时溶解性最小,能升华;腐蚀性较小,低毒。广泛用作沉淀和分离金属离子的络合剂和萃取剂,是卤化喹啉类药物、染料、农药的中间体。

[2] 本实验用甘油含水量不超过 0.5%。如甘油含水量较大,可将其加热到 180℃,冷却至 100℃ 左右,放入盛有浓 H_2SO_4 的干燥器中备用。

[3] 此反应为放热反应,溶液呈微沸状态时,表示反应已开始。如继续加热,则反应过于剧烈会使液体溅出。

[4] 此蒸馏是蒸掉未反应的邻硝基苯酚。邻硝基苯酚溶于碱和热水,不溶于冷水,但可与水蒸气一同蒸出。由于邻硝基苯酚是淡黄色晶体,因此观察到馏出液没有颜色时就表明多余的邻硝基苯酚已除尽。

[5] 8-羟基喹啉既溶于碱又溶于酸而成盐,且成盐后不被水蒸气蒸馏出来,为此必须小心中和使 pH = 7~8。当中和恰当时,瓶内析出的 8-羟基喹啉沉淀最多。

十四、Diels-Alder 反应

Diels-Alder 反应(狄尔斯-阿尔德反应)是由德国化学家奥托·狄尔斯(Otto Paul Hermann Diels)和库尔特·阿尔德(Kurt Alder)的名字命名的反应,又称双烯加成,是共轭双烯体系与烯或炔键发生环加成反应而得环己烯或 1,4-环己二烯环系的反应。此反应是一个一步完成的协同反应,没有中间体存在,经历闭合的六元环状过渡态,是典型的 [4+2] 环加成反应。例如:

此类反应的反应物分别是双烯体和亲双烯体。双烯体也称二烯体,是具有 S-顺式构象的共轭双烯,可以是有各种取代基的开链或环状脂肪族化合物如 1,3-丁二烯、环戊二烯等,也可以是某些具有芳香性的化合物如蒽、呋喃和噻吩等。亲双烯体又称亲二烯体,常为烯烃或炔烃,也可以是带有吸电子基团的不饱和化合物,如马来酸酐、丙烯醛、丙烯腈等。此反应是有机化学合成反应中非常重要的碳碳键形成的手段之一,也是常用于合成六元环的重要反应之一。

Diels-Alder 反应的主要规律如下:

1. 反应的速率与双烯及亲双烯体中取代基的性质有关。

亲双烯体中有吸电子取代基时(如羰基、氰基、硝基、羧基等)或双烯体中有给电子取代基时(如烃基、烷氧基等)，反应速率加快。

2. 反应具有很强的区域选择性。

当双烯和亲双烯体两者都有适当的取代基，使反应可能发生在不同位置而得到两种产物时，而实际中往往只有一种产物是主要的。若把六元环产物比作苯环，则实验证明"假邻位"或"假对位"的产物占优势。例如：

$$\text{双烯(OCH}_3\text{)} + \text{CHO} \xrightarrow{\Delta} \text{100\%(假邻位)} + \text{0\%}$$

$$\text{H}_3\text{C双烯} + \text{CHO} \xrightarrow{\Delta} \text{70\%(假对位)} + \text{30\%}$$

3. 反应具有高度的立体选择性。

此反应立体专一，是顺式加成反应，加成产物往往保持双烯和亲二烯体原来的构型。例如：

$$\text{丁二烯} + \text{顺-丁烯二酸二甲酯} \xrightarrow{150\sim160\,^\circ\text{C}} \text{顺式产物}$$

当双烯体上有给电子取代基，亲双烯体上有不饱和基团与烯键或炔键共轭时，反应常得到内型和外型两种加成产物，其中优先生成内型加成产物。例如：

$$\text{环戊二烯} + \text{CH}_2\text{=CHCO}_2\text{CH}_3 \xrightarrow{\Delta} \text{内型(主)} + \text{外型}$$

4. 此反应一般是可逆的，这种可逆性常用于有机合成中，例如，在实验室要用少量丁二烯时，就可将环己烯进行热解制得。

5. 反应在常温或溶剂中加热即可进行，反应几乎是定量进行的，因此反应收率高。

实验 33 环戊二烯和马来酸酐的加成

一、实验目的

1. 通过环戊二烯和马来酸酐的加成反应来验证环加成反应;
2. 掌握由环戊二烯和马来酸酐进行的 Diels – Alder 反应;
3. 巩固有机固体化合物的抽滤、干燥等基本操作。

二、实验原理

本实验是利用环戊二烯和马来酸酐(即顺丁烯二酸酐)在室温下进行[4+2]的环加成反应,即 Diels – Alder 反应,反应后生成环状化合物:降冰片烯二酸酐[1],有内型和外型两种产物,其中内型为主要产物。降冰片烯二酸酐进行水解后可得到相应的二元酸。主要反应式如下:

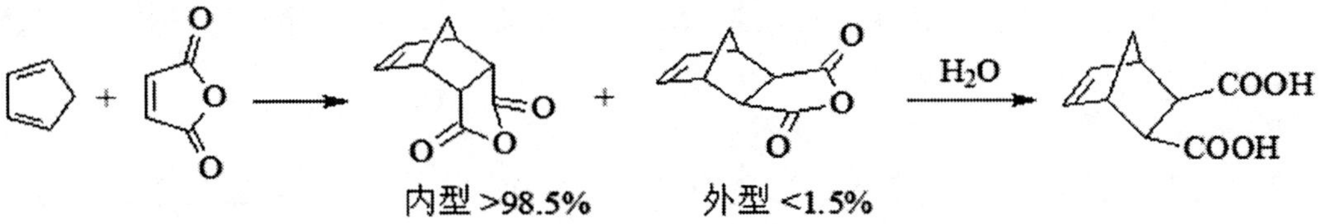

三、实验主要用品

主要试剂及性质:环戊二烯、马来酸酐、乙酸乙酯、石油醚。

名称	分子量	熔点/℃	沸点/℃	相对密度/20℃	特性
环戊二烯	66.10	-85	42.5	0.802	无色液体,不溶于水,溶于乙醇等。
马来酸酐	98.06	52.8	202	1.480	无色或白色固体,溶于水、丙酮等,可燃,有毒,具腐蚀性。
乙酸乙酯	88.11	-83.6	77	0.902	无色透明液体,有水果香,易挥发,微溶于水,溶于醇等,易燃,有刺激性,低毒。

主要仪器:圆底烧瓶、锥形瓶、烧杯、吸滤瓶、布氏漏斗、真空循环水泵等。

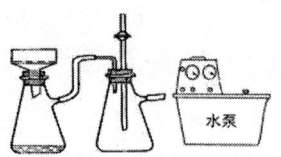

图 3-46 抽滤装置

四、实验操作步骤

1. 加成反应

在 50 mL 干燥的圆底烧瓶中,加入 2 g(0.020 mol)马来酸酐[2]和 7 mL 乙酸乙酯,在水浴上温热使之完全溶解,然后加入 7 mL 石油醚(沸程 60~80℃),混合均匀后,将此溶液置于冰浴中冷却(注意不能有结晶析出),向此溶液中加入 2 mL(0.024 mol)新蒸的环戊二烯[3],振荡反应,必要时置于冰浴中冷却(防止环戊二烯挥发)。直至放热反应完成,此时瓶内有白色晶体析出。将反应混合物在水浴上重新加热使晶体溶解,再缓慢冷却,得到白色针状结晶。抽滤(图 3-46),收集晶体,干燥,得降冰片烯二酸酐[4]。称重(产量约 2 g),计算产率。

2. 水解

取 1 g 降冰片烯二酸酐,置于锥形瓶中,加入 15 mL 蒸馏水。小火加热至沸腾,并不断摇动,使固体和油状物完全溶解。放置,让其自然冷却,用玻璃棒摩擦瓶壁促使结晶生成。待结晶完全析出后,抽滤,得白色结晶,晾干。称重(产量约 0.5 g),计算产率。

3. 测熔点

取加成产物和水解后的干燥产品各少许,分别进行熔点测定。并与纯品熔点(加成产物 mp:164~165℃,水解产物 mp:180~182℃)进行对比。

五、操作注意事项

1. 为防止反应物环戊二烯挥发而造成损失,反应时反应瓶最好置于冰浴中冷却。
2. 由于环戊二烯与马来酸酐的加成产物降冰片烯二酸酐易水解,因此反应所用仪器和试剂均需干燥,并注意防水及水汽进入反应系统。

六、思考题

1. Diels – Alder 反应有什么特点?
2. 环戊二烯容易发生 Diels – Alder 反应,为什么?
3. 为什么环戊二烯与马来酸酐的加成反应需在无水条件下进行?

注释:

[1] 降冰片烯二酸酐(endic anhydride):又称 3,6 - 桥亚甲基 - 1,2,3,6 - 四氢 - 顺 - 邻苯二甲酸酐、顺 - 桥 - 5 - 降冰片烯 - 2,3 - 二羧酸酐、桥 - 顺 - 双环(2.2.1)庚 - 5 - 烯 - 2,3 - 二羧酸酐;分子式

$C_9H_8O_3$,分子量 164.16,熔点 164~165℃,相对密度(20/4℃)1.417;从石油醚中析出为正交晶系白色柱状结晶,微溶于石油醚,溶于丙酮、四氯化碳、氯仿、乙醇、乙酸乙酯、苯等有机溶剂。主要用作环氧树脂的固化剂,还可作为聚酯树脂、醇酸树脂、增塑剂、杀虫剂的原料等。

[2] 马来酸酐如放置过久,用前需用重结晶法进行纯化。具体操作为:称取 10 g 马来酸酐加 15 mL 氯仿,煮沸数分钟,趁热过滤,冷却,抽滤,将结晶置于干燥器中晾干,即得纯净的马来酸酐。

[3] 环戊二烯在室温下易聚合为二聚体,因此用前需重新蒸馏。环戊二烯与其二聚体在 170℃ 时存在如下平衡:

将二聚体在 170℃ 以上的油浴上进行蒸馏获得环戊二烯。

[4] 主要得到内型降冰片烯二酸酐,此产物仍保留有双键,能使高锰酸钾溶液或溴的四氯化碳溶液褪色。该产物与水或吸收空气中的水汽易水解成相应的二元酸,故产品应保存在真空干燥器中。

第四部分　有机综合实验

实验 34　苯乙醚的制备

一、实验目的

1. 了解 Williamson 合成法制备醚类化合物的基本原理；
2. 掌握 Williamson 合成法的适用条件以及该类方法的优缺点。

二、实验原理

由卤代烷或硫酸酯（如硫酸二甲酯、硫酸二乙酯）与醇钠或酚钠反应制备醚的方法称为 Williamson 合成法。它既可以合成单醚，也可以合成混合醚。反应机理是烷氧基（酚氧基）负离子对卤代烷或硫酸酯的亲核取代反应（SN2）。

$$RO^-Na^+(K^+) + R'-L \xrightarrow{S_N2} R-O-R' + NaX$$
$$L = Br, I, OSO_2R'' \text{ or } OSO_2OR''$$

由于烷氧基负离子是一个较强的碱，在与卤代烷反应时总是伴随有卤代烷的消除反应，当采用三级卤代烷时，主要生产烯烃。因此，用 Williamson 法制备醚时，不能采用三级卤代烷，而要采用一级卤代烷烃。

直接连在芳环上的卤素不容易被亲核试剂取代，因此，由芳烃和脂肪烃组成的混醚不能用卤代芳烃和脂肪醇钠制备，而应采用相应的酚和脂肪卤代烃制备。由于酚是比水强的酸，故酚的钠盐可以用酚和氢氧化钠制备。

苯乙醚是以苯酚和溴乙烷为原料，在碱性条件下制备的，反应方程式如下：

$$\text{C}_6\text{H}_5\text{OH} + \text{NaOH} \longrightarrow \text{C}_6\text{H}_5\text{ONa} + \text{H}_2\text{O}$$

$$\text{C}_6\text{H}_5\text{ONa} + \text{CH}_3\text{CH}_2\text{Br} \longrightarrow \text{C}_6\text{H}_5\text{OCH}_2\text{CH}_3 + \text{NaBr}$$

三、实验主要用品

主要试剂及性质:苯酚、溴乙烷、氢氧化钠、乙醚、食盐、无水氯化钙。

	熔点/℃	沸点/℃	相对密度	性质
苯酚	40.6	181.9	1.07	弱酸性,常温下为一种无色晶体,有毒。
溴乙烷	−119	38.4	1.45	无色易挥发液体,暴露空气中或见光变为黄色。

主要仪器:50 mL 三口烧瓶、回流冷凝管、分液漏斗、恒压滴液漏斗、蒸馏头等。

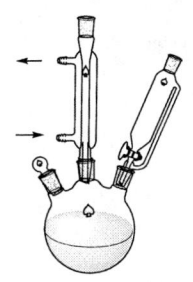
图 4-1　反应装置图

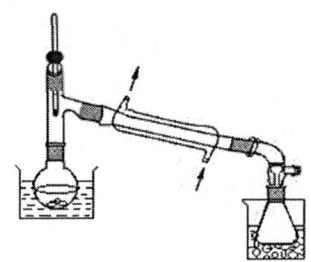
图 4-2　蒸馏装置

四、实验操作步骤

1. 苯乙醚[1]粗产物的制备

在装有搅拌器、回流冷凝管和滴液漏斗的 50 mL 三口烧瓶中,加入 7.5 g(0.08 mol)苯酚、5 g(0.125 mol)氢氧化钠和 4 mL 水,水浴加热使固体全部溶解,调节水浴温度在 80~90℃之间,开始慢慢滴加 8.9 mL(0.12 mol)溴乙烷[2],约 1 h 滴加完毕[3],继续保温搅拌 1 h,然后冷却至室温。

2. 分离纯化

加适量水(10~20 mL)使固体全部溶解。将液体转入分液漏斗中,分出水相。有机相用等体积饱和食盐水洗涤两次(若出现乳化现象时可减压过滤),分出有机相。合并两次的洗涤液,用 15 mL 乙醚萃取一次,萃取液与有机相合并,用无水氯化钙干燥。水浴蒸出乙醚,再常压蒸馏,收集 171~180 ℃馏分。产品为无色透明液体,产量 4~5 g。

五、实验注意事项

1. 溴乙烷在明火下即可燃烧,高热分解或遇水产生有毒溴化物气体,被美国加州列入致癌物质及一种生殖上的毒素,应尽量避免接触溴乙烷。

2. 蒸去乙醚时严禁使用明火,应将尾气通入下水道,以防止乙醚蒸气外漏引起着火。

六. 思考题

1. 反应中,回流的液体是什么?出现的固体又是什么?为什么到反应后期回流不明显了?

2. 制备苯乙醚时,用饱和食盐水洗涤的目的是什么?

注释:

[1] 苯乙醚(phenetole),无色油状液体,有芳香味,熔点为 -30℃,沸点为170℃,折射率 n_D^{20} 为 1.5073。储存于阴凉、通风处,应远离火种和热源。可用于检验芳香族亚磺酸。

[2] 溴乙烷沸点低,回流时冷却水流量要大,以保证有足够的溴乙烷参与反应。

[3] 若有结块出现,则应停止滴加溴乙烷,待充分搅拌后再继续滴加。

实验35 苯氧乙酸的制备

一、实验目的

1. 继续学习威廉姆逊(Williamson)法制混醚的原理及实验方法;
2. 巩固重结晶、抽滤等基本操作;
3. 了解苯氧乙酸的应用价值;
4. 初步学习生长好晶体的方法。

二、实验原理

苯氧乙酸是除草剂、植物激素和中枢神经兴奋药的中间体,也是测定铊的试剂。苯氧乙酸属于芳基烷基醚,可通过 Williamson 合成法制备。

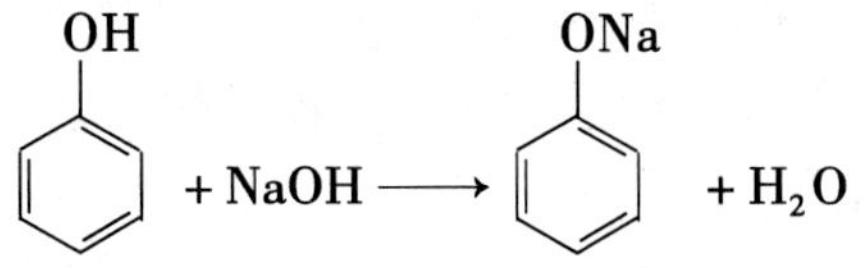

$$C_6H_5OH + NaOH \longrightarrow C_6H_5ONa + H_2O$$

$$2ClCH_2COOH + Na_2CO_3 \longrightarrow 2ClCH_2COONa + CO_2 + H_2O$$

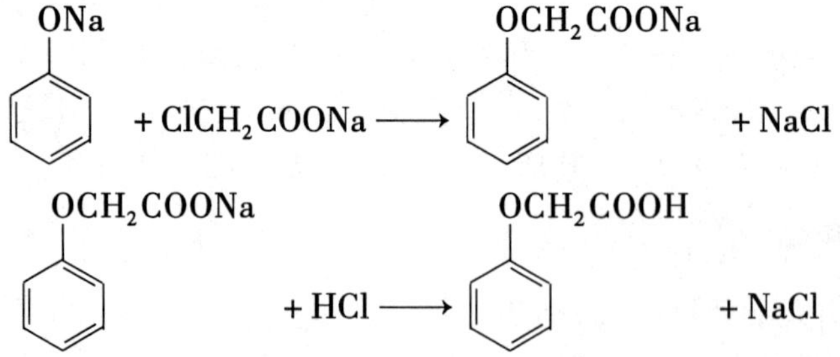

$$C_6H_5ONa + ClCH_2COONa \longrightarrow C_6H_5OCH_2COONa + NaCl$$

$$C_6H_5OCH_2COONa + HCl \longrightarrow C_6H_5OCH_2COOH + NaCl$$

总反应式:

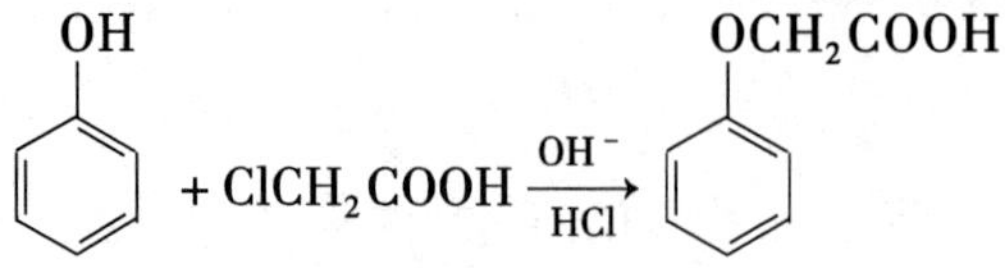

$$C_6H_5OH + ClCH_2COOH \xrightarrow[HCl]{OH^-} C_6H_5OCH_2COOH$$

三、实验主要用品

主要试剂及性质：苯酚、NaOH、$ClCH_2COOH$（无色或白色易潮解结晶，熔点为 61~63℃，沸点为 188℃，相对密度为 1.58，溶于水、乙醇、乙醚、氯仿、二硫化碳等有机溶剂，遇明火、高热可燃，具有腐蚀性、刺激性，可致人体灼伤）、Na_2CO_3、HCl、乙醚、pH 试纸。

主要仪器：三口烧瓶、冷凝管、温度计套管、温度计、烧杯、量筒、搅拌棒、滴管、分液漏斗、抽滤瓶、布氏漏斗、抽滤泵、搅拌器。

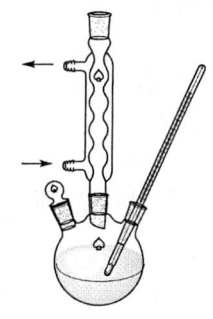
图 4-3　反应装置图

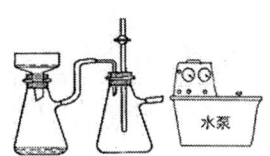
图 4-4　抽滤装置

四、实验操作步骤

1. $ClCH_2COONa$ 溶液的配制：

3.1 g（0.033mol）$ClCH_2COOH$、10 mL15% NaCl，加入到 100 mL 烧杯中，在搅拌下慢慢加入约 2.0 g（0.0165 mol）$Na_2CO_3(s)$，加入速度以反应混合物温度不超过 40℃ 为宜。

2. 苯酚钠溶液的配制

100 mL 三口烧瓶中加入 1.3 g（0.033mol）NaOH(s) 和 7.5 mL H_2O，搅拌溶解后加入 2.8 g 苯酚（0.03mol），继续搅拌（无须加热）。

3. 苯氧乙酸[1]粗产物的制备

将配好的 $ClCH_2COONa$ 溶液直接加入到苯酚钠溶液的三口烧瓶中，装上回流冷凝器、温度计，开动搅拌器，在石棉网上小火加热，使反应温度保持在 100~110℃ 之间，加热反应 2 小时。

4. 分离纯化

反应结束后，待反应混合物稍冷却后，趁热倒入 250 mL 烧杯中，用 30 mL 水分几次冲洗烧瓶后倒入烧杯中，搅拌，加入 20% HCl 至 pH = 1~2。过滤，5 mL 水洗涤粗产品。抽干后，粗品倒入 250 mL 烧杯中，加入 30 mL 水，用 20% Na_2CO_3 溶液溶解，加入 10 mL 乙醚，摇荡，静置分层，除去乙醚层。水相用 20% HCl 酸化至 pH = 1~2，加热[2]，使晶体溶解，补加 20 mL 水，使油状物全部溶解后，室温放置冷却，抽滤，少量冷水洗涤滤饼两次，室温晾干后称重。

五、实验注意事项

1. 控制好各步 pH 值、水的用量及操作,以减少产品的损失。
2. 用乙醚时注意安全。

六、思考题

1. 以酚钠和一氯乙酸做原料制醚时,为什么要先使一氯乙酸成盐?可否用苯酚和一氯乙酸直接反应制备醚?
2. 用碳酸钠中和一氯乙酸时为何要加食盐水?
3. 在苯氧乙酸合成过程中,为何 pH 值会发生变化,以 pH 7~8 作为反应终点的依据是什么?

注释:

[1] 苯氧乙酸(Phenoxyacetic acid),白色针状结晶,熔点为 98 – 101 ℃,沸点为 285 ℃(部分分解),易溶于乙醇、乙醚、苯、二硫化碳和冰醋酸,有刺激性。

[2] 在加热之前,一定要确保没有乙醚的存在,以避免安全隐患的存在。

实验 36　二苯甲醇的制备

一、实验目的

1. 学习利用金属氢化物还原酮成醇的原理及方法;
2. 学习利用有机溶剂进行重结晶的基本操作方法及有关注意事项。

二、实验原理

二苯甲酮可以利用多种还原剂还原制得二苯甲醇。硼氢化钠是一类负氢试剂,能选择性地还原醛酮成醇,使用简单,操作方便,反应可以在含有水的醇溶液中进行。

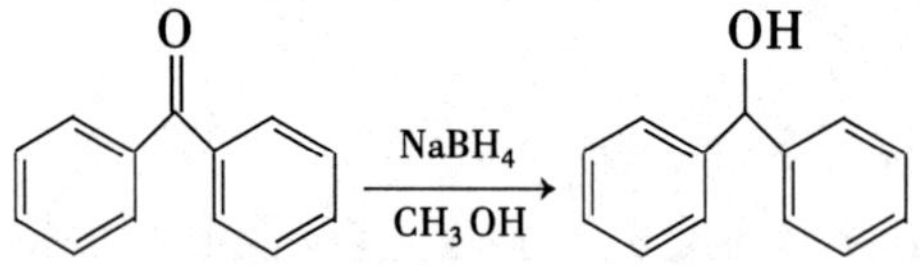

反应机理:

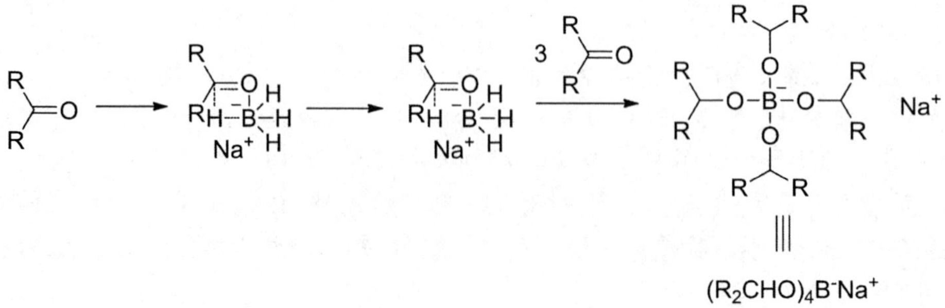

$$(R_2CHO)_4B^-Na^+ + 4R'OH \longrightarrow 4R_2CHOH + (R'O)_4B^-Na^+$$

从反应机理可以看到,1 mol $NaBH_4$ 可以还原 4 mol 酮为醇。所有这些步骤均为不可逆的。由于 $NaBH_4$ 的纯度有时不能肯定,通常使用时总要过量。

三、实验主要用品

主要试剂及性质：二苯甲酮、硼氢化钠、CH_3OH、石油醚（60~90℃）。

名称	熔点/℃	沸点/℃	相对密度	性质
二苯甲酮	48.5	305.4	1.1146	白色晶体,有刺激性
硼氢化钠	>300	500	1.035	白色结晶粉末,有吸湿性。

主要仪器：三口烧瓶、锥形瓶、冷凝管、布氏漏斗、抽滤水泵、量筒、滤纸、称量纸。

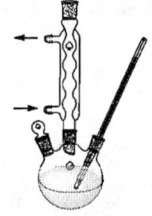
图 4-5　产物制备装置

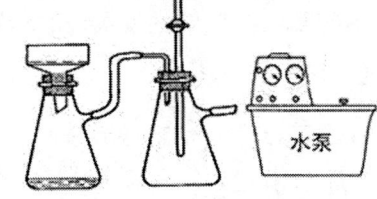
图 4-6　抽滤装置

四、实验操作步骤

1. 二苯甲醇[1]粗产物的制备

在 50 mL 干燥三口烧瓶中加入 1.83 g(0.01 mol)二苯甲酮和 8 mL CH_3OH,于室温条件下搅拌使其溶解,分批加入 0.23 g(0.061mol)硼氢化钠[2],可观察到有气泡产生,溶液变热,硼氢化钠加入速度以反应温度不超过 50 ℃ 为宜。待硼氢化钠加入完毕后,继续搅拌回流 20 min。

2. 分离纯化

加入 3 mL 水,在水浴上加热至沸腾,回流 5 min。放入冰水中冷却析出晶体[3]。减压抽滤。粗品干燥后用石油醚(60~90℃)重结晶,得到白色针状晶体。称重,并计算产率。

五、实验注意事项

1. 称量 $NaBH_4$ 要迅速,防止潮解。
2. 要将 $NaBH_4$ 分批加入瓶中,防止反应剧烈而冲出瓶。

六、思考题

1. 由羰基化合物制备醇的方法有哪些？
2. 氢化铝锂和硼氢化钠的还原性和操作上有何区别？

3. 反应后加入 3 mL H₂O，并加热至沸腾后在再冷却，为什么？

注释：

[1] 二苯甲醇（benzohydrol），白色至浅米色结晶固体，熔点为 67 ℃，沸点为 297~298 ℃，易溶于乙醇、乙醚、氯仿等有机溶剂。

[2] 硼氢化钠具有腐蚀性，称量时要小心操作，勿与皮肤接触。

[3] 水解后，要放在冰水中，易析出晶体。

实验 37　苯乙酮的制备

一、实验目的

1. 掌握 Friedel-Crafts 反应的原理和苯乙酮的制备方法；
2. 掌握无水操作及搅拌装置的安装、蒸馏等操作。

二、实验原理

Friedel-Crafts 酰基化反应是制备芳香族酮的主要方法。在无水三氯化铝存在下，酸酐与比较活泼的芳香族化合物发生亲电取代反应，产物是芳基烷酮或二芳基酮。所有 Friedel-Crafts 反应均需在无水条件下进行。

苯乙酮利用的是苯与乙酸酐在路易斯酸催化剂（三氯化铝）的作用下来制备的，反应式如下：

$$\text{C}_6\text{H}_6 + (\text{CH}_3\text{CO})_2\text{O} \xrightarrow{\text{AlCl}_3} \text{C}_6\text{H}_5\text{COCH}_3 + \text{CH}_3\text{CO}_2\text{H}$$

三、实验主要用品

主要试剂及性质：苯、乙酸酐、无水三氯化铝、浓盐酸、氢氧化钠、无水硫酸镁。

	熔点/℃	沸点/℃	相对密度	性质
苯	5.5	80.1	0.88	无色透明液体，难溶于水，致癌物质
乙酸酐	-73.1	138.6	1.08	无色透明液体，有刺激气味
无水氯化铝	-	-	2.44	白色颗粒或粉末，易潮解，遇水会爆炸

主要仪器：三口烧瓶、搅拌器、恒压滴液漏斗、回流冷凝管、干燥管、分液漏斗。

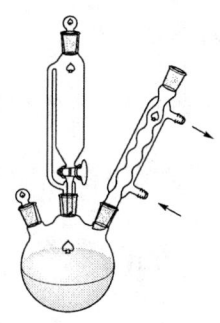 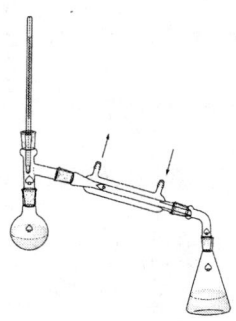

图 4-7　反应装置　　　　图 4-8　蒸馏装置

四、实验操作步骤

1. 苯乙酮[1]粗产物的制备

在 100 mL 干燥的三口瓶中装上搅拌器,恒压滴液漏斗和回流冷凝管。在冷凝管的上端装一个氯化钙干燥管,干燥管与氯化氢气体吸收装置相连。快速称取 10 g(0.075 mol)研碎的无水三氯化铝[2],然后快速地放入三口瓶中,再加入干燥过的 15 mL(0.17 mol)无水苯。在搅拌下,自滴液漏斗处慢慢滴加 3.5 mL(0.037 mol)新蒸过的乙酸酐。控制滴加速度以免使反应过于激烈。乙酸酐大约需 10~15 min 滴加完毕。加完后,将三口瓶放在 50~60 ℃ 水浴中加热搅拌,直到反应液中无氯化氢气体逸出为止。

2. 分离纯化

将反应液冷却至室温,然后将三口瓶浸入冷水浴中,在搅拌下慢慢加入 25 mL 浓盐酸和 30 g 碎冰,使瓶内固体完全溶解。然后将瓶内液体转至分液漏斗中,振摇,静止,分层。分出有机层,水层每次用 10 mL 的苯萃取两次。将有机层和苯萃取液合并,依次用 20 mL 水和 20 mL 5% 氢氧化钠水溶液对有机层进行洗涤。然后用无水硫酸镁干燥有机层,先用常压蒸馏蒸出苯。然后用减压蒸馏蒸出产品,产品为无色透明液体。

五、实验注意事项

1. 本实验所用仪器和试剂均需充分干燥,否则影响反应的顺利进行,装置中凡是和空气相通的部位,都应装上干燥管。
2. 无水三氯化铝的质量优劣是实验成败的关键之一。
3. 浓盐酸为发烟液体,使用时要格外小心。

六、思考题

1. 为什么要用过量的苯和三氯化铝?
2. 为什么要逐滴滴入乙酸酐?
3. 水和潮气对本实验有何影响?在仪器装置和操作中应注意哪些事项?为什么要迅速称取无水三氯化铝?

4. 本实验完成后为什么要加入浓盐酸和冰水的混合液？

注释：

[1] 苯乙酮(acetophenone)，在室温下为无色至浅黄色液体或是无色晶体，熔点为 20.5 ℃，沸点为 202.0 ℃，有强的吸湿性。

[2] 无水三氯化铝极易吸潮，所以要迅速称取和研磨。若为黄色，表示已吸潮，不能再使用。

实验 38　苯亚甲基苯乙酮的制备

一、实验目的

1. 掌握羟醛缩合的原理和苯亚甲基苯乙酮的制备方法；
2. 掌握 Claisen – Schmidt 反应的基本原理。

二、实验原理

羟醛缩合是合成 β – 羟基醛和 α，β – 不饱和羰基化合物的重要方法，也是有机合成中增长碳链的重要反应。反应的基本历程为：

$$R-CH_2CHO \xrightleftharpoons[H_2O]{OH^-} \left[R-\overset{H}{\underset{H}{C}}HCH=O \longleftrightarrow R-\overset{H}{\underset{H}{C}}=C-O^- \right]$$

$$R-CH_2CHO + R-\overset{H}{\underset{H}{C}}HCH=O \rightleftharpoons R-CH_2\overset{H}{\underset{O^-}{C}}\overset{H}{\underset{R}{C}}-C=O \xrightleftharpoons[OH^-]{H_2O}$$

$$R-CH_2\overset{H}{\underset{OH}{C}}\overset{H}{\underset{R}{C}}-C=O \xrightleftharpoons[H_2O]{OH^-} R-\overset{H_2}{C}-C=C-C=O$$

无 α – 活泼氢的芳香醛可与 α – 活泼氢的醛酮发生交叉的羟醛缩合，缩合产物自发脱水生成稳定的共轭体系 α，β – 不饱和醛酮。这种交叉的羟醛缩合称为 Claisen – Schmidt 反应，它是合成侧链上含两种官能团的芳香族化合物及含几个苯环的脂肪族体系中间体的一条重要的途径。如肉桂醛的合成：

$$C_6H_5CHO + CH_3CHO \xrightarrow{OH^-} C_6H_5-\overset{H}{\underset{OH}{C}}-\overset{H_2}{C}-CHO \xrightarrow{-H_2O} C_6H_5CH=C\overset{CHO}{\underset{H}{}}$$

苯亚甲基苯乙酮利用的是苯乙酮和苯甲醛在碱性条件下来制备的，反应方程式如下：

$$C_6H_5CHO + CH_3COC_6H_5 \xrightarrow{NaOH} \left[C_6H_5\overset{OH}{\underset{}{C}}HCH_2\overset{O}{\underset{}{C}}C_6H_5 \right] \xrightarrow{-H_2O} \overset{C_6H_5}{\underset{H}{}}C=C\overset{O}{\underset{H}{}}C_6H_5$$

三、实验主要用品

主要试剂及性质：苯甲醛、苯乙酮、氢氧化钠、乙醇。

	熔点/℃	沸点/℃	相对密度	性质
苯甲醛	-26	179	1.042	无色液体,苦杏仁味,可燃,有刺激性
苯乙酮	20.5	202.0	1.028	室温下为无色至浅黄色液体或是无色晶体

主要仪器:温度计、搅拌器、滴液漏斗、三口烧瓶、抽滤瓶。

图 4-9 反应装置　　　　　图 4-10 抽滤装置

四、实验步骤

1. 苯亚甲基苯乙酮[1]粗产物的制备

在装有搅拌器、温度计和滴液漏斗的三口烧瓶中,加入 12.5 mL 10% 氢氧化钠溶液、8 mL 乙醇和 3 mL(0.025 mol)苯乙酮。搅拌下由滴液漏斗滴加 2.5 mL(0.025 mol)苯甲醛[2]。滴加完毕后,继续保持此温度搅拌 3 h。反应结束后将三口烧瓶置于冰水中冷却 15~30 min,使结晶完全。

2. 分离纯化

减压抽滤收集产物,用水充分洗涤,至洗涤液对石蕊试纸显中性。然后用少量冷乙醇(2~3 mL)洗涤结晶,挤压抽干,得苯亚甲基苯乙酮粗品。粗产物用 95% 乙醇重结晶[3],得浅黄色片状结晶约 3 g。

五、注意事项

1. 反应温度是本反应的关键。温度过高,副产物多;过低,产物发黏,不易过滤和洗涤。

2. 苯亚甲基苯乙酮能使某些人皮肤过敏,处理时注意不要与皮肤接触。

六、思考题

1. 本实验中可能会产生哪些副反应?实验中采取了哪些措施来避免副产物的生成?
2. 写出苯甲醛与丙醛及丙酮(过量)在碱催化下缩合产物的结构式。

注释:

[1] 苯亚甲基苯乙酮(benzalacetophenone),存在几种不同的晶形。通常得到的是片状的 α 体,纯粹的 α 体熔点为 58~59 ℃,另外还有棱状或针状的 β 体(熔点为 56~57 ℃)及 γ 体(熔点为 48 ℃)。

[2] 控制滴加速度保持反应温度在 25~30 ℃之间,必要时用冷水浴冷却。

[3] 苯亚甲基苯乙酮熔点较低,重结晶回流时呈熔融状,必须加溶剂使其呈均相。

实验39　对溴乙酰苯胺的制备

一、实验目的

1. 学习芳烃卤化反应理论,掌握芳烃溴化方法;
2. 熟悉溴的物理化学性质及其使用操作方法。

二、实验原理

芳香族卤代物是指卤素直接与苯环相连接的化合物。它可以通过苯或取代苯在 Lewis 酸或 Brønsted 酸的催化下与卤素发生亲电取代反应来进行制备。

对溴乙酰苯胺是采用乙酰苯胺、溴素和醋酸为起始原料来制备的,反应式如下:

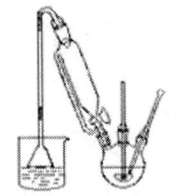

三、实验主要用品

主要试剂及性质:乙酰苯胺、溴、冰醋酸、乙醇、亚硫酸氢钠。

	熔点/℃	沸点/℃	相对密度	性质
乙酰苯胺	114.3	304	-	白色晶体,遇酸或碱性水溶液易分解
溴	-7.2	58.8	3.119	深棕红色液体,易挥发,有强烈刺激性
冰醋酸	16.7	118.3	1.050	无色吸湿性液体,具有腐蚀性
亚硫酸氢钠	150	-	1.48	白色晶体,易溶于水,水溶液呈酸性

主要仪器:搅拌器、水浴锅、三口烧瓶、恒压滴液漏斗、温度计、量筒、烧杯、抽滤瓶、布氏漏斗、玻璃棒。

图 4-11　反应装置　　　图 4-12　抽滤装置

第四部分　有机综合实验

四、实验步骤

1. 对溴乙酰苯胺[1]粗产物的制备

在 250 mL 三口瓶上配置搅拌器、温度计、恒压滴液漏斗[2]，并在恒压滴液漏斗上连接气体吸收装置，以吸收反应中产生的溴化氢（如图 4-11 所示）。向三口瓶中加入 6.75 g(0.05 mol)乙酰苯胺和 15 mL 冰醋酸，用温水浴稍稍加热使乙酰苯胺溶解，然后在 45 ℃ 水浴温度条件下，边搅拌边滴加 2.5 mL(0.05 mol)溴和 3 mL 冰醋酸配成的溶液，滴加速度以棕红色的溴色较快褪去为宜。滴加完毕，在 45 ℃ 浴温下，继续搅拌反应 1 h，然后将浴温提高至 60 ℃，再搅拌一段时间，直到反应混合物液面不再有红棕色蒸气溢出为止。

2. 分离纯化

将反应混合物倾入盛有 100 mL 冷水的烧杯中（如果产物带有棕红色，可加入亚硫酸钠使溶液黄色恰好褪去），用玻璃棒搅拌 10 min，放在冰水中彻底冷却后，抽滤，用冷水洗涤滤饼并抽干，放在空气中自然晾干后，用乙醇重结晶，得到白色针状晶体。称重，计算产率。

五、实验注意事项

1. 溴具有强腐蚀性和刺激性，必须在通风橱中量取，操作时应带上乳胶手套。
2. 滴溴时滴速不易过快，否则反应太剧烈会导致一部分溴来不及参与反应就与溴化氢一起逸出，同时也可能会产生二溴代产物。

六、思考题

1. 乙酰苯胺的一溴代产物为什么以对位异构体为主？
2. 在溴化反应中，反应温度的高低对反应结果有何影响？
3. 在反应混合物的后处理过程中，加入亚硫酸氢钠的目的是什么？
4. 产物中可能存在哪些杂质，如何除去？

注释：

[1] 对溴乙酰苯胺(4 - Bromoacetanilide)，浅黄色，粉末状晶体，熔点为 167~169 ℃，沸点为 353.4 ℃。溶于苯、氯仿、乙酸乙酯，略溶于醇，微溶于热水，不溶于冷水。

[2] 搅拌器与三口瓶连接处的密封要好，以防溴和溴化氢从瓶口处逸出。

实验 40　对溴苯胺的合成

一、实验目的
1. 掌握脱氨基保护基乙酰基的方法;
2. 巩固重结晶、熔点测定的方法。

二、实验原理
胺的酰基化在有机合成中起着非常重要的作用。作为一种保护基团,一级和二级芳胺在合成中通常被转化为它们的乙酰基衍生物,以降低胺对后续反应条件的敏感性,使其不被反应试剂破坏。另外,它还可以在酸性条件下除去,反应操作简单,条件相对温和。

本实验以对溴乙酰苯胺为原料,采用在酸性条件下去乙酰基的方法来制备对溴苯胺,反应式如下:

$$\underset{Br}{\underset{|}{C_6H_4}}-NHCOCH_3 \xrightarrow{H^+} \underset{Br}{\underset{|}{C_6H_4}}-NH_2 + CH_3COOH$$

三、实验主要用品
主要试剂及性质:对溴乙酰苯胺(浅黄色或粉末状晶体,熔点为 167~169 ℃,沸点为 353.4 ℃。溶于苯、氯仿、乙酸乙酯,略溶于醇,微溶于热水,不溶于冷水)、95% 乙醇、浓盐酸、20% 氢氧化钠溶液。

主要仪器:三口烧瓶、冷凝管、恒压滴液漏斗、尾接管、锥形瓶、烧杯、pH 试纸、玻璃棒、抽滤瓶、布氏漏斗。

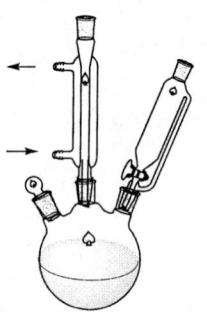
图 4-13　反应装置

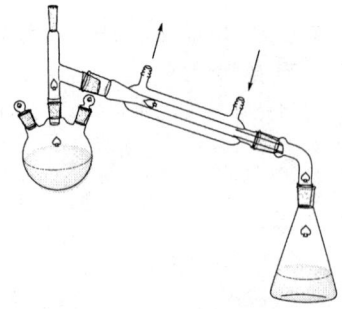
图 4-14　蒸馏装置

四、实验操作步骤

1. 对溴苯胺[1]粗产物的制备

向配置回流冷凝管和恒压滴液漏斗的 100 mL 三口烧瓶中加入 6.5 g(0.03 mol)对溴乙酰苯胺、15 mL 95% 乙醇和三粒沸石,加热至沸腾,自滴液漏斗慢慢滴加 8.5 mL 浓盐酸[2]。加毕,回流 30 min,加入 25 mL 水使反应混合物稀释。

2. 分离纯化

将回流装置改为蒸馏装置,加热蒸馏。将残余物对溴苯胺盐酸盐倒入盛有 50 mL 冰水的烧杯中,在搅拌下滴加 20% 氢氧化钠溶液,使之刚好呈碱性。抽滤,水洗,抽干后,自然晾干。(可用乙醇 – 水重结晶)。

五、实验注意事项

1. 浓盐酸的滴加速度对反应影响较大。
2. 对溴苯胺易氧化,不能烘干。

六、思考题

1. 常用的氨基保护基都有哪些?以及怎么脱去它们?
2. 反应后处理加碱的目的是什么?

注释:

[1] 对溴苯胺(4 – bromoaniline),灰褐色粉末状晶体,熔点为 60 – 64 ℃,沸点为 230 – 250 ℃,主要用于偶氮染料制造及有机合成;高毒,遇明火可燃,燃烧释放有毒氮氧化物和溴化物烟雾。

[2] 滴加浓盐酸不宜太快。

实验 41 对氯甲苯的制备

一、实验目的

1. 掌握重氮化反应的基本原理;
2. 掌握 Sandmeyer 反应的基本原理;
3. 掌握通过芳香伯胺的重氮化/氯化串联反应来制备氯代芳烃的操作方法。

二、实验原理

芳香族伯胺在强酸介质中与亚硝酸钠作用,生成重氮盐的反应,称为重氮化反应。反应通式为:

$$ArNH_2 + NaNO_2 + 2HX \xrightarrow{0\sim 5\ ℃} ArN{=}NX^- + 2H_2O + NaX$$

这是芳香伯胺特有的性质,生成的化合物 $ArN_2^+ X^-$ 称为重氮盐。大多数重氮盐很不稳定,室温即会分解放出氮气,故必须严格控制反应温度。当氨基的邻位或对位有强的吸电子取代基如硝基或磺酸基时,其重氮盐比较稳定。制成的重氮盐溶液不宜长时间存放,应尽快进行下一步反应。由于大多数重氮盐在干燥的固态受热或震动能发生爆炸,所以通常不需要分离,而是将得到的水溶液直接用于下一步的合成。只有硼氟酸重氮盐例外,可以分离出来并加以干燥。

重氮化反应必须注意亚硝酸钠的用量,若亚硝酸钠过量,则生成多余的亚硝酸会使重氮盐氧化而降低收率。因而在滴加亚硝酸钠溶液时,一定要及时用碘化钾-淀粉试纸检验,至刚变蓝为止。

重氮盐的用途很多,其反应可以分为两大类。一类是用适当的试剂处理,重氮基团被 H、OH、Cl、Br、CN、NO_2 以及 SH 等基团取代,制备相应的芳香族化合物;另一类是保留氮的反应,即重氮盐与相应的芳香胺或酚类起偶联反应,生成偶氮染料。

重氮盐在有机合成中的重要应用之一是 Sandmeyer 反应。1884 年,Sandmeyer 发现亚铜盐对芳基重氮盐的分解有催化作用。重氮盐溶液可以与氯化亚铜、溴化亚铜、氰化亚铜发生取代反应,生成相应的氯代芳烃、溴代芳烃芳氰。一般认为,该反应是一个自由基反应,亚铜盐的作用是传递电子。

$$CuCl + Cl^- \longrightarrow CuCl_2^-$$
$$ArN_2^+ + CuCl_2^- \longrightarrow Ar\cdot + N_2 + CuCl_2$$
$$Ar\cdot + CuCl_2 \longrightarrow ArCl + CuCl$$

氯化亚铜在空气中极易氧化,故以新鲜制备为好。

通过对甲基苯胺的重氮化反应来制备对氯甲苯的反应式为:

$$2CuSO_4 + 2NaCl + NaHSO_3 + 2NaOH \longrightarrow 2CuCl\downarrow + 2Na_2SO_4 + NaHSO_4 + H_2O$$

三、实验主要用品

主要试剂及性质:对甲苯胺、亚硝酸钠、结晶硫酸铜、亚硫酸氢钠、精盐、氢氧化钠、浓盐酸、乙醚、淀粉-碘化钾试纸、无水氯化钙。

	熔点/℃	沸点/℃	相对密度	性质
对甲苯胺	41-46	200	0.973	白色晶体,高毒,可燃
结晶硫酸铜	110	-	2.284	蓝色晶体,易溶于水,有毒,具刺激性
乙醚	-116	34.6	0.714	无色易挥发液体,具有吸湿性,易燃

主要仪器:圆底烧瓶、烧杯、分液漏斗。

 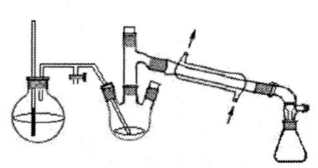

图4-15　反应装置　　　图4-16　水蒸气蒸馏装置

四、实验操作步骤

1. 氯化亚铜[1]的制备

在250 mL圆底烧瓶中放置15 g(0.06 mol)结晶硫酸铜($CuSO_4 \cdot 5H_2O$)、4.5 g精盐以及50 mL水,加热使固体溶解。趁热(60～70 ℃)在摇振下加入3.5 g(0.34 mol)亚硫酸氢钠与2.3 g(0.057 mol)氢氧化钠及25 mL水配成的溶液。溶液由原来的蓝绿色变成浅绿色或无色,并析出白色粉状固体,置于冷水浴中冷却。

倾去上层溶液,再用水洗涤两次,得到白色粉末状的氯化亚铜。倒入50 mL冷的浓硫酸,使沉淀溶解,塞紧瓶塞,置冰水浴中冷却备用。

2. 重氮盐溶液的制备

在烧杯中放置15 mL浓盐酸、15 mL水及5.4 g(0.05 mol)对甲苯胺,加热使对甲苯胺溶解。稍冷后,置冰盐浴中并不断搅拌使成糊状,控制在5 ℃以下。再在搅拌下,由滴液漏斗滴加3.4 g(0.056 mol)亚硝酸钠溶于10 mL水的溶液,控制滴加速度,使反应温度始终保持在5 ℃以下。为了防止温度上升,必要时可在反应液中加入一小块冰。当85%～90%的亚硝酸钠溶液加入后,取一两滴反应液在淀粉-碘化钾试纸上检验。若立即出现深蓝色,表示亚硝酸钠已适量,不必再加,搅拌片刻。重氮化反应越到后来越慢,最后每加一滴亚硝酸钠溶液后,需要稍等几分钟再检验。

3. 对氯甲苯粗产物[2]的制备

把制好的对甲苯胺重氮盐溶液,慢慢倒入冷的氯化亚铜盐酸溶液[3]中,边加边振摇烧瓶,不久析出重氮盐-氯化亚铜橙红色复合物。加完后,在室温下放置15～30 min。然后用水浴慢慢加热到50～60 ℃[4],分解复合物,直至不再有氮气逸出。

4. 分离纯化

将产物进行水蒸气蒸馏蒸出对氯甲苯。分出油层,水层每次用10 mL乙醚萃取两次,萃取液与油层合并,依次用10%氢氧化钠溶液、水、浓硫酸、水各5 mL洗涤。醚层经无水氯化钙干燥后在水浴上蒸去乙醚,然后蒸馏收集158～162 ℃的馏分,产量约4 g。

五、实验注意事项

1. 在试验中若发现氯化亚铜沉淀中杂有少量黄色沉淀时,应立即加入几滴盐酸,稍加震荡即可除去。

2. 氯化亚铜在空气中遇热或光极易氧化,重氮盐久置易分解。所以,二者的制备应同时进行,且在较短的时间内进行混合。

六、思考题

1. 什么是重氮化反应？它在有机合成中有何作用？
2. 为什么重氮化反应必须在低温下进行？若温度过高或溶液酸度不够会产生什么副反应？
3. 为什么不直接将甲苯氯化而采用 Sandmeyer 反应来制备对氯甲苯？
4. 氯化亚铜在盐酸存在下,被亚硝酸氧化,反应瓶中可以观察到一种红棕色的气体放出,试解释这种现象,并用反应式来表示。
5. 试写出由邻甲基苯胺制备下列化合物的反应式,并注明反应试剂和条件。
① 邻甲基苯甲酸　② 邻氟苯甲酸　③ 邻碘甲苯　④ 邻甲基苯肼

注释：

[1] 氯化亚铜(Cuprous chloride),白色粉末,熔点为 430 ℃,沸点为 1490 ℃,微溶于水,对皮肤有强刺激性,粉尘使皮肤发痒,刺激眼睛流泪,不可燃烧。

[2] 对氯甲苯(4 - chlorotoluene),无色油状液体,熔点为 6 - 8 ℃,沸点为 162 ℃,密度为 1.07 g/mL,微溶于水,可溶于乙醇、乙醚、丙酮、苯及氯仿,易燃,有毒。

[3] 氯化亚铜用量较少会降低对氯甲苯产量。

[4] 在水浴加热分解时,有大量氮气逸出,应不断搅拌,以免反应液外溢。

实验 42　对硝基溴苯的制备

一、实验目的

1. 掌握硝化反应的基本原理；
2. 熟悉硝化反应的操作过程,再次巩固重结晶操作。

二、实验原理

硝化反应是制备芳香族硝基化合物的主要方法,也是重要的亲电取代反应之一。芳香硝基化合物可以用作炸药和防爆剂,另外它可以被还原为芳胺,通过芳胺和重氮盐间接地转化为多种芳香族化合物,因而是一类非常重要的有机合成中间体。

芳香烃的硝化较容易进行,在浓硫酸存在下与浓硝酸作用,芳烃的氢原子被硝基取代,生成相应的硝基化合物,如：

$$\text{C}_6\text{H}_6 + \text{HNO}_3(\text{浓}) \xrightarrow[50 \sim 55\ ℃]{\text{H}_2\text{SO}_4(\text{浓})} \text{C}_6\text{H}_5\text{NO}_2 + \text{H}_2\text{O}$$

第四部分 有机综合实验

反应机理如下：

$$HNO_3 + 2H_2SO_4 \rightleftharpoons \overset{+}{N}O_2 + H_3O^+ + 2HSO_4^-$$

浓硫酸的作用是提供强酸性的介质有利于硝酰阳离子的生成，它是真正的亲电试剂。

溴苯硝化产生邻硝基溴苯和对硝基溴苯的混合物，由于邻位异构体较对位异构体有较大的极性，可以利用乙醇重结晶加以分离。

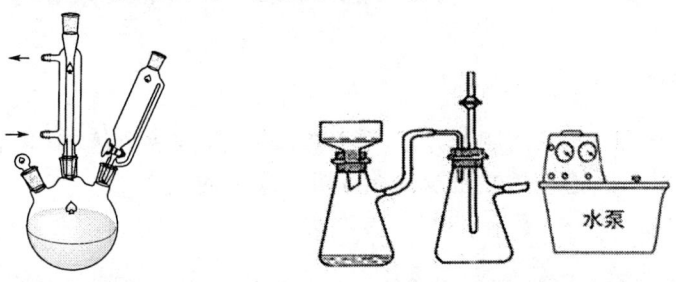

三、实验主要用品

主要试剂及性质：溴苯（无色油状液体，熔点为 -31 ℃，沸点为 156 ℃，相对密度为 1.491，不溶于水，溶于苯、醇、醚等有机溶剂，可燃，有毒）、浓硝酸、浓硫酸、乙醇。

主要仪器：三口烧瓶、冷凝管、温度计、滴液漏斗、抽滤瓶。

图 4-17　反应装置　　　图 4-18　抽滤装置

四、实验操作步骤

1. 对硝基溴苯[1]粗产物的制备

在 50 mL 三口烧瓶中混合 2 mL(0.032 mol)浓硝酸和 2 mL(0.038 mol)浓硫酸，然后一口加上回流冷凝管，另一口插入温度计至反应瓶底部 5 mm 处。待混合酸冷至室温后，缓慢滴加 2.3 mL(0.022 mol)溴苯，控制反应温度在 50～60 ℃，必要时可用冷水浴冷却，10～15 min 滴加完毕。当放热反应结束，反应液温度不再上升时，将反应瓶置于沸水浴中继续加热 15 min，促使反应完全。

2. 分离纯化

待反应物冷至室温后，在充分搅拌下倒入 30 mL 冷水中，抽滤析出的硝化产物，用冷水反复洗涤至滤液接近中性(pH = 7~8),将滤饼尽可能在抽滤下压干。粗产物用95%乙醇重结晶,让溶液慢慢冷至室温,再置冰水浴中冷却,抽滤析出的对硝基溴苯[2],用少量冷乙醇洗涤,在空气中干燥,产量2~2.5 g。

五、实验注意事项

1. 该反应用到浓硝酸和浓硫酸等强酸,使用时一定要注意安全。

六、思考题

1. 解释为什么邻硝基溴苯的极性大于对硝基溴苯且熔点低于对位异构体?
2. 文献报道溴苯单硝化 o/p 的比例为38∶62,根据这一比例和得到的对硝基溴苯的产量,计算对硝基溴苯的试验产率。

注释:

[1] 对硝基溴苯(1 - bromo - 4 - nitrobenzene),棱柱状结晶。熔点为125℃,沸点为256℃,相对密度1.948。溶于醇、醚和苯,不溶于水。有毒,明火可燃,受热分解释放出有毒溴化物和氮氧化物气体。

[2] 抽滤后的母液,主要含有邻硝基溴苯和少量对硝基溴苯。如将母液浓缩至5 mL时,可析出第二批对硝基溴苯;浓缩至1.5~2 mL时,得到的黏稠物主要含邻硝基溴苯,为低熔点固体,可以通过柱色谱分离。

实验43 乙酰乙酸乙酯的制备及其性质

一、实验目的

1. 掌握乙酰乙酸乙酯的制备方法,了解 Claisen 酯缩合反应的基本原理;
2. 掌握乙酰乙酸乙酯的性质及其在有机合成中的应用。

二、实验原理

含有 α - 活泼氢的酯在碱性催化剂存在下,能与另一分子酯发生 Claisen 酯缩合反应,生成 β - 羰基酸酯,乙酰乙酸乙酯就是通过这一反应来制备的。

$$2CH_3CO_2Et \xrightarrow{NaOEt} Na^+[CH_3COCHCO_2Et]^- \xrightarrow{HOAc} CH_3COCH_2CO_2Et + NaOAc$$

当用金属钠作缩合剂时,真正的催化剂是钠与乙酸乙酯中残留的少量的乙醇作用产生的乙醇钠。一旦反应开始,乙醇就可以不断的生成并与金属钠继续作用,如使用高纯度的乙酸乙酯和金属钠反而不能发生缩合反应。

乙酰乙酸乙酯是互变异构现象的一个典型例子,它是酮式和烯醇式平衡的混合物,在室温时含有92%的酮式和8%的烯醇式。

三、实验主要用品

主要试剂及性质：乙酸乙酯、金属钠、甲苯、醋酸、饱和氯化钠溶液、无水硫酸钠。

	熔点/℃	沸点/℃	相对密度	性质
乙酸乙酯	-84	76.5-77.5	0.902	无色透明液体，易燃，具刺激性
钠	97.8	883	1.04	银白轻软而具有延展性的金属，易燃易爆
甲苯	-95	111	0.866	无色透明液体，易燃，有毒

主要仪器：圆底烧瓶、冷凝管、干燥管、分液漏斗。

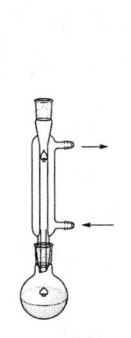
图 4-19　反应装置

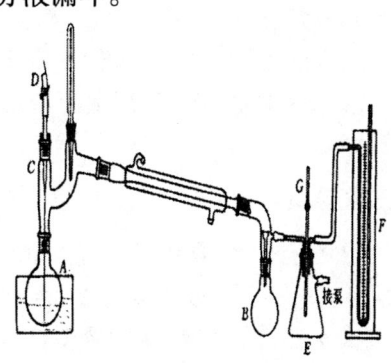
图 4-20　减压蒸馏装置

四、实验操作步骤

1. 乙酰乙酸乙酯[1]粗产物的制备

在干燥的 100 mL 圆底烧瓶中加入 2.5 g(0.11 mol)金属钠和 12.5 mL 干燥的二甲苯，装上冷凝管，在石棉网上小心加热使钠熔融成粒状。立即拆去冷凝管，用橡胶塞塞紧圆底烧瓶，用力来回振摇，即得细粒状钠珠。稍经放置后钠珠即沉于瓶底，将二甲苯倾出后倾入公用回收瓶[2]。迅速向瓶中加入 27.5 mL(0.38 mol) 乙酸乙酯，重新装上冷凝管，并在其顶端装一氯化钙干燥管。反应随即开始，同时有氢气泡逸出。若反应不开始或是很慢时，可以稍加温热。待激烈的反应过后，将反应瓶在石棉网上用小火加热，保持微沸状态，直至所有金属钠几乎全部作用完全为止，反应约需 1.5 h。此时生成的乙酰乙酸乙酯钠盐为橘红色透明溶液（有时析出黄白色沉淀）。待反应物稍冷后，在摇荡下加入 50% 的醋酸溶液，直至反应液呈弱酸性为止[3]，此时，所有的固体物质均已溶解。

2. 分离纯化

将反应物转入分液漏斗，加入等体积的饱和氯化钠溶液，用力振摇片刻，静置后，乙酰乙酸乙酯分层析出。分出粗产物，用无水硫酸钠干燥后过滤，并用少量乙酸乙酯洗涤干燥剂。在沸水浴上蒸去未作用的乙酸乙酯，将剩余液移入 25 mL 克氏蒸馏瓶进行减压蒸馏。减压蒸馏时，需缓慢加热，待残留的低沸物蒸出后，再升高温度，收集乙酰乙酸乙酯，产量约 6 g。

3. 乙酰乙酸乙酯的性质试验

由于乙酰乙酸乙酯存在酮式和烯醇式互变异构体,因此,既有酮羰基的性质,又有烯醇的性质。在这种结构中存在着两个配位中心,可以与一些金属离子形成螯合物,利用这一性质我们可以进行定性检测:

(1) 与 2,4 - 二硝基苯肼的反应

在一试管中加入 3 滴新配置的 2,4 - 二硝基苯肼溶液,然后加入 2 滴乙酰乙酸乙酯,微热后冷却可见黄色沉淀物。

(2) 与溴水和三氯化铁的反应

在试管中加入 2 滴乙酰乙酸乙酯和 1 滴 1% 的三氯化铁溶液,观察溶液的颜色有何变化。然后再加入几滴溴水,振荡,观察溶液的颜色变化,放置片刻再观察颜色变化。记录这些现象并解释之。

五、实验注意事项

1. 一定要等大部分钠反应完后,再加醋酸水溶液,以防着火。
2. 要注意避免加入过量的乙酸溶液,否则会增加酯在水中的溶解度。另外,酸度过高,会使副产物"去水乙酸"生成,从而降低产量。
3. 乙酰乙酸乙酯常压蒸馏时,易发生分解。最好减压蒸馏产品,温度低于 100℃。

六、思考题

1. 本实验应以哪种物质为基准计算产率?为什么?
2. 请写出本实验反应的历程。
3. 如何证明本产物是两种互变异构体的平衡产物?

注释:

[1] 乙酰乙酸乙酯(ethyl acetoacetate),无色液体,熔点为 -43℃,沸点为 181℃,密度为 1.029 g/mL,具有愉快的水果香气,与一般有机溶剂混溶,易溶于水,易燃烧。

[2] 切勿倒入水槽或废液缸,以免引起着火

[3] 如果反应瓶有少量未反应完的金属钠,会发生剧烈反应。此时要慢慢滴加。

实验 44 4 - 苯基 - 2 - 丁酮的制备

一、实验目的

通过 4 - 苯基 - 2 - 丁酮的制备掌握乙酰乙酸乙酯的性质及其在有机合成中的应用。

二、实验原理

4 - 苯基 - 2 - 丁酮存在于烈香杜鹃的挥发油中,具有止咳、祛痰的作用。

第四部分 有机综合实验

乙酰乙酸乙酯中的亚甲基上的氢原子因受两个相邻羰基的影响变得比较活泼,与醇钠等强碱反应时可被置换生成钠化合物;后者可以与卤代烷发生亲核取代反应,生成烷基取代的乙酰乙酸乙酯;烷基取代的乙酰乙酸乙酯与稀碱作用进行酮式分解得到取代甲基酮。4-苯基-2-丁酮是以乙酰乙酸乙酯为原料经合成烷基取代物再进行酮式分解得到。

$$CH_3COCH_2COOC_2H_5 \xrightarrow{CH_3ONa} [CH_3COCHCO_2C_2H_5]^- Na^+ \xrightarrow{C_6H_5CH_2Cl} \underset{\underset{CH_2C_6H_5}{|}}{CH_3COCHCO_2C_2H_5}$$

$$\xrightarrow{NaOH,H_2O} \underset{\underset{CH_2C_6H_5}{|}}{CH_3COCHCO_2^- Na^+} \xrightarrow[\Delta]{H^+} CH_3COCH_2CH_2C_6H_5$$

三、实验主要用品

主要试剂及性质:乙酰乙酸乙酯、甲醇、钠、氯化苄、氢氧化钠、浓盐酸、乙醚、饱和氯化钠溶液。

	熔点/℃	沸点/℃	相对密度	性质
乙酰乙酸乙酯	-43	181	1.029	无色液体,易溶于水,易燃
甲醇	-98	65.4	0.791	无色透明易燃易挥发液体,有毒
氯化苄	-48 ~ -39	175 ~ 179	1.10	无色至黄色液体,致癌,有刺激性

主要仪器:三口烧瓶、冷凝管、恒压滴液漏斗、分液漏斗。

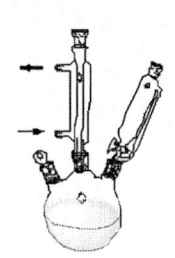
图4-21 反应装置

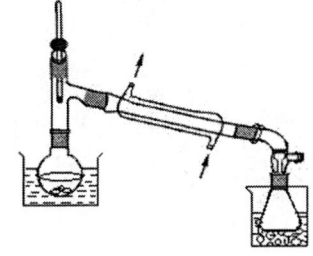
图4-22 回收乙醚装置

四、实验操作步骤

1. 4-苯基-2-丁酮[1]粗产物的制备

在100 mL干燥的三口烧瓶内,加入10 mL无水甲醇和0.46 g(0.02 mol)金属钠[2]。

于室温条件下搅拌,金属钠很快溶解并放出氢气。待钠反应完毕后,室温搅拌下滴加 2.60 g(0.02 mol)乙酰乙酸乙酯,继续搅拌 10 min。在室温下,慢慢滴加 2.78 g(0.022 mol)氯化苄,这时溶液呈米黄色混浊液,然后加热回流 30 min。停止加热,稍冷却后,慢慢加入由 2.00 g 氢氧化钠和 15 mL 水配成的溶液,约需 5 min 加完,此时溶液 pH 约为 11。然后加热回流 30 min 后,冷却至 40℃以下,慢慢滴加 1.4 mL 浓盐酸,溶液 pH = 1 ~ 2。加热回流 30 min,进行脱羧反应。

2. 分离纯化

回流完毕后,溶液分为两层,上层为黄色有机层。冷却,用分液漏斗分出有机层,水层用 10 mL 乙醚提取一次。将乙醚与有机层合并,用饱和氯化钠溶液洗涤两次,至 pH = 6 ~ 7,用无水硫酸钠干燥有机层。过滤出无水硫酸钠,在水浴上蒸去乙醚。减压蒸馏,收集 132 ~ 140℃/5.35 kPa(40 mmHg)馏分,约 1.90 g。

五、实验注意事项

1. 金属钠遇水燃烧爆炸,使用时应防止与水接触。
2. 注意乙醚的后处理及蒸馏的安全。

六、思考题

1. 请详细介绍乙酰乙酸乙酯的性质,并用适当的反应式表示之。
2. 当采用两当量的苄氯时,会生成什么物质?

注释:

[1] 4 - 苯基 - 2 - 丁酮(Benzylacetone),无色液体,相对密度为 0.985,用作医药合成的中间体。
[2] 制备甲醇钠时,金属钠只需切成小块,分批加入至三口烧瓶中。

实验 45　苯甲醇和苯甲酸的制备

一、实验目的

1. 掌握康尼扎罗(Cannizzaro)反应的原理及其应用;
2. 掌握高沸点蒸馏的操作方法。

二、实验原理

没有 α - 活泼氢的芳醛与浓的强碱溶液作用时,发生自身氧化还原反应,一分子醛被还原为醇,另一分子醛被氧化为酸,此反应称为 Cannizzaro 反应。通常使用 50%的浓氢氧化钠溶液,其中碱的物质的量比醛的物质的量多一倍以上,否则反应不完全,未反应的醛与生成的醇混在一起,通过一般蒸馏很难分离。

由苯甲醛为起始原料来制备苯甲醛和苯甲酸的反应路线如下:

第四部分 有机综合实验

$$2C_6H_5CHO + KOH \longrightarrow C_6H_5CH_2OH + C_6H_5\overset{O}{\underset{\|}{C}}-O^- \xrightarrow{H^+} C_6H_5\overset{O}{\underset{\|}{C}}-OH$$

该反应的实质是羰基的亲核加成。反应涉及了羟基负离子对一分子芳香醛的亲核加成,加成物的负氢向另一分子芳香醛转移和酸碱交换反应,其机理可表示如下:

$$C_6H_5\overset{}{C}H=O + OH^- \xrightleftharpoons{亲核加成} C_6H_5-\underset{\underset{H}{|}}{\overset{O^-}{\underset{|}{C}}}-OH \xrightleftharpoons{} \xrightarrow{负氢迁移}$$

$$C_6H_5\overset{O}{\underset{\|}{C}}-OH + {}^-OCH_2C_6H_5 \xrightarrow{酸碱交换} C_6H_5-\overset{O}{\underset{\|}{C}}-O^- + C_6H_5CH_2OH$$

苯甲醛在低温和过量碱存在下,产物中可以分离出苯甲酸苄酯,这可能是由于苯甲醇在碱溶液中形成苄氧基负离子对苯甲醛发生亲核加成反应的结果。

$$C_6H_5CH_2OH + OH^- \rightleftharpoons {}^-OCH_2C_6H_5 + H_2O$$

$$C_6H_5\overset{O}{\underset{\|}{C}}-H + {}^-OCH_2C_6H_5 \rightleftharpoons C_6H_5-\underset{\underset{OCH_2C_6H_5}{|}}{\overset{O^-}{\underset{|}{C}}}-H$$

$$C_6H_5-\underset{\underset{OCH_2C_6H_5}{|}}{\overset{O^-}{\underset{|}{C}}}-H + C_6H_5\overset{O}{\underset{\|}{C}}-H \rightleftharpoons C_6H_5\overset{O}{\underset{\|}{C}}-OCH_2C_6H_5 + {}^-OCH_2C_6H_5$$

三、实验主要用品

主要试剂及性质:苯甲醛(无色液体,熔点为 $-26\ ℃$,沸点为 $179\ ℃$,密度为 $1.05\ g/mL$,有苦杏仁味),氢氧化钾、乙醚、碳酸钠、浓盐酸。

主要仪器:锥形瓶、分液漏斗、圆底瓶、冷凝管、抽滤瓶。

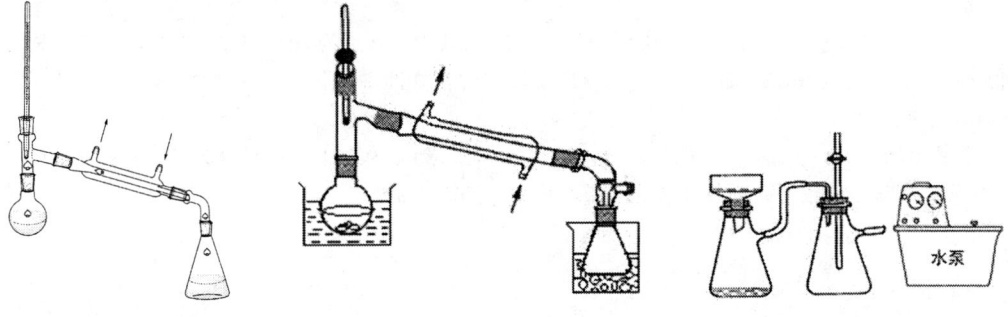

图 4-23 蒸馏装置　　图 4-24 回收乙醚　　图 4-25 抽滤装置

四、实验操作步骤

1. 苯甲醇[1]和苯甲酸[2]粗产物的制备

在锥形瓶中,加入 13.5 g(0.24 mol)氢氧化钾和 12 mL 水,搅拌使之溶解。冷至室温后,加入 15.8 g(0.15 mol)新蒸馏过的苯甲醛,用橡皮塞塞紧瓶口,充分搅拌,使反应物混合均匀,直至成为白色糊状物。放置 24 h 以上。

2. 分离纯化

搅拌的同时向反应混合物中逐渐加入适量的水,直至苯甲酸盐全部溶解。将溶液转入分液漏斗,每次用 20 mL 乙醚萃取苯甲醇,共萃取 3 次,合并乙醚萃取液,依次用 3mL 饱和亚硫酸氢钠溶液、10 mL 10% 碳酸钠溶液及 10 mL 水洗涤,最后用无水硫酸镁或无水碳酸钾干燥。滤出干燥剂,热水浴常压蒸馏回收乙醚,然后用高沸点蒸馏烧瓶在石棉网上加热蒸馏苯甲醇,收集 204~206℃ 馏分,得到目标产物约 5 g。

搅拌下向乙醚提取后的水溶液中慢慢加入浓盐酸至 pH = 2~3,结晶析出。自然冷却,抽滤,用少量冷水洗涤产品,抽干。干燥后的粗产品用水重结晶,得白色晶体苯甲酸,干燥后称重约 6 g。

五、实验注意事项

1. 在制备过程中,充分搅拌是反应成功的关键因素。
2. 在进行高沸点蒸馏时,要注意安全,以免发生火灾和烫伤。

六、思考题

1. 试比较 Cannizzaro 反应与羟醛缩合反应在醛的结构上有何不同?
2. 本实验的两种产物是根据什么原理分离提纯的?用饱和亚硫酸氢钠及 10% 碳酸钠溶液洗涤的目的何在?
3. 乙醚萃取后的水溶液,用浓盐酸酸化到中性是否最恰当?为什么?不用试纸或试剂检验,怎么知道酸化已经适当?

注释:

[1] 苯甲醇(benzyl alcohol),无色透明液体,熔点为 -15℃,沸点为 205.35℃,n_D^{20} 为 1.5396。稍溶于水,能与乙醇、乙醚、氯仿等有机溶剂混溶。存在于许多香花精油中,用作香料的原料和定香剂。还可用于制圆珠笔油。

[2] 苯甲酸(benzoic aicd),白色晶体,熔点为 122.4℃,沸点为 249℃,微溶于水,溶于乙醇、甲醇、乙醚、氯仿、苯、甲苯、二硫化碳、四氯化碳和松节油中,可用作防腐剂。

实验 46　氯化三乙基苄基铵的制备

一、实验目的
1. 了解相转移催化剂的分类以及其催化反应进行的机理；
2. 掌握季铵盐制备的原理和方法。

二、实验原理

相转移催化剂(Phase transfer catalyst)简称 PTC 或 PT，是 20 世纪 70 年代以来在有机合成中应用日趋广泛的一种新的合成技术。

在有机合成中常遇到非均相有机反应，这类反应通常具有速度慢，收率低，反应不完全等缺点。但如果加入少量(0.05 mol 以下)的季铵盐或季磷盐，反应则很容易进行，这类能提高反应速度并在两相间转移负离子的鎓盐，称为相转移催化剂。一般存在相转移催化的反应，都存在水溶液和有机溶剂两相，离子型反应物往往可溶于水相，不溶于有机相，而有机底物则可溶于有机溶剂之中。不存在相转移催化剂时，两相相互隔离，反应物几乎无法接触，反应进行得很慢。相转移催化剂的存在，可以与水相中的离子所结合(通常情况)，并利用自身对有机溶剂的亲和性，将水相中的反应物转移到有机相中，促使反应发生。常见的相转移催化剂主要有聚醚、环状冠醚、季铵盐以及季磷盐等。

氯化三乙基苄胺(TEBA)是常用的季铵盐类相转移催化剂。其制备反应式如下：

$$PhCH_2Cl + (CH_3CH_2)_3N \xrightarrow[\Delta]{ClCH_2CH_2Cl} (CH_3CH_2)_3\overset{+}{N}CH_2PhCl^-$$

三、实验主要用品

主要试剂及性质：氯化苄、三乙胺、1,2-二氯乙烷、乙醚。

	熔点/℃	沸点/℃	相对密度	性质
氯化苄	−48 ~ −39	175 ~ 179	1.10	无色至黄色液体，致癌，有刺激性
三乙胺	−115	90	0.728	无色至淡黄色透明液体，有强刺激性
1,2-二氯乙烷	−35	83	1.256	无色透明液体，易燃，有毒

主要仪器：圆底烧瓶、沸石、冷凝管、抽滤瓶。

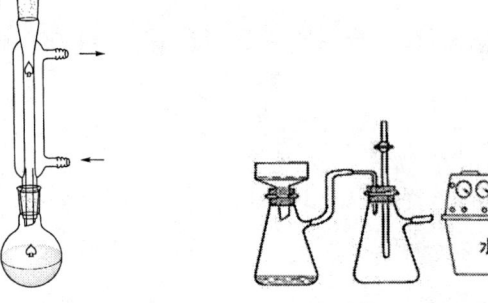

图 4-26　反应装置　　　图 4-27　抽滤装置

四、实验操作步骤

1. 氯化三乙基苄胺[1]粗产物的制备

在 100 mL 圆底烧瓶中,加入 5.5 mL(0.05 mol)氯化苄、7 mL(0.05 mol)三乙胺和 20 mL 1,2 - 二氯乙烷,几粒沸石,加热回流 1.5 h。

2. 分离纯化

冷却,析出结晶[2]。抽滤,滤饼用少量 1,2 - 二氯乙烷洗涤一次,再用无水乙醚洗一次,抽滤,干燥后称重,得白色晶体约 10 g。

五、实验注意事项

1. 氯化苄对眼睛有强烈的刺激作用,使用时要小心。
2. 季铵盐易吸潮,应在红外灯下烘干,然后置于干燥器中保存。

六、思考题

1. 相转移催化剂可以分为几类?各有什么特点?
2. 季铵盐为什么可以催化水溶性无机盐和有机化合物之间的非均相反应?

注释:

[1] 氯化三乙基苄胺(Benzyltriethylammonium chloride),白色固体,可燃,有毒,用作有机化学反应相转移催化剂,可使反应在较低温度和压力下进行,加快反应速度,提高产物收率。

[2] 要充分冷却,以保证结晶析出完全。

实验 47　通过 Wittig 反应制备反 -1,2 - 二苯乙烯

一、实验目的

1. 熟悉并掌握 Wittig 反应的基本原理;
2. 掌握反 -1,2 - 二苯乙烯的制备方法;

3. 强化重结晶操作。

二、实验原理

醛酮与磷内鎓盐(ylide)作用,生成烯烃的反应,称为 Wittig 反应。其通式为:

$$R_2CHX \xrightarrow{(C_6H_5)_3P} R_2CH\overset{+}{P}(C_6H_5)_3X^- \xrightarrow{n-C_4H_9Li} \underset{ylide}{R_2\overset{-}{C}\overset{+}{P}(C_6H_5)_3} \xrightarrow{R'_2C=O} R'_2C=CR_2$$

在 Wittig 反应中,叶立德中带负电荷的碳进攻羰基碳原子,生成不稳定的环状化合物,后者迅速分解成烯烃和三苯氧膦,其反应历程可以用如下反应式表示:

$$(C_6H_5)_3\overset{+}{P}-\overset{-}{C}R_2 + \underset{R'}{\overset{R'}{C}}=O \longrightarrow \left[\begin{array}{c} (C_6H_5)_3\overset{+}{P}-CHR_2 \\ ^-O-CR'_2 \end{array} \longleftrightarrow \begin{array}{c} (C_6H_5)_3P\text{——}CR_2 \\ | \quad | \\ O\text{——}CR'_2 \end{array} \right]$$

$$\longrightarrow (C_6H_5)_3P=O + R_2C=CR'_2$$

Wittig 反应是在分子内引入烯键的重要方法,反应条件温和,产率高,并且在形成烯键时不产生烯烃的异构体,可以用来合成一些对酸敏感的烯烃和共轭烯烃。

通过 Wittig 反应来制备反式-1,2-二苯乙烯的反应式为:

$$(C_6H_5)_3P + C_6H_5CH_2Cl \xrightarrow{\triangle} C_6H_5CH_2\overset{+}{P}(C_6H_5)_3Cl^- \xrightarrow{NaOH} (C_6H_5)_3P=CHC_6H_5$$

$$\xrightarrow{C_6H_5CHO} C_6H_5HC=CHC_6H_5 + (C_6H_5)_3P=O$$

三、实验主要用品

主要试剂及性质:苄氯、三苯基膦、苯甲醛、氯仿、乙醚、二氯甲烷、氢氧化钠、95% 乙醇。

	熔点/℃	沸点/℃	相对密度	性质
苄氯	−48 ~ −39	175 ~ 179	1.10	无色至黄色液体,致癌,有刺激性
三苯基膦	80.5	377	−	白色粉末,有毒,可燃,有刺激性
苯甲醛	−26	179.6	1.04	无色液体,有苦杏仁气味
氯仿	−63.5	61.3	1.50	无色透明液体,易挥发,稳定性差
二氯甲烷	−95	39.8	1.33	无色透明液体,有芳香气味,易挥发

主要仪器:圆底烧瓶、冷凝管、干燥管、蒸馏头、尾接管、恒压滴液漏斗、分液漏斗、抽滤瓶。

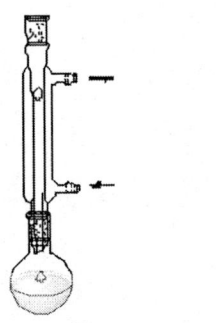
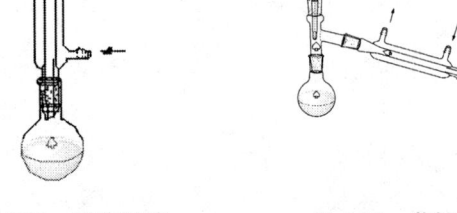

图 4-28　反应装置　　图 4-29　蒸馏装置

四、实验操作步骤

1. 氯化苄基三苯基鏻[1]的制备

在 50 mL 圆底烧瓶中，加入 3 g(0.024 mol)苄氯、6.2 g(0.024 mol)三苯基膦和 20 mL 氯仿，装上带有干燥管的回流冷凝管，水浴加热回流 2~3 h。反应完全后改为蒸馏装置，蒸出氯仿。向烧瓶中加入 5 mL 二甲苯，充分混合，真空抽滤。用少量甲苯洗涤结晶，于 110℃ 烘箱中干燥 1 h，得到 7 g 季鏻盐。目标产物为无色晶体，熔点为 310~312℃，储存于干燥器中备用。

2. 反-1,2-二苯乙烯[2]粗产物的制备

在 50 mL 圆底烧瓶中，加入 5.8 g 氯化苄基三苯基鏻、1.6 g(0.015 mol)苯甲醛和 10 mL 二氯甲烷，装上回流冷凝管。充分搅拌下，自冷凝管顶部滴入 7.5 mL 50% 氢氧化钠水溶液，约 15 min 滴完。加完后，继续搅拌 0.5 h。

3. 分离纯化

将反应混合物转入分液漏斗，加入 10 mL 水和 10 mL 乙醚，振摇后分出有机层，水层分别用 10 mL 乙醚萃取 2 次，合并有机层和乙醚萃取液，然后用水洗涤，无水硫酸镁干燥，过滤除去干燥剂，在水浴上蒸除有机溶剂。残余物用 95% 乙醇重结晶，析出反式-1,2-二苯乙烯结晶。抽滤，干燥后称重。产量约 1 g。进一步纯化可用甲醇-水重结晶。

五、实验注意事项

1. 苄氯对眼睛有强烈的刺激作用，转移时切勿滴在瓶外，如不慎沾在手上，应立即用大量清水冲洗，然后用肥皂擦洗。

2. 有机磷化合物通常是有毒的，皮肤接触后应立即用肥皂擦洗。

六、思考题

1. 请画出该反应所经过的反应历程。
2. 试总结得到烯烃的方法。
3. Wittig 反应中为什么要除去苯甲醛中含有的苯甲酸？

第四部分 有机综合实验

注释:

[1] 氯化苄基三苯基鏻(benzyltriphenylphosphonium chloride),白色至类白色晶体,熔点337°C,闪点300 °C,溶于水。

[2] 反-1,2-二苯乙烯(trans-stilbene),无色针状结晶,熔点124~125°C,沸点305°C (9.5989 kPa),166~167°C(1.6 kPa),相对密度为1.0281,折射率为1.6264。不溶于水,微溶于乙醇,可溶于醚和苯,能随水蒸气挥发。

实验48 通过 Horner – Wadsworth – Emmons 反应制备反-1,2-二苯乙烯

一、实验目的

1. 熟悉并掌握 Horner – Wadsworth – Emmons 反应的基本原理;
2. 了解 Horner – Wadsworth – Emmons 反应与 Wittig 反应的区别与联系。

二、实验原理

Horner – Wadsworth – Emmons 反应是由亚磷酸酯与活泼的卤代烃(如苄氯)反应,生成苄基磷酸酯,后者在碱性条件下,产生类似叶立德的碳负离子,然后与羰基化合物反应。

$$(C_2H_5O)_3P + C_6H_5CH_2Cl \longrightarrow (C_2H_5O)_2\overset{O}{\underset{\|}{P}}-CH_2C_6H_5 + C_2H_5Cl$$

$$(C_2H_5O)_2\overset{O}{\underset{\|}{P}}-CH_2C_6H_5 + C_6H_5CHO \xrightarrow{NaOC_2H_5} C_6H_5HC=CHC_6H_5 + (C_2H_5O)_2\overset{O}{\underset{\|}{P}}-ONa$$

通过 Horner – Wadsworth – Emmons 反应来合成反-1,2-二苯乙烯的反应式为:

$$(C_2H_5O)_3P + C_6H_5CH_2Cl \longrightarrow C_6H_5CH_2\overset{+}{P}(OC_2H_5)_3Cl^- \xrightarrow{-C_2H_5Cl} (C_2H_5O)_2\overset{O}{\underset{\|}{P}}-CH_2C_6H_5$$

$$\xrightarrow{CH_3ONa} (C_2H_5O)_2\overset{O}{\underset{\|}{P}}-\overset{-}{C}HC_6H_5 \; Na^+ \xrightarrow{C_6H_5CHO} C_6H_5HC=CHC_6H_5 + (C_2H_5O)_2\overset{O}{\underset{\|}{P}}ONa$$

三、实验主要用品

主要试剂及性质:苄氯、亚磷酸三乙酯、甲醇钠、苯甲醛、DMF、甲醇、异丙醇。

	熔点/°C	沸点/°C	相对密度	性质
苄氯	-48~-39	175~179	1.10	无色至黄色液体,致癌,有刺激性
亚磷酸三乙酯	-112	157.9	0.963	无色液体,不溶于水,在水中水解

	熔点/℃	沸点/℃	相对密度	性质
甲醇钠	-	-	1.3	白色粉末,对空气与湿气敏感
苯甲醛	-26	179.62	1.04	无色液体,有毒,可燃,有刺激性
DMF	-61	153	0.95	无色透明或淡黄色液体,对酸碱敏感
异丙醇	-88.5	80.3	0.79	无色可燃液体,能与水、乙醇混溶

主要仪器:三口烧瓶、冷凝管、干燥管、温度计、燃气灯、锥形瓶。

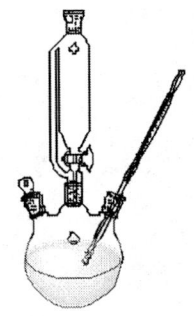

图 4-30 反应装置

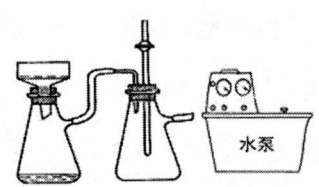

图 4-31 抽滤装置

四、实验操作步骤

1. 苄基膦酸二乙酯的制备

向 25 mL 三口烧瓶中加入 3 mL(0.026 mol)苄氯和 4.5 mL(0.026 mol)亚磷酸三乙酯,加入沸石。一个口装回流冷凝管,其上端连一氯化钙干燥管,另一个口插入一温度计,其水银球离烧瓶底端约 3 mm。在石棉网上用燃气灯加热,在 130~140℃可以发现氯乙烷释放出来,约在 165℃开始沸腾,继续加热 1.5~2 h,温度最终达到 200℃以上[1]。停止加热,当反应物温度下降到低于 100℃时,可将烧瓶放在冷水浴里使其冷却。将粗产物溶于 5 mL DMF 中,直接用于下一步反应。

2. 反-1,2-二苯乙烯[2]粗产物的制备

在 100 mL 锥形瓶中混合 1.5 g(0.028 mol)甲醇钠[3]和 10 mL DMF。加入步骤(1)中得到的苄基膦酸二乙酯的 DMF 溶液。摇动锥形瓶,放入冰水浴中冷却,调整反应温度到 20℃附近。滴加新蒸馏过的 2.6 mL(0.026 mol)苯甲醛溶于 10 mL DMF 的溶液。再摇动锥形瓶使混合均匀,反应混合物温度上升,间歇用冰水浴冷却,保持反应温度在20～30℃。约 5 min 后,温度不再上升。此时,在室温下放置 5 min,然后加入 15 mL 水,反式二苯乙烯析出。

3. 分离纯化

真空抽滤,得白色晶体。用 15 mL 甲醇水溶液(体积比 1∶1)洗涤粗产物,干燥后称量,产量约 2 g。

五、实验注意事项

1. 甲醇钠的质量与收率高低密切相关。
2. 生成叶立德的反应是放热反应。
3. 本实验应在通风橱中操作,反应释放出氯乙烷。

六、思考题

1. 三苯亚甲基膦能与水起反应,三苯亚苄基膦则在水存在下可与苯甲醛反应,并主要生成烯烃,试比较两者的亲核活性并从结构式加以说明。
2. 试画出该反应所经历的反应历程。

注释:

[1] 若加热少于 1 h 或反应温度低于 220℃,都会降低产率。

[2] 反-1,2-二苯乙烯(trans-stilbene),无色针状结晶,熔点 124～125℃,沸点 305℃(9.5989 kPa),166-167℃(1.6 kPa),相对密度 1.0281,折射率 1.6264(17℃)。不溶于水,微溶于乙醇,可溶于醚和苯。能随水蒸气挥发。

[3] 所用的甲醇钠应呈细粉状。

实验49 安息香的制备

一、实验目的

1. 掌握安息香缩合反应的基本原理;
2. 掌握应用维生素 B_1 为催化剂合成安息香的实验方法。

二、实验原理

芳香醛在氰基负离子催化作用下会发生双分子缩合反应,生成 α-羟基酮。由苯甲醛缩合生成的二苯羟乙酮称为安息香,因此这类反应又称安息香缩合。除 CN^- 外,噻唑生成的季铵盐也可对安息香缩合起催化作用。如用生物活性的维生素 B_1 的盐酸盐代替氰化物催化安息香缩合反应,反应条件温和,无毒,且收率高。

维生素 B_1 又称硫胺素或噻胺,它是一种辅酶,作为生物化学反应的催化剂,在生命过程中起着重要作用。其结构如下:

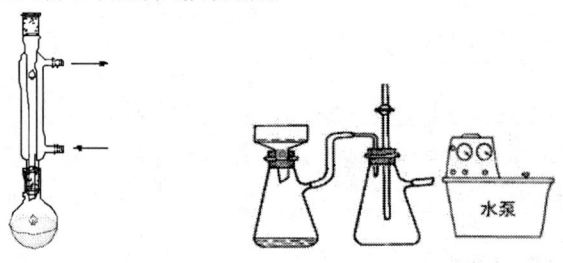

通过维生素 B_1 为催化剂合成安息香的反应式为:

三、实验主要用品

主要试剂及性质:维生素 B_1(主要治疗维生素 B_1 缺乏的预防和治疗,如"脚气病",周围神经炎及消化不良;在碱性溶液中容易分解,与碱性药物合用易引起变质)、95%乙醇、氢氧化钠、苯甲醛。

主要仪器:圆底烧瓶、试管、冷凝管、抽滤瓶。

图 4-32　反应装置　　　图 4-33　抽滤装置

四、实验操作步骤

1. 安息香[1]粗产物的制备

于 50 mL 圆底烧瓶中加入 0.9 g(0.0034 mol)维生素 B_1[2]、2 mL 蒸馏水及 7 mL 95% 乙醇,搅拌溶解,然后将烧瓶置于冰浴中冷却;另取 2.5 mL 10% 氢氧化钠于溶液试管中同样置于冰浴中冷却,10 min 后,冷却下边振摇边将试管中的氢氧化钠溶液滴加到圆底烧瓶中,调节反应液为 pH = 9~10。量取 5 mL (0.05 mol)新蒸苯甲醛加入上述反应液中,装上回流冷凝管,在 67~75℃水浴上加热 1.5 h 后,冷却至室温即有浅黄色结晶析出[3]。

2. 分离纯化

在冷水浴中充分冷却使结晶析出完全,抽滤,并用冷水洗涤结晶,干燥,得粗品约 3 g。若需进一步纯化,可用 95%乙醇重结晶[4],得白色针状结晶约 2 g。

五、实验注意事项

1. 苯甲醛最好用新蒸的,防止其中含有苯甲酸,与氢氧化钠发生反应。

2. 加热时控制好温度,不要加热到沸腾。

六、思考题
1. 氢氧化钠在缩合反应中发挥什么作用？理论用量是多少？
2. 为什么加入苯甲醛后,反应混合物的 pH 要保持 9~10？pH 过低有什么不好？

注释:
[1] 安息香(benzoin),无色或白色晶体,气味似樟脑,可作药物和润湿剂的原料,也可以用作生产聚酯的催化剂。
[2] 维生素 B_1 在碱性条件下,温度高时易开环失效,所以加碱前要在冰浴中充分冷却。
[3] 若产物呈油状物析出,可重新加热使成均相,再缓慢冷却析晶。
[4] 重结晶 1g 粗产品约需 6 mL 95% 乙醇。

实验 50　2-乙酰基环戊酮的制备

一、实验目的
1. 掌握通过制备烯胺及烯胺的酰基化反应了解烯胺在有机合成中的应用；
2. 进一步掌握回流、常压蒸馏及减压蒸馏等操作。

二、实验原理

烯胺是具有 —C=C—N< 结构的一类化合物的总称,通常通过醛酮与仲胺反应制得。常用的仲胺有吗啉、六氢吡啶和四氢吡咯等环状的仲胺。本实验中烯胺 4-(1-环戊烯基)吗啉由环戊酮与吗啉反应生成。

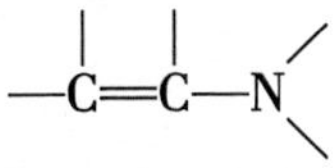

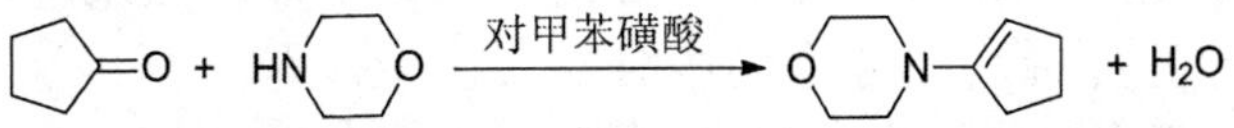

烯胺在有机合成中是一种重要的有机中间体,烯胺可进行烷基化或酰基化,反应条件温和,产率较好。4-(1-环戊烯基)吗啉进行乙酰基化反应,再水解就得到 2-乙酰基环戊酮,反应式如下:

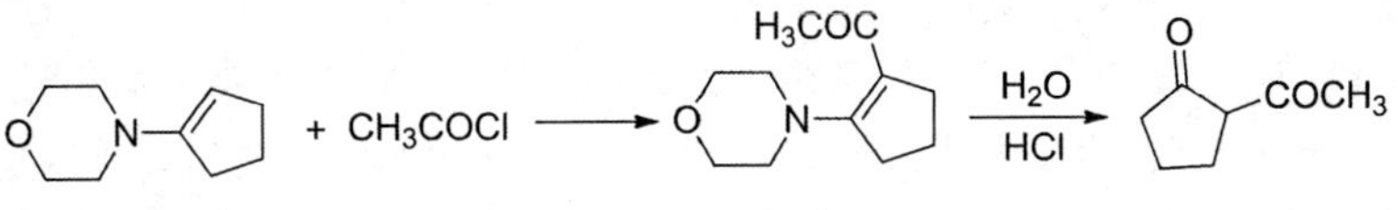

三、实验主要用品

主要试剂及性质:环戊酮、吗啉、对甲苯磺酸、苯、三乙胺、氯仿、乙酰氯、浓盐酸、无水硫酸钠。

	熔点/℃	沸点/℃	相对密度	性质
环戊酮	-51.3	130.6	0.951	无色透明液体,不溶于水,有麻醉性
吗啉	-5	129	1.000	无色吸水性油状液体,具有氨臭味
对甲苯磺酸	106~107	116	1.07	白色晶体,可溶于水,极易潮解
甲苯	-95	111	0.866	无色带特殊芳香味的易挥发液体
乙酰氯	-112	52	1.105	无色发烟液体,有强烈臭味,有刺激性
三乙胺	-115	90	0.728	无色至淡黄色透明液体,有强刺激性

主要仪器:圆底烧瓶、蒸馏头、冷凝管、滴管、分液漏斗、温度计。

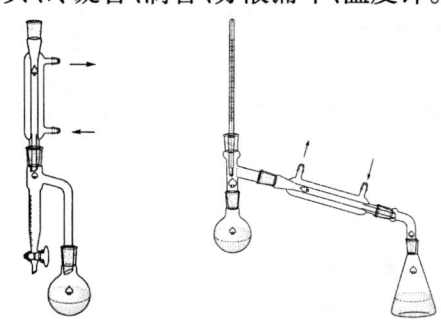

图 4-34　反应装置　　图 4-35　蒸馏装置

四、实验操作步骤

1. 4-(1-环戊烯基)吗啉的制备

在 100 mL 圆底烧瓶中,放入 2.1 g(0.025 mol)环戊酮、2.6 g(0.03 mol)吗啉、0.86 g (0.005 mol)对甲苯磺酸[1]和 50 mL 苯,放入两粒沸石,加热回流反应混合物。反应过程中生成的水与苯共沸经冷凝后在分水器中分层[2]。上层苯不断地流回反应瓶。约 3 h 后,常压蒸除苯,然后用水泵减压进一步将苯蒸干,得黄色油状物 2.7 g,即为 4-(1-环戊烯基)吗啉粗品,可直接用于下一步反应[3]。

2. 2-乙酰基环戊酮[4]粗产物的制备

在 100 mL 圆底烧瓶中加入上述制得的 2.3 g(0.015 mol)4-(1-环戊烯基)吗啉、1.6 g(0.016 mol)三乙胺[5]和 19 mL 氯仿[6]。将圆底烧瓶放入冰水浴,在充分搅拌下,当反应瓶内温度降至 0℃时,开始缓慢滴加 1.2 g(0.015 mol)乙酰氯与 5.5 mL 氯仿的混合液,立即发生剧烈的放热反应[7]。控制滴加速度使瓶内温度保持在 0℃左右。待滴加完毕,然后在 0℃搅拌 1 h,再在室温下将反应液放置过夜。次日将 50 mL 水和 20 mL 浓盐酸加入反应瓶内,在充分搅拌下回流 3 h。

3. 分离纯化

反应液冷至室温,转移至分液漏斗,用水洗涤,每次 10 mL,直至水相 pH 达到 5~6 为止。有机层加无水硫酸钠干燥。滤去干燥剂,常压蒸除氯仿,减压蒸馏,收集 78~81℃/16kPa馏分,产品重0.12 g,产率63%。

五、实验注意事项

酰氯的质量是影响反应产率的关键,放置时间长的乙酰氯需要重新蒸馏后使用。

六、思考题

1. 烯胺的酰基化反应要求无水操作,原因何在?
2. 如果在烯胺类反应中不用吗啉,你认为可用其他什么试剂?请写出反应产物。
3. 用金属钠处理三乙胺时,应注意什么?
4. 在酰化反应步骤中,加入三乙胺的目的是什么?
5. 为什么制备烯胺时,常用环状的仲胺,而很少用链状的仲胺?

注释:
[1] 对甲苯磺酸为催化剂。
[2] 吗啉稍过量,因为分出的水要带走一部分,所以分出的水往往超过理论量。
[3] 4-(1-环戊烯基)吗啉粗品不稳定,需在冰箱内保存,时间不宜太长。
[4] 2-乙酰基环戊酮(2-acetylcyclopentanone),浅黄色液体,密度为1.043 g/mL,常温常压下稳定,对眼睛、皮肤、粘膜有刺激作用。
[5] 三乙胺用前必须处理,其方法是:将适量金属钠放入其中过夜,次日重蒸,再放入适量金属钠,备用。
[6] 氯仿用前必须处理,其方法是:加入适量无水氯化钙,放置2~3天,重蒸后使用。
[7] 乙酰氯为保证新鲜,用前需重蒸后再使用。

实验51 二苯基乙二酮的制备

一、实验目的

1. 掌握浓硝酸作为氧化剂的氧化原理及操作方法;
2. 掌握薄层色谱的基本原理及其在有机合成中的应用。

二、实验原理

安息香很容易被硝酸、硫酸铜、醋酸铜氧化为二苯基乙二酮。用浓硝酸氧化后与用醋酸铜氧化收率相近,但用浓硝酸氧化反应时间短,只需要12 min。

反应式:

$$\text{PhCOCH(OH)Ph} \xrightarrow[\text{HOAc}]{\text{HNO}_3} \text{PhCOCOPh}$$

三、实验主要用品

主要试剂及性质：安息香、浓硝酸、冰醋酸、二氯甲烷。

	熔点/℃	沸点/℃	相对密度	性质
安息香	133	344	1.310	白色晶体,溶于乙醇,不溶于冷水
冰醋酸	16.2	97.4	3.24	无色透明液体,有刺激性气味,可燃

主要仪器：三口烧瓶、温度计、冷凝管、毛细管、薄层板。

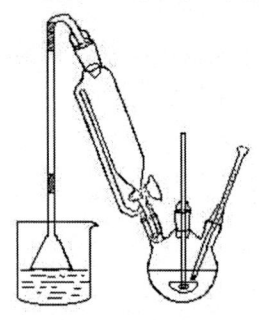

图 4-36　反应装置

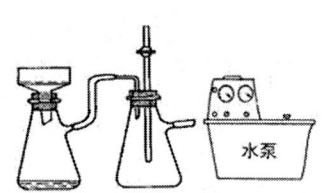

图 4-37　抽滤装置

四、实验操作步骤

1. 二苯乙二酮[1]粗产物的制备

在 100 mL 三口烧瓶中,安装温度计、回流冷凝管、气体吸收装置,向反应瓶中加入 3.0 g (0.014 mol)安息香、20 mL 冰醋酸和 10 mL 浓硝酸。在沸水浴中加热,搅拌 10~12 min,反应液温度 85~95℃[2],每隔 10 min 用毛细管取样经薄层分析追踪反应进程。

2. 分离纯化

当反应完全后,加入 25 mL 冰水,有黄色晶体析出,冷却,抽滤,干燥,可用 95% 乙醇重结晶,得黄色针状晶体约 2.2 g。

五、实验注意事项

1. 取浓硝酸时要格外小心!
2. 该反应释放出二氧化氮气体,要在通风橱里操作。

六、思考题

1. 在所学的知识范围内,氧化羟基的氧化剂都有哪些? 各自的应用范围又是什么?
2. 薄层色谱的原理是什么?

注释：

[1] 二苯基乙二酮(binzil),黄色晶体,熔点为 95℃,溶于乙醇、醚等有机溶剂,用于光敏剂、有机合成中间体,也可用作黏合剂等,易燃,有毒。

[2] 加热不应过快。

实验 52 二苯乙醇酸的制备

一、实验目的

1. 掌握二苯乙醇酸重排的基本原理；
2. 掌握由二苯乙二酮合成二苯乙醇酸的操作方法；
3. 了解活性炭的脱色原理。

二、实验原理

二苯乙二酮是一个不能烯醇化的 α-二酮，当用碱处理时发生碳架的重排，得到二苯乙醇酸，称为二苯乙醇酸重排。反应过程如下：

这一重排反应可普遍适用于将芳香族 α-二酮转化为 α-羟基酸，某些脂肪族 α-二酮也可以发生类似的反应。

由二苯乙二酮在氢氧化钾的作用下制备二苯乙醇酸的反应式如下：

三、实验主要用品

主要试剂及性质：二苯乙二酮(黄色晶体，熔点为 95℃，溶于乙醇、醚等有机溶剂)、氢氧化钾、95% 乙醇、浓盐酸。

主要仪器：圆底烧瓶、冷凝管、漏斗。

图 4-38 反应装置　　**图 4-39 抽滤装置**

四、实验操作步骤

1. 二苯乙醇酸[1]粗产物的制备

在 50 mL 圆底烧瓶中溶解 2.6 g(0.046 mol)氢氧化钾于 5.5 mL 水中,加入 2.50 g(0.12 mol)二苯乙二酮溶于 10 mL 95%乙醇的溶液,混合均匀后,装上回流冷凝管,在水浴上回流 15 min[2]。

2. 分离纯化

加入 20 mL 水及活性炭,煮沸,热过滤,滤液冷却后加浓盐酸使 pH = 2,抽滤得到晶体,并用冷水洗涤,干燥,粗品约 2 g,若需进一步纯化可用水 – 乙醇(3:1)进行重结晶。

五、实验注意事项

1. 滤液应充分冷却再慢慢加酸,酸化太快会出现油状物,冷却后析出固体颜色较深。

六、思考题

1. 写出由二苯乙二酮合成二苯乙醇酸的重排反应机理。
2. 如果该反应使用甲醇钠在甲醇溶液中进行,请写出相应的反应产物。

注释:

[1] 二苯乙醇酸(benzilic acid),白色结晶粉末,熔点为 149~151℃,胃康复的中间体,有毒,可燃。
[2] 此间反应液由最初的黑色转为棕色。

实验 53　4,4 – 二甲基 – 2 – 环己烯 – 1 – 酮的制备

一、实验目的

1. 掌握共轭加成反应的基本原理;
2. 掌握亲核试剂和 Michael 受体的定义及分类。

二、实验原理

具有 α – 活泼亚甲基的羰基化合物在酸性或碱性条件下即可以作为酮式,也可以作为烯醇式形成亲核试剂。当 α,β – 不饱和酮存在时,可以发生共轭加成反应。共轭加成反应是合成环状 α,β – 不饱和酮的有效方法。

由异丁醛和甲基乙烯基酮制备 α,β – 不饱环己烯酮的反应式如下:

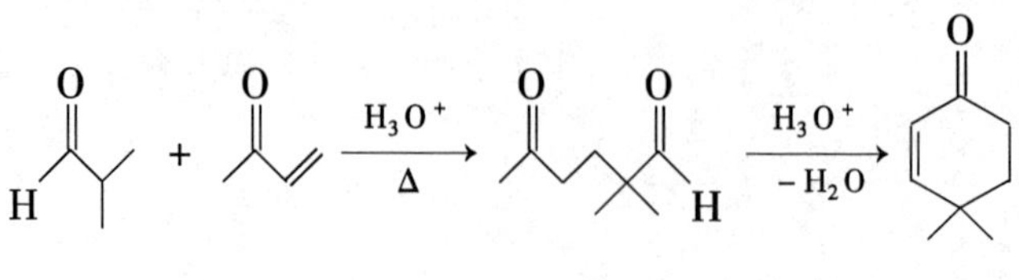

三、实验主要用品

主要试剂及性质：异丁醛、2-萘磺酸、甲基乙烯基酮、甲苯、碳酸钠、无水碳酸钠。

	熔点/℃	沸点/℃	相对密度	性质
异丁醛	-65	64	0.79	无色透明液体,有较强的刺激性气味
2-萘磺酸	91	—	1.44	白色至微棕色叶状结晶,易潮解
甲基乙烯基酮	-7	80	0.864	无色液体,具有刺激性臭味,易燃

主要仪器：冷凝管、分水器、圆底烧瓶、锥形瓶、温度计。

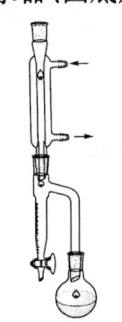 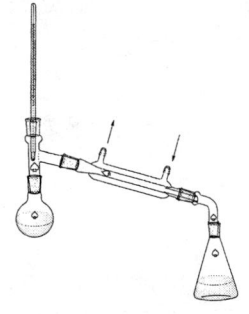

图 4-40　反应装置　　　图 4-41　蒸馏装置

四、实验操作步骤

1. 4,4-二甲基-2-环己烯-1-酮[1]粗产物的制备

在装有回流冷凝管和分水器的 100 mL 圆底烧瓶中加入 0.2 g(0.001 mol)2-萘磺酸和 25 mL 甲苯。将 10.0 mL(0.11 mol)异丁醛、7.0 mL(0.09 mol)甲基乙烯基酮和 25 mL 甲苯混合在一锥形瓶中,迅速倒入 100 mL 圆底烧瓶中[2]。加热反应瓶,保持回流 2 h。

2. 分离纯化

反应混合物倒入分液漏斗中,加入 20 mL 饱和碳酸钠溶液洗涤。分出有机相,有机相用无水硫酸钠干燥 10～15 min。如果溶液混浊,再补加适量干燥剂。

粗产物进行简单蒸馏(注意起泡沫),收集沸点为 110～115℃的馏分,先蒸去溶剂和少量未反应的原料(也可用旋转蒸发仪除去溶剂和未反应的原料)。剩余物移至 25 mL 圆形烧瓶中,继续蒸馏。收集沸点高于 130℃的馏分,记录温度范围。当蒸馏瓶中残液发黑变黏时,停止加热。称重、计算反应产率。

五、实验注意事项

1. 2-萘磺酸作为催化剂,很易潮解,称取时要快速。
2. 异丁醛具有特殊强烈的刺激性气味,量取时要在通风橱里操作。

六、思考题

1. 写出该反应中可能的副产物甲基-(3,3-二甲基环丁烯)甲酮生成的反应机理,并解释为什么观察不到该产物?
2. 写出异丁醛在该反应条件下自缩聚的产物。
3. 如果用丙醛与甲基乙烯基酮进行类似的反应,生成的 4-甲基-2-环己烯-1-酮的产率很低,为什么?

注释:

[1] 4,4-二甲基-2-环己烯-1-酮(4,4-Dimethyl-2-cyclohexen-1-one),密度为 0.944 g/mL,折射率 n_D^{20} 为 1.473。

[2] 倒进圆底烧瓶的过程中避免逸出。

实验 54 二茂铁的制备

一、实验目的

1. 学习制备金属有机化合物的方法;
2. 初步了解金属有机化合物的性质;
3. 掌握升华法纯化有机化合物的基本原理及其操作方法。

二、实验原理

二茂铁又叫双环戊二烯基铁,是以环戊二烯为原料合成出来的一种具有芳香族性质的有机过渡金属化合物。其分子呈极性,具有高度的热稳定性、化学稳定性和耐辐射性,溶于浓硫酸中,在沸腾的烧碱溶液和盐酸中不溶解,不分解。二茂铁在化学性质上与芳香族化合物相似,不容易发生加成反应,容易发生二茂铁环上的亲电取代反应。由于其独特的化学结构以及活泼的化学性质,使其在工业、农业、医药等行业具有广泛的应用。

由环戊二烯制备二茂铁的反应式如下:

$$\text{C}_5\text{H}_6 + \text{KOH} \longrightarrow \text{C}_5\text{H}_5^- \text{K}^+ + \text{H}_2\text{O}$$

$$2\,\text{C}_5\text{H}_5^-\text{K}^+ + \text{FeCl}_2\cdot 4\text{H}_2\text{O} \longrightarrow \text{Fe}(\text{C}_5\text{H}_5)_2 + 2\,\text{KCl}$$

三、实验主要用品

主要试剂及性质:环戊二烯、KOH、$FeCl_2 \cdot 4H_2O$、二甲亚砜、氮气、盐酸。

	熔点/℃	沸点/℃	相对密度	性质
环戊二烯	-97.2	40	0.805	无色液体,在室温下聚合,易燃,高毒
氯化亚铁	677	1023	3.16	白色或灰绿色结晶,易吸潮,易被氧化
二甲亚砜	18.4	189	1.10	无色透明液体,具有吸湿性,可燃

主要仪器:三口烧瓶、恒压滴液漏斗。

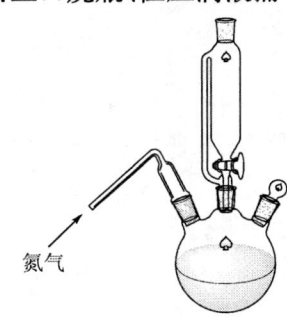

图 4-42 反应装置

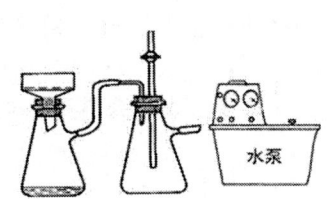

图 4-43 抽滤装置

四、实验步骤

1. 二茂铁[1]粗产物的制备

在装有恒压滴液漏斗和氮气流的 100 mL 三口烧瓶中加入 1.3 g(0.023 mol)KOH[2]、30 mL DMSO 及 2.6 mL(0.032 mol)环戊二烯,搅拌使其混合均匀。待形成环戊二烯钾黑色溶液后,滴加 3.5 g(0.018 mol) $FeCl_2 \cdot 4H_2O$[3] 和 25 mL DMSO 配制的溶液,同时强搅拌并用氮气保护,滴加完毕后,继续搅拌反应 20 min。

2. 分离纯化

把反应液倾入 50 mL 冰水混合物中,搅拌均匀,用 2 mol/L 盐酸调反应液 pH 为 3~5,待黄色固体完全析出后,抽滤,并用冷水洗涤滤饼,干燥,得到产品约 2.2 g。

如果所的产物颜色较深,可采用升华法[4]进行纯化,得到具有樟脑气味的橙黄色二茂铁。

五、实验注意事项

1. 环戊二烯在常温下发生双烯合成反应,形成环戊二烯二聚体(又称联环戊二烯)使用之前采用简单分馏装置,用电热套加热烧瓶,接收瓶应冷却,柱顶温度 42~44℃,环戊二烯可平稳地被蒸出。应立即使用或暂时置于冰箱低温保存。

2. 在空气中,二茂铁能被氧化成蓝色的正离子 $Fe^{3+}(C_5H_5)_2$,$FeCl_2 \cdot 4H_2O$ 在 DMSO 中也会使 Fe^{2+} 变成 Fe^{3+},因此要用氮气保护以隔绝空气。

六、思考题

1. 盐酸加得不够或过量会有何后果?

2. KOH 可否用 NaOH 代替？碱过量又会有何影响？
3. DMSO 还可用何物质代替？它在本实验中的作用是什么？
4. 二茂铁有何作用？二茂铁的合成曾起过什么样的历史作用？
5. 为何要用新解聚的环戊二烯？

注释：

[1] 二茂铁(ferrocene)，橙黄色针状结晶和粉末，属于非极性化合物，熔点为 172－174℃，沸点为 249℃，100℃ 以上升华，具有强烈的吸收紫外线的作用，对热稳定。

[2] KOH 应研细加入(动作要快，以防吸水)。

[3] $FeCl_2 \cdot 4H_2O$ 如果变成棕色可用乙醇或乙醚洗成淡绿色再用，用前研细溶解。

[4] 二茂铁除用升华法纯化外，还可以采用装有氧化铝的层析柱进行柱色谱分离纯化。

实验 55　对苯醌的制备

一、实验目的

1. 掌握由对苯二酚氧化制备对苯醌的操作方法；
2. 了解对苯醌的用途。

二、实验原理

对苯醌，又叫 1,4－苯醌，是一类应用非常广泛的有机化合物，可用于制备橡胶的防老剂，还可用于丙烯腈和醋酸乙烯聚合的引发剂和氧化剂。它既表现出酮的性质，又表现出氧化性，还可以表现出烯烃的性质，可以发生加成反应，尤其是 α,β－不饱和酮的典型性质。

以对苯二酚为起始原料来合成对苯醌的反应式如下：

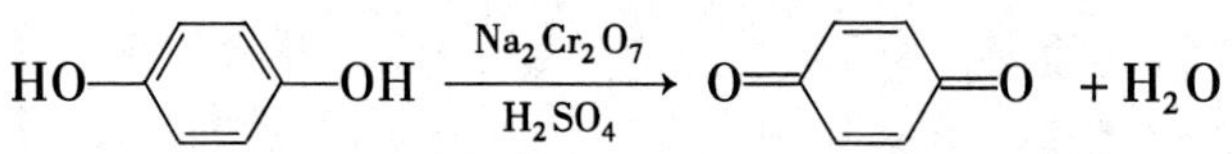

$$HO-\underset{}{\bigcirc}-OH \xrightarrow[H_2SO_4]{Na_2Cr_2O_7} O=\underset{}{\bigcirc}=O + H_2O$$

三、实验主要用品

主要试剂及性质：对苯二酚、浓硫酸、重铬酸钠、苯、无水氯化钙。

	熔点/℃	沸点/℃	相对密度	性质
对苯二酚	172~175	285	1.32	白色针状晶体，可作为照相的显影剂
重铬酸钠	357	400	2.35	红色至橘红色结晶，有吸湿性，高毒

主要仪器：圆底烧瓶、恒压滴液漏斗、分液漏斗、抽滤瓶。

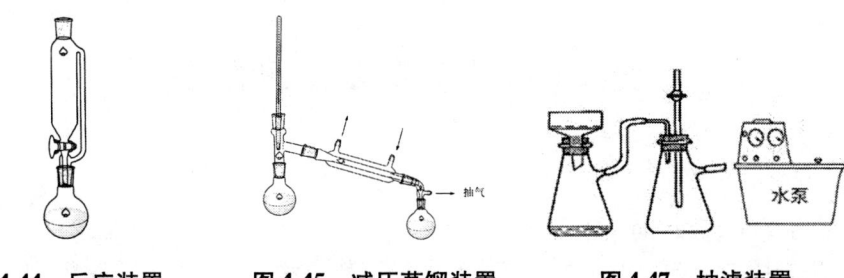

图 4-44　反应装置　　　图 4-45　减压蒸馏装置　　　图 4-47　抽滤装置

四、实验操作步骤

1. 对苯醌[1]粗产物的制备

在 500 mL 圆底烧瓶中分别加入 200 mL 水和 11.0 g(0.1 mol)对苯二酚,加热至 50℃并搅拌使对苯二酚溶解,然后冷却至室温。搅拌下逐滴加入 6 mL 浓硫酸,此时可观察到溶液颜色变为黄色。把 14.9 g(0.05 mol)重铬酸钠用 10 mL 水溶解,然后在搅拌下慢慢滴加至反应液中,反应混合物的黏度逐渐变稠[2],颜色也逐渐变深至黄绿色,并伴有少量绿黑色沉淀生成。

2. 分离纯化

冷却,用吸滤法过滤,并尽量除净所含水分。用 30 mL 苯萃取水相两次,用 50 mL 苯溶解滤出的粗产物,合并两溶液并用无水氯化钙干燥,过滤除去氯化钙,减压旋蒸掉大部分苯,直到有少量亮黄色晶体析出,然后冷却剩余物直到晶体全部析出为止。抽滤、干燥,得到目标产物约 7.6 g。

五、实验注意事项

1. 不纯的对苯二酚在硫酸存在下会变成黑色黏稠状物质,所以应用过滤法除去不溶物。
3. 产品易于见光变色,应避光保存。
4. 产品醌易于挥发,因此用苯溶解醌时温度不宜过高。

六、思考题

1. 对苯醌在有机合成中有哪些应用?请画出其反应位点。
2. 重结晶的原理是什么?有什么注意事项?

注释:

[1] 对苯醌(1,4 - benzoquinone),黄色结晶,熔点为 113～115℃,沸点为 293℃,可燃,溶于乙醇、乙醚等有机溶剂,微溶于水,能升华,由于其独特的不饱和结构,在有机合成中有着广泛的用途,此外还可用作氧化剂。

[2] 由于体系逐渐变得黏稠,所以需要快速搅拌以提高产率。

实验 56　邻羟基苯乙酮的制备

一、实验目的

1. 掌握 Fries 重排的基本原理；
2. 掌握由乙酰苯酚制备邻羟基苯乙酮的操作方法。

二、实验原理

酚酯在 Friedel–Crafts 反应的催化剂或路易斯酸催化下酰基从氧原子上迁移至苯环的邻位或对位的重排反应称为 Fries 重排。该重排属于芳香族亲电重排，迁移基作为亲电试剂进攻芳环，主要得到邻位和对位产物。反应可在硝基苯、硝基甲烷等溶剂中进行，也可以不用溶剂直接加热进行，用硝基苯做溶剂时能加速反应。该反应所用的催化剂大多是金属卤化物，如 $AlCl_3$、$SnCl_4$、$TiCl_4$、$ZnCl_2$ 等，也有用对甲苯磺酸和多聚磷酸等做催化剂的。

$$\text{PhOCOR} \xrightarrow[\Delta]{AlCl_3} \text{邻-HO-C}_6\text{H}_4\text{-COR} + \text{HO-}p\text{-C}_6\text{H}_4\text{-COR}$$

反应机理如下：

上述反应机理表明，重排是分子间的。催化剂的种类和反应温度对邻、对位产物的比例影响很大。若采用多聚磷酸作为催化剂，主要生成对位重排产物；而四氯化钛催化时主要生成邻位重排产物。低温有利于形成对位异构产物（动力学控制），高温利于形成邻位异构产物（热力学控制）。

由乙酰苯酚制备邻羟基苯乙酮的反应式如下：

第四部分 有机综合实验

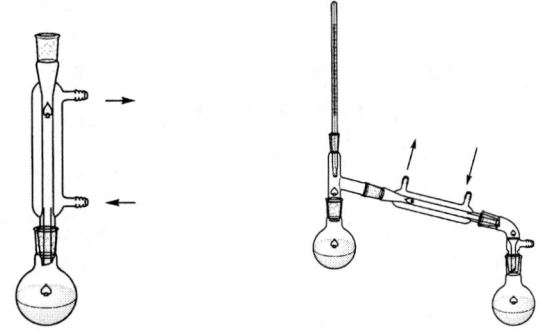

三、实验主要用品

主要试剂及性质：乙酰苯酚、三氯化铝、盐酸、甲苯。

	熔点/℃	沸点/℃	相对密度	性质
乙酰苯酚	—	195.7	1.078	无色液体,有强折光性
三氯化铝	100	—	2.39	无色晶体,遇热分解,与水反应

主要仪器：圆底烧瓶、分液漏斗、冷凝管、温度计、接收瓶。

图 4-48　反应装置　　　图 4-49　减压蒸馏装置

四、实验操作步骤

1. 邻羟基苯乙酮[1]粗产物的制备

称取 5.1 g(0.038 mol)三氯化铝,置于 50 mL 圆底烧瓶中,将 4.6 g(0.034 mol)乙酰苯酚加入,边加入边搅拌,这时有强烈的放热,同时反应物变为橙红色。将反应瓶在空气浴上加热[2],将反应维持在 130~160℃约 30 min。

2. 分离纯化

使体系降温,加入 5% 盐酸约 20 mL,这时固体逐渐溶解,呈棕色油状物,用甲苯(15 mL * 3)萃取,合并萃取液,减压蒸馏,收取 60 mmHg(7.98 kPa)下 126~130℃的馏分。得到约 1.9 g 黏稠状液体。

五、实验注意事项

1. 三氯化铝极易吸收水分并部分水解放出氯化氢而形成烟雾,故在称取过程中要迅速,同时注意安全。

2. 反应加热过程中要严格控制加热速度。

六、思考题

1. 请预测一下对氯乙酰苯酚和对甲基乙酰苯酚混合物在三氯化铝的作用下的产物。
2. 加入盐酸的目的是什么？

注释：

[1] 邻羟基苯乙酮（1-(2-hydroxyphenyl)ethanone），无色黏稠液体，熔点为 3-6 ℃，密度为 1.131 g/mL，可用作香料添加剂，也是心律平的中间体。

[2] 要控制加热速度以防发生碳化。

实验 57　邻氨基苯甲酸的制备

一、实验目的

1. 掌握 Hofmann 重排的基本原理及其在有机合成中的应用；
2. 掌握通过 Hofmann 重排制备邻氨基苯甲酸的制备方法。

二、实验原理

酰胺与氯或溴在碱溶液中反应，生成少一个碳原子的伯胺，称为 Hofmann 重排，这是由酰胺制备少一个碳原子伯胺的重要方法。

$$R-CO-NH_2 + 4OH^- + Br_2 \longrightarrow RNH_2 + 2Br^- + CO_3^{2-} + 2H_2O$$

反应机理如下：

$$R-CO-NH_2 + OH^- \rightleftharpoons R-CO-NH^- + H_2O$$

$$R-CO-NH^- + Br_2 \rightleftharpoons R-CO-NHBr + Br^-$$

$$R-CO-NHBr + OH^- \rightleftharpoons R-CO-NBr^- + H_2O$$

$$R-CO-NBr^- \xrightarrow{-Br^-} R-CO-N: \longrightarrow R-N=C=O \xrightarrow{H_2O} R-NH-CO-OH \xrightarrow{-CO_2} RNH_2$$

该重排反应为强放热型反应，为了不致反应过于激烈，通常是将反应物之一逐渐滴加到另一反应物中。主要的副产物为酰胺的碱性水解产物，少量的酰胺与强碱作用发生水解放出的胺混杂在重排产物中，用盐酸中和后生成盐，可以通过重结晶法除去。

由邻苯二甲酰亚胺制备邻氨基苯甲酸的反应式如下：

第四部分 有机综合实验

（反应式）

三、实验主要用品

主要试剂及性质：邻苯二甲酰亚胺、溴、氢氧化钠、浓盐酸、冰醋酸、亚硫酸氢钠饱和溶液。

	熔点/℃	沸点/℃	相对密度	性质
邻苯二甲酰亚胺	232~235	366	1.21	白色结晶，溶于碱和冰醋酸，难溶于水，可燃，具有刺激性
溴	-7.2	58.8	3.119	棕红色液体，强氧化剂，腐蚀性强

主要仪器：圆底烧瓶、锥形瓶、抽滤瓶、抽滤漏斗、烧杯。

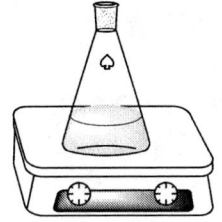

图 4-50　反应装置

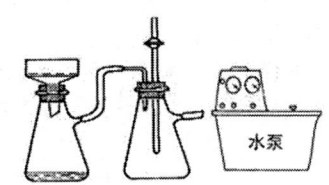

图 4-51　抽滤装置

四、实验操作步骤

1. 邻氨基苯甲酸[1]粗产物的制备

在 100 mL 圆底烧瓶中，溶解 7.6 g 氢氧化钠于 30 mL 水中，置于冰盐浴中冷却至 0~5℃，然后加入 2.2 mL(0.044 mol)溴，摇荡锥形瓶，使溴与氢氧化钠全部反应生成次溴酸钠溶液，置于冰盐浴中冷却备用。在 50 mL 锥形瓶中配置 5.4 g 氢氧化钠溶于 20 mL 水的溶液，置于冰盐浴中冷却备用。在 0℃以下，向制好的次溴酸钠溶液中慢慢加入 6 g (0.04 mol) 粉状邻苯二甲酰亚胺，加毕再迅速加入预先配置好并冷至 0℃的氢氧化钠溶液，然后在室温下反应，在 15~20 min 内使逐渐升温至 20~25℃，在该温度反应 10 min，然后再使其在 25~30℃反应 0.5 h，此时亚胺一般可以完全溶解。然后在水下浴上加热至 70℃（约 2 min）。

2. 分离纯化

向反应液中加入 2 mL 饱和亚硫酸氢钠溶液，振摇后抽滤。将滤液转移至烧杯，置于冰浴中冷却。在搅拌下慢慢加入浓盐酸使溶液恰成中性[2]，然后慢慢加入 6~6.4 mL 冰醋酸[3]，使邻氨基苯甲酸完全析出。抽滤，用少量冷水洗涤。粗产物用热水进行重结晶，并用少量活性炭脱色，干燥后得到白色晶体约 3.0 g。

五、实验注意事项

1. 溴毒性较大，液态溴对皮肤有烧灼作用，可使皮肤染成黄色，使用时必须戴防护手套。人在浓溴蒸气中即使短时间停留，也能造成死亡，溴最好在通风橱内用滴定管准确量取。

2. 自碱液中酸化析出邻氨基苯甲酸时，要掌握好酸的加入量，使酸的加入量接近邻氨基苯甲酸的等电点。

六、思考题

1. 本实验中，溴和氢氧化钠的量不足或有较大过量时，有什么不好？

2. 邻氨基苯甲酸的碱性溶液，加盐酸使之恰成中性后，为什么不再加入盐酸而是加适量醋酸使邻氨基苯甲酸完全析出？

注释：

[1] 邻氨基苯甲酸(anthranilic acid)，白色至浅黄色片状晶体，有甜味。熔点为 146-147℃，相对密度为 1.412，溶于热水、乙醇、乙醚。

[2] 邻氨基苯甲酸既能溶于碱，又能溶于酸，过量的盐酸会使产物溶解。

[3] 邻氨基苯甲酸的等电点为 3-4，为使产物析出完全，故需加入适量的醋酸。

第五部分　从天然产物或废弃物中提取有机物

广义上说,凡是从天然植物或动物资源衍生出来的物质都称为天然产物。天然产物种类繁多,根据它们的特征一般可分为四大类,即碳水化合物、类脂化合物、萜类和甾族化合物及生物碱,其中生物碱是种类和变化最多的含氮碱性有机物。天然产物的提取物具有很高的生理活性和经济价值,可被广泛地用于医药、食品化妆品、保健品及生物制品等产品中。早期有机化学的研究主要是围绕天然产物的分离提取和鉴定展开的。即使在今天,寻找具有特殊结构与性质并能应用于人类健康的天然产物化学仍然是有机化学一个十分活跃的领域。近年来,受到特别的重视与青睐,尤其是植物药在国际市场上发展迅速。据统计全球的植物药市场产值已经接近 400 亿美元,市场前景看好。我国地域辽阔,复杂的地理环境与多变的气候条件造就了我国物种的多样性,尤其是具有医疗保健作用的特种油脂、香精香料、色素等天然资源相当丰富,如银杏、丁香、生姜、大蒜、洋葱、枸杞籽、沙棘等。

天然产物有效成分的提取、分离、鉴定及结构表征是研究天然产物中有效成分时必不可少的内容。研究天然产物的有效成分时,首先要将其中的有效成分提取出来,但多数是得到多种成分的混合物,因此要经过一系列的分离,只有在得到单一组分(单体)后,才可以进行成分的结构分析和表征。而天然产物中化学成分的提取是一件耗时、耗能又费溶剂的工作。传统的提取方法有:(1)浸出提取法:浸渍法、渗漉法、煎煮法、回流提取法及连续回流提取法;(2)水蒸气蒸馏法,常用于挥发油,某些小分子生物碱,以及某些小分子的酚类等天然产物的提取;(3)升华法,例如樟木中的樟脑,茶叶中的咖啡碱等的提取。但是传统方法往往各自存在较多的缺点,如高温操作引起的热敏性有效成分的大量分解,提取液中除有效成分外杂质较多等等。现在各种色谱手段如薄层层析、柱层析、气液色谱及高压液相色谱等已越来越多的用于天然产物粗品的分离。随着科学技术的进步和发展,一批新技术、新设备应运而生,如超声波萃取术、超临界流体萃取技术及微波萃取技术等,使天然产物的分离和鉴定变得更为有利和方便。

为了使学生对天然产物的分离提取有一个初步的概念,本节安排了天然产物的分离提取专题实验,结合当地动植物资源选择介绍了几种较为典型的天然产物的提取分离方法。

实验 58 从茶叶中提取咖啡因

生物碱是存在于自然界(主要为植物)中的一类含氮的碱性有机化合物,属于天然有机化合物。已知的生物碱种类很多,结构复杂,大多数含有复杂的环状结构,与酸可以形成盐,有一定的旋光性。大多数生物碱是晶体或粉末,味苦,无色,几乎不溶或难溶于水,能溶于氯仿、乙醚、乙醇、丙酮、苯等有机溶剂。

我国使用中草药的历史悠久,如当归、麻黄、黄连等许多中草药的有效成分都是生物碱。有些生物碱有显著的生物活性,常用作治病良药,如从黄连根茎中提取的黄连素,有抗菌消炎作用,至今仍是治疗肠胃炎最常用的药物;奎宁碱是有价值的解热药;萝芙木中的利血平能降血压;罂粟果皮中所含的吗啡碱是最早使用的镇痛剂等。

多年来,作为许多中草药有效成分的生物碱,它们的分离提取一直受到人们的广泛研究。这里介绍几种常用于提取生物碱的主要方法。

1. 水或酸水提取法

可以直接以水作为溶剂提取,此法操作简便,成本较低,但提取次数多,水用量大。

对于那些碱性较弱不能直接溶解于水的生物碱,就可以采用偏酸性的水溶液,使生物碱与酸作用生成盐,增大在水中的溶解度而达到提取目的。常用 1% ~ 5% 的硫酸、盐酸或醋酸溶液作为提取溶剂,使生物碱成盐而溶于水。采用浸渍法或渗漉法提取。

酸性水溶液提取方法比较简便,主要缺点是提取液体积较大,浓缩困难,且水溶性杂质多。

2. 有机溶剂提取法

(1) 醇类溶剂提取法

游离生物碱或其盐均可溶于甲醇、乙醇,故常用甲醇或乙醇为溶剂,有时也用酸性乙醇或甲醇(含 0.5% ~ 1.0% 硫酸或醋酸),采取回流或浸渍等方法提取。可采用有机溶剂萃取法进行纯化。

此方法在生物碱的提取中应用较为普遍,不同碱性的生物碱和盐均可用,提取出来的水溶性杂质较少,但脂溶性杂质多。

(2) 亲脂性有机溶剂提取法

大多数游离生物碱都是亲脂性的,根据相似相溶原理,对于不同性质的生物碱选取最佳的有机溶剂进行提取。可采用单一有机溶剂进行分步提取;用不同溶剂提取不同成分;也可采用混合溶剂进行提取。

常用氯仿、苯、乙醚等提取游离生物碱,可采用浸渍、回流或连续回流法提取。此外,具有挥发性的生物碱如麻黄碱可用水蒸气蒸馏法提取;可升华的生物碱如咖啡碱可用升华法提取。

一、实验目的

1. 了解咖啡因的结构、性质和药理功能；
2. 学习从天然产物中提取纯有机物的分离方法；
3. 掌握索氏提取器(Soxhlet)[1]提取有机物的原理和使用方法；
4. 进一步熟悉蒸馏、升华等基本实验操作。

二、实验原理

咖啡因为嘌呤衍生物，其化学名称为 1,3,7 - 三甲基 - 2,6 - 二氧嘌呤，又称咖啡碱，是一种生物碱，其化学结构式为：

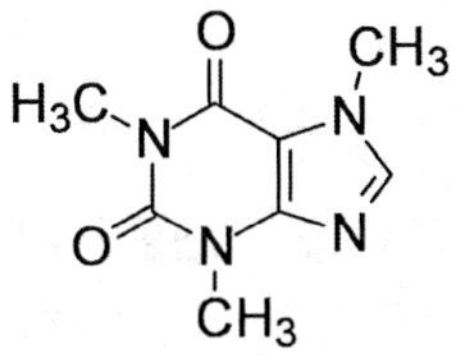

咖啡因存在于茶叶、咖啡、可可等植物中，例如茶叶中含有 1% ~ 5% 的咖啡因、少量的茶碱和可可豆碱，同时还含有单宁酸、色素、纤维素等物质。

咖啡因是弱碱性化合物，味苦，可溶于氯仿、丙酮、乙醇和热水中，难溶于乙醚和苯(冷)。纯品熔点 237℃，含结晶水的咖啡碱为无色针状晶体，在 100℃ 时失去结晶水，并开始升华，120℃ 时显著升华，178℃ 时迅速升华。因此可利用这一性质纯化咖啡因。

咖啡因是一种温和的兴奋剂，具有刺激心脏、兴奋中枢神经和利尿等作用，因此可以作为中枢神经兴奋药，是复方阿斯匹林(APC)等药物的成分之一。

工业上咖啡因主要是通过人工合成制得。实验室中，常从茶叶中提取咖啡因，方法是：利用适当的溶剂(氯仿、乙醇等)在索氏提取器中进行连续抽提，然后蒸去溶剂，即得粗咖啡因，最后利用升华方法进一步纯化。

咖啡因可通过测定熔点和光谱法加以鉴别；还可通过制备咖啡因水杨酸盐衍生物进行确证[2]。

本实验以乙醇为溶剂，用索氏提取器提取，再经浓缩、中和、烘焙、升华，最后得到含结晶水的咖啡因。

三、实验主要用品

主要试剂：茶叶、95% 乙醇、生石灰。
主要仪器：索氏提取器、圆底烧瓶、球形冷凝管、直形冷凝管、温度计、温度计套管、真空接液管、锥形瓶、蒸发皿、玻璃漏斗、烧杯等。

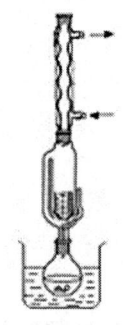 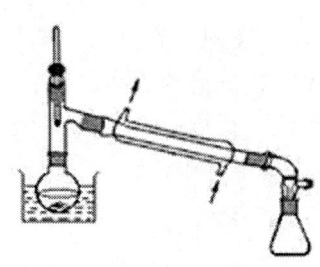 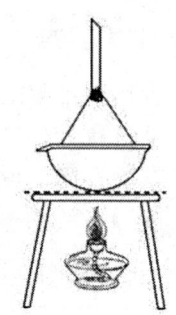

图 5-1　索氏提取回流装置　　图 5-2　回收乙醇蒸馏装置　　图 5-3　升华装置

四、实验操作步骤

1. 回流提取

按图安装好提取回流装置。称取 10 g 研细的干茶叶,装入滤纸筒[3]内,轻轻压实,滤纸筒上口塞一团脱脂棉,然后放入索氏提取器的抽提筒中。在 250 mL 圆底烧瓶中加入 110 mL 95% 乙醇,并放入几粒沸石。在水浴上加热回流,连续提取约 1.5 h[4],待冷凝液刚好虹吸下去时,立即停止加热。

2. 浓缩、中和、烘焙

稍冷后,改装成蒸馏装置(用直形冷凝管),水浴加热回收大部分乙醇,趁热将烧瓶中的残液(大约 l0 mL)倾入蒸发皿中,加入约 3 g 生石灰粉[5],搅拌均匀使成糊状,在蒸汽浴上蒸干[6],其间应不断搅拌,并尽可能压碎块状物直至粉末状。然后将蒸发皿用电热套加热,用小火烘炒片刻,使水分全部除去[7]。冷却后,擦去沾在边上的粉末,以免在升华时污染产物。

3. 升华

将一张刺有许多小孔(毛刺向上)的圆形滤纸盖在蒸发皿上,取一只口径合适的玻璃漏斗罩于其上,漏斗颈部疏松地塞一团脱脂棉。用酒精灯隔着石棉网小心加热进行升华[8],当漏斗内壁上出现白色针状晶体时,暂停加热,自然冷却至 90℃ 左右。小心取下漏斗,揭开滤纸,仔细用小刀将附着于滤纸及漏斗内壁上的咖啡因刮入表面皿中。

将蒸发皿内的残渣加以搅拌,重新放好滤纸和漏斗后,在较高的温度下再加热升华一次。此时,加热温度也不宜太高,如发现有棕色烟雾时,即升华完毕,停止加热。

合并两次升华所收集的咖啡因,称重约 0.1 g。

4. 测熔点

取升华过的纯咖啡因少许,进行熔点测定,并与纯品熔点(mp:237℃)进行比较。

五、注意事项

1. 索氏提取器的虹吸管极易折断,所以在安装仪器和实验过程中须特别小心。

2. 严防滤纸筒内的茶叶漏出而堵塞虹吸管,从而造成虹吸不畅。

3. 蒸馏时,勿忘加沸石,瓶中乙醇不可蒸得太干,否则残液很黏,转移时损失大。

4. 升华时,必须严格控制加热温度,若温度太高,将导致升华物碳化,影响产品的收率和质量。

5. 实验中用到大量乙醇,由于乙醇是易燃溶剂,故进行回流和蒸馏操作时禁用明火,注意安全。

六、思考题

1. 为什么茶叶要用滤纸包裹后才能放入索氏提取器中?
2. 后续处理中用到的生石灰起什么作用?
3. 从茶叶中提取得到的咖啡因会有绿色光泽,为什么?
4. 本实验进行升华操作时,应注意什么?

注释:

[1] 索氏提取器是利用溶剂回流和虹吸原理,使固体物质连续不断地为纯溶剂所萃取的仪器。其组成为:烧瓶、提取筒、回流冷凝管。操作方法步骤:萃取前,应先将固体物质研细,以增加溶剂浸溶面积;然后将研细的固体物质装入滤纸筒内,再置于抽提筒,烧瓶内盛溶剂,并与抽提筒相连,抽提筒上端接冷凝管;溶剂受热沸腾,其蒸气沿抽提筒侧管上升至冷凝管,冷凝为液体,滴入滤纸筒中,并浸泡筒中样品,当套筒内溶剂液面超过虹吸管最高处时,即发生虹吸流回烧瓶,从而萃取出溶于溶剂的部分物质;通过反复回流和虹吸,最终将固体物质富集于烧瓶中;提取液经浓缩除去溶剂后,即得到粗产物,再将粗产物用其他方法进一步纯化。此法提取的优点:使固体物质每次都被纯的热溶剂所萃取,既减少了溶剂用量,又缩短了提取时间,因而提取效率较高。

[2] 咖啡因作为碱,能够与水杨酸作用生成水杨酸盐,该盐的熔点是137℃。

[3] 滤纸筒的制作方法为:取脱脂滤纸一张,卷成圆筒状(其直径略小于抽提筒内径),其大小既要紧贴器壁又能方便取放,底部折起封闭(也可用线扎紧);装入样品时样品高度不得高于虹吸管;上口盖脱脂棉或一层滤纸,以保证回流液均匀地浸透被萃取物。

[4] 注意加热前先通冷凝水。索氏提取器提取样品时,提取所需时间和虹吸次数只是个参考,通常需要观察提取筒中提取液的颜色,若提取筒中提取液颜色变得很淡或接近无色时,说明被萃取物已大部分被提取,此时即可停止提取。本实验中,大概虹吸6~7次时,观察到提取液的颜色已变得很淡,即可停止提取。

[5] 生石灰起吸水和中和作用,以除去部分酸性杂质。

[6] 简单的蒸汽浴:将蒸发皿置于装有水的烧杯上,慢慢加热使水沸腾。

[7] 尽可能将水分除去,否则在进行升华时,会产生一些水雾,不仅影响观察,而且还会污染产品。

[8] 慢慢升高温度,使底部受热均匀,防止碳化,尽可能使升华速度慢一些,提高结晶纯度。

实验 59　八角茴香中挥发油的提取分离

八角学名茴香,其形状如八芒星,故名八角。广西是我国八角的主要产区,出产的八角占全国八角产量的 85% 以上,居全国第一位。八角味香浓,为调味佳品,可增进食欲、祛风健胃。作为药名为八角科植物八角茴香的果实,主治寒疝腹痛、腰膝冷痛、胃寒呕吐、脘腹疼痛、寒湿脚气等。始载于《本草品汇精要》谓:其形大如钱,有八角如辐而锐,赤黑色,每角中有子一枚,如皂荚子小匾而光明可爱,今中药多用之。

用八角制成的八角油,即茴香油,是高级调味品和香料。茴香油既是高级调料,又是制作香水、香皂、牙膏、名酒、糖果等的原料。茴香油还是良药,有健胃、消滞振食、祛风、兴奋、催乳、活血化瘀等功效。八角油的主要成分是茴香脑,化学名 1 - 丙烯基 - 4 - 甲氧基苯,分子式 $C_{10}H_{12}O$,分子量 148.2,结构如图 1 所示,在温度 22.5℃ 时是凝固的液体,略有甜味和强烈的茴香气味,溶于乙醇,沸点 235.3℃,与乙醚、氯仿混溶,溶于苯、醋酸乙酯、丙酮、二硫化碳及石油醚,几不溶于水。此外,含莽草酸及少量甲基胡椒酚、茴香醛、茴香酸等。茴香醛和茴香烯具有挥发性,能通过水蒸气蒸馏从八角茴香中分离出来。

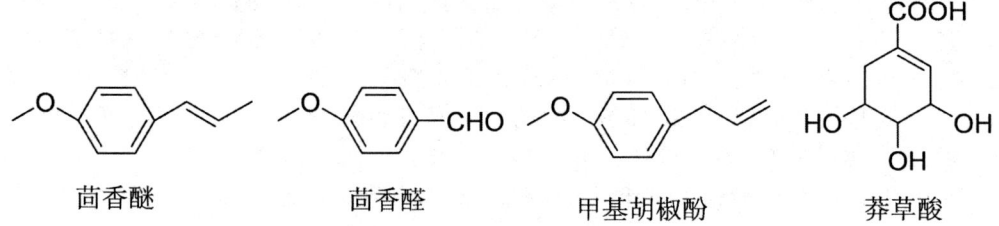

　　茴香醚　　　　　　茴香醛　　　　　甲基胡椒酚　　　　莽草酸

图 5-4　茴香醚、茴香醛、甲基胡椒酚、莽草酸的结构式

一、实验目的

1. 学习从八角中提取八角茴香油的原理和方法;
2. 巩固水蒸气蒸馏、萃取等操作;
3. 复习巩固薄板层析的原理及操作。

二、实验原理

本实验是水蒸气蒸馏法提取挥发油的通法。挥发油的组成成分较复杂,常含有烷烃、烯烃、醇、酚、醛、酮、酸、醚等官能团。因此可以用一些检出试剂在薄层板上进行点滴试验,从而了解组成挥发油的成分类型。挥发油中各类成分的极性互不相同,一般不含氧的烃类和萜类化合物极性较小,在薄层色谱板上可被石油醚较好的展开;而含氧的烃类和萜类化合物极性较大,不易被石油醚展开,但可被石油醚与醋酸乙酯的混合溶剂较好的展开。

三、实验主要用品

主要试剂：干八角、石油醚、乙酸乙酯、蒸馏水。

主要仪器：水蒸气发生器、蒸馏烧瓶、蒸馏头、尾接管、试管、温度计套管、蛇形冷凝管、出入水管、分液漏斗、量筒、安全管、尾接瓶、水蒸气导入管、水蒸气导出管。

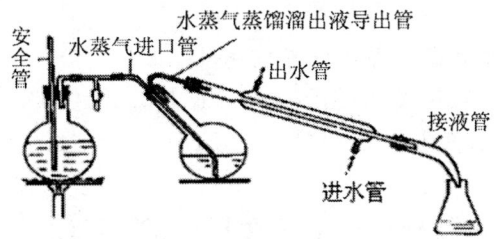

图 5-5　精油提取装置

四、实验步骤

1. 精油的提取：取八角茴香 10 g，研碎后装入蒸馏烧瓶中，加入蒸馏水至水蒸气发生器体积的 2/3 处。按图 5-5 连接装置，将水蒸气发生气固定在电热套上（需垫上石棉网），接着按照从上到下、从左到右的顺序连接好整套蒸馏装置，并确保其稳固不漏气，注意使入水口在下，出水口在上（在各接口处涂抹凡士林密封）。然后打开水龙头的阀门，接通冷凝水。打开 T 型管夹子，加热至沸腾，当有大量水蒸气从 T 型管中冲出时，关闭 T 型管夹子，使蒸汽进蒸馏瓶开始蒸馏，观察 T 型管，必要时放出 T 型管内冷凝积水，控制蒸馏速度为 2～3 滴每秒，并时刻注意安全管液面。当馏出液不再浑浊时，馏出液约 100 mL，打开 T 型管夹子，关闭热源，停止加热。待装置冷至室温后，停通冷凝水，拆卸装置。

2. 精油的收集：将馏出液转移至分液漏斗中，加乙酸乙酯 10 mL 萃取，分去水下层，收集有机层。

3. 样品鉴定：(1) 首先取展开剂石油醚：乙酸乙酯 = 5:1，2－3 mL 倒入展开瓶中，盖上瓶盖，轻轻摇动几下，静置 2 分钟，使展开缸内充满展开剂蒸汽；(2) 点样：用铅笔在距离薄板底部 0.5 cm 处画一条直线（作为原点线），然后分别在原点线上点取分液漏斗提取液、茴香醛、茴香酸标准样品；(3) 展开：待有机溶剂挥发后，用镊子夹住薄板上端轻放于展开瓶内（展开剂不能没过原点），薄板上端靠在玻璃瓶壁上，待溶剂达到薄板上端边沿时，用镊子夹出薄板，待溶剂挥发干后，于紫外灯下 254nm 光处，观察色点。用铅笔标出荧光点。(4) 计算 R_f 值，用直尺量取距离，计算各色点的比移值，与标准样品对照，确认提取液中的成分。

五、注意事项

1. 安装正确，连接处紧密。
2. 水蒸气倒入管必须插入蒸馏烧瓶底部，并接近底部处。

3. 实验加热前,T型管夹子要打开,待有大量水蒸气从止水夹处冒出后,关闭夹子;实验结束前,首先打开夹子,然后再停止加热。

4. 在蒸馏过程中若发现安全管中水位迅速上升,则表示系统中发生了堵塞。此时应立即打开T型管螺旋夹,然后移去热源,待排除堵塞后再进行蒸馏提取。

六、思考题

1. 从八角茴香中提取分离茴香脑的原理是什么?
2. 为什么沸点为233~235℃的茴香脑为何能在低于100℃下被蒸馏出来?
3. 提取结束时,为什么先打开T型管的夹子,再关闭热源?

实验60 从黄连中提取黄连素

一、实验目的

1. 了解黄连素的结构、性质和药理功能;
2. 学习从中草药中提取生物碱的原理和方法;
3. 熟练掌握索氏提取器(Soxhlet)的使用方法;
4. 巩固蒸馏、抽滤、重结晶等基本实验操作。

二、实验原理

黄连素是一种重要的异喹啉生物碱,俗称小檗碱(Berberine),是我国名产中草药黄连的主要有效成分,其中含量可达4~10%。含黄连素的植物很多,除了黄连中含有黄连素以外,黄柏、白屈菜、伏牛花、三颗针等中草药中也含有黄连素,其中以黄连和黄柏中含量最高。

黄连素能对抗病原微生物,具有抗菌、消炎、止泻的功效。其中对痢疾杆菌作用最强,常用来治疗细菌性肠胃炎、痢疾等消化道疾病,副作用较小。

黄连素是黄色针状结晶,无臭,味极苦,熔点145℃。微溶于水和乙醇,较易溶于热水和热乙醇中,难溶于乙醚、丙酮、氯仿和苯。

黄连素存在三种互变异构体:季铵型(季铵碱式)、醇铵型(醇式)、醛型(醛式),但在自然界中多以季铵型存在。可以离子化,能溶于水,难溶于有机溶剂。

实验室中,常采用从黄连中提取黄连素。由于黄连素的盐酸盐、氢碘酸盐、硫酸盐、硝酸盐均难溶于冷水,易溶于热水,故可用水对其进行重结晶,从而获得纯黄连素。具体方法是:采用适当的溶剂(如乙醇、水、硫酸等),在索氏提取器中连续抽提,浓缩后再进行酸化,得到相应的盐,进一步重结晶可得到纯品。

三、实验主要用品

主要试剂:黄连、95%乙醇、1:1盐酸溶液、1%乙酸溶液、石灰。

主要仪器:索氏提取器、圆底烧瓶、球形冷凝管、直形冷凝管、蒸馏头、真空接液管、温度计、温度计套管、锥形瓶、吸滤瓶、布氏漏斗、烧杯、真空循环水泵等。

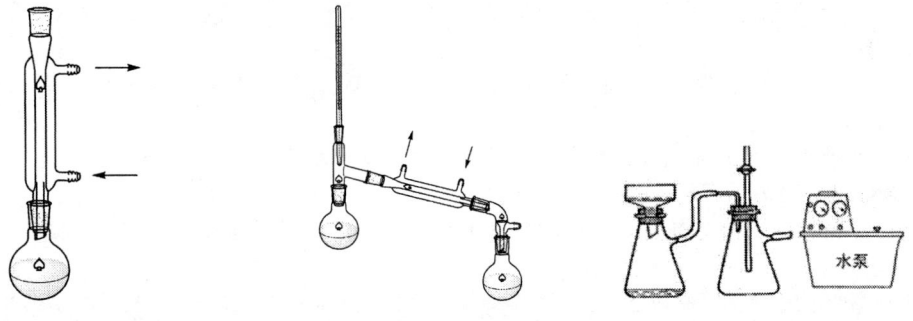

图 5-6　索氏提取回流装置　　图 5-7　回收乙醇蒸馏装置　　图 5-8　抽滤装置

四、实验操作步骤

1. 回流提取

按图安装提取回流装置。称取 5 g 黄连,切碎、研细,将其放入索氏提取器的滤纸筒内[1],在 250 mL 圆底烧瓶中加入 100 mL 95% 乙醇,再加入几粒沸石,接通冷凝水。在水浴上加热回流,连续抽提约 2.5 h[2],待冷凝液刚好虹吸下去时,立即停止加热。

2. 浓缩、酸化

稍冷后,改为蒸馏装置(重新加沸石),水浴加热蒸馏,回收大部分乙醇(沸点78℃),直至残液呈棕红色糖浆状时,结束蒸馏。

向残液中加入约 15~20 mL 的 1% 乙酸溶液[3],加热溶解,趁热抽滤以除去不溶物。再向滤液中滴加 1:1 盐酸(约 5 mL)至溶液浑浊为止[4]。放置冷却(最好用冰水浴),即有黄色针状晶体析出。抽滤,得黄色晶体,即黄连素盐酸盐的粗品。

3. 重结晶

将粗品黄连素盐酸盐加热水至刚好溶解,煮沸,用石灰乳调节其 pH 为 8.5~9.8。稍冷后滤去杂质,滤液继续冷却(用冰水浴),即有针状晶体析出。抽滤,并用冰水洗涤结晶两次,得到纯黄连素,干燥[5],称重约 0.5 g。

4. 产品检验[6]

将重结晶后的产品取少许进行熔点测定,与纯品熔点(mp:145℃)进行比较。

五、注意事项

1. 黄连在装入滤纸筒前,应先把它切碎,研磨成细粉状,否则会降低提取率。
2. 蒸馏浓缩溶液时,勿忘加新沸石,温度不能太高,馏出液馏出速度不能太快。
3. 乙醇是易燃溶剂,为保证实验过程安全,在回流和蒸馏乙醇时要用水浴加热,禁用明火。

六、思考题

1. 黄连素为哪种生物碱类的化合物?
2. 影响黄连素提取产率的主要因素有哪些?

注释:

[1] 注意装入样品黄连的高度不得高于虹吸管;滤纸筒底部必要时可用线扎紧,防止黄连从滤纸缝中漏出。

[2] 回流提取时,所需时间只是个参考,通常要细心观察提取筒中提取液的颜色,直至提取液颜色变得较浅接近无色时,即可停止提取。

[3] 黄连素是一种生物碱,在水中的溶解度不大。可加入1%乙酸以增加其溶解度,便于富集和提高提取率。

[4] 滴加盐酸是为了将黄连素转变为难溶于冷水的黄连素盐酸盐而析出,利于纯化。可用pH试纸检验,$pH = 1 \sim 2$ 时即可。

[5] 为了加速干燥,可在水洗后用丙酮洗涤一次。干燥时可将结晶在 50~60℃ 下慢慢烘干。

[6] 其他检验方法:(1) 取少量产品,加去离子水 5 mL,缓慢加热使之溶解,加氢氧化钠试液 2 滴,溶液冷却后,过滤,滤液中加丙酮数滴,即产生黄色的丙酮黄连素浑浊或沉淀。(2) 取少量产品,加稀硫酸 2 mL,温热至溶解,再加漂白粉少许,振荡后即产生樱桃红色。(3) 取少量产品溶于水中,滴加浓硝酸数滴,溶液产生黄绿色的沉淀。

实验61 从烟叶中提取烟碱

一、实验目的

1. 了解生物碱的提取方法及其一般性质;
2. 复习水蒸气蒸馏的原理及其应用,熟练掌握水蒸气蒸馏的装置及其操作。

二、实验原理

烟碱又名尼古丁,是一种存在于茄科植物(茄属)中的生物碱,也是烟草的重要成分,其结构如下:

由于它是含氮的碱,因此很容易与盐酸反应生成烟碱盐酸盐而溶于水。此提取液加入 NaOH 后可使烟碱游离。游离烟碱在 100℃ 左右具有一定的蒸气压,因此,可用水蒸气蒸馏法分离。尼古丁(nicotine)是难闻、味苦、无色透明的油状液态物质。分子式 $C_{10}H_{14}N_2$,可溶于水、乙醇、氯仿、乙醚、油类,尼古丁可渗入皮肤。自由基态的尼古丁燃点低于沸点,空气中低蒸气压时,其气体达 308K(35℃;95℉)会燃烧。基于这个原因,尼古丁大部分是经由点燃烟品时产生,然而吸入的分量也足够产生预期的效果。尼古丁具旋光性,有两个光学异构物。25℃ 时黏度为 2.7 mPa·s,50℃ 时黏度为 1.6 mPa·s,25.5℃ 时表面张力为 37.5 dynes/cm,36.0℃ 时表面张力为 37.0 dynes/cm。尼古丁俗名烟碱,还是 N 胆碱受体激动药的代表,对 N1 和 N2 受体及中枢神经系统均有作用,无临床应用价值

三、实验主要用品

主要试剂:粗烟叶或烟丝、10% HCl、50% NaOH、0.5% 乙酸、碘化汞钾试剂、饱和苦味酸、红色石蕊试纸。

主要仪器:索氏提取器、圆底烧瓶、球形冷凝管、直形冷凝管、蒸馏头、真空接液管、温度计、温度计套管、锥形瓶、吸滤瓶、布氏漏斗、烧杯、真空循环水泵等。

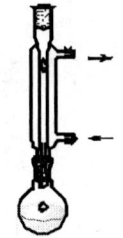
图 5-9　回流装置

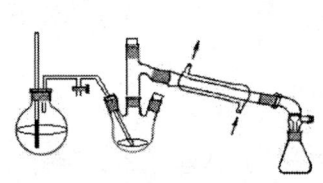
图 5-10　水蒸气蒸馏装置

四、实验操作步骤

1. 取香烟 1/2~2/3 支放入 20 mL 圆底烧瓶,加入 10% HCl 6 mL,装上冷凝管回流 20 min。

2. 待瓶中混合物冷却后倒入小烧杯中,用 50% NaOH 中和至明显碱性(石蕊试纸检验,注意充分搅拌)。

3. 将混合物转入蒸馏装置中,如图 5-8 装置进行少量水蒸气蒸馏。

4. 取微型试管 2 支各收集 3 滴烟碱馏出液。在第一支试管中加几滴饱和苦味酸;第二支试管中加 2 滴 0.5% 乙酸及 2 滴碘化汞钾溶液,观察有无沉淀生成。

五、注意事项

1. 根据热源高度固定铁架台上铁圈的位置。

2. 将 100mL 两颈圆底烧瓶用铁夹固定在垫有石棉网的圈上,注入 25~30mL 自来水和几粒碎瓷片作沸石。

3. 将具支试管装好样品后,从双颈烧瓶的上口插入,蒸馏试管的底部应在烧瓶中水的液面之上。

4. 将蒸导管(T形管)一端与二颈圆底烧瓶的侧口相连,一端插入试管底部。

5. 用另一个铁架台上的铁夹将冷凝管的位置调整好以后,使之与具支试管的支管相连,然后装好接引管和接收容器。

6. 将冷凝管夹通入冷凝水以后,开始加热,待水沸腾产生蒸汽以后,用止水夹将T形管的上端夹紧,这时蒸汽就导入蒸馏试管中,开始蒸馏。

7. 蒸馏完毕,应先松开止水夹,再移去热源,以免因圆底烧瓶中蒸气压的降低而发生倒吸现象。

六、思考题

1. 为什么要用盐酸溶液提取烟碱?
2. 水蒸气蒸馏提取烟碱时,为什么要用NaOH中和至明显碱性?
3. 如果没有100 mL蒸馏烧瓶,利用微型化学制备仪器你能组成微型水蒸气蒸馏装置吗? 试绘装置图

实验62 从红辣椒中提取辣椒红色素

一、实验目的

1. 通过从红辣椒中提取红色素,了解分离活性有机化合物的过程和基本操作;
2. 掌握薄层色谱板、色谱柱的制作及其在分离技术中的应用。

二、实验原理

辣椒是茄科植物辣椒的果实,红辣椒含有多种色泽鲜艳的天然色素,其中呈深红色素主要是由辣椒红脂肪酸酯和少量辣椒玉红素脂肪酸酯所组成,呈黄色的色素则是胡萝卜素。

这些色素可以通过层析法加以分离。本实验是以二氯甲烷为萃取溶剂,从红辣椒中只萃取出辣椒红色素,经浓缩后用薄层层析法作初步分析,确定各组分的 R_f 值,再用柱层析法分离出红色素,分段接收并蒸除溶剂,即可获得各个单组分。

辣椒红色素

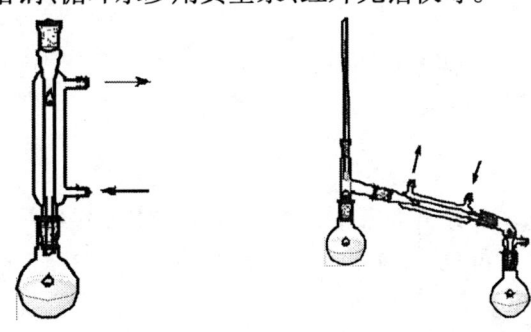

辣椒玉红素

三、实验主要用品

主要试剂：干燥红辣椒、二氯甲烷、硅胶 G200 – 300 目、沸石、石油醚、二氯甲烷。

主要仪器：100 mL 圆底烧瓶、球形冷凝管、布氏漏斗、漏斗、抽滤瓶、广口瓶、色谱柱、锥形瓶、玻璃棒、200 mL 烧杯、100 mL 烧杯、50 mL 烧杯、毛细管、滴管、滤纸、硅胶薄层板、量筒、层析缸、恒温水浴锅、循环水多用真空泵、红外光谱仪等。

图 5-11　提取装置　　　图 5-12　蒸馏装置

四、实验操作步骤

1. 色素的萃取和浓缩

向 25 mL 三口烧瓶中加入 1.5 g 干燥并研细的红辣椒和 15 mL 二氯甲烷，加入沸石。水浴加热回流 30 min。停止加热，待反应物温度下降到室温时，抽滤，除去不溶物，用少量二氯甲烷洗涤不溶物，滤液转移至 50 mL 圆底烧瓶中，安装冷凝装置，在 70 ~ 80 ℃ 水浴中蒸馏浓缩回收溶剂。当瓶内剩余少量液体时停止加热，将蒸馏残液转入表面皿与沸水浴上蒸发近干，最后得到红色物质，即为色素的混合物。

2. 薄层分析

取少许混合色素于 1.5 mL 样品管中，加入 1.0 mL 二氯甲烷溶解，点样，用二氯甲烷作为展开剂展开，当展开剂上升到薄层的前沿时，取出薄层板放平晾干，薄层板上出现大红、小红和黄色三个斑点，计算每种色素的 R_f 值。

3. 柱层析分离

选用内径 1 cm 长约 15 ~ 20 cm 的层析柱，检查柱旋塞是否完好，有无渗漏现象。用硅胶 20 g，再将 55 mL 左右的二氯甲烷与 20 g 硅胶调成糊状。（如不能调成糊状，可以多加二氯甲烷,硅胶和二氯甲烷用量可以根据柱的大小灵活调整,硅胶柱的高度达到便于加样和操作就可以),通过大口径固体漏斗加入到柱中,边加边轻轻敲击层析柱,使吸附剂装填致密,并保持层析柱中的固定相不干(其二氯甲烷液面高出砂层 2 cm 即可)。

再打开活塞,待二氯甲烷溶液液面与硅胶上层的砂层平齐时,柱装好后用滴管汲取混合色素的浓缩液(或蒸干的色素液用 0.5 – 1 mL 二氯甲烷溶解),用一根较长的滴管将混合色素液加入柱顶。再打开旋塞,待色素溶液液面与硅胶上层的砂层平齐时,用一根较长的滴管缓缓注入少量洗脱剂二氯甲烷,然后小心冲洗内壁后,用二氯甲烷混合液淋洗。观测记录色素的分离情况,并用不同的接收瓶分别接收流出柱子的色带。当色带完全流出后停止淋洗。将相同颜色组分的接收液合并。蒸馏浓缩回收溶剂,收集色素。

对所得红色素样品做红外光波谱分析。

五、实验注意事项

1. 回流速度不可过快,以防浸泡提取不充分。
2. 回收溶剂的温度不宜过高,以防止溶剂爆沸。

六、思考题

1. 层析柱中有气泡会对分离带来什么影响?如何除去气泡?
2. 层析过程中有时会出现"拖尾"现象,一般由什么原因造成的?对层析结果有何影响?如何避免"拖尾"现象?
3. 如果样品不带色如何确定斑点的位置,举 1~2 个例子说明。

实验 63　从菠菜中提取菠菜色素

一、实验目的

1. 通过从菠菜中提取天然色素,了解分离有机化合物的过程和基本操作;
2. 巩固萃取、蒸馏等分离技术在有机合成中的应用;
3. 掌握薄层色谱板、色谱柱的制作及其在分离技术中的应用。

二、实验原理

菠菜中含有叶绿素、胡萝卜素和叶黄素等多种天然色素。叶绿素存在叶绿素 a 和叶绿素 b 两种形式,两者均为吡咯衍生物与金属镁的配合物,其差别是叶绿素 a 中一个甲基被叶绿素 b 中的甲酰基所取代。尽管叶绿素分子中含有一些极性基团,但大的烃基结构使它极易溶于醚、石油醚等一些非极性溶剂。

胡萝卜素有三种异构体,即 α -、β - 和 γ - 胡萝卜素,其中 β - 异构体含量最多,多达 90%。β - 异构体具有维生素 A 的生理活性,其结构为两分子维生素 A 在链端失去两分子水结合而成。

叶黄素是胡萝卜素的羟基衍生物，它在绿叶中的含量通常是胡萝卜素的两倍，较易溶于醇而在石油醚中的溶解度较小。

叶绿素 a（R = CH$_3$，R′ = CO$_2$CH$_3$）
叶绿素 b（R = CHO，R′ = CO$_2$CH$_3$）

β-胡萝卜素（R = H）
叶黄素（R = OH）

三、实验主要用品

主要试剂：菠菜叶、95%乙醇、丙酮、石油醚（60－90 ℃）、乙酸乙酯、硅胶 G 200－300 目。

主要仪器：研钵、分液漏斗、铁架台、100 mL 圆底烧瓶、球形冷凝管、布氏漏斗、漏斗、抽滤瓶、广口瓶、色谱柱、锥形瓶、玻璃棒、毛细管、滴管、滤纸、硅胶薄层板、量筒、层析缸、恒温水浴锅、循环水多用真空泵等。

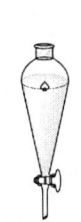
图 5-13　萃取装置
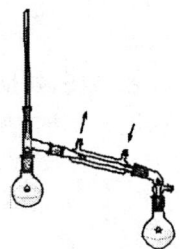
图 5-14　蒸馏装置

四、实验操作步骤

1. 色素的萃取和浓缩

称取 20 g 洗净后用滤纸吸干的新鲜的菠菜叶,用剪刀剪碎并与 20 mL 乙醇搅拌均匀,在研钵中研磨约 5 min,然后用布氏漏斗抽滤菠菜汁,弃去滤液。

将菠菜汁放回研钵,用石油醚 – 乙醇混合溶液(体积比为 3∶2)10 mL 萃取两次,每次需加以研磨并且抽滤。合并深绿色萃取液,转入分液漏斗,并用 20 mL 水洗涤两次,以除去萃取液中的乙醇。石油醚层用无水硫酸钠干燥后抽滤,并将滤液转移至 100 mL 圆底烧瓶中,水浴加热除去大部分石油醚。

2. 薄层分析

取少许混合色素于 1.5 mL 样品管中,加入 1.0 mL 二氯甲烷溶解,点样,分别用石油醚 – 丙酮(8∶2)和石油醚 – 乙酸乙酯(6∶4)作为展开剂展开,当展开剂上升到薄层的前沿时,取出薄层板放平晾干,计算每种色素的 R_f 值,并比较不同展开剂系统的展开效果。

3. 柱层析分离

选用内径 1 cm 长约 15 ~ 20 cm 的层析柱,检查柱旋塞是否完好,有无渗漏现象。用硅胶 20 g 再将 55 mL 左右的石油醚与 20 g 硅胶调成糊状。(如不能调成糊状,可以多加石油醚,硅胶和石油醚用量可以根据柱的大小灵活调整,硅胶柱的高度达到便于加样和操作就可以),通过大口径固体漏斗加入到柱中,边加边轻轻敲击层析柱,使吸附剂装填致密,并保持层析柱中的固定相不干(其石油醚液面高出砂层 2 cm 即可)。

再打开活塞,待石油醚溶液液面与硅胶上层的砂层平齐时,柱装好后用滴管汲取混合色素的浓缩液(或蒸干的色素液用 0.5 ~ 1 mL 石油醚溶解),用一根较长的滴管将混合色素液加入柱顶。再打开旋塞,待色素溶液液面与硅胶上层的砂层平齐时,用一根较长的滴管缓缓注入少量洗脱剂石油醚 – 乙酸乙酯(9∶1),然后小心冲洗内壁后,用洗脱剂淋洗,用锥形瓶收集。第一个有色成分为胡萝卜素(橙黄色)。随后用体积比 7∶3 的石油醚 – 丙酮作洗脱剂,分出第二个黄色带,即叶黄素;再用体积比 3∶1∶1 丁醇 – 乙醇 – 水洗脱叶绿素 a(蓝绿色)和叶绿素 b(黄绿色)。

对所得色素样品进行薄层色谱分析。

五、实验注意事项

1. 萃取液在水洗时要轻轻旋荡,以防止产生乳化。
2. 在同一层析瓶中更换展开剂时,要干燥层析瓶,不允许前一种展开剂带入后一系统。

六、思考题

1. 试比较叶绿素、叶黄素和胡萝卜素三种色素的极性,为什么胡萝卜素在层析柱中移动最快?

2. 排列下列流动相对极性物质的溶剂化能力次序：
(a) 石油醚　(b) 乙酸乙酯　(c) 二氯甲烷　(d) 丙酮　(e) 甲醇　(f) 水

实验64　利用废聚酯饮料瓶回收对苯二甲酸

一、实验目的

1. 掌握废聚酯瓶经化学解聚回收对苯二甲酸和乙二醇的方法；
2. 增强环保意识，了解化学与人类的密切关系。

二、实验原理

近年来，随着石油化学工业的迅速发展，聚酯已经广泛应用于人们的生活，其中各式各样的饮料瓶已从过去单一的、易碎的玻璃瓶发展成造型美观、轻便的聚酯瓶。聚酯瓶的出现，给食品包装和运输带来了很大方便，但是，由于大量聚酯瓶的出现，又给环境造成了很大的污染。因此，回收聚酯就显得尤为重要。本实验采用碱解法回收聚酯，反应式如下：

$$HO-[H_2CH_2C-\underset{O}{\overset{\parallel}{C}}-\underset{}{\bigcirc}-\underset{O}{\overset{\parallel}{C}}-O]_n-CH_2CH_2OH \xrightarrow{NaHCO_3} NaOOC-\underset{}{\bigcirc}-COONa$$
$$+ HOCH_2CH_2OH$$

从上式可以看出，聚酯与碳酸氢钠反应，生成对苯二甲酸钠盐和乙二醇，然后对苯二甲酸钠盐再与盐酸反应，酸析而生成对苯二甲酸和氯化钠。

$$NaOOC-\underset{}{\bigcirc}-COONa + HCl \longrightarrow HOOC-\underset{}{\bigcirc}-COOH + NaCl$$

三、实验主要用品

主要试剂：废饮料瓶、氧化锌、碳酸氢钠、乙二醇、浓盐酸。

主要仪器：三颈瓶、球形冷凝管、温度计、搅拌器、循环水多用真空泵、抽滤瓶、布氏漏斗、铁架台、烧杯等。

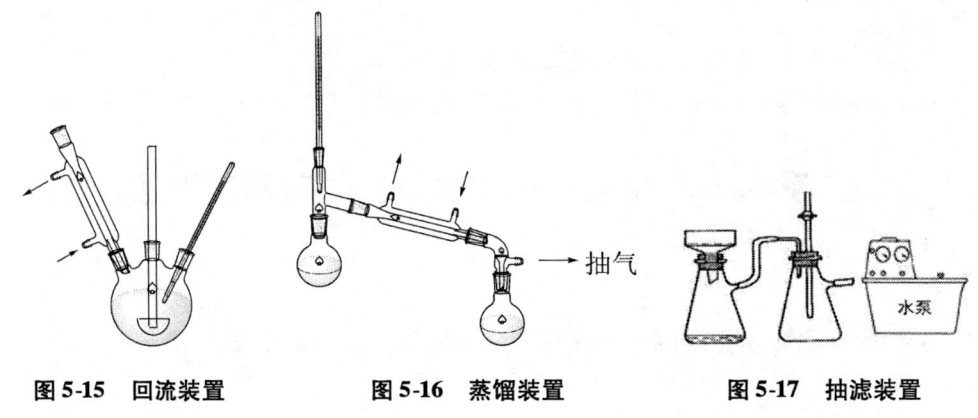

图 5-15　回流装置　　　图 5-16　蒸馏装置　　　图 5-17　抽滤装置

四、实验操作步骤

1. 对苯二甲酸的提取

在 100 mL 三颈瓶上分别装置冷凝管、搅拌器和温度计,依次加入 5.0 g 废饮料瓶碎片、0.05 g 氧化锌、5.0 g 碳酸氢钠和 25 mL 乙二醇。搅拌,加热,10 min 内使体系温度升至 130℃。继续升温,聚酯逐步分解,5 min 左右温度升至 180℃(不超过 185℃),在此温度下继续搅拌 15 min。冷却至 160℃ 左右停止搅拌,将搅拌回流装置改为搅拌减压蒸馏装置,加热蒸除乙二醇。蒸馏 15 min 后去掉热源,稍冷后解除真空。向三颈瓶中加入 50 mL 沸水,搅拌使三颈瓶中的残留物溶解,溶液温度维持在 60℃ 左右。

2. 分离纯化

拆除装置,抽滤除去少量不溶物。用 25 mL 热水洗涤三颈瓶和滤纸。将滤液转移至 400 mL 烧杯中,用 25 mL 水荡洗抽滤瓶并倒入烧杯中。再添加水使溶液总体积达 200 mL,加入 2 粒沸石,加热煮沸。趁热边搅拌边用 8~10 mL 盐酸水溶液(浓盐酸与水的体积比为 1∶1)酸化。将酸化后的溶液用冰水浴冷却,此时有沉淀析出,抽滤,洗涤、干燥,即得对苯二甲酸。

五、实验注意事项

1. 该反应温度较高,以防烫伤。
2. 减压蒸馏时,切忌直接关泵,以防倒吸。

六、思考题

1. 反应后处理时,加酸的目的是什么?
2. 若此时得到的对苯二甲酸纯度不高,可以采用什么方法进一步纯化?

第六部分　有机化合物的性质实验

实验 65　有机元素定性分析

一、实验目的

1. 学习元素分析的原理；
2. 掌握常见元素的检验方法。

二、实验原理

有机化合物定性系统分析的步骤：
① 物理化学性质的初步测定（物态、颜色、气味、灼烧试验）；
② 物理常数的初步测定（沸点、熔点、密度、折光率、旋光度）；
③ 元素分析（C、H、O、N、S、P、X）；
④ 溶解度试验；
⑤ 官能团的鉴定；
⑥ 衍生物的制备。

元素定性分析的目的是鉴定某一有机化合物的组成元素，以便选择进一步鉴定有机未知样品的途径与方法，是进行有机定量分析的准备阶段。

由于有机化合物分子中的原子一般都以共价键结合，难溶于水而离解为相应的离子。所以必须把有机化合物破坏转变为简单的无机离子化合物，利用无机分析的方法进行鉴定。

在有机物元素定性分析中，由于氧的鉴定较困难和复杂，可根据官能团试验确定其存在，所以本实验不做这项试验，仅碳、氢、氮、硫和卤素的定性检验。

1. 碳、氢的检验：

物质若能燃烧生成带烟的火焰或分解形成碳化合物残渣的，就说明其中含有碳，但是并非所有的有机物受热时都能燃烧或碳化，所以通常的检验方法是将试样与干燥的氧化铜粉末混合后加强热，使碳氧化生成二氧化碳，将二氧化碳通入氢氧化钡饱和溶液或石灰水中,若生成白色沉淀则说明有碳元素存在。

$$Ba(OH)_2 + CO_2 \rightarrow BaCO_3 \downarrow + H_2O \quad \text{试管壁上无水珠。}$$
$$Ca(OH)_2 + CO_2 \rightarrow CaCO_3 \downarrow + H_2O$$

2. 氮、硫的检验

检验这些元素常用钠熔融法,即将试样与钠共熔,使有机物中的氮、硫等元素转变为可以溶于水的无机化合物,然后分离检验 CN^-,S^{2-} 等离子。

$$\text{有机化合物}(\text{含 C、H、O、N、S、X}) + Na \longrightarrow \begin{matrix} NaCN \\ Na_2S \\ NaCNS \\ NaX \end{matrix}$$

将钠熔后得到的无机化合物溶解在水中,作为鉴定试液,然后再分别鉴定各元素相应的无机离子。

1. 氮的检验

普鲁士兰试验:在碱性(pH = 13)及 KF 存在下,CN^- 与硫酸亚铁作用,生成黄绿色的亚铁氰化钠(黄血盐)酸化后遇 Fe 生成普鲁士兰沉淀。

$$FeSO_4 + 6NaCN \rightarrow Na_4[Fe(CN)_6] + Na_2SO_4$$
$$3Na_4[Fe(CN)_6] + 4FeCl_3 \rightarrow Fe_4[Fe(CN)_6]_3 \downarrow + 12NaCl$$

待溶液酸化后,使亚铁氰化钠与高铁离子反应,形成亚铁氰化铁(普鲁士兰)蓝色沉淀。

据此鉴定样品中氮的存在。

2. 硫的检验

用醋酸铅法检出,是将钠熔溶液用醋酸酸化,煮沸后放出硫化氢,使醋酸铅试纸生成黑褐色的 PbS。

$$Na_2S + 2HAc \rightarrow H_2S \uparrow + 2NaAc$$
$$H_2S + Pb(Ac)_2 \rightarrow PbS \downarrow + 2HAc$$

3. 卤素的检验

卤化银沉淀法:将钠熔溶液用稀硝酸酸化,煮沸驱除氰化氢和硫化氢后,加硝酸银溶液,如生成 AgX 沉淀,则说明含有卤素。根据析出沉淀的颜色可初步推测为何种卤离子。

$$NaX + AgNO_3 \rightarrow AgX \downarrow + NaNO_3$$

氯化银为白色沉淀;溴化银为浅奶黄色沉淀;碘化银为黄色沉淀;而氟化银则是水溶性的。

$$2I^- + Cl_2 \rightarrow 2Cl^- + I_2 (CCl_4 \text{层紫色})$$
$$I_2 + 5Cl_2 + 6H_2O \rightarrow 2IO_3^- + 12H^+ + 10Cl^-$$
$$2Br^- + Cl_2 \rightarrow 2Cl^- + Br_2 (CCl_4 \text{层出现棕色})$$

焰色法:用铜丝沾附含有卤素的有机化合物,放在灯焰上灼烧,生成卤化铜的绿色火焰。但是,这个反应并非卤素的特有反应,因为含硫等一些有机化合物在此情况下也能发生绿色火焰。

上述方法仅仅表明是否含有卤素,究竟含有哪一种卤素,还需要进一步检出。

三、实验主要用品

主要试剂:蔗糖、CuO、Ba(OH)$_2$、钠、10% Hac、Pb(Ac)$_2$ 试纸、亚硝基铁氰化钠、10% NaOH、FeSO$_4$、FeCl$_3$、10% H$_2$SO$_4$、稀盐酸、5% AgNO$_3$、稀 H$_2$SO$_4$、CCl$_4$、饱和氯水、稀 HNO$_3$、0.1% 氨水、浓 H$_2$SO$_4$、0.5% 过硫酸钠。

主要仪器:表面皿、硬质试管、酒精灯、小试管、单空软木塞、镊子、小刀、烧杯

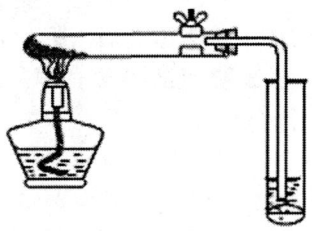

图 6-1 碳氢检验装置

四、实验步骤

1. 碳和氢的鉴定

取 0.2 g 干燥的试样蔗糖,与 1 g 干燥的 CuO 粉末放在表面皿上混匀,放入干燥硬质试管中,配一单孔塞,如图 5-1 所示,强热反应物,如试管壁上有水,则证明有氢,若 Ba(OH)$_2$ 液变浑浊,则证明含有碳。实验结束,先将导管从氢氧化钡溶液中取出,然后再熄灭灯火。

2. 氮、硫、卤素的鉴定

(1) 钠熔法分解试样:取干净的硬质试管,用镊子取金属钠一小块,用小刀切取一粒表面光滑大小如黄豆的金属钠,用滤纸擦干煤油,迅速投入试管中,强热试管,使钠熔化,当钠蒸气高达约 10~15 mm,立即加入约 0.1 g 固体试样,使其直落管底,强热试管,使试样全部分解,立即浸入盛有 15 mL 纯水烧杯中,使试管破裂,用 5 mL 纯水洗涤残渣,煮沸过滤,得无色透明钠溶液。如果溶液呈棕色,表示试样加热不足,分解不完全,要重做。

(2) 硫的鉴定

① 取 2 mL 钠液于小试管中,加入 10% HAc 呈酸性,煮沸,将醋酸铅试纸置于试管中观察现象。若有棕黑色斑迹,证明含有硫。

② 取一小粒亚硝基铁氰化钠溶于数滴水中,将此溶液滴入盛有钠液 1 mL 的试管中,观察现象。如有硫存在时则混合液呈紫红色或棕红色。

(3) 氮的鉴定

① 取钠溶液 2 mL,加入几滴 10% NaOH 溶液,再加入一小粒 $FeSO_4$ 晶体,将混合液煮沸 1 min,如有黑色硫化铁沉淀,须过滤除去,冷却后,加 2～3 滴 5% $FeCl_3$,再加 10% H_2SO_4 使 $Fe(OH)_2$ 沉淀恰好溶解,如有蓝色沉淀生成则表明含有氮。

② 取钠溶液 1 mL,加入几滴稀盐酸,再加入 1～2 滴 5% 三氯化铁溶液,观察现象。如出现血红色则表明试样同时含有氮和硫。

(4) 卤素的鉴定

① 取 1 mL 钠液于小试管中,用 5% 硝酸酸化,加热煮沸(一定要在通风橱内进行,因为煮沸要除去的 HCN 和 H_2S 均有毒!),放冷后,加几滴 5% $AgNO_3$,观察现象。如有沉淀表明含有卤素。

② 碘的鉴定:取滤液 2 mL,用稀 H_2SO_4 酸化,微沸数分钟,冷却后加入 1 mL CCl_4 和 1 滴新配制氯水,观察现象,如呈紫色,表明溶液中含有碘。继续加入氯水,边加边振荡,紫色褪去,出现棕黄色,则表明含有溴。

③ 氯的鉴定:取 2 mL 钠熔液,加入 2 mL 浓硫酸和 0.5% 过硫酸钠,煮沸数分钟,将溴和碘全部除去,然后取清液,滴加 5% $AgNO_3$,若有白色沉淀或白色浑浊出现,则表明含有氯。

五、注意事项:

1. 所用药品氧化铜必须是干燥的,否则会引起误解认为是样品分解生成的水。
2. 金属钠不能接触手和水,其碎屑或残渣不能乱丢,以免发生危险。
3. 用试管反应或加热时,试管口朝向无人的地方。
4. 对于易挥发试剂及有毒有害的试剂的操作应在通风橱中进行。
5. 有机化合物含 N 和 S 两种元素,钠熔时,若钠用量较少,N 和 S 常以 NaCNS 形式存在,若钠过量,NaCNS 将分解为硫化钠和氰化钠。

六、思考题

1. 进行元素定性分析有何意义?检验其中氮和硫等为什么要用钠(或钾)熔法?
2. 在滤纸上切取金属钠时,粘在滤纸上的微小钠碎粒应如何处理?
3. 鉴定卤素时,若试样还有硫和氮,用硝酸酸化再煮沸,可能有什么气体放出?应如何正确处理?

实验 66 甲烷和烷烃的性质

一、实验目的
1. 了解烷烃的性质；
2. 通过对比的试验方法来验证并加深对甲烷性质的理解。

二、原理
烷烃性质比较稳定，在一般条件下，与其他物质不起反应。但在适当的条件下，也能发生一些反应。甲烷是烷烃中最简单且重要的代表物，是天然气的主要成分，烷烃是我国石油的主要成分，所以应该对甲烷及烷烃的性质有所了解。本实验通过甲烷和石油醚的性质试验来理解烷烃的一般性质。

三、实验主要用品
主要试剂：$KMnO_4$、溴水、澄清石灰水。
主要仪器：铁架台、酒精灯、水槽、药匙、玻璃棒、火柴、集气瓶、玻璃片。

四、实验步骤

1. 高锰酸钾试验

取两支试管，分别向其中加入 0.1% 高锰酸钾溶液 1 mL 和 10% 硫酸 2 mL，振荡混匀，其中一个试管通入甲烷气体约 1/2 min，对比另一支试管观察颜色变化。可以观察到颜色并没有发生变化，即说明甲烷具有稳定性

2. 卤代

在两支试管中分别加入 1% 溴的四氯化碳溶液 0.5 mL，其中一支用黑布或者黑纸包裹好。分别向两支试管中通入甲烷气体约 1/2 min（注意用黑布包裹的试管通甲烷时尽量避光，试比较这两支试管中液体的颜色是否相同，有什么变化？为什么？）

3. 甲烷与氧气混合爆鸣实验

用排水法收集三瓶甲烷量分别为 1/3、1/2、2/3 体积的气体，再用 $KMnO_4$ 加热分解法排水收集 1/3、1/2、2/3 体积的氧气，将三个集气瓶装满。用抹布包住集气瓶，瓶口斜向上对住火焰点燃。发现混合气体中甲烷量越小爆鸣声越大。

4. 甲烷在空气中的燃烧

甲烷验纯后直接在导管口点燃，然后在甲烷火焰上方倒置一个干燥的小烧杯，观察到烧杯壁上有什么现象，最后换一个用澄清石灰水浸润的烧杯罩在甲烷火焰上方，观察实验现象。

实验现象：

a：甲烷在导管口点燃，实验中看到的不是浅蓝色火焰，而是发出黄色火焰，原因是玻璃中含钠元素；

b：在甲烷火焰上方倒置一个干燥的小烧杯，可观察到烧杯壁上有水珠生成，说明有 H_2O 生成；

c：换一个用石灰水浸润的烧杯罩在甲烷火焰上方，可观察到石灰水变浑浊，说明有 CO_2 生成。

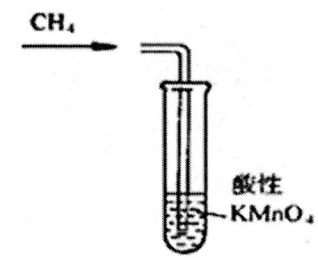

图 6-2　甲烷通入酸性高锰酸钾溶液中

五、思考题

1. 烷烃与高锰酸钾溶液、溴能否起反应？在光照下能否与溴起反应？用游离基反应历程作解释。
2. 煤矿井下的瓦斯爆炸是由什么引起的？
3. 你体会到安全点火有什么好处？

注释：

［1］在做甲烷的性质实验实验时，必须要先验纯。

［2］爆鸣时，集气瓶口应高于瓶底，集气瓶口的位置应高于酒精灯火焰。防止爆鸣冲击力太大，打翻酒精灯。

［3］溴水中通入甲烷气体的时间不宜过长，否则易挥发的溴被甲烷气流带走，溶液颜色也会消失，造成错误的实验结果。

实验 67　烯烃、炔烃的性质

一、实验目的

1. 熟悉烯烃和炔烃的主要化学性质；
2. 掌握鉴别烯烃和炔烃的化学方法。

二、实验主要用品

主要试剂：煤油（或汽油）、乙醇、浓硫酸、40% 乙烯利、10% NaOH、广泛 pH 试纸、3%

溴的四氯化碳溶液、0.5% $KMnO_4$、5% Na_2CO_3、四氯化碳、5% $AgNO_3$、2% 氨水、氯化亚铜、浓氨水、1∶1 硝酸。

主要仪器：烧杯、酒精灯、试管。

三、实验装置图

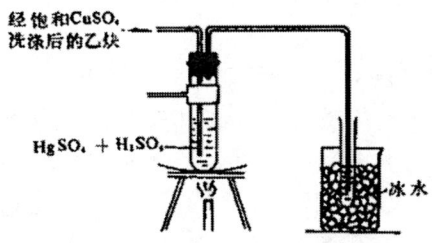

图 6-3　乙炔水化反应装置图

四、实验步骤

1．烯烃的性质试验

（1）与卤素反应　溴的四氯化碳溶液试验

在有乙烯气体的试管中，加入 1% 溴的四氯化碳溶液 0.5 mL，摇动，有什么现象？和烷烃的性质作比较有什么异同？写出乙烯和溴作用的方程式。

（2）氧化

在有乙烯气体的另一支试管中，加入 0.1% 高锰酸钾溶液 0.5 mL，及 10% 硫酸 0.5 mL 摇动，溶液的颜色有什么变化？和烷烃的性质试验比较，有什么不同？写出反应式

（3）可燃性用安全点火法（参阅甲烷的燃烧）做燃烧试验。注意与甲烷的燃烧试验情况作比较，有什么异同？观察燃烧情况怎样、注意火焰的颜色如何、火焰明亮的程度如何、有没有浓烟？

（4）取汽油或煤油 0.5 mL 代替乙烯，照（1）、（2）两项的步骤进行实验，有什么现象？和乙烯试验的结果有什么异同？

2．炔烃的性质试验

（1）与卤素反应　溴的四氯化碳溶液试验

将乙炔通入盛有 0.5mL 1% 溴的四氯化碳溶液的试管中，观察有什么现象？和烷烃的性质作比较有什么异同？写出反应式。

（2）氧化

将乙炔通入盛有 1 mL 0.1% 高锰酸钾溶液及 0.5 mL 10% 硫酸的试管中，观察有什么现象？写出反应式

（3）乙炔银的生成

取一支试管，加入 0.3 mL 5% $AgNO_3$ 溶液，再加入 1 滴 10% NaOH 溶液，然后再逐滴

加入2%氨水溶液,边加边摇,直至生成的氢氧化银沉淀恰好完全溶解为止,得到澄清的硝酸银氨水溶液。然后将乙炔气体通入此溶液中,观察溶液有什么变化?有什么沉淀生成?观察后立即在试管中加入1:1的稀硝酸处理,以免发生意外。

(4) 乙炔铜的生成

将乙炔气体通入氯化亚铜氨溶液中,观察有没有沉淀生成?沉淀的颜色如何?和乙炔银是否相同?

(5) 乙炔的水化　装置如图6-3所示。

将盛有3 mL硫酸汞(2 g氧化汞与10 mL 20%的硫酸作用而得)的试管固定在石棉网上,用小火加热,当温度升至约80℃时,通入经过饱和$CuSO_4$洗涤过的乙炔。在硫酸汞的催化下,乙炔与水作用生成乙醛,而乙醛受热蒸出,进入右边的试管中,这支试管内盛2 mL水,并滴入1~2滴Schiff试剂,外面用冷水(或冰)冷却,乙醛就溶解于水中,溶液呈桃红色,表明有乙醛生成,即可停止通入乙炔

(6) 燃烧

将尖嘴管擦净,并滴加较多的食盐水使乙炔在蒸馏瓶中大量发生,在导气管口,点燃乙炔,观察火焰,并与乙烯比较。

五、思考题

1. 通过实验,试列表比较甲烷、乙烯和乙炔的性质。
2. 具有什么结构的炔烃能生成金属炔化物沉淀?
3. 配制银氨溶液时,为什么不能加入过量氨水?
4. 乙炔的银氨溶液试验完毕后,对试验混合物应如何处理?为什么?
5. 甲烷、乙烯和乙炔的焰色有什么不同?为什么?

注释:

[1] 乙烯利的化学名称为:2-氯乙基膦酸。用该法制备乙烯时,在实验条件下,乙烯利将分解生成乙烯,其分解反应式如下:

$$Cl-CH_2-CH_2-\underset{\underset{OH}{|}}{\overset{\overset{O}{\|}}{P}}-OH \xrightarrow[H_2O, \Delta]{pH 5-7} CH_2=CH_2 \uparrow + H_3PO_4 + HCl$$

[2] 乙烯与空气按1:15比例混合后,点燃时将发生爆炸,其程度比甲烷更剧烈。所以最后做乙烯点燃试验。由于乙烯分子中含碳量较甲烷高,所以燃烧时火焰要比甲烷明亮。

[3] 配制银氨溶液的反应如下:

$$AgNO_3 + NaOH \longrightarrow AgOH + NaNO_3$$
$$2AgOH \longrightarrow Ag_2O + H_2O$$
$$Ag_2O + 4NH_3 \cdot H_2O \longrightarrow 2[Ag(NH_3)_2]OH + 3H_2O$$

[4] 乙炔银与乙炔亚铜沉淀在干燥状态时均有高度的爆炸性,例如干燥的乙炔银受振动或受热后,易爆炸生成游离碳和金属银粉末,同时放出巨大热量。

$$Ag-C\equiv C-Ag \xrightarrow{\Delta} 2Ag + 2C + 364KJ$$

为了避免上述爆炸的危险,实验完毕后,金属炔化物沉淀不得随便弃置,而应加入稀硝酸或稀盐酸立即煮沸销毁。

[5] 点燃乙炔和空气的混合物会发生猛烈的爆炸,有时甚至会使容器炸成碎块,使人受伤。所以,不要使乙炔发生器接近火焰,当空气排尽后,才可在导气管口点燃。乙炔分子中约含碳 92%,由于碳的燃烧不完全,点燃时发出耀眼强光,并有黑烟生成。

实验 68 芳烃的性质

一、实验目的

1. 掌握芳烃的化学性质,重点掌握取代反应的条件;
2. 了解游离基的存在及化学检验方法;
3. 掌握芳烃的鉴别方法。

二、实验原理

芳烃具有芳香性。

苯是最典型的芳烃,视为芳烃的母体,在化学性质上表现为相当稳定,不易被氧化,容易发生亲电取代反应,如磺化和烷基化及酰基化反应。当苯环上有取代基时,会影响取代反应的反应速度,供电子基团活化苯环使亲电取代反应容易进行,吸电子基团则使反应较难进行。

在氧化反应中,应注意苯环比较稳定,要是苯环破裂需要较激烈的条件,但苯的同系物则较易氧化,氧化的结果,苯环不破裂,而侧链则被氧化为羧基。

在加成反应中,要注意到苯环的环状共轭体系被破坏,碳原子的杂化态从 sp^2 转化为 sp^3,这样,芳烃则变为脂环烃。

三、主要仪器及试剂

主要仪器:试管、烧杯、漏斗。

主要试剂:苯、甲苯、二甲苯、环己烯、$KMnO_4$、10% H_2SO_4、20% Br_2/CCl_4、10% NaOH、氨水、萘、浓 HNO_3、甲醛、CCl_4、$AlCl_3$。

四、实验步骤

1. 高锰酸钾溶液氧化

在 3 支试管中分别加入苯、甲苯、环己烯各 0.5 mL,再分别加入 0.5 mL10% H_2SO_4 溶液和 0.2 mL 0.5% $KMnO_4$ 溶液,剧烈振摇,水浴 60~70℃ 加热 15 min,观察并比较苯、甲苯、环己烯与氧化剂作用的现象。

2. 芳烃的取代反应

(1) 溴代

① 光对溴代反应的影响

在3支小试管中分别加入等体积的苯、甲苯、二甲苯,液柱高度约3~4 cm,把每只试管套上约1.5 cm高的黑纸筒,使液面避免受光直射。

在每只试管中各加入3~4滴 Br_2/CCl_4 溶液,振荡摇匀后,把试管放在离灯源2~3 cm处,使每只试管上光照强度基本相等[1]。观察哪支试管褪色最快,哪支试管褪色最慢,哪支试管变化不大,并解释之[2]。

② 催化剂对溴代反应的影响

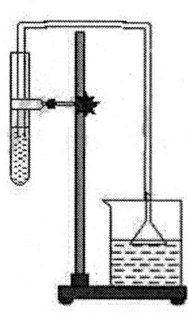

图6-4 溴和苯的取代反应装置图

取一支试管,向其中加入3 mL 苯,0.5 mL 20% Br_2/CCl_4,再加入少量铁粉,按图6-4所示装好仪器[3]。三个烧杯中分别加入10% NaOH,无离子水,氨水各10 mL。水浴加热整个试管,使之微沸,然后分别用上述3个小烧杯的液体吸收[4],观察各有何现象?反应毕后,将反应液到入盛有10 mL 水的小烧杯中,振荡片刻,静置几分钟,观察有何现象?

(2) 磺化

4支试管分别加入苯,甲苯,二甲苯各1.5 mL 及萘0.5 g,分别加入浓硫酸2 mL,在水浴中加热到75℃,随时强烈振荡(萘常在液面外的管壁上析出固体),观察比较各样品反应活性差异,并解释之。把各反应后的混合物分成两份,一份倒入盛有10 mL 水小烧杯,另一份到入盛有10 mL 饱和 NaCl 的小烧杯中,观察各有何现象?

(3) 硝化

① 一硝基化合物的制取

在干燥的大试管中加3 mL 浓 HNO_3,在冷却下逐滴加入4 mL 浓 H_2SO_4,冷却振荡,然后将混酸分成两份,分别在冷却下滴加1 mL 苯、甲苯,充分振荡,在60℃以下水浴中加热数分钟,再分别倾入10 mL 冷水中,搅拌、静置、观察生成物为浅黄色油状物,并注意有无苦杏仁味[5]。

② 二硝基化合物的制取

在干燥的大试管中加入2 mL 发烟 HNO_3,在冷却下逐滴加入4 mL 浓 H_2SO_4,冷却,逐滴加 1.5 mL 苯,在沸水中加热 10 min(不断振荡,使硝化完全),冷却后,倒入盛有 40 mL 冷水的烧杯中,观察现象并解释之。

4. 芳烃的显色反应

① 甲醛—硫酸试验　将 30 mg 固体试样(液体试样则用 1~2 滴)溶于 1 mL 非芳烃溶剂,取此溶液 1~2 滴加到滴板上,再加一滴试剂观察现象[试剂是临时配制的,配法是:取一滴福尔马林(37~40% 甲醛水溶液)加到 1 mL 浓硫酸中,加以轻微振荡而成]。当加入试剂后,注意观察颜色变化。

化合物	颜色
苯,甲苯,正丁苯	红色
仲丁苯	粉红色
叔丁苯,三甲苯	橙色
联苯,三联苯	蓝色或绿蓝色
萘,菲	蓝绿至绿色
卤代芳烃	粉红至紫红色
萘醚类	紫红色
蒽	茶绿色
开链烷烃,环烷烃及其卤代物	不发生颜色反应或几乎显淡黄色,偶尔也有沉淀生成

② 无水 $AlCl_3$ – $CHCl_3$ 试验　取 1 支干燥的试管,加入 0.1~0.2 g 无水 $AlCl_3$,试管口放少许棉花,加热使 $AlCl_3$ 升华,并结晶在棉花上,取升华的 $AlCl_3$ 粉末少许置于点滴板孔内,滴加 2~3 滴样品(用氯仿溶解)即可观察到特征颜色的产生。

化合物	颜色
苯及其同系物	橙色到红色
芳烃的卤代物	橙色到红色
萘	蓝色
联苯和菲	紫红色
蒽	绿色

注释:

[1] 如有阳光,可以用阳光照射,也可以用镁条燃烧的光代替日光灯。

[2] 也可以用黑纸包住整个试管过一段时间,无褪色,然后取去黑纸,放在灯光或阳光下照射即褪色。

[3] 整套装置所用导管必须干燥,否则现象不明显。

[4] 漏斗应距液面约 1cm 处,切勿浸于液面下。用水或碱液都可以吸收 HBr,后者更易吸收,而氨

水则与 HBr 生成白色的 NH_4Br,不用氨水吸收时也可以看到漏斗内出现白雾,这是反应所产生的 HBr 溶于空气中的水蒸气而成。反应完毕,分别从三杯吸收液中各取 1 mL 于 3 支小试管中,加入 硝酸银 2~3 滴,立即生成淡黄色溴化银沉淀。

[5] 本实验的条件下,生成黄色油状液体,比水重,沉于烧杯底部,具有苦杏仁味。如反应不完全,则有剩余的苯残留与硝基苯中,当倾入水中后以油状物浮于水面,若搅拌后仍不能沉于水底,则应重做。

实验 69 卤代烃的性质

一、实验目的

1. 掌握卤代烃的化学性质和鉴别方法;
2. 通过实验进一步认识到不同烃基对反应速率的影响以及不同卤原子对反应速率的影响。

二、实验原理

了解不同烃基结构对反应速率的影响,有助于我们判断反应可能按何种方式进行。绝大多数卤代烃在一般条件下的反应历程是混合历程,只有在某些特殊条件下才是按某一历程进行的,因而,在实验中必须注意反应的条件,并与所学的理论知识相联系。

取代反应和消除反应是卤代烃的主要化学性质。其化学活性取决于卤原子的种类和烃基的结构。叔碳原子上的卤素活泼性比仲碳和伯碳原子上的要大。在烷基结构相同时,不同的卤素表现出不同的活泼性,其活泼性次序为:$RI > RBr > RCl > RF$。乙烯型的卤原子都很稳定,即使加热也不与硝酸银醇的溶液作用。烯丙型卤代烃非常活泼,室温下与硝酸银的醇溶液作用。隔离型卤代烃需要加热才与硝酸银的醇溶液作用。卤代烷与碱的醇溶液共热,分子中脱去卤化氢等小分子形成双键的反应叫消除反应。

三、实验主要用品

主要试剂:1-溴丁烷、1-氯丁烷、1-碘丁烷、溴化苄、溴苯、硝酸银、乙醇、5%氢氧化钠。

主要仪器:试管、胶头滴管、量筒。

四、实验步骤

1. 与硝酸银的作用[1]

① 不同烃基结构的反应 取三支干燥试管并编号,在管 1 中加入 10 滴 1-溴丁烷,管 2 中加入 10 滴溴化苄(溴苯甲烷),管 3 中加入 10 滴溴苯,然后各加入 4 滴 2% 硝酸银的乙醇溶液,摇动试管观察有无沉淀析出。如 10 min 后仍无沉淀析出,可在水浴上加热煮沸后再观察。写出它们活泼性次序及反应方程式。

② 不同卤原子的反应 取三支干燥试管并编号,各加入 4 滴 2% 硝酸银的乙醇溶液,

然后分别加入 10 滴 1-氯丁烷、1-溴丁烷及 1-碘丁烷。按上述方法观察沉淀生成的速度,记录它们活泼性的次序。

2. 卤代烃的水解[2]

① 同烃基结构的反应 取三支试管,分别加入 10~15 滴 1-氯丁烷、2-氯丁烷及 2-氯-2-甲基丙烷,然后在各管中加入 1~2 mL 5%氢氧化钠,充分振荡后静置。小心取水层数滴,加入同体积稀硝酸酸化,用 2%硝酸银检查有无沉淀。若无沉淀,可在水浴上小心加热,再检查。比较三种氯代烃的活泼性次序并写出反应式。

② 不同卤原子的反应 取三支试管分别加入 10~15 滴 1-氯丁烷、1-溴丁烷及 1-碘丁烷,然后各加入 1~2 mL 5%氢氧化钠,振荡,静置。小心取水层数滴,按上述方法用稀硝酸酸化后,再用 2%硝酸银检查,记录活泼性次序。

③ β-消除反应实验 在一试管中加入 1 g 氢氧化钾固体和乙醇 4~5 mL,微微加热,当 KOH 全部溶解后,再加入溴乙烷 1 mL 振摇混匀,塞上带有导管和塞子,导管另一端插入盛有溴水或酸性高锰酸钾溶液的试管中。试管中有气泡产生,溶液褪色,说明有乙烯生成。

3. 与碘化钠丙酮溶液反应

于干燥试管中加入 2 mL 15%碘化钠无水丙酮溶液,然后加 2 滴被测试样,混匀,必要时将试管置于 50℃左右水浴中加热片刻,记下形成沉淀所需的时间。

样品:1-溴丁烷、2-溴丁烷、2-甲基-2-溴丙烷、烯丙基溴、溴苯。

五、注意事项

1. 在 18~20℃时,硝酸银在无水乙醇中的溶解度为 2.1 g,由于卤代烃能溶于乙醇而不溶于水,所以用作溶剂能使反应处于均相,有利于反应顺利进行。

2. 本实验通过检查氯离子是否存在来判断卤代烃是否水解,实验中忌用含氯离子的自来水。

六、思考题

1. 根据实验结果解释,为什么与硝酸银乙醇溶液的作用,不同烃基的活泼性是 $3^0 > 2^0 > 1^0$?在本实验中可以否用硝酸银水溶液,为什么?

2. 卤原子在不同反应中的活性为什么总是碘>溴>氯?

实验 70 醇和酚的性质

一、实验目的

1. 进一步认识醇类的一般性质;
2. 比较醇和酚化学性质上的差别;

3. 认识羟基和烃基的互相影响;

4. 能较快地设计出伯醇、仲醇与叔醇;一元醇与多元醇;醇与酚类物质的鉴别方案,并进行实验操作。

二. 实验原理

醇和酚的结构中都含有羟基,但醇中的羟基与烷基相连,酚中的羟基与芳环直接相连因此他们在化学性质上有很多不同的地方。

羟基是醇的官能团、O–H 键和 C–O 键容易断裂发生化学反应;同时,α–H 和 β–H 有一定的活泼性,使得醇能发生氧化反应、消除反应等;而邻多元醇除了具有一般醇的化学性质,由于它们分子中相邻羟基的相互影响,具有一些特殊的性质,如甘油能与 $Cu(OH)_2$ 作用。酚类化合物分子中含有羟基,O–H 键发生断裂,在水溶液中能电离出少量氢离子,使酚溶液显示弱酸性;–OH 受苯环上大 π 键的影响,使得 C–OH 键显示一定的活性,易发生氧化反应;而苯环也受 –OH 的影响,使得苯环上的 H 的活性增强,易发生取代反应。

三、实验主要用品

主要试剂:甲醇、乙醇、丁醇、辛醇、钠、酚酞、仲丁醇、叔丁醇、无水 $ZnCl_2$、浓盐酸、1% $KMnO_4$、异丙醇、NaOH、$CuSO_4$、乙二醇、甘油、苯酚、pH 试纸、饱和溴水、1% KI、苯、H_2SO_4、浓 HNO_3、5% Na_2CO_3、0.5% $KMnO_4$、$FeCl_3$。

主要仪器:恒温水浴锅、试管、烧杯、酒精灯、玻璃棒、点滴板、广泛 pH 试纸、表面皿。

四、实验步骤

1. 醇的性质

(1) 比较醇的同系物在水中的溶解度

四支试管中各加入 2 mL 水,然后再分别加入甲醇、乙醇、丁醇、辛醇各 10 滴,振荡并观察溶解情况,如已溶解则再加 10 滴样品,观察,从而可得出什么结论?

(2) 醇钠的生成及水解

在一干燥的试管中加入 1 mL 无水乙醇,然后将表面新鲜的金属钠 1 小粒投入试管,观察现象,有什么气体放出,如何检验?待金属钠完全消失后[1],向试管中加入 2 mL 水,滴加酚酞指示剂,将观察到的现象进行解释。

(3) 醇与 Lucas 试剂的作用[2]

在 3 支干燥的试管中,分别加入 0.5 mL 正丁醇,仲丁醇、叔丁醇、再加入 2 mL Lucas 试剂,立即用塞子将管口塞住,充分振荡后静置,温度保持在 26~27℃,注意观察最初 5 min 及 1 h 后混合物的变化,记录混合物变混浊和出现分层的时间。

(4) 醇的氧化

在试管中加入 1 mL 乙醇,滴入 2 滴 1% $KMnO_4$,充分振荡后将试管置于水浴中微热观察现象，写出有关的化学反应式？以异丙醇作同样实验，其结果如何？

（5）多元醇与 $Cu(OH)_2$ 作用

用 6 mL 5% NaOH 及 10 滴 10% $CuSO_4$，配制成新鲜的 $Cu(OH)_2$，然后一分为二，取 5 mL 多元醇样品滴入新鲜的氢氧化铜中，记录观察的现象。

样品：乙二醇、甘油。

2. 酚的性质

（1）苯酚的酸性

在试管中盛放苯酚的饱和溶液 6 mL，用玻璃棒蘸取一滴于广泛 pH 试纸上试验其酸性。将上述苯酚饱和水溶液一分为二，一份作空白对照，于另一份中逐滴滴入 5% 氢氧化钠溶液，边加边振荡，直至溶液呈清亮为止（解释溶液变清理由），然后在此清亮的溶液中，通入 CO_2 到酸性，又有何现象发生？写出有关反应式

（2）苯酚与溴水作用

取苯酚饱和水溶液 2 滴，用水稀释至 2 mL，逐滴滴入饱和溴水，当溶液中开始析出的白色沉淀转变为淡黄色，即停止滴加，然后将混合物煮沸 1~2 min，以除去过量的溴，冷却后又有沉淀析出，再在此混合物中滴入 1% KI 溶液数滴及 1 mL 苯，用力振荡，沉淀溶于苯中，析出的碘使苯层呈紫色[3]，观察现象如何？

（3）苯酚的硝化

在干燥的试管中加入 0.5 g 苯酚，滴入 1 mL 浓硫酸，沸水浴加热 5 min，并不断振荡[4]，冷却后加水 3 mL，小心地逐滴加入 2 mL 浓 HNO_3[5]，振荡摇匀，置于沸水浴上加热至溶液呈黄色，取出试管，冷却，观察有无黄色结晶析出，这是什么物质？

（4）苯酚的氧化

取苯酚饱和水溶液 3 mL，置于干燥试管中，加 5% Na_2CO_3 0.5 mL 及 0.5% $KMnO_4$ 1 mL，振荡，观察现象？

（5）苯酚与 $FeCl_3$ 作用

取苯酚饱和水溶液 2 滴，放入试管中，加入 2 mL 水，并逐滴滴入 $FeCl_3$ 溶液，观察颜色变化[6]。

五、注意事项

1. 进行本次实验时，有些实验一定需要干燥试管。实验时，请妥善安排好干燥试管的使用。

2. 蒸去剩余的乙醇时，需注意蒸出的乙醇要远离明火。

3. 苯酚对皮肤有很强的腐蚀性，使用时应注意不与皮肤接触。万一碰到皮肤，应立即用酒精棉花擦洗。

4. 卢卡斯试剂与醇作用时，若室温较低，则反应较慢，可在水浴上加热。

5. 苯酚在水中的溶解度为 8 g/100 g H_2O，故一定量的苯酚能和水形成浑浊液。

6. 如果反应停止后溶液中仍有残余的钠,应该先用镊子将钠取出放在酒精中破坏,然后加水,否则,金属钠遇水,反应剧烈,不但影响实验效果,而且不安全。

六、思考题

1. 一元醇在水中的溶解度有什么变化规律?
2. 用卢卡斯试剂检验伯、仲、叔醇的实验成功的关键何在,如何根据反应现象进行鉴别?
3. 与氢氧化铜反应产生绛蓝色是邻羟基多元醇的特征反应,生成何产物? 此外,还有什么试剂能起类似的作用?
4. 苯酚为什么能溶于氢氧化钠和碳酸钠溶液中,而不溶于碳酸氢钠溶液?
5. 如何证明苯酚具有弱酸性?

注释:

[1] 如果反应停止后溶液中仍有残余的钠,应该先用镊子将取出放在酒精中破坏,然后加水,否则,金属钠遇水,反应剧烈,不但影响实验结果,而且不安全。

[2] 此试剂可用作各种醇的鉴别和比较。含六个碳以下的低级醇均溶于 Lucas 试剂,作用后生成不溶性的氯代烷,使反应液出现浑浊,静止后分层明显。

[3] 苯酚于溴水中作用,生成微溶于水的 2,4,6 - 三溴苯酚白色沉淀。

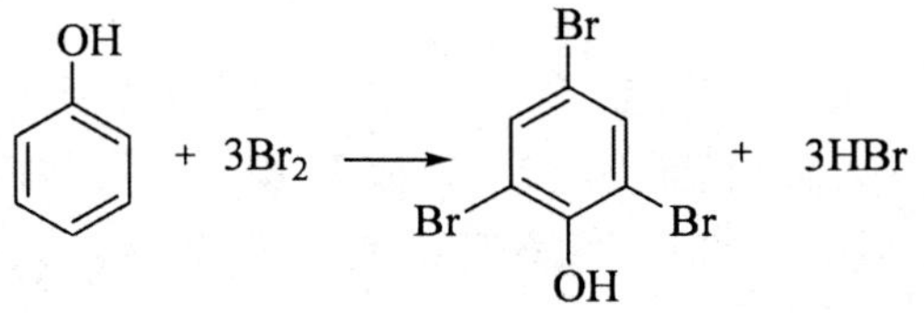

$$\text{C}_6\text{H}_5\text{OH} + 3\text{Br}_2 \longrightarrow \text{2,4,6-Br}_3\text{C}_6\text{H}_2\text{OH} + 3\text{HBr}$$

滴加过量溴水,则白色的三溴苯酚就转化为淡黄色的难溶于水的四溴化物。

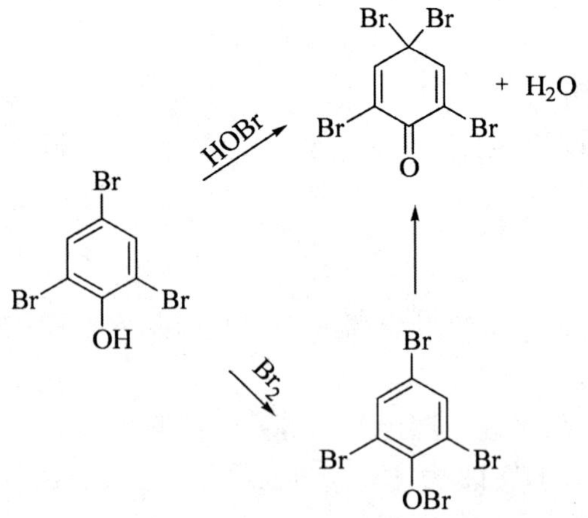

该四溴化物易溶于苯,它能够氧化氢碘酸,本身又被还原为三溴苯酚。

$$KI + HBr \longrightarrow KBr + HI$$

[Br,Br,Br,Br-环己二烯酮] + 2HI ⟶ [2,4,6-三溴苯酚] + HBr + I_2

[4] 由于苯酚的羟基的临对位易被浓硝酸氧化,故在硝化前先进行磺化,利用磺酸基将临、对位保护起来,然后,用硝基置换磺酸基,故本实验顺利完成的关键是磺化这一步要较完全。

[5] 加浓硝酸前溶液必须先充分冷却,否则,溶液会有冲出的危险!

[6] 酚类或含有酚羟基的化合物,大多数能与 $FeCl_3$ 溶液发生各种特有的颜色反应,产生颜色的原因主要是由于生成了电离度很大的酚铁盐。

$$FeCl_3 + 6C_6H_5OH \longrightarrow [Fe(OC_6H_5)_6]^{3-} + 6H^+ + 3Cl^-$$

加入酸,酒精或过量的 $FeCl_3$ 溶液,均能减少酚铁盐的电离度,有颜色的阴离子浓度也就相应地降低,反应液的颜色就将褪去。

实验 71 醛和酮的性质

一、实验目的

1. 进一步加深对醛、酮化学性质的认识;
2. 掌握鉴别醛、酮的化学方法。

二、实验原理

醛和酮统称为羰基化合物。羰基的存在使醛酮都能发生亲核加成以及活泼氢的卤代反应。

在亲核加成和活泼氢的反应中,醛和酮有很多相似的地方,但由于结构上的差异,他们在反应中又表现出不同的特点。与 2,4 - 二硝基苯肼的加成,生成黄色或红色的沉淀,羰基化合物都有此反应。而与亚硫酸氢钠的加成则不是所有醛酮都有的反应,由于空间位阻的影响,只有醛和脂肪甲基酮能与饱和亚硫酸氢钠溶液作用生成白色沉淀。碳原子数少于 8 的环酮也有此反应。能与希夫试剂发生加成的只有醛,而所有醛与希夫试剂的加成中仅有甲醛反应所显示的颜色在加了硫酸后不消失。活泼氢的反应只适用于有活泼氢的醛和酮,其中碘仿反应,不仅要求有活泼氢而且必须有活泼甲基才行,如乙醛、甲基酮等区别醛和酮的另一类反应时与氧化剂的作用,酮一般不易被氧化,只有在强氧化剂的作用下才被分解,而醛比较容易被氧化,甚至能被弱氧化剂氧化成酸,如托伦试剂、斐林试剂、和本尼迪特反应等,不同的醛也表现出不同的活性,一般醛都能与托伦试剂反应,只有脂肪族醛能与斐林试剂发生反应,而本尼迪特试剂则只能与甲醛以外的脂肪族醛发生反应。

三、实验主要用品

主要试剂：2,4-二硝基苯肼、甲醛、乙醛、丙酮、苯甲醛、乙醇、$NaHSO_3$、二苯酮、3-戊酮、氨基脲盐酸盐、NaAc、庚醛、3-己酮、苯乙酮、I_2、KI、异丙醇、1-丁醇、对品红盐酸盐、Na_2SO_3、浓盐酸、$AgNO_3$、$NH_3·H_2O$、环己酮、柠檬酸钠、碳酸钠、硫酸铜、CrO_3、浓H_2SO_4、丁醛、叔丁醇。

恒温水浴锅试样：甲醛、乙醛、丙酮、苯甲醛。
二苯酮试样：苯甲醛、乙醛、丙酮。
3-戊酮试样：庚醛、3-己酮、苯乙酮。
丙酮试样：乙醛、丙酮、乙醇、异丙醇。
1-丁醇试样：甲醛、乙醛、丙酮、苯乙酮。
3-戊酮试样：甲醛、乙醛、苯甲醛、丙酮。
环己酮试样：甲醛、乙醛、苯甲醛、丙酮。

主要仪器：试管、胶头滴管、脱脂棉。

四、实验步骤

1. 醛、酮的亲核加成反应

(1) 2,4-二硝基苯肼试验

取7支试管编号1~7号，按顺序加入2滴甲醛、乙醛、丙酮、3-戊酮、环己酮、苯甲醇、苯甲醛，然后分别向7支试管中滴加2,4-二硝基苯肼试剂，边滴边摇动试管，一般10滴即可，摇匀静置，观察结晶颜色（如无沉淀析出，可以用少许棉花塞好试管后，微微加热），摇匀静置，观察结晶颜色[1]，并写出反应方程式。

将有丙酮腙沉淀的试管取出，再往试管里继续滴加丙酮。边加边摇匀，直到滴加丙酮的量与2,4-二硝基苯肼的量相当或稍微过量为止。注意观察沉淀变化，并解释之。

(2) 与饱和$NaHSO_3$溶液加成

取4支干燥的试管，编号。按顺序分别滴加10滴苯甲醛、正丁醛、丙酮、环己酮。加1 mL新配置的饱和亚硫酸氢钠溶液，边加边用力摇动试管，振荡摇匀后置于冰水中冷却数分钟，注意观察有没有晶体产生[2]。比较其析出的相对速度，并解释之。写出其反应方程式。

将产生的晶体的试管分为两组，编号。一支试管加2 mL 10%碳酸钠溶液，用力摇动试管，另一管加2 mL 5%稀盐酸，用力摇动试管，都放在不超过50℃的水浴里加热，继续不断摇动，注意观察有何气味逸出？为什么？这类反应有何实际意义？

(3) 与氨基脲的加成

将0.5 g氨基脲盐酸盐，1.5 g醋酸钠溶于5 mL蒸馏水中，然后分装入4支试管中，各加入3滴试样和1 mL乙醇摇匀。将4支试管置于70℃水浴中加热15 min，然后各加入

2 mL 水,移去灯焰,在水浴中再放置 10 min,待冷却后试管置于冰水中,用玻璃棒摩擦试管至结晶完全。

2. 醛、酮 α-H 活泼性

碘仿试验 向装有 3 mL 蒸馏水的试管中,加入样品 3~5 滴,滴入 10% NaOH 溶液 6 滴,使呈碱性,在逐滴加入碘-碘化钾溶液,边滴边摇,直至反应液能保持淡黄色为止,继续轻摇,浅黄色逐渐消失,随之出现浅黄色沉淀,同时逸出一股特殊的碘仿气味。

若未生成沉淀,则将反应液微热至 60℃ 左右,静置观察。

若溶液的浅黄色已褪完,但又无沉淀析出,则应追加几滴碘-碘化钾溶液并微热之,静置观察。

分别写出生成碘仿的反应方程式。

样品:丙酮、乙醛、乙醇、1-丁醇、异丙醇。

3. 醛、酮的区别

(1) Schiff 试验

取 5 支试管,各加 1 mL Schiff 试剂(品红试剂),再分别滴加 1~2 滴丙酮、甲醛、乙醛,滴加后摇动试管,摇匀,静置数分钟,观察颜色的变化(最好和配制 Schiff 试剂用的品红溶液的颜色对比)[3]。

另取 2 支试管,分别取出 1 滴与希夫试剂反应后的甲醛、乙醛溶液。继续对应地滴加 4 滴甲醛、乙醛溶液。边滴加边摇动试管,然后各加 4 滴浓硫酸。注意观察颜色有何变化。

(2) Tollen 试验

将制 1.5 mL 托伦试剂分装于 5 支试管里并编号。

在 1 至 4 号的试管里分别滴 1 滴甲醛、乙醛、丙酮(化学纯)、苯甲醛,边加边用力摇动试管。注意每只试管溶液发生了什么变化。若无变化,50~60℃ 水浴温热几分钟,观察现象。

在第 5 号试管里加 5 滴或者再多点的丙酮(化学纯),边滴边用力摇动试管。注意观察试管里溶液的变化与前面试验有何不同,并解释之。

实验完毕后,将试管中物体及时倒尽并加入硝酸,煮沸洗涤干净。

(4) Fehling 试验

取 4 支试管各加 0.5 mL 斐林试剂 A 和 0.5 mL 斐林试剂 B,用力摇匀。然后分别加 10 滴(0.5 mL)甲醛、乙醛、丙酮及苯甲醛,边加边摇动试管。摇匀后,将 4 支试管一起放入沸水浴中加热 3 至 5 min。注意观察有何现象并解释之。

(5) Benedict 试验

取 4 支试管各加 1 mL 本尼迪特试剂。然后分别加 0.5 mL 甲醛、乙醛、苯甲醛和丙酮,边加边摇动试管,摇匀后,用沸水浴加热 5 min。注意观察试管里有何现象,这些现象说明什么问题。

（6）铬酸试验

6 支试管中分别加入 1 滴丁醛、苯甲醛、环己酮、乙醇、异丙醇、叔丁醇试样,分别加入 1 mL 丙酮,振荡再加入铬酸试剂数滴,边加边摇,观察现象。

六、注意事项：

1. 注意固体试剂、液体试液的正确取用方法。
2. 托伦试剂的配制所加氨水勿过量,银镜反应所用试管要洁净。

七、思考题

1. 醛和酮与氨基脲的加成实验中,为什么要加入乙酸钠？
2. 托伦试剂为什么要在临用时才配置？
3. 2,4-二硝基苯肼试剂的配制,为什么加水和乙醇？其量的多少各对试剂和实验有何影响？
4. 在与希夫试剂的反应中,如果把希夫试剂与试样的用量颠倒一下,将会出现什么样的实验结果？为什么？
5. 在醛酮的碘仿反应中,为什么不选用氯和溴而选用碘？碘液的配置时为什么要加碘化钾？
6. 在亚硫酸氢钠的反应里,为什么亚硫酸氢钠的溶液要饱和的溶液,又为什么要新配置？
7. 为了使碘仿尽快生成,有时碘仿反应需加热进行,能否用沸水浴热？为什么？什么结构的醛或酮能发生碘仿反应？
8. 如何区别环己基甲醛、苯甲醛和苯乙酮？
9. 碘仿反应若改用酸性介质可行吗？为什么？

注释：

[1] 析出结晶的颜色常和醛、酮分子中的共轭链有关。非共轭的酮生成黄色沉淀;共轭酮生成橙至红色沉淀;具有长共轭链的羰基化合物则生成红色沉淀。但是,试剂本身就是橙红色,故对沉淀的颜色就应仔细判断。此外,在个别情况下,强酸、强碱性化合物会使未反应的试剂沉淀析出。

[2] 醛和大多数酮以及低级环酮都会在 15 min 内生成加成物。

[3] 进行品红试验时注意：

① 1~3 个碳的醛很敏感,微量存在即显阳性,其他醛则需 0.5~1 mg。一些特殊的醛如对氨基苯甲醛、芳草醛等不显阳性。

② 某些酮和不饱和化合物以及易吸附 SO_2 的物质能使 Schiff 试剂复原。

③ 无机酸的存在,会大大降低反应的灵敏度。

④ Schiff 试剂配制过程和与醛反应显色的过程,有人认为是：

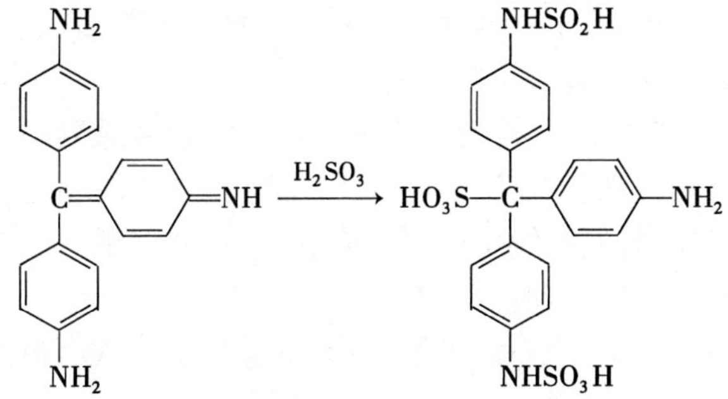

第六部分　有机化合物的性质实验

品红(有色) $\xrightarrow{H_2SO_3}$ Schiff 试剂(无色)

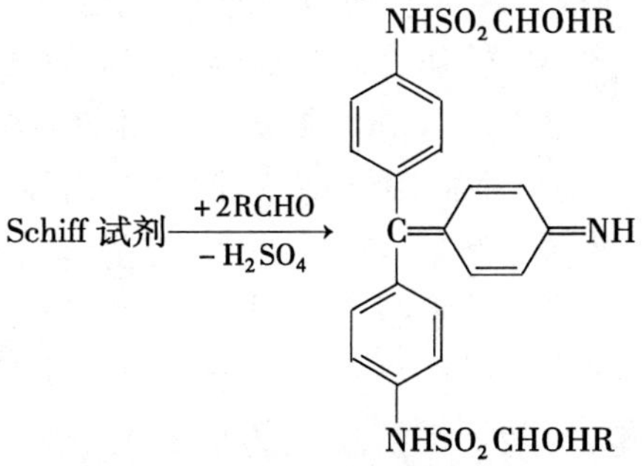

Schiff 试剂 $\xrightarrow[-H_2SO_4]{+2RCHO}$ 紫红色(带蓝影)

Schiff 试剂与醛作用确定生成了另一种紫红色化合物,并非恢复品红原来的颜色。但是,反应生成物与试剂中过量的 SO_2 作用,醛能成为亚硫酸加成物而脱下,则染料又变回 Schiff 试剂,所以,反应液静置后会逐渐 褪色。

加入大量的无机酸,能使醛类与 Schiff 试剂反应物分解而褪色,只有甲醛和 Schiff 试剂反应物在强酸条件下仍不褪色。

实验 72　羧酸及其衍生物的性质

一、实验目的

1. 掌握羧酸及其衍生物的性质;
2. 掌握羧酸及其衍生物的特征反应和鉴别方法;
3. 熟悉取代羧酸的性质,掌握酮式－烯醇式互变异构现象;
4. 掌握恒温水浴锅、气流干燥器的使用。

二、实验原理

根据烃基的类型,羧酸有脂肪族羧酸、芳香族羧酸、饱和羧酸、不饱和羧酸;根据羧基是数目,又有一元羧酸、二院羧酸、多元羧酸等,如果烃基上的氢被一些原子或基团取代,就形成了取代羧酸。

甲酸是最简单的一元酸,由于与羧基相连的不是烃基而是氢,因此,具有一些特殊的化学性质,如易被氧化,酸性比其他一元酸强。

酸性和失羧反应是羧酸和取代羧酸的重要特性。羧酸中除甲酸和少数二元酸(如草酸等)外其他均为弱酸,影响酸性的因素很多,但主要是与羧基相连基团的静电效应,吸电子效应强者,酸性增强。羧酸能发生脱羧反应,但各种羧酸的脱羧条件有所不同,例如草酸与丙二酸加热易脱羧,放出 CO_2。

羧酸与醇可发生酯化反应,酯多具水果香味;甲酸分子中含有醛基,故能还原 Tollens 试剂和 Fehling 试剂。

羧酸衍生物能够发生亲核取代反应和还原反应。取代羧酸中重要的羟基酸和酮酸。

羟基酸中的羟基比醇分子中的羟基更易被氧化,例如,乳酸能被 Tollens 试剂氧化成丙酮酸;在碱性高锰酸钾溶液中,则因 $KMnO_4$ 被乳酸还原而使紫色褪色。乙酰乙酸乙酯是酮型和烯醇型两种互变异构体的平衡混合物,这两种异构体借分子中氢原子的移位而互相转变,所以它既具有酮的性质(例如,与 2,4-二硝基苯肼反应生成 2,4-二硝基苯腙),又具有烯醇的性质(例如,能使溴水褪色,能与 $FeCl_3$ 溶液作用呈紫色)。

酰氯、酸酐、酯、酰胺均为羧酸的衍生物,在一定条件下分别与水、醇、氨作用产生水解、醇解、氨解反应而生成相应的酸。水解反应的难易次序为:酰卤 > 酸酐 > 酯 > 酰胺。酰卤、酸酐和酯都能进行醇解和氨解反应而生成酯和酰胺。

三、实验主要用品

主要试剂:甲酸、乙酸、草酸、草酸、苯甲酸、无水乙醇、冰醋酸、乙酰氯、乙酸酐、乙酸乙酯、乙酰胺、乙酰乙酸乙酯、浓硫酸、$KMnO_4$、$NaOH$、盐酸、$AgNO_3$ 红色石蕊试纸、蓝色石蕊试纸、饱和 Na_2CO_3 溶液、$FeCl_3$、饱和溴水、1.0 mol/L 甲酸溶液、1.0 mol/L 草酸溶液、1.0 mol/L 乙酸溶液、冰醋酸、固体草酸、饱和溴水、铜丝(0.5~1 mm)、6 mol/L $FeCl_3$ 溶液、体积分数为 10% 的乙酰乙酸乙酯、3.0 mol/L $KMnO_4$ 溶液、丙酮、乙醛、苯甲醛、甲醛、饱和 $NaHCO_3$ 溶液、乙酸酐、乙酰氯、乙酰胺、无水乙醇、6 mol/L $NaOH$ 溶液、3 mol/L H_2SO_4 溶液、2,4-二硝基苯肼溶液、0.65 mol/L $AgNO_3$ 溶液、异戊醇。

主要仪器:刚果红试纸、试管、大试管、铁夹、带软木塞的导管、烧杯、pH 试纸、玻璃棒。

四、实验步骤

羧酸的性质:

1. 酸性试验

① 酸性的试验

将甲酸、乙酸及草酸 0.5 克分别于试管中,各加 2 mL 蒸馏水。摇动试管,然后用洗净的玻璃棒分别蘸取相应的酸液在同一条刚果红试纸上画线,比较各线条的颜色和深浅程度,并解释之。

② 甲酸根的形成与分解

取一支试管,加 3 滴甲酸,用 1 mL 蒸馏水稀释,小心地滴加 5% 氢氧化钠溶液,中和至溶液刚好显中性或弱碱性(不断地用 PH 试纸检验)。然后加 5 滴 5% 的硝酸银溶液,有何现象出现?再加热又有何变化?

③ 醋酸铁的形成与分解

取一支试管,加 3 滴冰醋酸和 2 mL 水,用 5% 氢氧化钠中和至中性(注意碱不要过量,否则生成氢氧化铁红棕色沉淀影响实验现象的观察)。然后加 1 滴 1% 三氯化铁溶液,并不时摇动试管,溶液呈何颜色?加热煮沸约 1~2 min,观察又有何变化?

2. 氧化作用

① 甲酸的氧化反应

取一支带有导气管的试管,加入 1 mL 甲酸和 1 mL 浓硫酸,及 1 mL 0.5% 高锰酸钾溶液,放一粒沸石后,加热,迅速塞好试管,并把导气管插入装有石灰水(或氢氧化钡水溶液)的小试管里。观察气体通入后溶液的变化,并解释之。

② 醇酸的氧化反应

取一支带支管的试管,加入 1 mL 乳酸,再加入 1 mL 15% 硫酸和 1 mL 0.5% 高锰酸钾溶液及一粒沸石后,将试管斜夹在支架上,塞好试管,支管接导气管,插入另一支盛有 1 mL 水的试管里,导气管末端要插入水里,且盛水的试管要放在冰水浴中冷却。

小心加热支架上的试管,待混合液快要沸腾时,注意观察混合液的颜色,如何变化?加热几分钟后,用托伦试剂检验已吸收了气体的水溶液,有何现象?并解释之。

③ 不同酸的氧化反应

取三支试管,分别加入甲酸、乙酸、草酸溶液,然后再向每支试管加入硫酸及高锰酸钾溶液,摇匀,加热,观察颜色变化并比较结果。

3. 成盐反应

取 0.2 g 苯甲酸晶体放入盛有 1 mL 水的试管中,加入 10% NaOH 溶液数滴,振荡并观察现象。接着再加 HCl,振荡并观察所发生的变化。

4. 酯化反应

取一支干燥试管,加入无水乙醇 1 mL、1 mL 冰醋酸和 0.2 mL 浓硫酸,混合均匀后,用棉花团塞住管口,将试管放在 60~70℃ 热水浴中加热 10 分钟,取出冷却,加入 5 mL 蒸馏水。观察有无酯层出现,有何气味?(若不分层,可以加入数滴氢氧化钠溶液)。

5. 加热分解作用

将甲酸和冰醋酸各 1 mL 及草酸 1 g 分别放入三支带有导管的小试管中,导管的末端分别深入三支各自盛有 1~2 mL 石灰水的试管中(导管要插入石灰水中)。加热样品,当连续有气泡发生时观察现象。

酰氯和酸酐的性质

1. 水解作用

取一支试管,加入 2 mL 蒸馏水,再加入数滴乙酰氯[1],摇匀,观察现象,发现沉入管底的乙酰氯迅速溶解并放出热量,冷却后,在溶液中滴加数滴硝酸银溶液,观察现象。

2. 醇解作用

在一干燥试管中加入 1 mL 无水乙醇,慢慢滴加 1 mL 乙酰氯,同时用冷水冷却试管并不断振荡,反应结束后,先加入 1 mL 水,然后小心地用 20% 的碳酸钠溶液中和反应液使之呈中性,即有一层酯浮于液面上,如果没有酯层浮起,可在溶液中加入粉状的氯化钠致使溶液饱和为止,观察现象并闻其气味。

3. 氨解作用

在一干燥的小试管中,放入新蒸馏的淡黄色苯胺 5 滴,然后慢慢滴加乙酰氯 8 滴,待反应结束后再加入 5mL 水并用玻璃棒搅拌均匀,观察现象。

用乙酸酐代替乙酰氯重复做上述三个实验,注意反应较乙酰氯难进行,需要在热水浴加热的情况下,较长时间才能完成上述反应。

酰胺的水解反应

1. 碱性水解:在试管中加入 0.5 g 乙酰胺和 6 mol/L 氢氧化钠 3 mL,混合均匀并煮沸,嗅一嗅有没有氨的气味,用润湿的红色石蕊试纸在试管口检验所产生气体的性质(为什么?)。

2. 酸性水解:在试管中加入 0.5 g 乙酰胺和 3 mol/L 硫酸 3 mL,混合均匀并用小火加热沸腾两分钟,注意有醋酸味产生。放冷并加入 20% 氢氧化钠溶液至反应液呈碱性后再次加热。用润湿的红色石蕊试纸检验所产生气体的性质。

油脂的性质

1. 油脂的不饱和性

取试管三支,第一支试管中加入熟猪油的 CCl_4 溶液,第二支试管中加入菜油的 CCl_4 溶液,第三支试管中加入桐油的 CCl_4 溶液,然后在不断振摇下,逐滴滴加溴的 CCl_4 溶液,至各试管中溴的颜色不再褪去时为止(注意各试管油溶液橙黄色深浅应一致),记下各种油溶液所需溴溶液的滴数,比较各种油的不饱和程度。

2. 油脂的皂化

在小锥形瓶里,放入 3 g 油脂、3 mL 乙醇[2]和 3 mL 30%~40% NaOH 溶液,瓶口用带有长玻璃管的塞子塞紧,当作回流冷凝管,摇匀后在沸水浴中加热煮沸。待锥形瓶中的反应物成一相后,继续加热 10 分钟左右,并时时加以振荡。皂化完全后[3],将制得的黏稠液倒入盛有 15~20 毫升温热的饱和食盐水的小烧杯中,不断搅拌,肥皂逐渐凝固析出,把制得的肥皂用玻璃棒取出,作下面的试验:

① 脂肪酸的析出

取 0.5 克刚才制得的肥皂放入一试管中,加入 4 mL 蒸馏水,加热使肥皂溶解。再加入 2 mL(1:5)稀硫酸,然后在沸水浴中加热,观察所发生的现象(液面上浮起的一层油状液体为何物?)。

② 钙离子与肥皂的作用

取一试管加入 2 mL 自己配置的肥皂溶液(每 0.2 g 肥皂加 20 mL 蒸馏水而成),然后加入 2~3 滴 10% 氯化钙溶液,振荡并观察所发生的变化。

③ 肥皂的乳化作用

取两支试管各加入 1~2 滴液体油脂。在一支试管中加入 2 mL 水,在另一支试管中加入 2 mL 肥皂溶液。把两支试管用力振荡,观察现象是否相同。为什么?

乙酰乙酸乙酯的互变异构试验

取 1 支试管加入 1 mL 体积分数为 10% 的乙酰乙酸乙酯及 4~5 滴 2,4-二硝基苯肼,观察有什么现象发生?另取 1 支试管加入 1 mL 体积分数为 10% 的乙酰乙酸乙酯及 0.6 mol/L $FeCl_3$ 溶液 1 滴,注意溶液显色(为什么?)。向此溶液中加入溴水数滴,则颜色消退(为什么?)。放置片刻后,颜色又复出现(为什么?)。以上各种现象说明什么问题?

五、注意事项

1. 注意固体试剂和液体试液的正确取用方法。
2. 托伦试剂制取时氨水勿加过量,银镜反应用试管需洁净。
3. 乙酰乙酸乙酯的酮式和烯醇式互变实验,必须仔细观察实验现象的变化。

六、思考题

1. 为什么酯化反应要加浓硫酸?为什么碱性介质能加速酯的水解反应?
2. 为什么当乙酰氯、乙酐、冰醋酸与醇反应后,要加饱和碳酸钠溶液才能使反应混合物分层?
3. 举例说明能与三氯化铁显色的有机化合物的结构特点。
4. 如何用实验来验证常温下某些化合物存在着酮式和烯醇式的互变平衡现象?
5. 怎样鉴别下列各组化合物。
(1) 乙酰乙酸乙酯、邻-羟基苯甲酸
(2) 甲酸、乙酸、草酸
6. 羧酸成酯反应为什么必须控制 60~70℃?
7. 比较酯、酰氯、酰酐、酰胺的反应活性。

注释:

[1] 若乙酰氯纯度不够,则往往含有 $CH_3COOPCl_2$ 类等磷化物。久置将产生浑浊或析出白色沉淀,从而影响到本实验的结果。为此必须使用无色透明的乙酰氯进行有关的性质实验。

[2] 所用油脂可选用硬化油与适量猪油混合使用。如果单纯用硬化油则制出的肥皂太硬,若用植

物油则制出的肥皂太软。皂化时加入乙醇的目的是使油脂和碱液能混为一相,加速皂化反应的进行。

[3] 皂化是否完全的测定:取几滴皂化液放入一试管中,加入 2 mL 蒸馏水,加热并不断振荡。如果这是没有油滴分出就表示皂化已经完全,如果皂化尚不完全,则需将油脂再皂化数分钟,并再次检验皂化是否完全。

实验 73　胺的性质

一、实验目的

1. 了解胺的化学性质;
2. 掌握脂肪族胺和芳香族胺的化学反应的共同性和相异性;
3. 用简单的化学方法区别第一、第二和第三胺;
4. 掌握甲胺的制法。

二、实验原理

胺是碱性化合物,与酸反应生成盐,因而很容易从不溶性的物质转变为水溶性的盐来证明它的碱性。伯胺和仲胺分子中氮原子上连有氢原子,可以与酸酐、酰氯发生酰化反应,而叔胺则不起反应。通常利用它们与苯磺酰氯在氢氧化钠溶液中的反应来加以区别。这个反应叫 Hinsberg 反应。叔胺不发生这一反应。溶液酸化后即溶解。伯胺的磺酰化产物易溶于氢氧化钠溶液,酸化后才析出沉淀。而仲胺则在碱性溶液中直接析出沉淀。因此,利用这一反应可同时区别和分离伯、仲和叔胺。反应式表示如下:

$$\left.\begin{array}{l} R-NH_2 \\ \begin{array}{c} R' \\ R \end{array}\!\!\!>\!NH \\ \begin{array}{c} R \\ R' \\ R'' \end{array}\!\!\!>\!N \end{array}\right\} \xrightarrow[NaOH]{C_6H_5SO_2Cl} \left.\begin{array}{l} Na^+[R\text{-}NHSO_4C_6H_5]^- \text{ 溶于NaOH} \\ \begin{array}{c} R \\ R' \end{array}\!\!\!>\!NSO_2C_6H_5 \downarrow \\ \begin{array}{c} R \\ R' \\ R'' \end{array}\!\!\!>\!N \end{array}\right\} \xrightarrow[\text{酸化}]{HCl} \begin{array}{l} R\text{-}NHSO_2C_6H_5 \text{ 有白色沉淀析出} \\ \begin{array}{c} R \\ R' \end{array}\!\!\!>\!NSO_2C_6H_5 \downarrow \text{ 固体不变化} \\ \left[\begin{array}{c} R \\ R' \\ R'' \end{array}\!\!\!>\!N\right]^+ Cl^- \end{array}$$

生成的苯磺酰胺,多含有结晶水,有一定的熔点,可作为胺类衍生物鉴定用。

亚硝酸与伯、仲、叔胺的反应亦可用来鉴别三种胺。脂肪伯胺遇亚硝酸放出氮气,仲胺生成亚硝基化合物,叔胺不起反应。芳香族伯胺与亚硝酸反应生成重氮盐,将它与 β-萘酚作用生成橙红色染料,仲胺、叔胺则生成不同的亚硝化反应。用反应式表示如下:

$$\text{C}_6\text{H}_5\text{-NH}_2 \cdot \text{HCl} \xrightarrow{\text{HONO}} \text{C}_6\text{H}_5\text{-N}_2\text{Cl} \xrightarrow{\beta\text{-naphthol}} \text{C}_6\text{H}_5\text{-N=N-C}_{10}\text{H}_6\text{-OH}$$

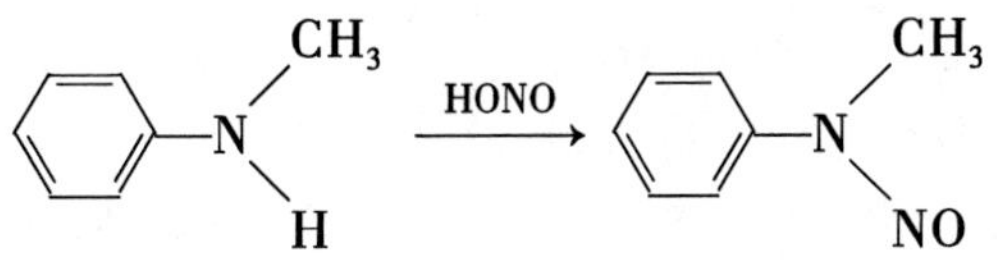

油状物中黄色固体

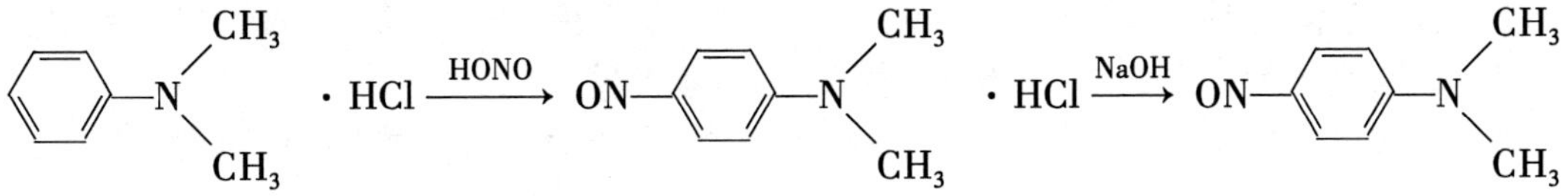

绿色固体

三、实验主要用品

主要试剂：苯胺、10%硫酸、N-甲基苯胺、20%氢氧化钠溶液、N,N-二甲基苯胺、浓盐酸、ß-苯酚溶液、氯仿、甲胺、亚硝酸钠、二甲胺。

主要仪器：试管、胶头滴管、水浴锅。

四、实验步骤

1. 溶解度与碱性试验

在试管内放入2滴苯胺，逐滴加入1.5 mL水，观察是否溶解，如冷水、热水均不溶，可逐渐加入10滴10%硫酸使其溶解，在逐渐加入15～20滴10%氢氧化钠溶液，观察现象。

2. 胺的亚硝酸试验

① 伯胺的反应

取一支试管，加入0.5 mL脂肪胺伯胺，然后加浓盐酸调pH至5，置冰浴中冷至0℃，再加入2 mol/L亚硝酸钠溶液2 mL，振荡后观察有无气泡放出？液体是否澄清？

另取0.5 mL苯胺于另一支试管中，加2mL浓盐酸和3 mL水，冰水浴冷去到0℃，再取0.5 g亚硝酸钠溶于2.5 mL水中，用冰浴冷却，慢慢加入苯胺盐酸盐于试管中，边加边搅拌，至KI-淀粉试纸呈蓝色为止，此为重氮盐溶液。

取1 mL重氮盐溶液，加热，观察现象，闻闻是否有苯酚的气味？与脂肪族伯胺和亚硝酸的反应现象有何不同？

取1 mL重氮盐溶液加热，加数滴ß-萘酚(0.4 g ß-萘酚溶于4 mL的5%氢氧化钠中)，观察有无橙红色沉淀生成？

② 仲胺反应

取1 mL N-甲基苯胺及1 mL 二乙胺分别放于试管中，加入1 mL 浓盐酸及2.5 mL水，冰水冷却至0℃。再取2支试管，分别加入0.75 g亚硝酸钠和2.5 mL水溶解，把2支试管中的亚硝酸钠溶液分别慢慢加入上述盛有仲胺盐酸盐的溶液中，并振荡，观察现象。

③ 叔胺的反应

取N,N-二甲基苯胺及三乙胺重复②的实验，结果如何？

利用上述实验可以区别胺的类型：

放出氮气，得到澄清液体，表示为脂肪族伯胺；

有黄色油状物或固体析出，加碱后不变色，表示为仲胺，加碱至呈碱性时转变为绿色固体，表示为芳香叔胺；

不放出气体，得到澄清液体，加入数滴 ß - 萘酚溶液溶于5%氢氧化钠溶液中，若出现橙红色沉淀，表示为芳香伯胺；无颜色，表示为脂肪族叔胺。

注意：许多亚硝基化合物已被证实有致癌作用，应避免直接接触，并立即清除所有这些溶液。

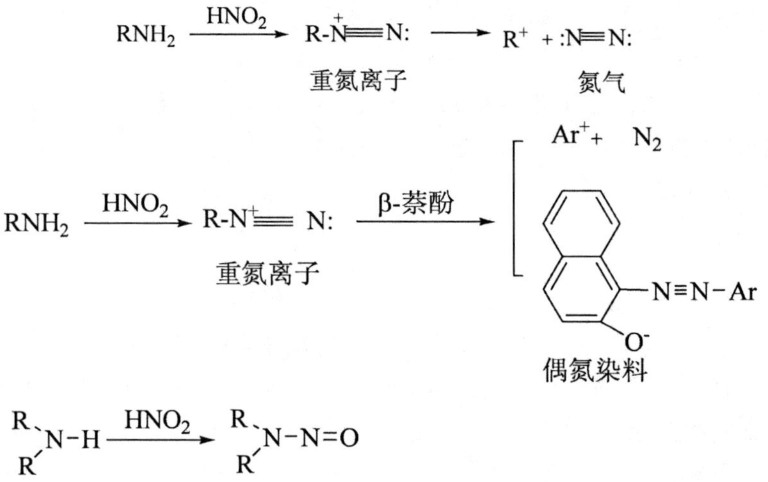

$$RNH_2 \xrightarrow{HNO_2} R-\overset{+}{N}\equiv N: \longrightarrow R^+ + :N\equiv N:$$
重氮离子　　　　　　氮气

$$RNH_2 \xrightarrow{HNO_2} R-\overset{+}{N}\equiv N: \xrightarrow{\beta\text{-萘酚}} \text{偶氮染料}$$
重氮离子

$$\underset{R}{\overset{R}{\diagdown}}N-H \xrightarrow{HNO_2} \underset{R}{\overset{R}{\diagdown}}N-N=O$$

3. Hinsberg 试验

在三支试管中分别滴入 2 滴苯胺、N - 甲基苯胺和 N,N - 二甲基苯胺，再加入 3 mL 5%氢氧化钠溶液及 3 滴苯磺酰氯，塞住管口剧烈振荡。泵在水浴中温热至苯磺酰氯气味消失为止[1]。

按下列现象来区别伯、仲、叔胺。

溶液中无沉淀析出，但加入盐酸酸化后析出沉淀（加盐酸时需冷却并时加振荡，否则开始析出油状物，冷却后凝结成一块固体），表示为伯胺。

溶液中析出油状物或沉淀，而且沉淀不溶于酸，则表示为仲胺。

溶液中仍有油状物，加数滴浓盐酸酸化后即溶解的，表示为叔胺。

4. 伯胺的成肼反应

取两支试管，分别加入苯胺 1 滴，甲胺溶液 2 滴，各加氯仿 3~4 滴和 10%氢氧化钾酒精溶液 1 mL，加热至沸，闻其有奇臭。（注意肼的毒性很大，不可多嗅！此实验应在通风橱内进行！）实验完毕，加少许浓盐酸加热使之分解后弃去。

注释：

[1] 若苯磺酰氯水解不完全时，它与 N,N - 二甲基苯胺混合在一起，而沉与底部。这时若加入数滴

浓盐酸酸化,则 N,N-二甲基苯胺虽溶解,而苯磺酰氯仍以油状物存在,往往会得出错误结论。为此,在加酸酸化前,必须使苯磺酰氯水解完全,可用下法判断其水解完全与否。

在水浴(70℃)左右中温热至沉淀底部的 N,N-二甲基苯胺全部浮在上面,下部无油状物为止;或用另一试管不加 N,N-二甲基苯胺,做空白对比。

实验 74 某些杂环化合物和生物碱的性质

一、实验目的

认识吡啶、喹啉和烟碱的主要性质;
本实验试样仅取吡啶、喹啉和烟碱作代表性试验。

二、实验主要用品

主要试剂:吡啶、喹啉、烟碱、1% 三氯化铁溶液、饱和苦味酸溶液、10% 没食子鞣酸酒精溶液、5% 氯化汞溶液、浓盐酸、20% 的醋酸溶液、碘化汞钾溶液。

主要仪器:试管、红色石蕊试纸、胶头滴管、玻璃棒。

三、实验步骤

取三支试管,分别加入 1mL 吡啶、喹啉和烟碱,闻其气味。并逐个加入 5mL 水,摇匀。将此三种溶液按下列步骤分别进行试验,注意互相比较。

1. 碱性试验

各取一滴试液分别滴在红色石蕊试纸上,仔细观察试纸的颜色有什么变化。

2. 与 $FeCl_3$ 溶液的作用

各取 0.5 mL 试液,分别置于三支试管中,各加入 1 mL 1% 三氯化铁溶液,观察有无氢氧化铁沉淀析出。

3. 和苦味酸的作用

各取 0.5 mL 试液,分别加入盛有 2 mL 饱和苦味酸溶液的三支试管中。静置 5~10 min,观察有无吡啶、喹啉和烟碱的苦味酸盐析出,加入过量的试液,观察沉淀是否溶解。

4. 和单宁酸的作用

取三支试管,各加入 2 mL 10% 没食子鞣酸(即单宁酸)的酒精溶液,再分别加入 0.5 mL 试液,摇匀,观察有无白色沉淀生成,这些沉淀是什么?

5. 和氯化汞的作用

取 0.5 mL 吡啶试液和和喹啉试液,分别置于两支试管中,然后各加入同体积的 5% 氯化汞溶液(小心有毒!),观察是否有松散的白色沉淀生成(这是什么?),加入 1~2 mL 水后,结果怎么样? 再加入 0.5 mL 浓盐酸后,沉淀溶解了吗? 试解释之。

另取 0.5 mL 烟碱试液,滴入一滴 20% 的醋酸溶液和几滴碘化汞钾溶液,观察有无黄色沉淀生成。

四、思考题

1. 吡啶、喹啉和烟碱为什么均有碱性？哪一个碱性强些？为什么？氯化铁的试验说明什么？
2. 何谓生物碱试剂？它指哪些试剂？
3. 如果没有烟碱，能否从烟草中提取？如何提取？

实验 75 糖类化合物的性质

一、实验目的

1. 了解各类糖的化学性质与其结构之间的关系；
2. 掌握鉴别各类糖的方法。

二、实验原理

糖类化合物又称碳水化合物。按其化学结构，糖是多羟基醛(酮)及其缩聚物和某些衍生物的总称。按其水解情况的不同，糖类化合物可分为单糖、低聚糖和多糖三类。常见的单糖有葡萄糖和果糖，常见的双糖有麦芽糖和蔗糖，淀粉和纤维素是两个常见的多糖。

糖类物质又分为还原糖和非还原糖。前者含有半缩醛(酮)的结构能使 Benedict 试剂或 Tollen 试剂还原。不含有半缩醛(酮)结构的糖不具有还原性，叫非还原性糖，它不与 Benedict 试剂或 Tollen 试剂作用。

单糖的性质：单糖的性质包括一般性质和特殊性质。

一般性质主要表现为羰基的典型反应及羟基的典型反应。特殊性质有水溶液中的变旋现象、与苯肼成脎、稀碱介质中的差向异构化、半缩醛、酮羟基与含羟基的化合物成苷、氧化反应(醛糖能被溴水温和氧化成糖酸；醛、酮都能被吐伦试剂、斐林试剂氧化；被稀硝酸氧化为糖二酸；被高碘酸氧化断裂成甲醛或甲酸)、强酸介质中与酚类化合物缩合而呈现颜色反应(如 Molicsh 反应、Seliwanoff 反应)等。

双糖的性质：双糖根据分子中是否还保留有原来一个单糖分子的半缩醛羟基而分成还原性双糖(如麦芽糖、乳糖、纤维二糖)与非还原性双糖(如蔗糖)。还原性双糖由于分子中还保留有原来单糖分子中的一个半缩醛羟基，水溶液中能开环成开链的醛式而表现出还原性(能被吐伦试剂或斐林试剂氧化)、变旋现象及成脎反应。非还原性糖由于分子中没有半缩醛羟基而没有上述性质。双糖分子可在酸或酶催化下水解成单糖而表现出单糖的还原性。

多糖的性质：多糖由成千上万个单糖单位缩合而成，难溶于水，无甜味，无还原性，能被酸或碱催化而逐步水解成单糖。

淀粉是一种常见的多糖,在酸或酶催化下水解,可逐步生成分子较小的多糖,最后水解成葡萄糖、淀粉、各种糊精、麦芽糖、葡萄糖。碘与淀粉显蓝紫色,与不同分子量的糊精显红色或黄色,糖分子量太小时,与碘不显色。常用碘实验对淀粉进行定性分析及检验淀粉的水解程度。

糖类物质由于分子中含有羟基,所以它还能乙酰化和硝化。醋酸纤维和硝酸纤维的制备就是利用这个性质。

纤维素还能溶于铜氨溶液中,这是人造丝纤维再生的基础。

本实验主要是用葡萄糖、果糖、麦芽糖、乳糖、蔗糖、淀粉、纤维素作样品进行试验,观察糖类物质的结构和化学性质之间的关系。

三、实验主要用品

主要试剂:2%葡萄糖、2%木糖、2%麦芽糖、2%乳糖、2%蔗糖、1%淀粉、本尼地试剂、莫利施试剂、谢里万诺夫试剂、巴弗试剂、间苯三酚盐酸溶液、10%氢氧化钠、浓盐酸、浓硫酸、苯肼试剂、1%碘-碘化钾、红色石蕊试纸、1:5硫酸。

主要仪器:恒温水浴锅、试管、玻璃棒、试管架、胶头滴管、水浴锅、烧杯。

四、实验步骤

糖的还原性

1. 与 Tollen 试剂反应

取 6 支干净试管,标明号码。另取一支大试管加入 5%硝酸银溶液 10 mL,10% 氢氧化钠溶液 2~3 滴,在振荡下滴加稀氨水(1 mL 浓氨水加 9 mL 水稀释)直到析出的氧化银沉淀刚好溶解为止,此即为 Tollen 试剂。将此 Tollen 试剂分为六份,分别加入上述六支试管中,再分别加入 4 滴 2%葡萄糖、2%果糖、2%蔗糖、2%乳糖、2%淀粉、2%麦芽糖溶液,将个试管摇动均匀后,在室温下静置 5~10 min,如没有银镜形成,可将试管放入 50~60℃水浴中加热几分钟,(加热时间不能太久),观察并比较结果,解释为什么。

2. 与 Fehling 试剂的反应

Fehling 试剂 A:称取 3.5 g 硫酸铜溶于 100 mL 蒸馏水中得淡蓝色的 Fehling 试剂 A。

Fehling 试剂 B:将 17 g 酒石酸钾钠溶于 20 mL 热水中,然后加入 20 mL 含 5 g NaOH 的水溶液,稀释至 100 mL 得无色透明的 Fehling 试剂 B。

取斐林试剂 A 和 B 各 3 mL,均匀混合,等分六份,分别置于六支试管中,标明号码。加热煮沸后,分别滴入 2%葡萄糖、2%果糖、2%蔗糖、2%乳糖、2%淀粉、2%麦芽糖 0.51 mL,观察并比较结果。

3. 与 Benedict 试剂反应

取 6 支试管,标明编号,在每支试管中各加入 1 mLBenedict 试剂,再分别滴加 5 滴 2%葡萄糖、2%果糖、2%蔗糖、2%乳糖、2%淀粉、2%麦芽糖,摇匀后将各试管同时置沸水浴中加热 3~5 min,观察有无红色或黄绿色沉淀产生,尤其注意蔗糖和淀粉的试验结果,解释所观察到的现象。

糖的显色反应

1. Molisch 试验[1]

取 5 支试管,各加入 2% 葡萄糖、2% 果糖、2% 蔗糖、2% 麦芽糖、1% 淀粉溶液 1 mL,再向各试管中加入 4 滴新配制的 Molicsh 试剂(15% α-萘酚乙醇溶液)振荡。由于析出 α-萘酚,故溶液浑浊。在另一试管里加入 3 mL 浓硫酸。把盛糖的试管倾斜成 45°角,把硫酸沿试管壁徐徐地加入糖溶液中,硫酸和糖明显分为两层,观察两层之间有无紫色环出现!若数分钟内无颜色,可在水浴中温热,再观察结果如何。

2. Seliwanoff 试验

取 4 支试管,分别加入 10 滴间苯二酚-盐酸试剂,再各滴入 2 滴 2% 葡萄糖、2% 果糖、2% 蔗糖、2% 麦芽糖溶液,混合均匀后,将试管同时放入沸水浴中加热 2 分钟,观察并比较试管中出现的颜色的次序。

3. 间苯三酚试验

取 4 支试管,编号,各加入 1 mL 间苯三酚盐酸溶液,再分别加入 5 滴 2% 葡萄糖、果糖、木糖和蔗糖溶液,摇匀后将试管放入沸水浴中煮沸 1-2 分钟,观察各试管中的颜色变化,比较结果。

4. Barfoed 试验

取 2% 葡萄糖、果糖、麦芽糖和乳糖溶液各 l mL,分别加至 4 支预先编号的试管中,再各加入 1 mLBarfoed 试剂,将各试管同时置于沸水中加热 5 分钟,取出试管,观察比较现象,并做出结论。

糖类物质的水解

1. 蔗糖的水解

取两支试管,分别加入 2% 蔗糖 0.1 mL 和蒸馏水 1~2 mL,然后向一支试管中加入 3~5 滴 2% 硫酸溶液,向另一支试管中加入 3~5 滴蒸馏水,混合均匀后,将两支试管同时放入水浴中加热 10~15 分钟。取出两支试管,冷却后第一支试管用 10% 氢氧化钠溶液中和至中性,然后向两支试管中各加入 1 mL 本尼迪特试剂,摇匀,将两支试管同时放入沸水浴中加热 2~3 分钟,观察并比较两支试管的颜色变化并解释之。

2. 淀粉的水解和碘试验

① 胶淀粉溶液的配置

用 7.5 mL 冷水和 0.5 g 淀粉充分混合成均匀的悬浮物,勿使有块状物存在。将此悬浮物倒入 67 mL 沸水中,继续加热几分钟即得到胶淀粉溶液。用它作下列试验:

② 碘试验

向 1 mL 胶淀粉溶液中加入 9 mL 水,充分混合。往此稀溶液中加入两滴碘试剂[2]。此时,溶液中大约含有万分之七的淀粉,由于淀粉与碘反应形成分子复合物而呈蓝色。将此蓝色溶液每次稀释 10 倍,(即每次用 1 mL 溶液加 9 mL),直至蓝色变得很浅。粗略地推测此时淀粉的浓度,大约是百万分之几。也就是说,当淀粉在百万分之几的浓度时,仍能给出碘试验的正性结果。将碘试验呈正性结果的溶液加热,结果如何? 放冷后,蓝色是否复现? 解释之。

③ 淀粉用酸水解

在 100 mL 小烧杯中加入 30 mL 胶淀粉溶液,加 4~5 滴浓盐酸。在水浴上加热,每隔 5 分钟从试管中取出少量液体作碘试验,直到不再起碘反应为止(约 30 min 左右)。先用稀碱中和,再用试剂试验,观察有何现象,并解释之。

④ 淀粉用淀粉酶水解

在一洁净的 100 mL 小烧杯中加入 30 mL 胶淀粉溶液,加入 1~2 mL 唾液并充分混合。把烧瓶置于 38~40℃ 水浴上加热 10 min 或稍长时间(在水解过程中,可以取几次水解液作碘试验检查)。此水解液用 Tollen 或 Benedict 试剂检出还原糖,有何现象? 解释之。

糖脎的生成、晶形的观察和糖脎生成的时间

为了比较生成糖脎所需要的时间,药品用量要准确,并同时进行试验。

取五支试管,标明号码。其中 4 支试管各盛 4 mL 水,分别溶解 0.2 g D-葡萄糖、D-果糖、乳糖和蔗糖。另一支试管加 4mL 蔗糖水解液。再分别加入 4mL 苯肼试剂,小心苯肼有毒,取苯肼时应该谨慎,勿触及皮肤,如触及皮肤,先用稀醋酸洗,再用水冲洗干净。充分振荡此溶液,将试管放在沸水浴中加热振荡。观察并记录试管中形成糖脎所需要的时间[6]。若 20 min 后仍无结晶析出,取出试管,放冷后再观察(双糖的脎溶于热水中,直到溶液冷却才析出沉淀)。

为了观察糖脎的结晶,让溶液慢慢冷却到室温(迅速冷却可能引起脎的结晶变形)。用一宽口的滴管转移一滴含有脎的悬浮液到显微镜载片上,用低倍显微镜(80~100 倍)观察结晶,与已知的糖脎做比较(图 6-5)。

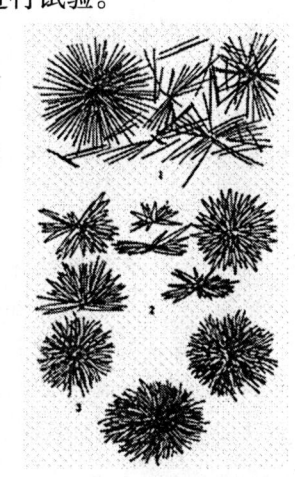

图 6-5 糖脎的结晶

取四支试管,标上记号,分别加入间苯二酚溶液 2 mL,再分别加入 1 mL1% 果糖、葡萄糖、麦芽糖和蔗糖溶液,混匀,于沸水浴中加热 1~2 min,观察颜色有无变化? 加热 20 min 后再观察,解释为什么?

纤维素的性质试验

硝酸纤维素的制备

取一支大试管,加入 4 mL 硝酸,在振荡下小心加入 8 mL 硫酸,冷却,把一小团棉花用玻璃棒浸入混酸中,再把试管放在 60~70℃ 的热水浴中加热,加热时用玻璃棒搅动使之充分硝化。5min 后,用玻璃棒挑出把水挤干,用滤纸吸干,放在表面皿上在水浴上干燥,得浅黄色,干燥的硝酸纤维素(即火药棉),把它分为两份。

① 用坩埚钳夹取一小块火药棉放在灯焰上,是否立刻猛烈燃烧,另用一小块棉花燃烧比较燃烧有何不同?

② 把另一块火药棉放在干燥表面皿上,加 1~2mL 酒精-乙醚液(1:3 体积比)。火药棉逐渐膨胀成为黏稠的胶体溶液——火棉胶。将表面皿放在热水浴上,溶剂蒸发后剩下一火药棉薄片。从表面皿上取下后用坩埚夹夹起放到灯焰上点燃。火药棉薄片比火药棉燃烧的慢。

六、注意事项

1. Molicsh 反应很灵敏,在实验时如不慎有滤纸碎片落入试管中,也会得到阳性结果。某些化合物(如甲酸、丙酮、乳酸和草酸等)都呈阳性结果。所以只能用其阴性结果来判断糖类化合物的不存在。

2. 间苯二酚-盐酸试剂的配制:取 0.01 g 间苯二酚溶于 10 mL 浓盐酸和中 10 mL 水,混合均匀即成。

3. Seliwanoff 反应是鉴定酮糖的特殊反应。酮糖与盐酸共热生成糠醛衍生物,再与间苯二酚形成鲜红色的缩合物。在 Seliwanoff 反应实验中,酮糖变为糠醛衍生物比醛糖快 15~20 倍。若加热时间过长,葡萄糖、麦芽糖、蔗糖也有阳性结果。另外,葡萄糖浓度高时,在酸存在下,能部分转化为果糖。因此进行本实验应注意:盐酸和葡萄糖的浓度均不得超过 12%,观察颜色或沉淀的时间加热后不得超过 20 分钟。

七、思考题

1. 为什么所有的糖都与莫利施试剂作用而显色?
2. 是否所有的糖都能还原本尼地试剂?为什么?
3. 为什么葡萄糖和果糖的糖脒、晶形都是相同的?
4. 糖类物质有哪些特性?糖分子中的羟基、羰基与醇分子中的羟基与醛酮分子中的羰基有何联系与区别?

注释:

[1] Molish 试验的反应式如下:

糖类物质先于浓硫酸反应生成糠醛衍生物,后者再与 α-萘酚反应生成紫色络合物。

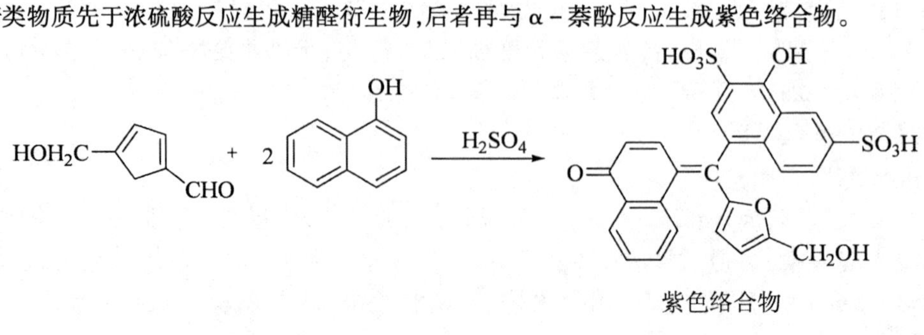

紫色络合物

第六部分　有机化合物的性质实验

间苯二酚、麝香草酚、二苯胺、樟脑可以用来代替 α-萘酚。其他能与糖醛衍生物缩合成有色物质的化合物,也都可以代替 α-萘酚。

此颜色反应是很灵敏的,如果操作不慎,甚至偶尔将滤纸毛或碎片落入试管中,都会得正性结果。但是,正性结果不一定都是糖。例如,甲酸、丙酮、乳酸、草酸、葡萄糖醛酸、没食子鞣酸和苯三酚与 α-萘酚试剂也能生成有色的环。但1,3,5-苯三酚与 α-萘酚的反应产物用水稀释后颜色即行消失。但负性结果肯定不是糖。

[2] 苯肼试剂的配制

溶解4mL苯肼于4mL冰醋酸中(含 36 mL 水)。加入活性炭0.5g过滤,装入有色瓶中贮存备用。或溶 5 g 苯肼盐酸盐于 160 mL 水中(必要时可微热助溶),加入活性炭脱色。然后加入 9 g 醋酸钠结晶,搅拌便溶。贮存于棕色瓶中备用。在此试剂配制过程中,苯肼盐酸盐于醋酸钠经复分解反应生成苯肼醋酸盐,后者是弱酸-强碱盐,在水溶液中易分解,与苯肼达成平衡。

$$C_6H_5NHNH_2 \cdot HCl + CH_3COONa \longrightarrow C_6H_5NHNH_2 \cdot CH_3COOH + NaCl$$

$$C_6H_5NHNH \cdot CH_3COOH \rightleftharpoons C_6H_5NHNH_2 + CH_3COOH$$

由于苯肼试剂久置后变质,所以苯肼试剂也可用2份苯肼盐酸盐与3份醋酸钠混合研匀供用,临用时取适量与糖溶液混合即可。

苯肼毒性很大,操作时,应避免触及皮肤,如不慎触及,应先用5%醋酸冲洗,再用肥皂洗涤,为防止苯肼蒸气中毒,要用棉花堵塞管口,以减少苯肼蒸气逸出。

[3] 各种糖脎的颜色、熔点、分解温度、糖脎析出时间和比旋光度如下:

糖的名称	析出糖脎需要时间(min)	糖脎颜色(或分解温度)	糖脎的熔点	比旋光度
果糖	2	深黄色结晶	204	-92
葡萄糖	4~5	深黄色结晶	204	+47.7
麦芽糖	冷后析出			+129
蔗糖	30(转化生成)	深黄色结晶		+66.5
木糖	7	橙黄色结晶	160	+18.7
半乳糖	15~19	橙黄色结晶	190	+80.2

实验76　氨基酸和蛋白质的性质实验

一、实验目的

1. 了解构成蛋白质的基本结构单位及主要连接方式;
2. 了解蛋白质和某些氨基酸的呈色反应原理;
3. 学习几种常用的鉴定蛋白质和氨基酸的方法;
4. 验证氨基酸和蛋白质 某些重要化学性质。

二、实验原理

蛋白质是存在于细胞中的一种含氮的生物的高分子化合物,蛋白质是存在于细胞中的一种含氮的生物高分子化合物,在酸、碱存在下,或受酶的作用,水解成相对分子质量较小的胨、多肽和二羧胡椒嗪,而水解的最终产物为各种氨基酸,其中以 α - 氨基酸为主。

关于氨基酸和蛋白质的性质我们只做蛋白质的沉淀、蛋白质的颜色反应和蛋白质的分解等性质实验,这些性质有助于认识或鉴定氨基酸和蛋白质。

一、蛋白质的沉淀反应原理:蛋白质是亲水胶体,当其稳定因素被破坏或与某些试剂结合成不溶性盐类后,即自溶液中沉淀析出。

二、颜色反应原理:蛋白质的呈色反应是指蛋白质所含的某些氨基酸及其特殊结构,在一定条件下可与某些试剂发生了生成有色物质的反应。不同蛋白质分子所含的氨基酸残基也是不完全相同,因此所发生的成色反应也不完全一样。另外呈色反应并不是蛋白质的专一反应,某些非蛋白质类物质(含有 – CS – NH、– CH_2 – NH_2、– CRH – NH_2、– CHOH – CH_2NH_2 等基团的物质)也能发生类似的颜色反应。因此,不能仅仅根据呈色反应的结果为阳性就来判断被测物质一定是蛋白质。

三、用碱分解蛋白质原理:蛋白质因受某些物理或化学因素的影响,分子的空间构象被破坏,从而导致其理化性质发生改变并失去原有的生物学活性的现象称为蛋白质的变性作用。

尿素加热至180℃左右,生成双缩脲并放出一分子氨。双缩脲在碱性环境中能与 Cu^{2+} 结合生成紫红色化合物,此反应称为双缩脲反应。蛋白质分子中有肽键,其结构与双缩脲相似,也能发生此反应。可用于蛋白质的定性或定量测定。

因此,一切蛋白质或二肽以上的多肽都有双缩脲反应,但有双缩脲反应的物质不一定都是蛋白质或多肽。

三、主要仪器与试剂

主要仪器:试管、量筒、滴管、试管架。

主要试剂:2%卵清蛋白溶液、氯化汞、饱和硫酸铵、5%醋酸、饱和苦味酸、饱和鞣酸、1%甘氨酸、络氨酸、色氨酸、茚三酮试剂、浓硝酸、10%氢氧化钠溶液、硝酸汞、30%碱液、10%硝酸铅、1%硫酸铜溶液。

四、实验步骤

1. 蛋白质的沉淀

① 用重金属盐沉淀蛋白质[1]

取3支试管,标明号码,各盛1 mL清蛋白溶液,分别加入饱和的硫酸铜、碱性醋酸铅、氯化汞(小心,有毒!)2~3滴,观察有无蛋白质沉淀析出。

② 蛋白质的可逆沉淀[2]

取 2 mL 清蛋白溶液,放在试管里,加入同体积的饱和硫酸铵溶液,将混合物稍加振荡,析出蛋白质沉淀是溶液变浑浊或呈絮状沉淀。将 1 mL 浑浊的液体倾入另一支试管中,加入 1～3 mL 水,振荡时,蛋白质沉淀是否溶解?

③ 蛋白质与生物碱试剂反应[3]

取两支试管,各加 0.5 mL 蛋白质溶液,并滴加 5% 的醋酸使之呈酸性(这个沉淀反应最好在弱酸溶液中进行)。然后分别滴加饱和的苦味酸溶液和饱和的鞣酸溶液,直到沉淀发生为止。

2. 蛋白质的颜色反应

① 茚三酮反应[4]

在四支试管里(表明号码)分别加入 1% 的甘氨酸、络氨酸、色氨酸和鸡蛋白各 1 mL,再分别滴加茚三酮试剂 2～3 滴,在沸水浴中加热 10～15 分钟观察有什么现象?

② 黄蛋白反应[5]

于试管中加入 1～2 mL 清蛋白溶液和 1 mL 浓硝酸,此时呈现白色沉淀或浑浊。在灯焰上加热煮沸,此时溶液和沉淀是否都呈黄色? 有时由于煮沸使析出的沉淀水解,而使沉淀全部或部分溶解,溶液的黄色是否变化?

③ 蛋白质的二缩脲反应[6]

取 1～2 mL 20% 氢氧化钠溶液放在试管中,再加几滴硫酸铜溶液(饱和硫酸铜溶液与水按 1:30 予以稀释)共热,现象如何? 是否由于蛋白质与硫酸铜生成了络合物而呈紫色?

取 1% 甘氨酸溶液作对比试验,此时仅有氢氧化铜沉淀析出。

④ 蛋白质与硝酸汞试剂作用[7]

取 2 mL 清蛋白溶液放入试管中,加硝酸汞试剂 2-3 滴,现象如何? 小心加热,此时原先析出的白色絮状是否聚集成块状? 并显砖红色。有时溶液也呈红色。用酪氨酸重复上述过程,现象如何?

3. 用碱分解蛋白质

取 1～2 mL 清蛋白溶液放在试管里,加两倍体积的 30% 碱液,把混合物煮沸 2～3 min,此时析出沉淀,继续沸腾时,此沉淀又溶解,放出氨气(可以用湿的石蕊试纸在试管口检验之)。

上面的热溶液中加入 1 mL 10% 硝酸铅溶液,再将混合物煮沸,起初生成的白色氢氧化铅沉淀溶解在过量的碱液中。如果蛋白质与碱作用有硫脱下,则生成硫化铅,结果清亮的液体逐渐变成棕色。若脱下的硫较多时,则析出暗棕色或黑色的硫化铅沉淀。

五、思考题

1. 茚三酮反应的阳性结果是否经常是同一色调? 并说明原因。
2. 你能区分蛋白质茚三酮反应及其他氨基化合物茚三酮反应的结果吗? 试解释之。

3. 能否利用茚三酮反应可靠地鉴定蛋白质的存在?

4. 哪些芳香基因(蛋白质中的、非蛋白质中的)可以与浓硝酸作用呈现黄色反应的阳性结果?

5. 在蛋白质的二缩脲反应中,为什么要控制硫酸铜溶液的加入量?过量的硫酸铜会导致什么结果?

6. 怎样区分蛋白质的可逆沉淀和不可逆沉淀?

注释:

[1] 重金属在浓度很小的时候就能沉淀蛋白质,与蛋白质形成不溶于水的类似盐的化合物。因此蛋白质是许多重金属中毒时的解毒剂。用重金属盐沉淀蛋白质和蛋白质加热沉淀均是不可逆的。

[2] 碱金属和镁盐在相当高的浓度下使很多蛋白质从它们的溶液中沉淀出来(盐析作用)。硫酸铵具有特别显著的盐析作用,不论在弱酸溶液中还是中性溶液中都能使蛋白质沉淀。其他的盐需要使溶液呈酸性反应才能盐析完全,用硫酸铵时使溶液呈酸性反应也能大大加强盐析作用。蛋白质被碱金属和镁盐沉淀没有变性作用,所以这种沉淀(盐析)作用是可逆的,所得出的沉淀在加水时又溶解于溶液中,即恢复原蛋白质。

[3] 生物碱沉淀剂多为重金属盐、大分子酸及相对分子质量较大的碘化物复盐,生物碱沉淀剂也可以使蛋白质产生沉淀。

[4] 茚三酮水合物的组成如下:

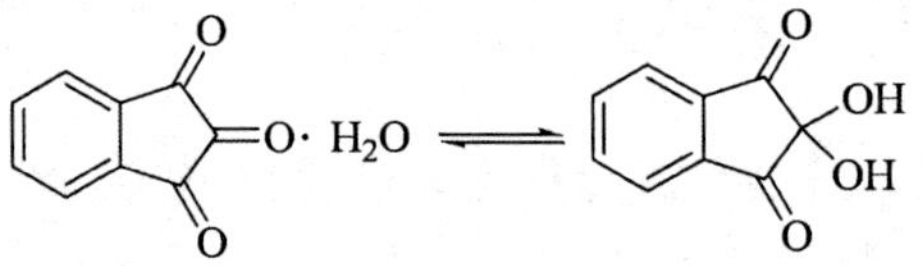

配制:溶 1g 茚三酮于 50mL 水中即得。配制后应在两天内用完;放置过久,易变质失灵。茚三酮对于任何含有游离氨基的物质均可发生氧化还原作用:

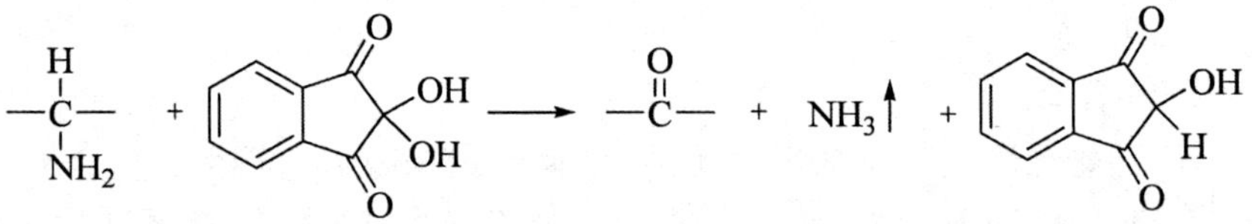

还原产物与氨和过量的茚三酮进一步缩合:

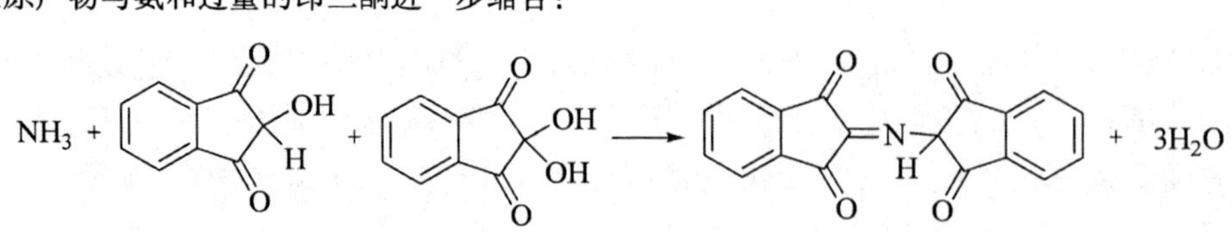

缩合产物系蓝紫色染料,它可以经下列互变异构现象,再与氨形成烯醇式的铵盐,后者在溶液中解离出阴离子,能使反应液的颜色变深。

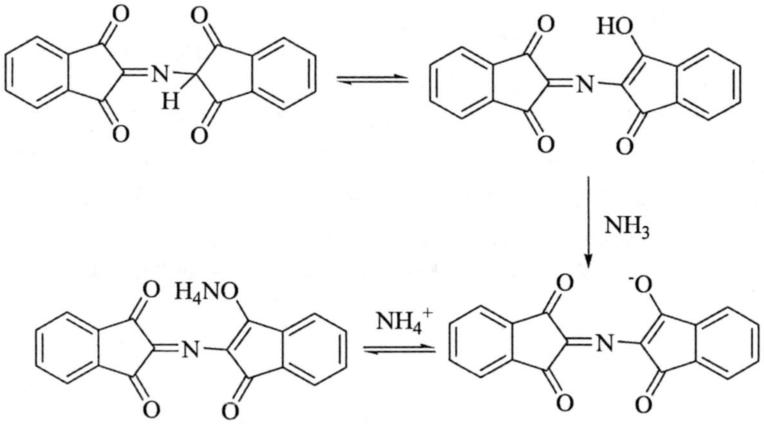

含有游离氨基的蛋白质或其水解产物均有该颜色反应，α-氨基酸与茚三酮试剂也有显色反应，但其氧化还原反应中有去羧作用伴随发生，这与蛋白质不同。

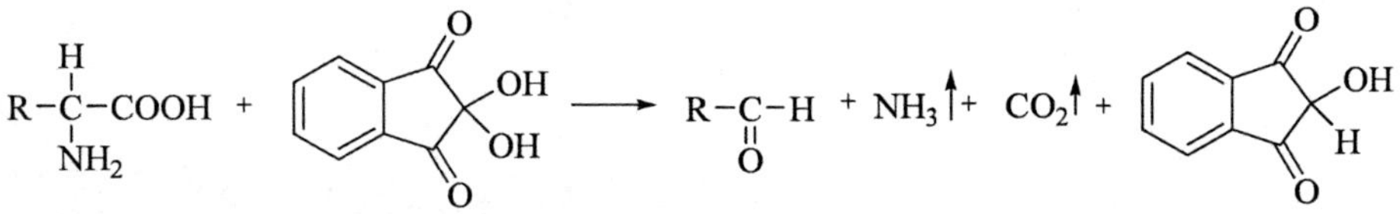

[5] 黄蛋白反应显示蛋白质的分子中含有单独的或并和的芳香环，即含有 α-氨-β-苯丙酸、酪氨酸、色氨酸等残基。这些芳香环与硝酸起硝化反应，生成多硝基物，结果显黄色。它们在碱性溶液中变成橙色是由于生成较深颜色的阴离子所致。以蛋白质分子中酪氨酸的残基与硝酸作用为例，反应如下：

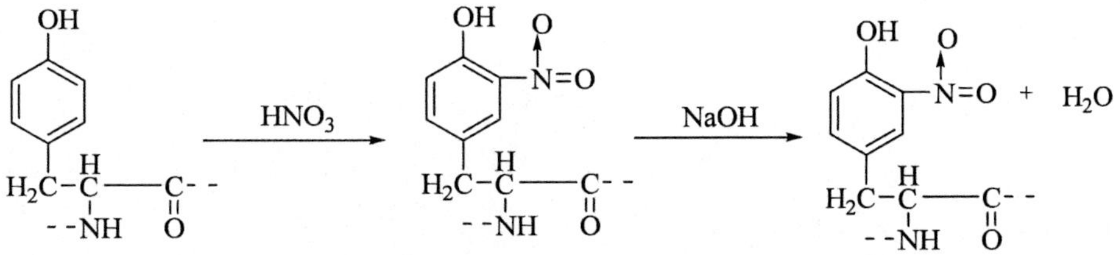

[6] 任何蛋白质或其水解中间体产物均有二缩脲反应。这表明蛋白质或其水解中间产物均含有肽键。在蛋白质水解产物中，二缩脲反应的颜色与肽键数有关，一般说来：

蛋白质水解中间产物	肽键数目	所显颜色
缩二氨基酸	1	蓝色
缩三氨基酸	2	紫色
缩四氨基酸	3	红色

蛋白质在二缩脲反应中常显紫色，这显示缩三氨基酸的残基在蛋白质分子中较多。显色反应是由于生成了铜的络合物。具有下列类型的二酰胺也可得到正性结果：

$$\underset{\underset{H_2}{C}}{\overset{H_2NOC\diagup\diagdown CONH_2}{C}} \qquad \underset{H}{\overset{H_2NOC\diagup\diagdown CONH_2}{N}} \qquad H_2NOC—CONH_2$$

操作过程中应防止加入过多的铜盐。否则,生成过多的氢氧化铜,有碍紫色或红色的观察。

[7] 只有组成中含有酚羟基的蛋白质,才能与硝酸汞试剂显砖红色。在氨基酸中只有酪氨酸含有酚羟基,所以凡是能与硝酸汞试剂显砖红色的蛋白质,其组成中必须含有酪氨酸残基。

硝酸汞试剂也叫 Millon 试剂。其配制为:将 1 g 金属汞溶于 2 mL 浓硝酸中,用两倍水稀释,放置过夜,过滤即得。它主要含有汞或亚汞的硝酸盐和亚硝酸盐,此外还含有过量的硝酸和少量的亚硝酸。

附　录

附录一　常用试剂的配制

1. 2,4-二硝基苯肼溶液

Ⅰ. 在 15 mL 浓硫酸中,溶解 2,4-二硝基苯肼 3 g。另在 70 mL95% 乙醇里加 20 mL 水,然后把硫酸苯肼倒入稀乙醇溶液中,搅动混合均匀即成橙红色溶液(若有沉淀应过滤)。

Ⅱ. 将 1.2 g 2,4一二硝基苯肼溶于 50 mL30% 高氯酸中,配好后储于棕色瓶中,不易变质。

Ⅰ法配制的试剂,2,4-二硝基苯肼浓度较大,反应时沉淀多便于观察。Ⅱ法配制的试剂由于高氯酸盐在水中溶解度很大,因此便于检验水中醛且较稳定,长期贮存不易变质。

2. 卢卡斯(Lucas)试剂

将 34 g 无水氯化锌在蒸发皿中强热熔融,稍冷后放在干燥器中冷至室温。取出捣碎,溶于 23 mL 浓盐酸中(比重 1.187)。配制时须加以搅动,并把容器放在冰水浴中冷却,以防氯化氢逸出。此试剂随用随制。

3. 托伦(Tollens)试剂

取一支干净试管,加入 1 mL5% 硝酸银,滴加 5% 氢氧化钠 2 滴,产生沉淀,然后滴加 5% 氨水,边摇边滴加,直到沉淀消失为止,此为托伦试剂。此试剂随用随制。

4. 谢里瓦诺夫(Seliwanoff)试剂

将 0.05g 间苯二酚溶于 50 mL 浓盐酸中,再用蒸馏水稀释至 100 mL。

5. 希夫(Schiff)试剂

在 50 mL 热水中溶解 0.1 g 品红盐酸盐,放置冷却后,加入 1 g 亚硫酸氢钠和 1 mL 浓盐酸,再用蒸馏水稀释至 100 mL。

或先配制 5 mL 二氧化硫的饱和水溶液,冷却后加入 0.1 g 品红盐酸盐,溶解后放置数小时使溶液变成无色或淡黄色,用蒸馏水稀释至 100 mL。

此外,也可将0.25 g品红盐酸盐溶于50 mL热水中,冷却后用二氧化硫气体饱和至粉红色消失,加入0.3 g活性炭,振荡过滤,再用蒸馏水稀释至250 mL。

本试剂所用的品红是假洋红(Para-rosaniline 或 Para-Fuchsin),此物与洋红(Rosaniline 或 Fuchsin)不同。希夫试剂应密封贮存在暗冷处,倘若受热或见光,或露置空气中过久,试剂中的二氧化硫易失,结果又显桃红色。遇此情况,应再通入二氧化硫,使颜色消失后使用。但应指出,试剂中过量的二氧化硫愈少,反应就愈灵敏。

6. 0.1%茚三酮溶液

将0.1 g茚三酮溶于124.9 mL95%乙醇中,用时新配。

7. 饱和亚硫酸氢钠

先配制40%亚硫酸氢钠水溶液,然后在每100 mL的40%亚硫酸氢钠水溶液中,加不含醛的无水乙醇25 mL,溶液呈透明清亮状。

由于亚硫酸氢钠久置后易失去二氧化硫而变质,所以上述溶液也可按下法配制:将研细的碳酸钠晶体($Na_2CO_3 \cdot 10H_2O$)与水混合,水的用量使粉末上只覆盖一薄层水为宜,然后在混合物中通入二氧化硫气体,至碳酸钠近乎完全溶解,或将二氧化硫通入1份碳酸钠与3份水的混合物中,至碳酸钠全部溶解为止,配制好后密封放置,但不可放置太久,最好是用时新配。

8. 饱和溴水

溶解15 g溴化钾于100 mL水中,加入10 g溴,振荡即成。

9. 莫利许(Molish)试剂

将α-萘酚1 g溶于10 mL95%乙醇中,用95%乙醇稀释至50 mL,贮于棕色瓶中,一般用前配制。

10. 盐酸苯肼-醋酸钠溶液

将2.5 g盐酸苯肼溶于50 mL水中,必要时可加微热助溶,如果溶液呈深色,加活性炭共热,过滤后加4.5 g醋酸钠晶体或用相同量的无水醋酸钠,搅拌使之溶解,贮于棕色瓶中。

11. 本尼特(Benedict)试剂

把4.3 g研细的硫酸铜溶于25 mL热水中,待冷却后用水稀释至40 mL。另把43 g柠檬酸钠及25 g无水碳酸钠(若用有结晶水的碳酸钠,则取量应按比例计算)溶于150 mL水中,加热溶解,待溶液冷却后,再加入上面所配的硫酸铜溶液,加水稀释至250 mL,将试剂贮于试剂瓶中,瓶口用橡皮塞塞紧。

12. 淀粉-碘化钾试纸

取3 g可溶性淀粉,加入25 mL水,搅匀,倾入225 mL沸水中,再加入1 g碘化钾及1 g结晶硫酸钠,用水稀释到500 mL,将滤纸片(条)浸渍,取出晾干,密封备用。

13. 蛋白质溶液

取新鲜鸡蛋清 50 mL,加蒸馏水至 100 mL,搅拌溶解。如果浑浊,加入 5% 氢氧化钠至刚清亮为止。

14. 10% 淀粉溶液

将 1 g 可溶性淀粉溶于 5 mL 冷蒸馏水中,用力搅成稀浆状,然后倒入 94 mL 沸水中,即得近于透明的胶体溶液,放冷使用。

15. β-萘酚碱溶液

取 4 gβ—萘酚,溶于 40 mL5% 氢氧化钠溶液中。

16. 斐林(Fehling)试剂

斐林试剂由斐林试剂 A 和斐林试剂 B 组成,使用时将两者等体积混合,其配法分别是:

斐林 A:将 3.5 g 含有五个结晶水的硫酸铜溶于 100 mL 的水中即得淡蓝色的斐林 A 试剂。

斐林 B:将 17 g 五结晶水的酒石酸钾钠溶于 20 mL 热水中,然后加入含有 5 g 氢氧化钠的水溶液 20 mL,稀释至 100 mL 即得无色清亮的斐林 B 试剂。

17. 碘溶液

Ⅰ. 将 10 g 碘化钾溶于 50 mL 蒸馏水中,然后加入 5 g 研细的碘粉,搅动使其全溶呈深红色溶液。

Ⅱ. 将 l g 碘化钾溶于 100 mL 蒸馏水中,然后加入 0.5 g 碘,加热溶解即得红色清亮溶液。

附录二　有毒、危害性化学药品知识

一、化学药品毒性分类

1. 致癌物质

黄曲霉素 B_1、亚硝胺、二恶英、尼古丁、苯并芘、硝基苯、硝基苯、4-氨基联苯、联苯氨及其盐类、氯萘亚嗪、双氯甲醚及工业品位氯甲醚、2-乙酰氨基芴、乙烯友邻酚、左旋苯丙氨酸氮芥、芥子气、1-萘胺、2-萘胺、N-亚硝基邻甲胺、煤焦油和矿物油、氯乙稀、偶联雌激素。

2. 剧毒品

氰化钠、氢氰酸、三氧化二砷、砷化氢、羰基铁、六氯苯、氢酸氟、氯化氢、氮化汞、砷酸汞、汞、光气、磷化氢、有机砷化物、有机磷化物、有机氟化物、有机硼化物、铍及化合物、丙烯腈、乙腈。

3. 高毒品

氟化钠、对二氯苯、甲基丙烯腈、丙酮氰醇、二氯乙烷、三氯乙烷、偶氮二异丁腈、黄磷、三氯氧磷、五氯化磷、五氧化二磷、三氯甲烷、溴甲烷、二乙烯酮、氧化亚氮、铊化合物、四乙基铅、四乙基锡、三氯化锑、溴水、氯气、五氧化二钒、二氧化锰、二氯硅烷、三氯甲硅烷、苯胺、硫化氢、硼烷、氯乙酸、丙烯醛、乙烯酮、碘乙酸乙酯、溴乙酸乙酯、叠氮化钠、砷等。

4. 中等毒品

苯、四氯化碳、三氯硝基甲烷、乙烯吡啶、三硝基甲苯、五氯酰钠、硫酸、砷化镓、丙烯酰胺、环氧乙烷、环氧氯丙烷、烯丙醇、二氯丙醇、糠醛、三氟化硼、四氯化硅、硫酸镉、氯化镉、硝酸、甲醛、甲醇、肼、二硫化碳、甲苯、二甲苯、一氧化碳、一氧化氮等。

5. 低毒品

三氯化铝、钼酸铵、间苯二酚、正丁醇、叔丁醇、乙二醇、丙烯酸、甲基丙烯酸、马来酐、二甲基甲酰胺、己内酰胺、亚铁氰化钾、氰化钾、硝基苯、三硝基甲苯、对硝基氯苯、氨、二苯甲烷、苯乙烯、二乙烯苯、THF、吡啶、三苯基磷、苯酚、三硝基酚、对苯二酚、丁二烯、异戊二烯、氢氧化钾、盐酸等。

二、有毒化学物质对人体的危害

1. 骨骼损害：长期接触氟可引起氟骨症。磷中毒可引起下颌改变，严重者发生下颌骨坏死。长期接触氯乙烯可导致肢端溶骨症，即指骨末端发生骨缺损。镉中毒可引起骨软化。

2. 眼损害：生产性毒物引起的眼损害分为接触性和中毒性两类。接触性眼损害主要是指酸、碱及其他腐蚀性毒物引起的眼灼伤。眼部的化学灼伤救治不及时可造成终生失明。引起中毒性眼病最主要的毒物为甲醇和三硝基甲苯。甲醇急性中毒者的眼部表现模糊、眼球压痛、畏光、视力减退、视野缩小等症状，严重中毒时可导致复视、双目失明。慢性三硝基甲苯中毒的主要临床表现之一为中毒性白内障，即眼晶状体发生混浊，一旦出现混浊，停止接触不会自行消退，晶状体全部混浊时可导致失明。

3. 皮肤损害：职业性疾病中常见的、发病率最高的是职业性皮肤病，其中由化学性因素引起者占多数。引起皮肤损害的化学性物质分为：原发性刺激物、致敏物和光敏感物。常见原发性刺激物为酸类、碱类、金属盐、溶剂等；常见皮肤致敏物有金属盐类（如铬盐、镍盐）合成树脂类、染料、橡胶添加剂等；光敏感物有沥青、焦油、吡啶、蒽、菲等。常见的职业性皮肤病包括接触性皮炎油疹及氯痤疮、皮肤黑变病、皮肤溃疡、角化过度及皲裂等。

4. 化学灼伤：化学灼伤是化工生产中的常见急症，是指由化学物质对皮肤、黏膜刺激及化学反应热引起的急性损害。按临床表现分为体表（皮肤）化学灼伤、呼吸道化学灼伤、消化道化学灼伤、眼化学灼伤。常见的致伤物有酸、碱、酚类、黄磷等。某些化学物质在致伤的同时可经皮肤、黏膜吸收引起中毒,如黄磷灼伤、酚灼伤、氯乙酸灼伤,甚至引起死亡。

5. 职业性肿瘤:接触职业性致癌性因素而引起的肿瘤称为职业性肿瘤。国际癌症研究机构(IARC)1994年公布了对人肯定有致癌性的63种物质或环境。致癌物质有苯、铍、镉、铬、镍、砷等及其化合物、环氧乙烷、α-萘胺、4-氨基联苯、联苯胺、煤焦油沥青、石棉、氯甲醚等;致癌环境有煤的气化、焦炭生产等场所。我国1987年颁布的职业病名单中规定石棉导致肺癌、间皮瘤,联苯胺导致膀胱癌,苯导致白血病,氯甲醚导致肺癌,砷导致肺癌、皮肤癌,氯乙烯导致肝血管肉瘤,焦炉工人导致肺癌和铬酸盐制造致癌,工人肺癌为法定的职业性肿瘤。

毒物引起的中毒易造成多器官、多系统的损害如常见毒物铅可引起神经系统、消化系统、造血系统及肾脏损害;三硝基甲苯中毒可出现白内障、中毒性肝病、贫血等。现为对中枢神经系统的麻醉,而慢性中毒主要表现为造血系统的损害。此外,有毒化学物质对机体的危害,尚取决于一系列因素和条件,如毒物本身的特性(化学结构、理化特性),毒物的剂量、浓度和作用时间,毒物的联合作用,个体的感受性等。总之,机体与有毒化学物质之间的相互作用是一个复杂的过程,中毒后的表现千变万化,了解和掌握这些过程和表现,无疑将有助于我们对化学物质中毒的防治。

附录三 乙醇溶液的密度和百分组成

乙醇含量[a]	乙醇含量[b]	密度[c]	乙醇含量[a]	乙醇含量[b]	密度[c]	乙醇含量[a]	乙醇含量[b]	密度[c]
10	12.4	0.98187	55	62.8	0.90258	92	94.7	0.81257
15	18.5	0.97514	60	67.7	0.89113	93	95.4	0.80983
20	24.5	0.96864	65	72.4	0.87948	94	96.1	0.80705
25	30.4	0.96168	70	76.9	0.86766	95	96.8	0.80424
30	36.2	0.95382	75	81.3	0.85564	96	97.5	0.80138
35	41.8	0.94494	80	85.5	0.84344	97	98.1	0.79846
40	47.3	0.93518	85	89.5	0.83095	98	98.8	0.79547
45	52.7	0.92472	90	93.3	0.81797	99	99.4	0.79243
50	57.8	0.91384	91	94.0	0.81529	100	100.0	0.78934

备注:a:乙醇含量(重量比);b:乙醇含量(容量比,20℃);c:g/cm^3(d_4^{20})

附录四 常用元素的相对原子质量表

名称	符号	相对原子质量	名称	符号	相对原子质量	名称	符号	相对原子质量
氢	H	1	铝	Al	27	锰	Mn	55
氦	He	4	硅	Si	28	铁	Fe	56
碳	C	12	磷	P	31	铜	Cu	64
氮	N	14	硫	S	32	锌	Zn	65
氧	O	16	氯	Cl	35.5	银	Ag	108
氖	Ne	20	氩	Ar	40	碘	I	127
钠	Na	23	钾	K	39	铂	Pt	195
镁	Mg	24	钙	Ca	40	汞	Hg	201

附录五 常用酸碱试剂的浓度及密度

符号说明:

A(%)——质量百分数;ρD_{20}^{20}——20℃时溶液的密度 g/cm³(相对于20℃的水);ρD_4^{20}——20℃时溶液的密度 g/cm³(相对于4℃的水);C——物质的量浓度,mol/L;T——每升溶液中所含溶质的量,g/L

盐酸

A %	ρD_4^{20} g/cm³	ρD_{20}^{20} g/cm³	T g/L	C mol/L	A %	ρD_4^{20} g/cm³	ρD_{20}^{20} g/cm³	T g/L	C mol/L
1.00	1.0031	1.0049	10.0	0.275	15.00	1.0726	1.0745	160.9	4.412
2.00	1.0081	1.0098	20.2	0.553	20.00	1.0980	1.1000	219.6	6.022
3.00	1.0130	1.0148	30.4	0.833	26.00	1.1288	1.1308	293.5	8.047
4.00	1.0179	1.0197	40.7	1.116	28.00	1.1391	1.1411	318.9	8.745
5.00	1.0228	1.0246	51.1	1.402	30.00	1.1492	1.1513	344.8	9.454
6.00	1.0278	1.0296	61.7	1.691	32.00	1.1594	1.1614	371.0	10.173
7.00	1.0327	1.0345	72.3	1.982	34.00	1.1693	1.1714	397.6	10.901
8.00	1.0377	1.0395	83.0	2.276	36.00	1.1791	1.1812	424.5	11.639
9.00	1.0426	1.0445	93.8	2.573	38.00	1.1886	1.1907	451.7	12.385
10.00	1.0476	1.0494	104.8	2.872	40.00	1.1977	1.1999	479.1	13.137

硫酸

A %	ρD_4^{20} g/cm³	ρD_{20}^{20} g/cm³	T g/L	C mol/L	A %	ρD_4^{20} g/cm³	ρD_{20}^{20} g/cm³	T g/L	C mol/L
1.00	1.0049	1.0067	10.0	0.102	50.00	1.3952	1.3977	697.6	7.113
2.00	1.0116	1.0134	20.2	0.206	56.00	1.4558	1.4584	815.3	8.312
3.00	1.0183	1.0201	30.6	0.311	60.00	1.4987	1.5013	899.2	9.168
4.00	1.0250	1.0269	41.0	0.418	66.00	1.5646	1.5674	1032.6	10.528
5.00	1.0318	1.0336	51.6	0.526	70.00	1.6105	1.6134	1127.4	11.495
10.00	1.0661	1.0680	106.6	1.087	76.00	1.6810	1.6840	1277.6	13.026
15.00	1.1020	1.1039	165.3	1.685	80.00	1.7272	1.7303	1381.8	14.088
20.00	1.1398	1.1418	228.0	2.324	86.00	1.7872	1.7904	1537.0	15.671
30.00	1.2191	1.2213	365.7	3.729	90.00	1.8144	1.8176	1633.0	16.650
34.00	1.2518	1.2540	425.6	4.339	92.00	1.8240	1.8272	1678.1	17.110
36.00	1.2685	1.2707	456.7	4.656	94.00	1.8312	1.8344	1721.3	17.550
40.00	1.3028	1.3051	521.1	5.313	96.00	1.8355	1.8388	1762.1	17.966
44.00	1.3386	1.3410	589.0	6.005	98.00	1.8361	1.8394	1799.4	18.346
46.00	1.3570	1.3594	624.2	6.365	100.00	1.8305	1.8337	1830.5	18.663

乙酸

A %	ρD_4^{20} g/cm³	ρD_{20}^{20} g/cm³	T g/L	C mol/L	A %	ρD_4^{20} g/cm³	ρD_{20}^{20} g/cm³	T g/L	C mol/L
1.00	0.9996	1.0014	10.0	0.166	56.00	1.0605	1.0624	593.9	9.890
2.00	1.0011	1.0028	20.0	0.333	60.00	1.0629	1.0648	637.7	10.620
3.00	1.0025	1.0042	30.1	0.501	66.00	1.0659	1.0678	703.5	11.715
4.00	1.0038	1.0056	40.2	0.669	70.00	1.0673	1.0692	747.1	12.441
5.00	1.0052	1.0070	50.3	0.837	76.00	1.0680	1.0699	811.7	13.516
10.00	1.0121	1.0138	101.2	1.685	80.00	1.0680	1.0699	854.4	14.227
15.00	1.0187	1.0205	152.8	2.545	86.00	1.0666	1.0685	917.3	15.275
20.00	1.0250	1.0269	205.0	3.414	88.00	1.0658	1.0677	937.9	15.618
26.00	1.0323	1.0341	268.4	4.470	90.00	1.0644	1.0663	958.0	15.953
30.00	1.0369	1.0388	311.1	5.180	92.00	1.0629	1.0648	977.9	16.284
36.00	1.0434	1.0452	375.6	6.255	94.00	1.0606	1.0625	997.0	16.602
40.00	1.0474	1.0492	419.0	6.977	96.00	1.0578	1.0597	1015.5	16.912
46.00	1.0528	1.0547	484.3	8.065	98.00	1.0538	1.0557	1032.7	17.196
50.00	1.0562	1.0581	528.1	8.794	100.00	1.0477	1.0496	1047.7	17.446

磷酸

A %	ρD_4^{20} g/cm³	ρD_{20}^{20} g/cm³	T g/L	C mol/L	A %	ρD_4^{20} g/cm³	ρD_{20}^{20} g/cm³	T g/L	C mol/L
1.00	1.0038	1.0056	10.0	0.102	20.00	1.1135	1.1154	222.7	2.272
2.00	1.0092	1.0110	20.2	0.206	26.00	1.1528	1.1549	299.7	3.059
3.00	1.0146	1.0164	30.4	0.311	30.00	1.1804	1.1825	354.1	3.613
4.00	1.0200	1.0218	40.8	0.416	34.00	1.2089	1.2111	411.0	4.194
5.00	1.0254	1.0272	51.3	0.523	36.00	1.2236	1.2257	440.5	4.495
10.00	1.0531	1.0550	105.3	1.075	38.00	1.2385	1.2407	470.6	4.802
15.00	1.0825	1.0844	162.4	1.657	40.00	1.2536	1.2558	501.4	5.117

氢氧化钾

A %	ρD_4^{20} g/cm³	ρD_{20}^{20} g/cm³	T g/L	C mol/L	A %	ρD_4^{20} g/cm³	ρD_{20}^{20} g/cm³	T g/L	C mol/L
1.00	1.0068	1.0086	10.1	0.179	22.00	1.2014	1.2035	264.3	4.710
2.00	1.0155	1.0172	20.3	0.362	24.00	1.2210	1.2231	293.0	5.223
3.00	1.0242	1.0260	30.7	0.548	26.00	1.2408	1.2430	322.6	5.750
4.00	1.0330	1.0348	41.3	0.736	28.00	1.2609	1.2632	353.1	6.292
5.00	1.0419	1.0437	52.1	0.928	30.00	1.2813	1.2836	384.4	6.851
6.00	1.0509	1.0527	63.1	1.124	32.00	1.3020	1.3043	416.6	7.425
7.00	1.0599	1.0618	74.2	1.322	34.00	1.3230	1.3254	449.8	8.017
8.00	1.0690	1.0709	85.5	1.524	36.00	1.3444	1.3468	484.0	8.626
9.00	1.0781	1.0801	97.0	1.729	38.00	1.3661	1.3685	519.1	9.252
10.00	1.0873	1.0893	108.7	1.938	40.00	1.3881	1.3906	555.2	9.896
12.00	1.1059	1.1079	132.7	2.365	42.00	1.4104	1.4129	592.4	10.558
14.00	1.1246	1.1266	157.5	2.806	44.00	1.4331	1.4356	630.6	11.238
16.00	1.1435	1.1456	183.0	3.261	46.00	1.4560	1.4586	669.8	11.936
18.00	1.1626	1.1647	209.3	3.730	48.00	1.4791	1.4817	710.0	12.653
20.00	1.1818	1.1839	236.4	4.212	50.00	1.5024	1.5050	751.2	13.388

氢氧化钠

A %	ρD_4^{20} g/cm³	ρD_{20}^{20} g/cm³	T g/L	C mol/L	A %	ρD_4^{20} g/cm³	ρD_{20}^{20} g/cm³	T g/L	C mol/L
1.00	1.0095	1.0113	10.1	0.252	18.00	1.1971	1.1993	215.5	5.386
2.00	1.0207	1.0225	20.4	0.510	19.00	1.2082	1.2103	229.6	5.737
3.00	1.0318	1.0336	31.0	0.774	20.00	1.2192	1.2214	243.8	6.094
4.00	1.0428	1.0446	41.7	1.043	22.00	1.2412	1.2434	273.1	6.825
5.00	1.0538	1.0557	52.7	1.317	24.00	1.2631	1.2653	303.1	7.576
6.00	1.0648	1.0667	63.9	1.597	26.00	1.2848	1.2871	334.0	8.349

续表

A %	ρD_4^{20} g/cm³	ρD_{20}^{20} g/cm³	T g/L	C mol/L	A %	ρD_4^{20} g/cm³	ρD_{20}^{20} g/cm³	T g/L	C mol/L
7.00	1.0758	1.0777	75.3	1.882	28.00	1.3064	1.3087	365.8	9.142
8.00	1.0869	1.0888	86.9	2.173	30.00	1.3277	1.3301	398.3	9.956
9.00	1.0979	1.0998	98.8	2.470	32.00	1.3488	1.3512	431.6	10.788
10.00	1.1089	1.1109	110.9	2.772	34.00	1.3697	1.3721	465.7	11.639
12.00	1.1309	1.1329	135.7	3.392	36.00	1.3901	1.3926	500.5	12.508
14.00	1.1530	1.1550	161.4	4.034	38.00	1.4102	1.4127	535.9	13.394
16.00	1.1751	1.1771	188.0	4.699	40.00	1.4299	1.4324	571.9	14.295

氨

NH_3	NH_4OH	ρD_4^{20}	ρD_{20}^{20}	T_{NH4}	C	NH_3	NH_4OH	ρD_4^{20}	ρD_{20}^{20}	T_{NH4}	C
1.00	2.06	0.9938	0.9956	9.9	0.584	12.00	24.70	0.9502	0.9519	114.0	6.695
2.00	4.12	0.9895	0.9913	19.8	1.162	14.00	28.81	0.9431	0.9447	132.0	7.753
3.00	6.17	0.9853	0.9870	29.6	1.736	16.00	32.93	0.9361	0.9378	149.8	8.795
4.00	8.23	0.9811	0.9828	39.2	2.304	18.00	37.05	0.9294	0.9310	167.3	9.823
5.00	10.29	0.9770	0.9787	48.8	2.868	20.00	41.16	0.9228	0.9245	184.6	10.838
6.00	12.35	0.9730	0.9747	58.4	3.428	22.00	45.28	0.9164	0.9181	201.6	11.839
7.00	14.41	0.9690	0.9707	67.8	3.983	24.00	49.40	0.9102	0.9118	218.4	12.827
8.00	16.47	0.9651	0.9668	77.2	4.534	26.00	53.51	0.9040	0.9056	235.0	13.802
9.00	18.52	0.9613	0.9630	86.5	5.080	28.00	57.63	0.8980	0.8996	251.4	14.764
10.00	20.58	0.9575	0.9592	95.8	5.623	30.00	61.74	0.8920	0.8936	267.6	15.713

附录六 常用有机溶剂的沸点、相对密度表

名称	沸点/℃	密度/d_4^{20}	名称	沸点/℃	密度/d_4^{20}
甲醇	64.96	0.7914	苯	80.10	0.8787
乙醇	78.5	0.7893	甲苯	110.6	0.8669
正丁醇	117.25	0.8098	二甲苯	140.0	0.8760
乙醚	34.51	0.7138	硝基苯	210.8	1.2307
丙酮	56.2	0.7899	氯苯	132.0	1.1058
乙酸	117.9	1.0492	氯仿	61.70	1.4832
乙酐	139.55	1.0820	四氯化碳	76.54	1.5940
乙酸乙酯	77.06	0.9003	二硫化碳	46.25	1.2632

续表

名称 NH₄OH	沸点/℃ ρD_{20}^{20}	密度/d_4^{20} C	名称 NH₄OH	沸点/℃ ρD_{20}^{20}	密度/d_4^{20} C
乙酸甲酯	57.00	0.9330	乙腈	81.60	0.7854
丙酸甲酯	79.85	0.9150	二甲亚砜	189.0	1.1014
丙酸乙酯	99.10	0.8917	二氯甲烷	40.00	1.3266
二氧六环	101.1	1.0337	1,2-二氯乙烷	83.47	1.251

附录七 水的饱和蒸气压

温度 t/℃	蒸气压 (×10³Pa)	温度 t/℃	蒸气压 (×10³Pa)	温度 t/℃	蒸气压 (×10³Pa)	温度 t/℃	蒸气压 (×10³Pa)	温度 t/℃	蒸气压 (×10³Pa)
1	0.65716	21	2.4877	41	7.784	61	20.873	81	49.324
2	0.70605	22	2.6447	42	8.2054	62	21.851	82	51.342
3	0.75813	23	2.8104	43	8.6463	63	22.868	83	53.428
4	0.81359	24	2.985	44	9.1075	64	23.925	84	55.585
5	0.8726	25	3.169	45	9.5898	65	25.022	85	57.815
6	0.93537	26	3.3629	46	10.094	66	26.163	86	60.119
7	1.0021	27	3.567	47	10.62	67	27.347	87	62.499
8	1.073	28	3.7818	48	11.171	68	28.576	88	64.958
9	1.1482	29	4.0078	49	11.745	69	29.852	89	67.496
10	1.2281	30	4.2455	50	12.344	70	31.176	90	70.117
11	1.3129	31	4.4953	51	12.97	71	32.549	91	72.823
12	1.4027	32	4.7578	52	13.623	72	33.972	92	75.614
13	1.4979	33	5.0335	53	14.303	73	35.448	93	78.494
14	1.5988	34	5.3229	54	15.012	74	36.978	94	81.465
15	1.7056	35	5.6267	55	15.752	75	38.563	95	84.529
16	1.8185	36	5.9453	56	16.522	76	40.205	96	87.688
17	1.938	37	6.2795	57	17.324	77	41.905	97	90.945
18	2.0644	38	6.6298	58	18.159	78	43.665	98	94.301
19	2.1978	39	6.9969	59	19.028	79	45.487	99	97.759
20	2.3388	40	7.3814	60	19.932	80	47.373	100	101.32

附录八 压力表换算表

Psi	cmH$_2$O	mmHg	bar	Mbar	Psi	cmH$_2$O	mmHg	bar	Mbar
0.01	0.7031	0.5171	0.0007	0.6895	1.0	70.31	51.71	0.0690	68.95
0.02	1.406	1.034	0.0014	1.379	2.0	140.6	103.4	0.1379	137.9
0.03	2.109	1.551	0.0021	2.068	3.0	210.9	155.1	0.2068	206.8
0.04	2.812	2.068	0.0028	2.758	4.0	281.2	206.8	0.2758	275.8
0.05	3.512	2.586	0.0034	3.447	5.0	351.5	258.6	0.3447	344.7
0.06	4.218	3.103	0.0041	4.137	6.0	421.8	310.3	0.4137	413.7
0.07	4.922	3.620	0.0048	4.826	7.0	492.2	362.0	0.4826	482.6
0.08	5.625	4.137	0.0055	5.516	8.0	562.5	413.7	0.5516	551.6
0.09	6.328	4.654	0.0062	6.205	9.0	632.8	465.4	0.6205	620.5
0.10	7.031	5.171	0.0069	6.985	10.0	703.1	517.1	0.6895	689.5
0.20	14.06	10.34	0.0138	13.79	15.0	1055.0	775.7	1.034	1034
0.30	21.09	15.51	0.0207	20.68	20.0	1406.0	1034	1.379	1379
0.40	28.12	20.68	0.0276	27.58	30.0	2109.0	1551	2.068	2068
0.50	35.12	25.86	0.0345	34.47	40.0	2812.0	2068	2.758	2758
0.60	42.18	31.03	0.0414	41.37	50.0	3515.0	2586	3.447	3447
0.70	49.22	36.20	0.0483	48.26	100.0	7031.0	5171	6.895	6895
0.80	56.25	41.37	0.0552	55.16	150.0	10550.0	7757	10.34	10340
0.90	63.28	46.54	0.0620	62.05	200.0	14060.0	10340	13.79	13790

附录九 有机化学文献和手册中常见词的英文缩写

aa	acetic acid	乙酸	cr	crystals	晶体
abs	absolute	绝对的	dec,	decompose	分解
Ac	acetyl	乙酰基	dil	diluted	稀释的
ace	acetone	丙酮	DL, dl	racemic	外消旋
al	alcohol	醇	DMF	dimethyl formamide	二甲基甲酰胺
alk	alkali	碱性的	DMSO	dimethyl sulfoxide	二甲基亚砜
anh	anhydrous	无水的	Et	ethyl	乙基
aqu	aqueous	水溶液	eth	ethyl ether	乙醚
b	boiling	沸点	h	hot	热的
Bu	butyl	丁基	i	insoluble	不溶的
bz	benzene	苯	liq	liquid	液体
chl	chloroform	氯仿	Me	methyl	甲基
con	concentrated	浓的	mp	melting point	熔点

nd	needles	针状	solv	solvent	溶剂
peth	petroleum ether	石油醚	sulf	sulfuric acid	硫酸
Ph	phenyl	苯基	sub	sublime	升华
py	pyridine	吡啶	temp	Temperature	温度
pw	powder	粉末	THF	tetrahydrofuran	四氢呋喃
s	soluble	可溶的	W	water	水
soln	solution	溶液	wx	waxy	蜡状的

主要参考书目

[1] 王清廉,沈凤嘉.有机化学实验(第3版).北京:高等教育出版社,1994.
[2] 周科衍,高占先.有机化学实验(第3版).北京:高等教育出版社,1996.
[3] 曾昭琼.有机化学实验(第3版).北京:高等教育出版社,2003.
[4] 北京大学化学系有机化学教研室编.有机化学实验.北京:北京大学出版社,1990.
[5] 徐家宁,张锁秦,张寒琦.有机化学实验(第1版).北京:高等教育出版社,2007.
[6] 李霁良.微型半微型有机化学实验.北京:高等教育出版社,2003.
[7] 张景文,杨乃峰.有机化学实验.长春:吉林大学出版社,1992.
[8] 方珍发.有机化学实验,南京:南京大学出版社,1992.
[9] 李兆龙,阴金香,林天舒.有机化学实验.北京:清华大学出版社,2000.
[10] 兰州大学编.有机化学实验(第3版).北京:高等教育出版社,2010.
[11] Wilfred L. F. Armarego, Christina L. L. Chai. Purification of Laboratory Chemicals. Seventh edition. Elsevier.